# 百佳中信人风采录

中信集团党委宣传部 编

中信出版集团 | 北京

# 目 录

# 关于表彰第二届“百佳中信人”的决定

各部门、子公司：

今年是中信集团成立40周年。40年来，中信集团作为改革试点和开放窗口，在改革开放激荡大潮中敢为人先、勇于创新，在多个领域开创了一系列先河，发展成为金融和实业并举的综合性企业集团，为深化改革开放作出了独特贡献。在中信事业发展历程中，涌现出一大批锐意进取、敬业奉献的先进典型。在纪念中信集团成立40周年之际，为表彰先进、鼓舞斗志，激励全体中信人进一步强化“做强做优做大、践行国家战略、助力民族复兴”的使命感责任感，在新时代改革开放的进程中勇于创新、多作贡献，经自下而上评选推荐，中信集团党委决定，授予黄骧等101名优秀员工“百佳中信人”称号，授予卢光琇等2名优秀代表“百佳中信人特别奖”。

一代又一代中信人是中信事业的创造者，是推动企业改革发展的力量源泉，是中信集团最可宝贵的财富。这次受到表彰的“百佳中信人”，是全系统各行业、各领域的杰出代表，是新时代践行中信核心价值理念和中信风格的先锋模范。当前，集团正处在转型发展的关键期，既面临难得的发展机遇，也面对严峻的挑战考验。越是任务艰巨，越要像“百佳中信人”那样，扎根本职、改革创新、争创一流。中信集团党委号召全体员工向“百佳中信人”学习，学习他们热爱中信、建功中信的坚定信念，坚决拥护中国共产党的领导和中国特色社会主义制度，坚决维护以习近平同志为核心的党中央权威，始终以践行国家战略为重、以发展中信事业为责；学习他们敢为人先、锐意进取的创新精神，进一步解放思想、更新观念，不断开拓新理念、创造新模式、突破新技术，以创新驱动集团长远发展；学习他们勇挑重担、勤勉奋发的可贵品质，在重大项目中担纲领衔、克难攻坚，在本职岗位恪尽职守、敬业奉献，不断提升企业核心竞争力；学习他们遵纪守法、廉洁自律的过硬作风，模范遵守国家法律法规，自觉发扬艰苦奋斗、勤俭节约的优良传统，始终做到遵规守矩、廉洁从业，保持国有企业员工的良好形象。

希望受表彰的“百佳中信人”珍惜荣誉、戒骄戒躁，发扬成绩、再接再厉，为集团改革发展再立新功。广大员工要学习“百佳中信人”的先进事迹，切实以他们为榜样，不断增强“四个意识”、坚定“四个自信”、坚决做到“两个维护”，不忘初心、牢记使命，振奋精神、接续奋斗，在新时代新起点推动集团持续健康发展，为决胜全面建成小康社会、实现中华民族伟大复兴的中国梦作出新的更大贡献。

中国中信集团有限公司

2019 年 11 月 11 日

# 百佳中信人先进事迹

# 卢光琇

## 中国遗传优生事业的开拓者

卢光琇，女，汉族，九三学社社员，1939 年 4 月出生，中信湘雅生殖与遗传专科医院终身荣誉院长、首席科学家。2002 年以来，卢光琇带领团队与中南大学组建现代化的中信湘雅生殖与遗传专科医院，通过“体制创新、科技创新”走出了一条适合自身发展的产学研道路。2017 年 8 月，英国《自然》（*Nature*）杂志权威报道，中信湘雅生殖与遗传专科医院已成为世界上最大的生殖中心，一年的试管婴儿治疗量，约相当于美国的 1/4。卢光琇先后两次获国家科技进步二等奖，荣获“国家级有突出贡献的科技专家”“全国三八红旗手”“中国十大女杰”“全国先进工作者”“全国五一劳动奖章”“全国优秀教师”“中华人口奖”“全国九三楷模”“湖南省科学技术杰出贡献奖”“湖南省道德模范”等荣誉。

她半路出家、不舍昼夜，累计助孕出生超 16 万个健康婴儿，缔造生殖医学的奇迹；她饮水思源、不忘初心，力所能及地回报湖南人民的厚爱；她脚踏实地、站高望远，为未来发展勾勒一幅宏伟的蓝图。她就是我国生殖工程创始人之一、生殖医学与医学遗传学家、中信湘雅生殖与遗传专科医院首席科学家及终身荣誉院长卢光琇教授。

2002 年，她与中信集团、中南大学牵手，组建现代化的中信湘雅生殖与遗传专科医院，央企 + 高校 + 科研团队的深度合作取得了空前成功，成为中信集团在医学领域的门面担当。通过“体制创新、科技创新”两驾马车，她带领医院走出了一条适合自身发展的产学研道路，短短十余年内实现了腾飞，成为《自然》杂志报道中世界最大的生殖中心，成为《人民日报》内参中的“试管婴儿产学研样板”，也向中信集团交出了一份满意的答卷。

## 创业——勇于创新 敢于开拓

1978 年，世界第一例试管婴儿诞生的消息传到中国，卢光琇的父亲——我国医学遗传学奠基者和见证人卢惠霖教授毕生追求的中华民族遗传优生梦想，有了新的实现途径。但那时卢惠霖已 78 岁，为了帮他圆梦，卢光琇毅然从一名外科医生改行，投身生殖工程这个完全陌生的领域，一干就是 40 年。

工欲善其事，必先利其器。转行后，她第一件事就是组建团队、搭建平台。研究组刚刚组建时，人员严重不足，她不得不同时兼任研究员、技术员、后勤员，各种困难层出不穷。研究组里有几位男老师，却无人捐献精子做实验，她只能求助于丈夫；没有卵子，她赖在妇产科手术室外，被别人像叫花子一样驱赶；没见过精子库，她在北京咯吱咯吱地骑几个小时单车，远赴郊外的牛精子库临摹……

就这样顶着无数的嘲讽和非议，她在 1981 年终于建立我国第一个人类冷冻精子库。消息传出后很多人写信，骂她把人当畜生对待，但她义无反顾，紧接着在 1983 年我国第一例冷冻精液人工授精的婴儿诞生。短短几年后，1988 年 6 月又诞生我国第二、第三例试管婴儿，她获得国家科技进步二等奖。一连串的成绩，让所有人都对她刮目相看。

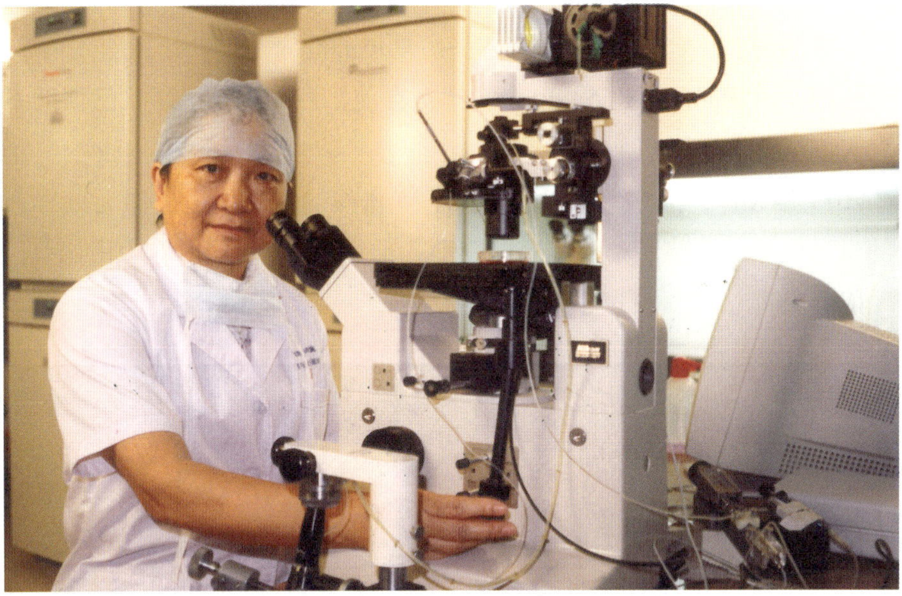

## 腾飞——担当作为 贡献突出

进入新世纪后，沐浴在改革开放的春风中，小小的门诊部已远远无法满足患者的需求，如何进一步将这项事业做大做强，成为困扰卢光琇心头的一大难题。这时，中信集团出现了，她的团队从此彻底摆脱传统体制束缚，走上产学研之路。2002 年，中信集团与中南大学牵手，卢光琇着手组建了现代化的中信湘雅生殖与遗传专科医院，短短十余年内实现了腾飞。

虽然已时隔十八载，卢光琇仍清晰记着当时的点滴。那时湘雅医学院并入中南大学不久，中信集团原董事长王军来此参观考察，无意中来到卢光琇这里，参观了中国第一个人类精子库，对辅助生殖技术表现出了极大的兴趣，果断决定投资。

自此，卢光琇不仅仅是一名科学家、医学家，更成为一名企业家，既有央企先进的管理理念，又有可以攻关的科研团队，一系列成绩随之而来。2004 年她又获批组建人类干细胞国家工程中心；2016 年获批成立国家基因检测技术应用示范中心；2012 年，世界首批经大规模平行测序技术出生的试管宝宝在中信湘雅医院诞生；2015 年诞生了全国首例“无癌宝宝”；2016 年诞生首例经 MicroSeq 排除染色体平衡易位的健康宝宝。2019 年，中信湘雅试管婴儿治疗周期超过 5.2 万个。截至目前，卢光琇教授团队已帮助不孕不育夫妇孕育出生了超 16 万个健康宝宝。

2017 年 8 月，国际学术界顶级杂志《自然》权威报道，作为世界上最大的生殖中心，中信湘雅一年的试管婴儿治疗量，约相当于美国的 1/4。卢光琇成为患者心目中当之无愧的“送子观音”。

## 大爱——医者仁心 造福一方

除了在本职工作上取得突出成就，卢光琇还心系家乡人民，做了许多公益事业。

20 世纪 90 年代初，湖南张家界有个远近闻名的“傻瓜村”——汪家山村，全村五百来人呆傻率达 27% 以上。1992 年至 1994 年，在原卫生部妇幼司建议下，卢光琇带领6个专题调研组，在此开展三年调研，证实这类“傻瓜”是缺碘引起的“克汀病”。该调研成果是1994年国务院启动全民食盐补碘的科学依据之一。她还帮村民修通公路，建设变电站，建立了一座中信湘雅希望医院，努力改善该村的封闭状态。如今的汪家山村早已没有了“傻瓜”，家家户户崭新的楼房，公路水电一应俱全。

她还与四川卧龙大熊猫研究中心协作开展“大熊猫人工繁殖新技术研究”，并于1991年成功繁育双胞胎大熊猫，为破解国宝繁育难题做出贡献。

从2007年至今，经董事会审批，医院共捐出120多万元，帮助湖南贫困地区兴建和改善了5所希望医院、1所希望小学。2014年，在母校中南大学湘雅医学院百年华诞之际，她以个人身份向学校捐款1000万元，恢复“卢惠霖教育基金”。2008年5月，中国四川汶川发生特大地震，她发动全院捐款50万元，帮助灾区人们重建家园。2017年长沙遭遇连续暴雨侵袭，她组织医院通过长沙市高新区捐赠40万元，帮助周边受灾群众重建家园。

此外，她担任了全国消防宣传公益使者、长沙市人才新政代言人，力所能及地以躬身垂范为当地社会经济发展做着贡献。

## 蓝图——未来医学 圆梦可期

40载风云变幻，40载无悔历程。无论对于中信集团，还是对卢光琇，这40载都刻骨铭心，感慨良多。

刚刚成为一名新晋“80后”的她，像她父亲那样，在如此高龄又提出了新的战略目标，为中信湘雅的未来勾勒一个全新的蓝图，即结合未来医学理念，打造一条覆盖全生命周期的健康服务链，包括“帮你怀—帮你生—助你长—帮你存—帮你防—成人健康管理、干细胞再生医学”等一系列健康服务平台集群，涵盖辅助生殖、干细胞与再生医学、儿童生长发育、妇产（围产及母胎医学）、遗传与基因诊断、遗传性肿瘤防治、新型高端健康管理等多个专业领域，进一步引领遗传优生技术的发展，特别是通过人类十大组学分析，找出人类疾病的根源，让每一个人都能健康地生活，优雅地老去。她希望，这些能成为指引下一代接班人继续奋斗的目标和纲领。

十九大报告提出了“实施健康中国战略”号召，明确了大健康观的核心要义，即“为人民群众提供全方位全周期健康服务”，更是将其上升到国家战略高度，每一个中华儿女都为之振奋。生命科学的探索永无止境，哪怕年过八旬九旬，卢光琇仍时刻不忘追寻梦想，在生命科学无限未知的探索与挑战中奉献自己的光和热。在以卢光琇为代表的医学及科学大家带领下，我们的健康中国梦，一定会更早地来临。

## 杨远柱

# 中国商业化育种的先行者

杨远柱，男，土家族，中共党员，1962 年出生，隆平高科副总裁、水稻首席专家。杨远柱长期在科研一线从事水稻育种工作，累计培育杂交水稻新品种 270 个，填补我国早熟杂交早稻空白。进入中信集团以来，带领团队培育出“隆两优”等系列新品种 95 个，使公司自主研发品种比例由 30% 提高到 80% 以上，年度销售量突破 2500 万公斤，增产稻谷 12 亿公斤。2018 年度，隆平高科水稻销售收入近 21.25 亿元，占到全国杂交水稻市值的三分之一。先后获国家科技进步三等奖 1 项，省级科技进步一等奖 2 项、二等奖 4 项，2010 年被表彰为全国劳动模范，2014 年被评为全国优秀科技工作者，2018 年被评为中国种业十大杰出人物。

杨远柱，现任袁隆平农业高科技股份有限公司副总裁、水稻首席专家。他先后主持或参与国家863计划、科技支撑计划等三十余项国家、省、市级水稻研发课题并取得重大科研成果，培育的水稻新品种累计推广面积超过6亿亩、增收超过300亿元，为推动农业供给侧结构性改革、保障国家口粮绝对安全做出了杰出贡献。

## “秉承初心，砥砺前行”——水稻育种的辛勤耕耘者

杨远柱出生在湖南沅陵的一个贫穷农村，读书的时候，由于连年的干旱和当地水稻品种选择上的失误，水稻产量很低，一周能吃上3天米饭就已经很不错了。杨远柱说：“当时我就立志，要学农，要让乡亲们每天都有饱饭吃。”怀着这样的初心，1981年7月大学毕业，杨远柱踏上了水稻育种之路，一干就是38年。

春寒料峭，他播种育秧；秋意森森，他选种收割。尤其是酷暑难当的“双抢”季节，他每天工作十几个小时，头顶烈日、脚泡泥泞，让“泥巴裹满裤腿，汗水湿透衣背”成为工作写照。即使被聘为隆平高科副总裁、水稻首席专家，他仍然一如既往，白天下田观察、记载、选种，晚上整理数据、制订研究方案，很少在午夜12点前休息。由于一年四季奔波在国内外育种站，他被助手们称作“追逐太阳的候鸟”。

20世纪80年代，杨远柱主要从事常规早稻育种研究。他选育的早稻品种湘早籼7号、湘早籼13号成为湖南省20世纪90年代种植面积最大的中熟早稻品种，累计推广面积过亿亩，获得国家科技进步三等奖。

1993年杨远柱开始从事杂交水稻研究。他从籼粳杂交后代中挖掘出新的温敏不育资源，原创技术对育性进行加压选择，培育出国内外育性转换起点温度最低、育性最稳定的温敏核不育系株，从种性上破解了温敏核不育系繁殖与制种不安全的重大技术难题，利用该不育系培育出审定品种78个，占长江中下游两系杂交早稻品种的70%，成为国内配制杂交早稻组合最多的温敏核不育系。他主持完成的“水稻温敏核不育系株1S的选育与应用”和“优质抗倒水稻不育系湘陵628S和湘陵750S的选育及应用”分别

于 2009 年、2018 年获得湖南省科技进步一等奖。

## “初心不改，矢志不渝”——水稻商业化育种的大胆开拓者

1999 年，年仅 35 岁、享受着国务院特殊津贴，作为国家级中青年专家、全国五一劳动奖章获得者、湖南省株洲市农科所常务副所长的杨远柱，毅然辞掉公职，到企业从事商业化育种工作。

谈到这个决定，杨远柱打趣说：“别看现在有这么多科研人员到企业从事研发工作，我辞职的那个时候，还是引起了不小的轰动，我也被戏称为‘长沙市第一个下岗的研究员’。”

之所以放弃研究条件和福利待遇优厚的公职，是因为杨远柱心里明白，只有到企业去，才能实现他从小以来“让乡亲们每天都有饱饭吃”的心愿。杨远柱表示：“真正让我下决心辞职的原因，是企业具有‘品种市场化前沿阵地’的特点，能够直面市场需求，对症下药推出市场急需的品种。”在企业的20年里，杨远柱迎难而上直面市场挑战，在国内率先建成以企业为主体、以市场为导向，科学设计、合理分工、标准操作、流水作业、资源共享的商业化育种体系，用现代企业管理模式，将传统的“作坊式育种”转变为专业高效的“工厂式育种”，切实提高了育种效率和新品种持续产出能力。在此期间，他共培育出通过省级以上机构审定的杂交水稻新品种331个，其中国家级新品种152个，占国内两系早稻品种的三分之二以上，取得植物新品种权59项、发明专利3项。特别是2016—2018年间，他培育两系超级杂交中稻7个，占农业部认定的两系超级稻总数的50%。

## “不忘初心，牢记使命”——优秀党员的模范代表

作为一名有着34年党龄的湖南省优秀共产党员，杨远柱时刻不忘入党誓词，以党员标准严格要求自己，在各项工作中充分发挥先锋模范作用。

杨远柱几十年如一日坚守科研一线，每年至少200天在试验田度过。

每到选种的时候，他一天十几个小时待在田间，尤其到 7 月底早稻选种季节，在气温高达 40℃的田间，很多年轻助手都吃不消。常年高强度科研工作，让他身患多种职业病。2009 年 6 月底，他进行了胆结石切除手术，出院时医生再三叮嘱，至少要休息半个月。可这时正值早稻选种的关键时刻，出院第二天，他就头戴斗笠、脚穿雨靴，一步一步艰难地走向他那心爱的试验田。每次提到杨远柱，他的同事们都赞道："拼命三郎，优秀党员！"

杨远柱不仅是优秀的育种专家，也是难得的企业管理者。经过 20 年努力，他将最初仅有三人的湖南亚华种业科学研究院，发展为研发人员达 110 人的国内水稻商业化育种旗帜单位。是什么力量让他集聚如此多的优秀人才？研究院职工说道："按照公司科研管理办法，首席专家可以拿 70% 的研发成果提成，可他一直坚持自己拿 30%，将 70% 分给别人。"每当下田选种，他总是将自己的宝贵经验毫无保留地传给助手。正是他这种克己奉公、甘于奉献的精神，为公司凝聚和培养了一批优秀研发人才。

杨远柱既是老师，又是艺术高超的指挥者。2017 年 6 月 30 日晚，宁乡遭遇百年一遇的洪涝灾害。他第一时间组织成立抗洪抢险工作小组，自己出任组长，并要求各部门负责人迅速到岗，切实承担起抗洪救灾的责任，组织领导本部门防洪救灾工作。他及时沟通抗洪救灾工作进展，多次发出紧急通知，提出"抗洪与科研生产必须两不误"的要求，亲自奋战在抗洪抢险的第一线，通过三天三夜共同奋战，成功地把洪涝灾害带来的损失降到了最低，确保了科研计划不受影响。

## "初心筑梦，锐意进取"——种业强国的追梦人

面对我国水稻总产量不断提高、稻谷供求平衡有余的现状，杨远柱敏锐察觉到人们的粮食需求已经由"吃饱"逐步向"吃好"转变，我国种业发展已经从解决粮食短缺到了提质增效的新阶段。

基于这种判断，从 2007 年起，杨远柱带领团队将研发主攻方向由"单一高产"转向"绿色安全、优质高效"，育成了绿色优质、安全高效、高产广适的"隆两优"和"晶两优"系列品种，年销售量突破 2200 万公斤，推

广面积超过 4000 万亩，其中晶两优华占、晶两优 534、隆两优华占 2018 年推广面积居全国杂交水稻前三名，迅速成为我国中稻主栽品种；培育出 18 个被评为高档优质稻的新品种，其中“悦两优 2646”被评为一等优质稻品种，实现了湖南省一等优质杂交中稻品种零的突破，“隆晶优 2 号”以杂交籼稻食味第一名被评为全国优质稻金奖。这些品种的育成，为推动农业供给侧结构性改革、保障国家粮食安全做出了突出成就，同时也推动了中国民族种业的快速发展。作为国内种业的领军企业，“隆平高科”连续 4 年销售收入平均增长率超过 10%，为夯实国内种业第一、跻身世界种业八强做出突出贡献。

在 38 年水稻育种生涯中，杨远柱先后获得国家科技进步三等奖、全国五一劳动奖章、全国劳动模范、全国创新争先奖状等重大荣誉。面对荣誉，杨远柱常说：“技术创新之路永无止境，推动种业进步、造福世界人民，才是自己的人生使命和最大梦想。”为了这个梦想，他将在绿色的田野上耕耘不止、奋斗不息。

# 黄　骧

## 中信外事工作“老兵”

黄骧，男，汉族，中共党员，1961 年 8 月出生，中信集团办公厅副主任。在中信集团工作 30 多年来，参与完成多项外事工作，近年平均每年牵头接待高级别外国团组 20 多个，安排集团领导各类会见 100 余场，出色完成接待美国、英国、加拿大等国政要到访等工作。统筹制定集团品牌战略和公共关系战略，组织制作的《大国风帆》，在凤凰卫视播出后引发热烈反响，有效地提升了中信集团知名度和影响力。利用电视、互联网等媒体渠道，协调组织集团品牌发布会、中信戴卡成立 30 周年和中信进驻上海 30 周年等大型活动，产生很好影响。他长期高强度工作，心脏两次动大手术，仍坚持第一时间返回工作岗位。

黄骧从北京语言大学一毕业就进入中信集团，从公共关系处副处长、处长，到办公厅主任助理、副主任，一干就是36年。36年里，他作为中信对外交往工作的参与者、见证者和贡献者，始终奋战在外事工作第一线，积极承担和履行国家赋予的外交外事任务与职责，积极开展对外交往与合作，参与谱写了中信公司史上一个又一个辉煌时刻。

## 矢志中信，一颗红心写忠诚

1987年，刚刚加入中信不久的黄骧就主动请缨，参加中央讲师团赴江西老区开展工作。一年的支教生涯不仅坚定了自己的理想信念，更加锤炼了革命意志，实现了对自我的再认识，最终“火线”提出入党申请。从那时起，全心全意为人民服务、为中信的事业奉献终身便成了黄骧的奋斗目标。他长年从事集团外事工作，始终高度重视政治性和纪律性，认真参加历年中央企业外事工作会议，及时掌握中央外事工作精神和具体规定，确保集团外事工作与党的方针、国家政策保持一致，充分发挥企业的经济外交职能，服务国家外交大方针。

工作中，他始终秉执“管理是主干，协调是核心，服务是根本”的理念，践行以人为本的工作原则。在管理上，要求行政部门必须把握集团经营管理理念和策略以及企业文化；在协调上，及时传达国家和集团的最新政策及业务发展方向，协调各子公司有效服务于国家和集团的整体战略；在服务上，首先是服务好集团外事工作整体安排，在确保外事合规基础上组织落实集团领导的外事活动。

这些年，黄骧凭借坚定的理想信念、过硬的政治素养、严谨的工作作风、出色的工作业绩，以及强烈的事业心和责任感得到了集团领导、同事及合作过的所有人的高度认可。2011年，他光荣当选朝阳区人民代表大会代表。履职期间，积极为朝阳区改革发展和人民生活改善建言献策，推动中信集团与朝阳区的深度互利合作，树立中信负责任的国企形象。

## 建功中信，一颗匠心干事业

自1983年加入中信，从早期陪同荣毅仁老董事长出访，到改革开放初期引荐德国西门子、英国太古集团等外资公司拜访各政府部门、进入中国市场，黄骧参与了中信所有的大型外事活动，始终保持着精耕细作的工作风格。

这种风格充分体现在接待哈萨克斯坦首任总统纳扎尔巴耶夫的工作中。每次接待，黄骧总是细心了解总统的爱好、心情、口味等各种细微表现，及时调整各个细节，让总统体会到不同于官方活动的温馨氛围以及中信对他真诚无私的情感。虽然中信不是进入哈萨克斯坦市场最早的中国企业，更不是投资最多的中资企业，但多年来，纳扎尔巴耶夫每次访华期间，不论日程多么繁忙，都要专门抽出时间安排与中信集团的活动。他曾经真情流露地讲："我能感受到中信是用心在接待我。"这种用心体现的正是黄骧精益求精和严谨高效的工作作风。多年来，纳扎尔巴耶夫总统亲自关注并推动中信集团在哈业务的深化与拓展，使哈萨克斯坦成为中信在"一带一路"沿线业务的支点和样板国家。

中日关系自2010年后陷入低谷，面临邦交正常化以来最严峻局面，两国政府间交往几乎停滞，经贸合作不断下滑。在此特殊困难时期，中信发挥与日本企业界长期以来建立的互信关系优势，积极推动两国企业界沟通交流、增信释疑。黄骧积极奔走斡旋，利用多年工作建立起的核心人脉关系圈，在极短时间内高效完成协调组织工作，最终成功促成常振明同志率中国企业家代表团访日，与日本政府和经济界要员开展深入交流，在中日两国间引起不小轰动。此访也被称作是中日经贸关系的"破冰之旅"，中日关系中"以经促政"的典范之作。

这些年，黄骧平均每年接待高级别外国团组20多个，安排集团领导外事会谈360余次，多次接待哈萨克斯坦、白俄罗斯、乌兹别克斯坦、吉尔吉斯斯坦等国总统、总理访华。在国家外事主管部门的统筹安排下，他全程参与了当时未与我国建交的密克罗尼西亚总统访华接待工作，还参与了美国前总统布什、英国前首相撒切尔夫人和布莱尔、加拿大前总理克雷蒂安、美国前国务卿黑格和基辛格等有影响力的外国要人到访中信的接待安排工作。凭借丰富的接待经验和严谨的工作作风，每次都圆满完成接待任务，成功应对各种突发事件，得到国家领导人和集团领导的充分肯定。老布什总统在与时任国家主席江泽民会见时就曾表扬说：中信公司接待有经验。这不仅为集团赢得了各国元首、政要、商界精英的信任和赞誉，发展了中信集团与外国企业的务实合作，更切实履行了国有企业开展经济外交职能，增进了各国与中国的相互理解和信任。

## 奉献中信，一颗诚心做贡献

外事活动表面光鲜，但幕后基础性工作十分细碎繁杂，需要付出艰苦细致的努力。黄骧每场接待活动都坚持亲自实地勘察，每个环节、每项流程、每条路线都要反复确认、反复演练，不放过任何一个细节，不漏过任何一个漏洞，长期担负着高强度的工作任务。

20 世纪 90 年代初，在特殊历史时期和国际背景下，中信在中央指示下举办“中信国际经济论坛”，时任副总理朱镕基、新加坡前总理李光耀等国际政要和经济界人士出席，引起国内外广泛关注。为了这场意义重大的外事活动，黄骧和同事们在钓鱼台里一干就是一个多月，协调日程、研究活动方案、布置会场，每天都要工作到凌晨两三点钟。这样长期高强度的工作，让黄骧的身体承受了太大的负担，最终造成突发性心肌梗死，及时抢救才被从鬼门关拉了回来。这之后，他又经历了一次心脏大手术，但仍然保持深入实际、冲锋在前的工作风格，领导和同事们都劝他不要太拼，身体要紧。他却半开玩笑地说：“我也算在生死之间走过的人了，生死我无法掌控，但可以让自己多做一点力所能及的工作！”

加中贸易理事会成立于 1978 年，中信作为创始成员，致力于帮助会员了解中加贸易信息，建立商业联系，促进跨境业务。中信并不寻求短期利益，而是作为可信赖的伙伴帮助其进入中国市场，熟悉中国营商环境，进而促进中加两国企业界和民间的友好关系，这为鲍尔公司后来入股泰富、华夏基金等奠定了重要基础。黄骧在历次参与接待加前总理克雷蒂安、加拿大鲍尔公司访华中，都贯彻了这种“唯有这种长远眼光，方能交到真正的朋友”的理念，这让加方深受触动，也为中信与外国合作伙伴“先予后取，互利共赢，以诚为先”的交往方式树立了标杆。

正是在为中信壮大海外业务、服务国家经济外交信念的支撑下，也正是凭着这种外交无小事的敬业精神和职业素养，黄骧几十年如一日，勤勤恳恳奉献在中信外事业务的第一线，出色完成了一次又一次外事接待任务，迎接了一批又一批国际友人，不断对外传递和展示着中信作为中国国际化企业集团代表的形象与风采，也充分展现了一名外事工作老兵的思想觉悟和精神境界。

## 付临芳

# 集团投资管理信息系统建设的带头人

付临芳，女，汉族，中共党员，1975年10月出生，中信集团战略发展部总经理助理。作为战投委秘书处负责人，带领团队攻坚克难、从无到有设计构建了投资全流程管理的制度体系和信息系统，首次将分级分类差异化的管理理念落实在投资管理中，在集团加强投资管理顶层设计方面取得开创性成果。持续优化战投委决策机制，引入量化打分模型，填补了项目准入无量化标准和工具的空白，有效提升了投资决策科学化水平。优化董监事管理，选择20家子公司以负面清单方式聚焦人财物、明晰权责利，在提升公司治理质量和效益、深化国企改革方面发挥积极推动作用。2011年被表彰为中信集团优秀党务工作者。

付临芳作为集团战投委秘书处负责人，多年来带领团队在加强投资管理顶层设计、提升投资决策科学化水平、提升公司治理质量和效益等方面，勇于创新、积极探索，发挥了积极的推动作用。特别是在战投委决策机制中引入量化打分模型，填补了项目准入无量化标准和工具的空白，有效提升了投资决策科学化水平。

## 勇于探索，推陈出新

创新是中信发展的基因，作为一名19年的老中信人，付临芳深知这一点。大到参与投资管理顶层设计，小到具体业务细节推进，无不是带着创新的理念和思维一步步实现的。

集团战投委成立不久，付临芳受命负责战投委秘书处工作。作为集团投资管理的议事机构，她深知战投委的每一份决议对重大投资的“进”与“退”都起着关键性的作用，直接影响着集团发展战略布局。面对崭新的挑战，在集团领导的指导下，她开始启动战投委决策机制的建立和优化调整工作。

最初，战投委表决机制为议决制，为更加公平公正，调整为票决制。付临芳带领团队，深入分析集团不同业务板块项目特征，开创性地引入量化打分模型，根据各业务板块特点设定差异化权重，最终通过蜘蛛图的形式展示出来，项目优劣一览便知。为提升打分模型的可用性，细节处付临芳亦不放过，逐一推敲，每项指标必须有详尽的释义。量化评估打分模型从无到有，填补了集团投资管理在项目准入方面无量化标准和工具的空白。完善后的表决机制得到了集团战投委的充分肯定，认为引入打分模型是对原表决机制的进一步深化，使得投资决策更加体系化，科学管理水平显著提升。2017年又将“票决＋打分”的决策机制落实到信息系统中，上线战投委决策系统，实现战投委委员通过PC端和移动端实名登录、匿名投票，既进一步提升了投资决策的客观公正性，又解决了委员远程投票打分难题。

## 敢于担当，攻坚克难

中信集团作为一家综合性企业集团，业务结构复杂多元，这对总部加强顶层设计、做好管控提出了严峻考验。如何将集团领导提出的“分级分类差异化”管控要求落实在投资管理中，搭建完善适合集团特点的投资管理体系，成为摆在付临芳面前的难题。

付临芳带领团队对原有投资管理制度和管理逻辑进行了全面梳理，结合集团业务实际，搭建了由投资纲领、投资全流程管理、专项投资管理三层架构的制度体系，完成了分级分类差异化管理要求下的投资全流程管理闭环。新的管理体系一改过去仅关注投前审批，过于原则式、粗放式的管理方式，建立起注重投前准入、投中监督、投后评价的全流程管理模式，并分 8 个业务单元进行差异化的内容细化，更加适应了现代化综合性企业集团的管理要求。

随着投资管理改革的深入，加大授权势在必行，强有力的派出董监事人才队伍则是“放监并重”的重要保证之一。2019 年，战略发展部机构改革后，“充分发挥派出董监事在公司治理中的作用”的重担落在了付临芳的肩上。时间紧，任务重，她再次带领团队踏上征程，调研国投集团等外部企业管理理念，学习相关部门管理经验，研究集团派出董监事履职现状。最终以派驻公司实际运行中的重点问题为导向，设计建立董监事后备人才库，对 20 家重点子公司逐一梳理建立负面清单，形成了派出董监事管理优化方案、颁布实施了《管理办法》和《负面清单及重点关注事项》，为集团建设一支专业化的派出董监事队伍奠定了坚实的基础。

## 勤于尽责，精益求精

投资管理改革进入深水区，推进工作除了要有攻坚克难的气魄，还要有手捏绣花针的精细态度。投资管理改革工作直接影响着集团及各子公司的投资活动，不动则已，动则千钧。

在建立投资管理制度体系的过程中，付临芳总是带领团队反复征求意见、认真推敲细节。在开发战略与投资管理系统时，先后梳理出 12 大类投资项目 168 张基础数据表单，对其中 1100 多个字段逐一推敲，标注指标说明。为稳步推进制度体系和信息系统搭建，还使用周会、月会、专题会加里程碑汇报的工作方式“步步为营、稳扎稳打”地推进项目进展。如此复杂管理体系的最终落地，与她对投资管理改革“心中一团火、办事一门清”是分不开的。回想那段时间，听到她急匆匆的脚步声，就知道她又去召开沟通会了，部门内的同事都笑称“她不是在开会，就是在去开会的路上”。

在战投委工作上付临芳亦是精益求精、尽心尽责。秘书处团队在她的带领下，统筹安排、严格把关，做到历次会议组织及相关流程“零失误”。2017 年冬季，因工作需要临时将战投委会议地点改到外地，又追加了一个紧急项目，她经过短暂的思考，迅速做出了团队分工，协调总部和现场的同事协作完成了会议准备，自己也工作到凌晨，确保各细节万无一失。2019 年春节前夕，遇紧急项目需临时加开战投委会议，在临近年关处内人手紧张且项目重大保密的情况下，她毅然放弃自己的出国休假计划，尽心尽责地完成组织安排并推进项目按时完成相关程序。她认为，“这就是中信人应该秉承的工作态度”。

## 甘于奉献，薪火相传

付临芳对工作始终兢兢业业，对同事对团队亦是细心负责。她深知中信四十年的事业，靠的是“江山代有才人出”的优秀团队。

对于团队中的年轻同事，从进入集团时她便耐心引导与培养。“战投委无小事”“养成良好的工作习惯”是她常挂在嘴边的话语，加班时她更是与同事齐心协力、共同奋战，从不当“甩手掌柜”。多年来，她坚持每年多次与团队中的同事一对一谈心，从亲历的中信故事到中信文化传承，从年轻人的业务能力发展到职业规划、从个人成长到人生目标……犹如一位悉心的师者，传道解惑；又如一位贴心的姐姐，娓娓道来。“你们的职业生涯还很长，把自己的本领练得过硬，是永远都不会错的”，她常对团队中的年轻人这样说，“打铁还需自身硬”，她更是这样要求自己的。

2017年江阴战投委会议，是战投委第一次在外地开会，她克服手指骨折带来的不便，打着支具、带领年轻同事赶赴现场组织会议，会议如期举行，项目顺利推进。这些年来，她以勇于开拓的创新精神、攻坚克难的敬业精神、精益求精的作风态度，为团队树立了中信精神的榜样。

## 尹菲菲

# 财务管理条线的“螺丝钉”

尹菲菲，女，汉族，中共党员，1979 年 11 月出生，中信集团财务部财务管控处处长。2010 年被抽调至集团改制上市办公室并兼任审计小组唯一对接人，参与完成集团及下属 29 家企业改制审计工作，带病熬夜加班，完成股份验资及后续建账等多项工作。2014 年中信股份上市时，带领仅有 5 名成员的报告团队只用四个月完成境内外双语、双准则的三年合并财务报告、通函财务资料等多项上市工作。在市场无可比案例情况下，组织建成集团首例拥有自主知识产权的合并报表系统。持续优化财务报告披露管控体系，集团超 1700 家并表单位的三层架构合并财务报告保持“外审零调整”，多次获国家财政部表彰。曾荣立个人三等功。

"It's my great honor to be as part of CITIC. CITIC is like a big battleship. And when the ship finally gets to the harbor, we will all safely get home！"每当回忆起自己在应聘中信集团财务部的最终英文面试环节的回答时，尹菲菲都记忆犹新。入职 13 年来，尹菲菲始终以饱满的热情践行着“与中信风雨同舟”的初心，坚守岗位，勤勉尽责，勇于担当，开拓创新，发挥专业能力，与团队并肩战斗，以实际行动印证了对中信事业的无悔忠诚。

## 立足本职，勇于担当不服输

作为中信的同龄人，尹菲菲有着深深的中信情结，“与中信共成长”成为支撑她数次勇挑重任的信念和力量。加入集团财务部后，尹菲菲被分配到财务报告信息披露岗位，由于集团业务及股权架构复杂、层级多，这个岗位承担的都是难度高、负荷重的技术活儿。她坚持从点滴学起做起，白天向同事虚心讨教，晚上和周末恶补集团历史资料。凭着一股子不服输的拼劲儿，她在短短三个月时间里就独立挑起了当时拥有近 2000 家并表单位的集团合并工作。靠着不断思考和总结经验，她对集团近 2500 笔对账交易按照性质进行梳理和归类，入职当年编制的集团财务决算报表即获财政部先进单位表彰。

2006 年，集团启动年报信息披露优化项目。尹菲菲在研读大量上市公司年报、梳理资本市场监管政策基础上，组织审计师开展研讨，结合集团业务实际制订了分步实施的财务信息披露优化方案。经过三年的不懈努力，集团年报财务章节内容较项目启动时丰富了三倍，受到监管机构、债权人和评级机构的肯定。

2010 年集团启动重组改制工作，在公司发展进程中具有重大的里程碑意义。尹菲菲作为业务骨干被抽调至改制上市办公室。由于集团资产形成历史久远，混业经营和投资情况复杂，全辖 64 家一级子公司下属超 10 个层级的企业投资需要逐一确权、核定账面价值，时间紧、任务重。尹菲菲白天积极协调中介机构讨论会计处理，晚上与改制办同事开会讨论尽调问题和应对方案，当回到自己办公桌前开始审阅财报数据等本职工作时，往往已是后半夜了。在查找原始资料、核对历史账目工作中，从处室档案到跨部门会议纪要，从打印文件到80年代的手抄稿，只要是能寻到蛛丝马迹的“边角料”线索，她都不轻易放过，逐一整理形成完整的投资记录。

改制工作刚开始不久，只有8个月大的孩子患上了肺炎，但尹菲菲却无暇照顾。为了全身心投入工作，她忍着千般不舍将孩子送回老家，直至中信股份正式成立才又接回身边。其间由于超负荷连轴工作，尹菲菲身体出现持续出血状况，但她都忍着没跟任何人说，直到完成上市报告初稿后才向领导请假看病。大夫让她卧床休息两周，可她只在家躺了三天就返回到工作岗位上。

在中信股份第一个年度业绩发布会上，当看到团队夜以继日奋战的报告顺利发布时，坐在台下的尹菲菲百感交集，泪水湿润了眼眶：她由衷地为中信、为财报团队感到骄傲，为家人给予的理解和支持感恩，为自己付出的努力感到自豪！上市后，她又携团队优化财报披露管控体系，集团超1700家并表单位的三层架构合并财务报告始终保持“外审零调整”，多次获财政部先进表彰及国际卓越年报奖励。由于贡献突出，尹菲菲个人也被集团授予三等功。

## 创新进取，不计得失讲奉献

干一行就爱一行。尹菲菲一直坚守着对岗位的热爱与执着，真抓实干，边干边学，积极参与集团财务管理工作。

2013年，她与另一名同事被抽调至中信股份信息披露系统建设工作组兼职推进财务报表合并系统建设。由于集团关联往来频繁，市场上无借鉴案例可循；多层母子公司上市架构及复杂的资本交易，需满足极高的合规监管要求，合并系统建设面临多重挑战。尹菲菲和搭档在处室领导带领下，积极探索建设方案，推动落地实施，仅用4个月就完成了集团首例拥有自主知识产权的合并报表系统开发上线工作，实现了多业态、多币种、多准则合并报表的全流程自动编报，并用两年左右时间完成了“集团全覆盖”的规划目标，财务信息披露管控效率大幅提升。

2016年至2017年，尹菲菲与相关同事组成工作小组，推动创建了集团首个覆盖经营管理、聚焦外部对标、追踪市值动态、支持风险预警的财务分析统一管理平台，为助推财务信息化实现飞跃发挥了重要作用。系统建设和运维涉及大量的数据检测与审核工作，她和团队就熬夜排查页面展示问题，确保了数据的及时推送和发布。

尹菲菲常年保持高强度的工作状态，同事们亲切地送她"拼命三娘""铁娘子"的称号。入职以来，她没有休过一天探亲假、婚假和哺乳假，年假和加班倒休也往往因工作需要而作废，但她却从无怨言，并多次抵御住外部更优渥工作机会的诱惑，坚守在集团财报岗位上。担任处长后，她继续带领团队奋战在业务一线，由于长期劳累，身体落下了病根儿。2017年底，她在被查出患有贫血症需要手术时，仍将工作放在第一位，手术排期一拖再拖，直到2018年3月底完成年度业绩发布后才向领导告假。每逢员工考核及评优时，尹菲菲总是不计个人得失，主动把名额让给团队中的青年员工，体现了一名新时代共产党员应有的思想觉悟和奉献精神。

## 严以律己，以身作则树新风

入职以来，尹菲菲时刻以共产党员的标准严格要求自己，重视思想政治理论学习，力求在“恪尽职守、建设中信”中体现自身价值；积极发挥“党员排头兵”的模范作用，维护公平与正义，身体力行地在团队中树立起“脚踏实地、雷厉风行、勇于担当、团结互助”的工作作风。日常工作中她积极引导团队树立大局观和服务意识；通过“传、帮、带”等方式帮助提升员工的独立作业能力，给予大家充分的信任，通过业务实践加强自信和集体荣誉感，保持高昂的团队战斗力。

2014年，尹菲菲兼任中信股份上市审计对接人，积极推进相关工作。集团三层架构下许多交易事项的会计处理都没有现成的案例可循，被审计师誉为“从业史上第一难”的项目。她和仅有的5名团队成员一起抢时间攻坚克难，始终抱持积极乐观的态度，努力寻找突破口，组织外部专家评估各种方案的利弊，只要是在合规前提下对集团有利的，哪怕只有一线希望都不轻言放弃。三层架构决定了合并财务报告需要在境内外会计准则间反复做大量的调整工作。尹菲菲和团队对财务报告的科目和披露方式逐项进行梳理，通过扎实、翔实的分析比对工作确保了三层架构间财报数据的协调一致；在完成法定披露等日常工作的同时，仅用4个月就编制完成了中信股份境内外双语、双准则的三年合并财务报告等上市资料，多项工作技术成果至今都被审计师用作经典培训案例。

千帆过尽，留驻芳华！作为财务战线上为集团发展热血奋斗的众多员工中的一员，尹菲菲以坚定的信念、无私奉献的精神、饱满的工作激情和对中信事业的热爱，在财务岗位上尽情挥洒着自己的无悔青春，以实际行动诠释着“中信梦”的内涵。

## 侯梦夕

# 库务信息化建设年轻人的代表

侯梦夕，女，汉族，1989 年 4 月出生，中信集团库务部库务信息化建设项目经理。在 SunGard 资金系统研发工作中，她针对集团灵活多变的业务场景需求，开创性设计出净值类产品维护方式，显著简化了多条业务流程，解决了 SunGard 在集团的场景应用问题。作为库务信息系统负责人，积极创新突破，带领团队科学设置库务业务四大板块，拆解并有机关联 305 个库务词条，打通了库务内部各业务条线的数据链路，子公司普遍反映系统易用好用。先后赴中信戴卡、中信金属、中信建设等 54 家集团非金融子公司开展实地调研和沟通，组织开展库务信息系统上线培训会，为成功推进库务信息系统建设奠定了坚实基础。

她是库务信息系统建设条线一名年轻的“老兵”。说她年轻，是因为1989年出生的她，是个刚满30岁的“准90后”；说她“老兵”，是因为这些年经过SunGard资金系统、库务信息化建设等重大项目历练，她已经从一名归国学子，成长为相关领域名副其实的行家里手。她就是集团库务信息化建设项目组的一线负责人侯梦夕。

## 转换角色，在参与应对“钱荒”中崭露头角

2013年6月，市场出现罕见的“钱紧”状况，同业拆借市场利率不断刷新银行间市场成立以来的历史纪录。多家银行爆出流动性紧张、发生资金违约等传闻，一时间金融市场充斥着焦灼和不安的情绪，中信集团的流动性管理也面临着严峻挑战。当时，集团总部仍处于手工头寸管理的艰难时期，没有任何业务系统支撑。面对实时跳动的市场报价、频繁进出的大额头寸，流动性管理业务团队面对的是一场艰辛异常的战斗。

初入职场的“新兵”侯梦夕还没褪去新鲜感，就奔赴“战场”，快速上手担起了人民币资金计划和资金运用等流动性管理工作。资金无小事，侯梦夕时刻紧绷一根弦，她常常不厌其烦地为了0.05%的差异与10余家银行客户经理据理力争，只为争取一个对集团更有利的报价；她常常放弃自己中午休息的时间，反复核准经手的交易单据和合同信息，只为尽快完成下午的款项划拨流程，为交易生效争取时间；她每天往返于工位和银行柜台之间，在没有网银的现实条件下，做到账上头寸心里有数；她还利用大额交易系统关闭后的时间，设计了资金日动态监测表等一整套流动性管理监控报表，为头寸管理保驾护航。

面对每天千头万绪的工作，侯梦夕没有一句怨言，她笑言当时是“把集团的钱当成自家的钱在管”。每次款项平安到账，她的心里就踏实一分；每次多谈出一笔收益，她就觉得又为集团大家庭多出了一份力。通过稳扎稳打、步步为营的工作，一次次化险为夷，出色保证了集团总部资金的安全性、流动性和收益性。

## 主动请缨，在探索 SunGard 资金系统中快速成长

2015 年，在中国数字经济浪潮风起云涌、互联网与新科技不断为传统经济赋能之时，集团决定借鉴中信泰富建设资金系统的成功经验，引入 SunGard 资金系统，解决长期依靠线下手工运作资金的难题。侯梦夕怀着力图改变资金管理手工操作的信念，凭借着对金融科技的了解和爱好，主动请缨加入了这个系统上线小组。

进入小组后，侯梦夕在悉心研习 SunGard 系统的先进性和严谨性过程中，敏锐觉察到 SunGard 一成不变的程序化特性与集团灵活多变的业务场景之间的矛盾。如何解决这种“水土不服”症状，是削足适履地机械应用还是因地制宜地大胆改造？在深入思考和全面比对以后，侯梦夕逐渐有了清晰的答案：“既然我对不同类型资金产品的特点都很熟悉，为什么不在系统的本土化、中信化上做一些尝试呢？”

为了实现这个灵光一现的念头，侯梦夕下决心“摸着石头过河”，做 SunGard 系统中信化的开路先锋。自那时起，她废寝忘食地全身心投入其中，积极摸索集团投资业务与 SunGard 系统的契合方案。她广泛查阅历史档案，穷尽各种投资情境，并与项目组同事、SunGard 实施人员反复进行方案探讨和流程推演。功夫不负有心人。经过一个多月的艰辛努力，侯梦

夕编写了7套操作手册、模拟出24类业务场景，开创性地设计出原本无法直接实现的净值类产品维护方式，显著简化了多条业务流程，有效解决了SunGard在集团的场景应用问题。这个丰硕成果让领导和同事眼前一亮，也对这个敢闯敢干的小姑娘刮目相看。

## 勇于担当，在推进库务信息化中担纲领衔

2017年10月，集团成立库务部。为全力推进集团库务体系建设，建立一个有效联结集团总部和子公司的库务信息系统刻不容缓。侯梦夕这个“准90后”，被委任为集团库务信息化建设项目组的一线负责人。

库务系统在国内属于新生事物，定制化色彩浓且操作灵活多变。建设全集团库务系统和建设总部资金系统不同，中信层级架构复杂，产品业态多样，子公司实际情况和系统需求千差万别，照搬照抄其他产业性央企或金融机构的资金系统根本不可能。如何探索一条适合中信的库务系统建设道路，成了最大的难题。标准不统一、数据不完备，与各单位几轮沟通下来，工作几乎毫无进展，侯梦夕感受到了巨大的压力。这个时候，部门领导给她讲了这样一段话：“在系统建设过程中，要有‘用户意识’，少讲一点‘管理监督’，多做一些‘服务支持’，真正把子公司当成自己的客户、部门的客户，以服务支持子公司的真诚态度，强调集团与子公司相向而行，一件事情接着一件事情办，一步一个脚印，稳步实现库务信息化建设目标。”这番开导让侯梦夕克服了畏难情绪，坚定了工作信心。她拿出了“蚂蚁啃骨头”的精神，利用空余时间调研54家集团非金融子公司，向近10家资金系统厂商虚心求教，通过逐步摸索，开创性地提出在集团总部系统搭建库务数据标准统一的中台管理系统，并逐步联结各子公司自有资金系统的系统架构设想，得到了领导和同事们的认同。

时间紧任务重，在无例可循的情况下，头一次当项目经理的侯梦夕凭着一股子不服输的劲头，充当着多面手的角色，开启了从零起步快速搭建一套全级次覆盖子公司的库务中台系统的艰难征程。当项目出现厂商关键人员扛不住压力，出现离职危机时，侯梦夕就扮演起大姐姐的角色，接纳

对方的情绪压力，主动分担对方工作，不计较得失；当各业务条线同事对于数据治理进行质疑时，侯梦夕就从集团整体利益出发晓之以理，说服他们改变和调整原有的管理理念和惯性要求；当子公司对库务系统抱有观望畏难态度时，侯梦夕又成了运维客服人员，亲切为大家答疑解惑，耐心指导。

那段时间，早出晚归是正常节奏，披星戴月是真实写照。然而，努力从来不会被辜负。经过数月艰辛努力，侯梦夕和项目组同事们一起，将库务业务区分为三大板块，拆解出 305 个库务词条并有机串联，打通数据链路，为库务统计分析提供了强有力的数据支撑。中信集团第一个覆盖全级次合并报表单位的库务信息统计系统就此诞生，这项极富挑战性的工作整体推进顺利，多次得到集团领导的肯定和表扬。正是在这一次次直面挑战、担当作为中，侯梦夕一步步成长为新一代优秀中信人。

| 党　杰

## 中信援藏工作先行者

党杰，男，汉族，中共党员，1961 年 11 月出生，中信集团人力资源部巡视工作处高级资深主管。在中信集团工作 25 年，2002 年作为中央企业和集团首批援藏干部赴藏工作 2 年。无论在哪个工作岗位，他都积极发扬中信风格，主动担当作为。在西藏工作期间，他克服高原性脱发、牙床萎缩、高血压等高原病影响，协调完成申扎县中信大道建设、畜牧交易市场主体建设等项目，开创性建立援藏工作机制，为集团对口援藏工作打下良好基础，得到当地政府充分认可。近年在身体罹患重疾情况下依然忘我工作，直到 2018 年底被检查确认为重症晚期才停止工作接受治疗。2002 年、2003 年连续两年被那曲市申扎县评为优秀公务员，曾荣立三等功 1 次。

“集团股权董事们又去申扎了，咱们援建的藏医院也有雏形了……”6月6日，在301医院，手机上一条题为《中信集团调研组赴申扎县调研援藏工作》的新闻，引起了一位输液病人的兴奋。

他是党杰，中信集团第一批援藏干部。2002年和2003年，援藏期间的党杰连续两年被评为“优秀公务员”，后被推荐到中央组织部参评“对口支援西藏先进个人”。

## 攻坚克难、开拓进取：万水千山只等闲

走出申扎县政府大院，就进入了中信大道。这条南北走向的公路纵穿县城，被当地人叫作“中信路”，当年主抓修路工作的人正是党杰。每次遇到中信到访的客人，县政府的老人儿都会打听一句：“给我们修路的党县长，还好吗？”

2001年，中央第四次西藏工作座谈会召开，中信集团积极响应党中央、国务院的号召，启动对口支援申扎工作。2002年7月，作为中央企业和中信集团首批援藏干部，党杰挂职任西藏自治区那曲行署副秘书长，申扎县委常委、常务副县长。

“第一次选派援藏干部时，上级要求从集团总部选派人员。发出通知后，职能部门没人报名。我们主动找到一些部门反复动员，大家仍表示对到高原工作有顾虑。”时任人事教育部主任、集团援藏工作领导小组副组长的郭克彤回忆，“在这种情况下，经人事部领导研究后，由我找党杰谈话，希望他能够承担首批援藏任务。党杰与家人商议后，很快表示服从组织安排，保证完成任务。”

申扎县平均海拔高达4800米，全年最低温度接近零下40摄氏度，空气含氧量仅为内地的一半。对援藏干部而言，离“死亡”很近。在西藏，一次稍过量的运动、一场兴致高的饮酒，甚至一次不经意的感冒都可能导致死亡。据了解，那曲市每年牺牲的在职干部占比约为0.2%，数量为30 ~ 40人。在这样的环境下，党杰一干就是两年，其中20个月在申扎县

工作，保持了极高的在岗率。

“老党血压一直在 180、190 的高位，经常流鼻血，下了车往路边一站，血就吧嗒、吧嗒地往下滴。太不容易了！那真是条汉子！”谈到党杰，原申扎县委书记雷友建老泪纵横，“现在政策宽松了，许多援藏干部更多在拉萨工作，在县里待的时间其实没多少。”

面对陌生环境，党杰主动学习藏语，融入藏族群众；面对长年寒冷气候，党杰自己烧牛粪取暖；面对藏民群体冲突，党杰冷静妥善处理。不过，论起为党杰赢得了申扎群众口碑的，要数“中信路”。

2003 年夏天的那场大冰雹，让党杰记忆犹新：“冰雹太大了，把路都砸坏了。施工队的人想弄点水泥对付一下，被我发现后，当着他们面我就拿镐把路刨了。我告诉他们，这条路是县城百姓的生计，是中信的脸面，必须保证质量！”

在党杰的积极推动下，中信大道项目的建设始终保持了较高标准并按期完成。

“中信大道的竣工，结束了申扎县城无城市公路的历史，也标志着中信援藏项目建设取得了首个实质性成果。”党杰介绍。

长期的驻县工作给党杰的身体健康带来了不可逆的巨大损害：入藏仅半年就减轻了近 30 斤体重，患上了高血压病，陆续出现高原性脱发、牙床萎缩、牙周炎加重、记忆减退等症状，三颗牙齿先后脱落……

## 认真负责、勤勉奋发：于无声处见精神

从离退休服务到信息签证，从干部任免到巡视巡察，从人事教育部到党委巡视办，从中信到申扎，不论在哪个工作岗位，党杰都始终如一、兢兢业业，认真奋战在繁杂的工作一线。

“援藏回来，党杰没有患得患失，没有向组织要职务要薪酬要待遇，为后来的援藏干部做出了表率。”从党杰手里接过援藏干部选派和考核工作的苏斌如此评价。

“即便是整理历史文件和调整领导人员花名册这些具体的事务性工作，

他也能够多年如一日地、一丝不苟地完成，确保毫无差错。”一起共事过的杨杰，对党杰的严谨认真印象深刻。

要贯彻落实“发现问题、形成震慑，推动改革、促进发展”的巡视工作方针，巡视干部必须敢于担当、敢于碰硬。从参加集团党委第一轮巡视至今，党杰始终坚持问题导向、直面问题。

“老党不仅敢于坚持原则，而且敢于直面问题，这一点特别明显，着实难得！”集团党委组织部部长助理、巡视工作处处长孟庆波高度评价。

不仅对本部门的工作认真负责，对兄弟部门的工作，党杰也非常热心。

“2009 年，集团原监察部准备启动党风廉政建设责任制检查工作。当时还在任免处的党杰同志，多次来监察部与我们面对面深入研究，提供了极大帮助。”时为监察部干部的邬新普对党杰的责任心印象深刻。

提起党杰的工作劲头，入院前一直与其奋战在巡视一线的蔡翔有钦佩也有感慨：“老党工作忘我！在已经持续发低烧的情况下仍坚持工作了一个月，直到住院进行系统检查，他才被迫停止工作。”

“党县长一个人在这儿，下班了不喝酒也不参加应酬，就是回屋子里去，到底干啥呢？”一位申扎县办公室的工作人员回忆，当年自己心底经常产生这个疑惑，直到接待武清芳时偶然提起，他才明白：“原来党县长在读《毛泽东选集》。”

“在申扎援藏的两年，除了工作，还通读了四卷《毛泽东选集》。”党杰回忆，“申扎工作很难，有时也有困惑。学习《毛泽东选集》，在精神上给了我很大鼓舞。”

## 培育家风、笑战病魔：宝剑锋从磨砺出

因为共同的从军经历，党杰和武清芳组成了典型的军人家庭，几十年里，二人恩爱支持、聚多离少，党杰援藏的两年二人的分离时间最久。为了支持和关心丈夫，2003 年，武清芳不惜冒险进入申扎。

忍受高原反应带来的严重不适，拎着簸箕帮丈夫清理冰雹，在陪丈夫赴县电厂时遭遇“水淹汽车机盖”的危险……种种经历让武清芳更加理解

丈夫的辛苦："我在县里不过待了十几天，一些援藏干部就喊我'女英雄'。和老党在县里实实在在的600天比起来，他才是'真英雄'！"

党杰还以自己的实际行动，深深影响着儿子党昇对"家国情怀"的理解："出国留学时，父亲和我'啰唆'很多遍：送你出去是师夷长技，学成之后一定要回来建设祖国；父母在哪里，家就在哪里。"

"党杰管孩子就像带兵。"作为家风家教的见证者，武清芳如此评价："党昇摔倒了，从不允许大人去扶；1岁10个月，党昇就上了幼儿园小班；6岁那年，党昇在发烧的情况下，仍独自跟随北京电视台编导去上海比赛；15岁时，在结束中考第二天，党昇就独自坐飞机到昆山找中央电视台节目组接任务；五年的美国学习期间，我们一次都没探望过党昇……"

尽管家教严格，党昇却为父亲感到非常骄傲："父亲的家庭责任感很重。自记事起，我从没见过父亲喝得酩酊大醉。家里长辈的任何事情，爸妈都冲在最前面。"

在治疗疾病的近一年时间里，尽管经历诸多病痛和困难，党杰仍然积极乐观、努力配合治疗。"我得好起来，我还要工作，这样才能不辜负关心我、帮助我的人。"党杰说。

夕阳西下，暮色降临，结束一天治疗的党杰翻开了一本摊放在枕边的文件夹，里面是厚厚的一沓巡视工作资料，而封面标签上则是手写的32字"中信风格"——遵纪守法、作风正派、实事求是、开拓创新、谦虚谨慎、团结互助、勤勉奋发、雷厉风行。

"当前，正在开展的'不忘初心、牢记使命'主题教育，要求党员干部对照先进典型、身边榜样找差距，坚持高标准、严要求，有的放矢进行整改。党杰同志就是我们身边的好党员、好干部、好同事、好榜样。"集团人力资源部总经理、党委组织部部长、党委巡视办主任邵永生认为，"在深入开展主题教育之中，在迎接集团成立四十周年之际，学习党杰同志顾全大局、忠诚担当的政治品格，兢兢业业、任劳任怨的工作作风，恩爱和睦、勤学恒学的家风学风，对加强组织人事部门干部队伍建设具有重要的现实意义。"

## | 陆　隽

# 勤勉敬业的审计人

陆隽，男，汉族，中共党员，1980 年 10 月出生，中信集团稽核审计部业务一处处长。先后赴全国 18 个省市和海外多个国家，克服出差时间长、工作强度高、条件艰苦等不利因素，严准细实完成审计任务 50 余项，为集团审计事业做出重要贡献；积极钻研业务，获中国注册会计师、国际内部审计师和高级会计师等多项职业资格和技术职称，并将先进审计理念和新的工作方法运用于内部审计，提高了审计效率，取得了较好效果；努力发挥传帮带作用，促进团队整体能力提高；作风过硬、严于律己，树立了审计人员的良好形象。2011 年获评集团“优秀共产党员”称号。

“陆隽是真心热爱审计。”这是部门领导和同事给予陆隽最多的评价。始于热爱，终于责任。加入集团稽核审计部以来，陆隽坚守为企业持续健康发展保驾护航的信念，用奋斗书写青春，用汗水铸就梦想，在内部审计岗位一干就是11年。他充分发挥专业优势，出色完成50余项审计任务，涉及工程房地产、制造业等多个领域，为不断优化公司治理做出了积极贡献。

## “把每一次审计当作第一次”，他在勤学善思中转换角色

“每次接受审计任务，我都把它当作第一次。”陆隽时常这么讲。之所以这样，是因为审计的领域不同、单位不同、重点不同，情况就千差万别。所以审计人员需要极强的学习能力，不仅要精通审计方法，还要在短时间内熟悉被审计单位的行业特点和业务模式，这样审计结论才会客观公正、不脱离实际。

刚到稽核审计部，陆隽就被分在对口工程房地产板块的处室，这对一直从事制造业外部审计工作的他来说，无疑有很大的难度。面对从外部审计向内部审计转型以及中信集团行业多、业务新的挑战，生性好强的他没有退缩，他相信只要加倍努力，就能够尽快适应新的工作。白天，在紧张的审计工作现场，他充分利用每一分钟时间，向审计组其他同事学习内审工作方法，了解被审计单位实际情况。中午，在同事们都午休的时候，他把有关资料拿出来反复梳理学习、认真思考总结；晚上，在紧张工作一天后，他回到住地挑灯夜战，研究工程房地产业务的行业特点，学习工程的相关知识。正是靠着这种“挤海绵”的方法，一个审计项目下来，陆隽已经熟悉了房地产业务的整个流程和管控模式。

随着集团各项业务快速发展，审计工作面临的新课题也越来越多。2019年元旦前夕，陆隽临时受领一项海外审计业务，从未执行过境外审计任务的他，又面临新的挑战。接到任务后，他取消了与家人约定好的旅行计划，退掉预订好的机票和酒店，全身心投入到审计工作中。不懂海外审计业务，就盯住审计重点从头学起；不明国外法规，就抓紧搜索资料恶

补知识。凭着一股不服输的劲头和夜以继日的加班学习，他在短短的一周时间内做足了准备工作，缩短了审计现场时间，圆满完成了首次海外审计任务。

十多年来，正是坚守着“把每一次审计当作第一次”的理念，陆隽一次次出色完成任务，既得到了部门同事的充分认可，也受到了被审计单位的尊重和肯定。

## “把每一个难题当作突破口”，他在敢挑重担中创新突破

“陆隽不是在出差，就是在出差的路上。”这是陆隽一位同事对他的评价。这些年，他审计足迹遍布国内 18 个省市，远至海外多个国家。无论是尘土飞扬的建设工地，还是机器轰鸣的车间厂房，总能见到他的身影。在炎热的安哥拉，他顶着烈日盘点库存钢材；在寒冷的阿克套，他冒着风雪清点生产机器；在偏远的山区，他坚持到一线检查工厂经营情况；在千米深的矿井，他直接到现场考察项目安全状况。靠着这种不畏困难、不惧艰辛的精神，他在一线掌握了真实情况，为做好后续审计工作奠定了坚实

基础。

审计工作中经常碰到难缠的“拦路虎”。在一个被审计单位业务复杂且分支机构较多的审计项目中，审计组的现场任务较为繁重，加班情况严重。作为组长，陆隽经常在大家回去后继续在宾馆工作到深夜12点，仔细分析问题线索，研究工作方案。由于条件艰苦和高强度工作，陆隽患上了急性肠胃炎，但那时正是破解重要审计线索的关键时候，他顾不上休息，强忍身体不适，与有关人员开展访谈，一直从早上8点半谈到晚上8点，终于取得了实质突破。

“严、准、细、实”是陆隽对自己的要求，也是破解难题的“四个法宝”。严就是严肃认真，严格落实法律法规和规章制度，坚持按照审计程序办事，把问题查深查细查透，做到不留死角、不走过场；准就是准确无误，审计报告中反映的每一个数据，都要组织审计小组进行多轮复核，确保数据的准确性；细就是严谨细致，审计工作稍有疏忽就会出现差错，必须磨炼细心和耐心，努力把工作中可能出现的差错降到最少；实就是实事求是，审计报告要对集团负责、对被审计单位负责，经得起历史的检验，提出的问题要客观公正。

中信集团行业多，子公司业务发展迅速，陆隽认识到只有技能过硬才能满足工作需要，他利用业余时间钻研业务，更新专业知识，获得了中国注册会计师、国际内部审计师和高级会计师等多项职业资格和技术职称。他注重创新审计方式方法，“向大数据要资源，向信息化要效率”是他秉持的审计理念。在对某企业的审计中，由于ERP系统数据量大，通过抽样方式筛查疑点如同大海捞针，他组织团队开展大数据分析工作，通过建立分析模型，迅速从海量生产数据中找到了问题疑点，精准确定了审计思路，大幅提高了审计效率。

## “把每一份工作当作事业干”，他在躬身为梯中无私奉献

把工作当事业、把岗位当战位，是陆隽始终坚守的一个信念，也是他自觉践行的行为准则。对组织分配的工作，他从来不讲条件、不考虑个人

得失。内审工作中，他经常刚结束一个项目，又启程奔赴下一个审计现场，很少有时间陪伴家人；执行审计任务期间，常常是每天工作十几个小时。他有个习惯，随身携带电脑，无论是生病在家休养，还是春节在外度假，只要有工作需要，随时随地都能打开电脑进入工作状态。

繁重的任务常与苦累相伴。一次对某企业专项审计期间，正值陆隽妻子生产。等在产房外的陆隽，内心非常煎熬，既紧张期待与心心念念的孩子见面，又放心不下单位的审计工作。为了了解专项审计涉及的一些复杂问题，在孩子临产前他还赶着给被审计单位打了个电话，仔细过问有关情况，差点错过在第一时间与孩子见面的机会。孩子出生第二天，他立即像平时一样，提着电脑赶回单位投入紧张的审计工作。在“小家”和“大家”的选择题上，他毅然决然地选择了后者。

审计工作往往需要团队作战，作为处室负责人，处里同事不论谁有困难，陆隽都会主动伸出援手，给予无私的帮助。他以高标准严格要求年轻同事的每个工作流程，及时了解年轻同志的思想动态，帮他们排忧解难。他还经常把自己的一些实践总结提炼，以开放的心态参与部门的交流活动，毫无保留地与大家分享，促进团队整体能力的提高。在他的帮助和带领下，许多年轻同志取得明显进步，迅速融入团队，成长为部门的骨干中坚。

## | 陈　俐

## 敬业尽责的信息化工作者

陈俐，女，汉族，中共党员，1972年10月出生，中信集团信息技术管理部应用管理处处长。参与集团总部早期管理系统的建设和推广以及原商贸公司ERP系统、售楼和成本系统、中信重工ERP系统建设。2011年在中信建设挂职期间，带领IT团队协调多方资源，从工程承包行业、ERP软件、国际网络资源、成功案例等多个维度对ERP系统可行性做了深入研究，帮助公司逐步推出合同评审、立项审批、IT设备申请等20多个电子化流程，完成子公司办公平台整合上线，量化了系统实施的风险和效益。积极推进集团核心管理系统建设，带领团队加班加点，基本完成信息系统对集团总部职能领域的全覆盖。

陈俐是中信集团信息化工作条线的一名“老兵”。从2000年进入中信集团起，她已在信息化领域摸爬滚打近20年。多年来，她敬终如始、兢兢业业，参与实施了集团和子公司20多项信息化建设项目，建立了横向贯通、纵向延伸的综合信息平台和良好数字化应用环境，基本实现了信息系统对集团总部职能领域的全覆盖，为集团实施数字化转型奠定了坚实基础。

## 不畏挑战，迎难而上，她在勤学苦练中提升本领

加入中信之前，陈俐对中信没有太多了解。一个偶然的机会听到中信正在筹建网站，凭着网站项目和智能化管理经历，她应聘进入中信集团。任职后才发现，中信集团的规模和复杂度远超自己的想象。更加出乎意料的是，她一入职就被派去做财务系统的管理和推广。这对于毫无财务背景知识、从没接触过财务系统的陈俐来说，显然是很大的挑战。

生性好强的陈俐没有退缩，更没有向领导说过一句“不行”。她一边查财务会计基本概念，一边看财务系统功能和报表编程说明，抓住一切机会与财务人员到子公司了解业务，几乎跑遍了所有的一级子公司。靠着这股劲儿，她硬是从财务系统建设的“门外汉”和“生手”，成为业务人员和开发商眼里的“老手”。很多时候，陈俐经常在财务人员屋里一待就是一天，常说的一句话就是“行，我想想办法看”。

踏实肯学的态度和独当一面的能力，使陈俐参与的项目越来越多，很快她就被选派支持子公司业务系统建设。当时很多非金融子公司都是第一次建设业务系统，商贸公司的ERP系统、地产的售楼和成本系统、中信重工的ERP系统，公司期望很高，难度也很大。面对每一个项目，陈俐都会化压力为动力，克服种种困难，圆满完成任务，为集团参与和指导非金融子公司开展业务信息化建设打开了局面。

## 勤于调研，敢于担当，她在开拓攻坚中历经锤炼

2011年，为帮助子公司快速开展业务信息化建设，陈俐被派到中信建设挂职企业管理部信息化负责人。当时，摆在中信建设面前的一个重要课题，就是如何用信息化手段提升公司的管理效能和支撑快速发展的海外业务。海外工程承包业务的特殊性，以及之前信息化项目的不成功，都让公司内部充斥着畏难情绪，能获得的资源和支持也很有限。

面对这种状况，陈俐也想过退缩，毕竟一年的挂职时间，“混一混”也能过得去。但想想来中信建设的初衷，觉得事情再难，做总比不做要强。她迅速转变角色，一头扎进去学业务、做调研、找难点，从规划入手首先完成了办公平台的整合上线，随后又逐步推出了合同评审、立项审批、IT设备申请等20多个电子化流程，使信息化团队逐渐在公司内部建立起良好的口碑。

办公信息化建设取得成果，她本可以圆满结束挂职，带着不错的考核评价回到集团。但她深知办公信息化并没有解决中信建设的业务痛点，最难起步的是业务信息化，如果不趁热打铁推动，业务平台建设可能就搁置了。她主动申请挂职延期，又投入到业务信息化筹建工作中，带领仅有4人的IT团队，协调集团、社会专家、软件厂商等多方资源，从工程承包行业、ERP软件、国际网络资源、成功案例等多个维度对ERP系统的可行性做了深入研究，量化了系统实施的投入、风险和效益。

经过一轮又一轮的调研和论证，公司于2013年年初正式确定实施SAPERP系统，开始建设集项目、物资、财务、合同、质量、安全等业务为一体的信息化系统。在系统建设中，她深入了解业务部门和员工的需求和顾虑，组织实施团队分析系统实施和数据准备中的技术难点，提出妥善的解决方案并担当解决。在陈俐的带动下，各主责部门、大区、项目部陆续将业务骨干派驻到公司合署办公，ERP实施工作得到有效推进。

经过近两年不懈努力，陈俐带领团队在工程行业首次建成了业财一体的ERP系统，并使中信建设顺利通过特级资质信息化考核，她本人也被推选为“感动中信建设十大人物”。

## 用脑用心，创新突破，她在探索践行中恪尽职责

2015 年，陈俐回到集团后，立即投入集团核心管理系统的建设中。这项工作涉及办公、人力、财务、库务、战略、投资、风险等领域，既要兼顾职能部门的个性需求，又要有集团层面的整体考虑，还要确保对子公司有统一的管理口径，对技术部门提出了相当高的要求。

面对全新调整，陈俐一方面带领团队转换视角，从子公司层面的合同、项目、采购等具体业务流程的实现，快速切换到集团层面的战略规划、业务运营、风险管控等指标体系的落实上来；另一方面积极践行集团“互联网 + 转型”战略，跟进互联网、云平台、大数据等技术的发展，快速学习，探索新的应用架构和技术路线，积极转变思路、统筹设计、迭代推进。三年来，为顺利推进各个项目，她主动思考、因地制宜，几乎每天都在加班加点，实现了集团所有系统的云化部署，为推进集团数字化工作迈出了重要的一步，也为子公司在不同情况下开展云化工作树立了样板。

随着外部监管和集团风险管控要求的提高，集团对子公司监管越来越依托在数据和管理规范上，这就对子公司的在线化水平和数据管理能力提出了新要求。集团业态多样化和子公司 IT 发展水平的不平衡，决定了必须打破常规找到适应中信特点的信息化建设模式。陈俐带领团队在系统建设和数据管理等方面做了很多创新探索，推出集团管理系统 SAAS 应用模式，提出在集团总部建立数据中台的设想，为信息化适应集团管控模式提供了新的思路和技术支撑。通过完善集团数据中台，不仅解决了长期以来信息孤岛带来的各职能系统之间、集团与子公司系统之间对接难的问题，而且为数据的共享、分析和输出利用奠定了平台基础。

作为集团应用系统建设的主要负责人，陈俐没有把完成系统的建设当成终极目标，因为她深知信息化的价值，并不在于建了多少个系统，更在于要将科技融入管理、运营和决策的方方面面，为创造新的价值提供更多支撑。也正是抱着这份信念，她勇于在工作中挑起一个又一个重担，全力以赴地去完成一项又一项的任务，她相信，数字化的价值会在持续的发展和积累中不断释放。

## 蔡永基

# 捍卫公司权益的法律专家

蔡永基，男，汉族，1975 年 1 月出生，中信股份董事会办公室副主任。恪守最高标准的管治理念，多次参与完成事关中信泰富和中信集团持续发展的重大工作。带领团队在香港警方涉嫌侵犯中信泰富法律保密权、中信泰富涉嫌市场失当行为、普林斯顿角港口所有权及经营权归属等重大案件中胜诉，圆满完成中信集团向正大光明转让中信股份、中信股份向正大光明发售可转换优先股法律文件和法例法规处理工作，会同中信集团董办牵头完成中信股份整体上市后治理体系构建，为维护公司和股东利益做出重要贡献。爱国爱港、热爱中信，在香港发生“占领中环”事件、中信大厦被非法聚集人群堵塞后，迅速向香港特区高等法院取得禁制令，责令非法集会人群撤离中信大厦区域，成功避免中信集团形象和利益受到损失。

蔡永基2008年进入中信集团以来，爱国爱港、热爱中信，恪守最高标准的管治理念，多次参与完成事关中信集团和中信泰富持续发展的重大工作，带领团队在普林斯顿角港口所有权及经营权归属等重大案件中胜诉，保障维护中信泰富法律保密权，为维护公司和股东利益做出重要贡献，立起了中信香港员工的模范标杆。

## 爱国爱港、热爱中信，恪守正义发扬社会公德

蔡永基先生自加入中信泰富以来，一直以自身的专业知识和丰富的从业经验，处理着非常繁重的工作任务。作为法律界的专业人员，他尊重遵守国家法律法规，坚决拥护香港基本法，始终坚持廉洁从业，处事作风公正自律，为香港的繁荣稳定做贡献。

2014年秋，香港发生“占领中环”事件。10月份，示威人群在中信大厦各入口聚集、设置路障，堵塞交通人流，严重影响员工出入及业务运作，并阻塞中信大厦消防通道，造成安全隐患，损害集团利益。

面对当时的形势，蔡永基坚决恪守法治理念，以实际行动维护中信权益，迅速反应采取行动，向香港特区高等法院取得禁制令，责令非法集会人群撤离中信大厦区域，成功清除了中信大厦周边的障碍物，疏散了聚集人群，疏导了周围交通，保障了中信员工的工作环境，确保业务顺利开展。

## 勇挑重担、坚韧不拔，为中信集团做出突出贡献

蔡永基加入中信泰富以来，承担的工作任务艰巨繁重。他坚持迎难而上、勇挑重担，以中信人坚韧不拔、甘于奉献的精神，完成了一件又一件重要任务，展示了勇于担当、敢打硬仗的优秀品质。

2008年，中信泰富发生外汇事件，蔡永基临危受命，沉着应对并立即安排外部律师以提供紧急法律援助。之后，蔡永基带领中信泰富法律部人员，完成历时超过五年的法院程序，直至2015年6月底，法庭裁定中信泰富胜诉。该案成为有关法律专业保密权题目的重要案例。

2014 年 9 月，中信泰富因同一事件再次面对诉讼，这次事件如裁决成立，中信泰富将面临巨额赔偿金额。面对严峻形势和巨大压力，蔡永基率领中信泰富法律部在全面搜集证据、理清事实的基础上，直面质疑、据理力争。在充分翔实的证据面前，中信泰富被裁定胜诉，公司避免了巨额损失。

自 2006 年开始，中信泰富投资澳大利亚磁铁矿项目。这一投资对于保障中国铁矿石需求、打破国际铁矿石价格垄断体系、确保中国铁矿石进口的长期稳定，具有重要的战略意义。

中信澳矿在克服重重困难，终于六线全负荷生产之时，却需面对一系列诉讼。蔡永基始终坚守中信立场，决不牺牲公司和股东的利益。他高度关注各项官司进展，频繁前往澳大利亚，与澳大利亚项目团队和当地代表律师开会讨论、制定对策，出席旁听各重要聆讯，给予专业指导。

2015 年有关普林斯顿角港口的官司，决定了港口的所有权及运营权，是一场非常关键的法律诉讼，但要打赢这场官司却要面对巨大的挑战。在中信方精心准备下，2015 年 8 月澳大利亚联邦法院就港口所有权及经营权做出一审判决，我方获得全面胜利。

## 积极前瞻、勇于突破，为中信长远发展夯实基础

2015 年，中信引入外资正大伊藤忠作为战略投资者以及向民企雅戈尔进行配售。4 月，中信集团向正大光明（正大、伊藤忠合资公司）转让中信股份。8 月，中信股份向正大光明发售可转换优先股。伴随股权转让等交易，需要处理大量法律文件及法例法规，尤其需要专业全面的审视和考虑，给法律部门带来很大的挑战。蔡永基带领团队加班加点、忘我工作，项目工作比原计划提前 4 个月完成。最终中信向雅戈尔定向认购，项目成功完成。这些项目不仅为中信股份壮大了资本，更推进了股权结构的多元化，为国家推进国企混合所有制改革进行了有益尝试。

中信股份整体上市后，蔡永基带领的公司秘书及法律部与集团总部董办牵头完成了中信股份之治理体系，进一步明晰了管理权限，提高了管理效率。2016 年，上市公司的信息披露组织体系和架构得以完善，工作流程日趋成熟规范，有力维护了上市公司的整体利益和全体股东的合法权益。

多年来，尽管环境不断转变，但蔡永基始终坚持以高水平的专业知识和经验，提供强而有效的企业管治，为集团及中信泰富奠定了重要基石，获得各级领导和业界同人的充分肯定和一致赞誉。

## 黄国耀

# 泰富业务开拓创新的先行者

黄国耀，男，汉族，1975 年 11 月出生，中信泰富业务发展部助理董事。作为能源及基础建设项目投资管理工作负责人，先后多次参与重大并购和业务拓展工作，在中信泰富业务发展和价值创造过程中发挥重要作用。成功收购大冶特钢，为泰富特钢集团持续发展打下良好基础；构建能源板块投资平台公司，陆续引入国内外电力投资项目；成功收购德国离岸风电项目 22.5% 权益，开创进军海外再生能源项目投资重大机遇；组建太平洋服务有限公司，成功竞投香港东区海底隧道和大老山隧道“MOM”合同；带领专项团队协助解决中冶设备采购遗留问题，为中澳铁矿项目二期建设投产做出重要贡献。

黄国耀1997年大学毕业后就进入中信泰富业务发展部，从管理见习生做起，一干就是23年。多年来，面对瞬息万变的市场环境，他敢为人先、勇于突破，带领团队不断寻求新产业的投资机会，为企业长远健康发展注入动力，成为中信泰富业务开拓创新的先行者。

## 面对“黑天鹅”事件影响，他坚守本职历练成长

黄国耀入职不久，就遇到亚洲金融风暴、“9·11”事件等一系列“黑天鹅”事件。复杂恶劣的金融环境给全球经济带来重创，也给泰富这样以基建为主业的投资机构带来很大冲击。

为应对项目投资难、对外融资难的“两难”考验，黄国耀没有半点怨言，一方面抓住一切机会学习充电，考取特许金融分析师、专业会计及信息系统硕士专业资格，为迎接未知挑战打下坚固素质基础，一方面坚守本职岗位与公司共度时艰，积极协助泰富领导规划、执行回收资金工作，为转型发展积攒后劲。

机会从来都偏爱有准备的头脑。黄国耀深感：满足于现有业务将很难应对市场变化，必须积极前瞻开拓新业务。2003年，他们抓到一个拓展版图的契机。根据国家关于妥善处理外方投资固定回报项目的要求，黄国耀积极协助泰富领导与上海市政府磋商，将持有的“三桥两隧”及“沪嘉高速公路”项目权益售予中方合作方，成功为公司套现，为随后开拓其他业务板块提供了有力支持。

为配合国家政策大方向，相关交易须在短时间内完成。由于时间紧迫，需要连夜紧跟磋商进程，迅速整备、修改交易文件，确保交易金额计算准确。黄国耀顶着巨大压力，废寝忘食投入到相关文件收集整理工作中，在充分保障公司利益前提下，成功协助泰富领导在短时间内落实合同签订并完成交易。

“迎难不畏难，再苦不言苦”，这是黄国耀个人成长的真实写照。正是一次次急难险重任务，历练了黄国耀敢于担当的精神，以及追求品质和细致的工作态度，使他从一个稚嫩的管理见习生，成长为重大任务担纲领衔

的业务骨干。

## 面对传统业务转型机遇，他敢为人先开辟新路

2004年，泰富兴澄特钢迎来难得的发展机遇。黄国耀迅速带领部门人员进行全面调研，积极参与收购湖北新冶钢有限公司及其控股的于深圳证券交易所上市的大冶特钢股份有限公司。

机遇往往伴随风险和挑战。黄国耀带领并购团队日夜坚守在新冶钢现场，反复与黄石市政府代表、特钢人员和律师团队商讨方案，分析并购过程中可能遇到的各种难题，仔细跟进落实每个细节，力求做到积极稳妥、万无一失。最终他们排除万难，在短短几个月内按国家相关政策和上市条例要求完成全部尽调、合同谈判及收购工作，为助力泰富特钢迅速拓展生产基地以及日后整体上市创造了有利条件，成为当时市场上同类并购案例中少有的成功案例。

在突破传统业务、发掘新兴领域的“竞跑”中，黄国耀从来没有停歇过。在担任泰富能源板块及基础建设投资管理工作后，他就开始对拓展业务板块进行前瞻性思考。作为以基础建设投资“起家”的中信泰富，能源板块历来是核心业务之一。虽然能源板块手持多个国内火力电站投资，并一直保持着相对稳定的收益，但黄国耀没有固守旧有业务优势，他敏锐觉察到国内外减低碳排放、发展再生能源的趋势，相信国内电力市场及政策将向再生能源倾斜，如果不积极求变，能源板块在长远发展上将面临挑战。他主动带领业务发展部团队研究各国电力市场形势，大胆提出“能源板块应着眼开拓东南亚等缺电国家电力市场，同时发展国内外洁净及可再生能源项目”的发展路向。

取得管理层同意后，黄国耀立即带领团队马不停蹄走访东南亚及欧洲寻求投资机会。2016年底，黄国耀和团队在深入调研基础上，提出了入股伟能集团国际控股有限公司的方案。这个公司是东南亚等发展中国家投资及经营分布式发电的领头者，泰富入股成为第二大股东后，为发展东南亚电力市场先期布局。与此同时，他还带领团队与伊藤忠及外聘顾问团队合

作，连续几个月不分昼夜解决各类问题，多番排解中国香港、日本、欧洲三地人员不同意见，在求同存异中形成共识。

功夫不负有心人。2017 年 3 月，黄国耀团队在有限时间内完成项目尽调、合同磋商，取得所需对外投资批准，与伊藤忠组建合作公司成功收购德国离岸风电项目 22.5% 权益。该项目收购后随即为泰富带来现金及收益贡献，不单是泰富首个海外再生能源项目，同时也是集团首次与伊藤忠在能源领域的合作。

## 面对公司长远发展需要，他不断开拓培植动能

新领域的拓展成果，并没有让黄国耀停止开拓的脚步。在成功完成首个海外再生能源项目并购后，黄国耀再接再厉，带领团队参与竞投印尼一个能源平台公司，两次与伊藤忠合作参与英国离岸风电项目的竞投。虽然最终未能拿下相关项目，但为公司开拓业务树立了示范导向作用。

一枝独秀不如多点开花。为寻求新产业投资机会，黄国耀积极带领团队拓展非能源领域业务。2016 年 8 月，泰富持有的东区海底隧道专营期届满后，他积极与东区海底隧道团队磋商参与竞投香港基建项目的管理、营运及维护合约，依托原有团队人才和管理优势“开疆拓土”。目前，该公司已两次成功投得东区海底隧道和大老山隧道管理合同，专业水平受到相关政府部门的高度认可和赞扬，成为香港主要基建管理公司之一，为泰富公司打造 MOM 管理新业务探索出一条新路。

2017 年，为培育新产业及配合集团“轻资产”和助力“一带一路”建设的发展策略，黄国耀不断与泰富公司管理层探讨以基金模式对非主营业务新能源项目投资的思路。他多次与相关业务部门人员开展调研和磋商，理清投资方向、基金架构等具体细节，并于 2018 年 1 月正式与伟能集团成立能源投资基金，重点投资国内及“一带一路”沿线国家能源高效利用项目。

经过持续努力，黄国耀与基金团队走访了东南亚、中东及欧洲等多个地区，对潜在投资项目进行了全面筛选，两年间完成三项投资并录得资产增值，为泰富公司提供了利润贡献。

## 李　仪

# 资源板块的并购专家

李仪，女，汉族，1963年1月出生，中信金属集团财务总监、执委委员。秉持“融情入境、顺势创行、专业精深、激流勇进”的精神，为中信集团资源能源板块优化配置和中信金属集团经营管理提质增效做出重要贡献。领衔完成中博世金、锦州铁合金、中信大锰等重大项目并购工作，在集团资源能源板块内部整合中发挥重要作用。坚持“业财一体化”，对标公司战略做好决策支持，立足公司实际搞好业务保障，提升了财务工作质量。勇于开拓创新，带领团队合理配置资源，优化资金集中管理，推进财务信息化建设，为建设“国际一流的大宗商品贸易商和矿业公司”奠定坚实基础。

李仪的人生画册，书写着作为香港回归后第一批赴港工作的中信员工扎根香港、融入香港、奉献香港的生动故事；李仪的岁月旋律，流动着参与中信集团内部资产整合和外部资产并购，践行集团战略、发挥专业优势、一路奋楫扬帆的律动节拍。自加入中信集团以来，她始终秉持“融情入境、顺势创行、专业精深、激流勇进”的精神，为中信集团资源能源板块的优化配置和中信金属集团经营管理的提质增效，做出了积极贡献。

## 和以广融，促进两地文化融合

自 2001 年加入中信集团以来，李仪发挥背景优势、专业特长、个性特点，为内港两地文化融合做出积极贡献。她发挥桥梁作用，促进两地员工的思想融合。李仪出生和成长于内地，对内地文化具有深刻理解；长期工作在财税一线，对内地经济形势和财税政策具有深入研究。在工作中，她注重加强与香港员工的思想沟通，介绍内地经济形势，普及内地财税法规，宣贯国企管控要求，宣传中信文化和战略，增进香港员工对内地的认识、对中信的认知。她健全公司规章制度，促进两地规章制度融合。在担任中信裕联财务部总经理期间，李仪发挥专业优势，围绕战略规则、财务预算、项目投资等方面，先后制定了《财务管理暂行规定》等系列制度，统一标准、规范流程，实现在港企业与集团总部的制度融合。她畅通沟通渠道，促进两地工作融合。作为中信集团在境外企业委派的第一个财务总监，她积极开拓与集团各职能部门的沟通渠道，增进中信集团对中信金属集团在港情况的了解；在税务筹划、资金筹措、会计核算等方面，深化与锦州金属、中信钛业等投后企业的沟通交流，因地制宜地开展靶向管理。

## 明以顺势，优化资产配置水平

作为财务管理人员，李仪充分认知，优化资产配置对于增强中信竞争力、实现健康持续发展的重要意义。她发挥专业所长，领衔了系列重大项

目并购工作。2004—2016年，中信裕联先后并购了中博世金、锦州铁合金、中信大锰等优质资产。2004年，她参与并购锦州铁合金。在并购前，她带领财务小组，详细了解盈利模式、查看财务报表、查阅完税情况，全面分析财务状况、经营成果、现金流量，并深入进行纵向、横向（同业）比较，详细评估各条生产线的经济性和有效性。经过尽调，她向并购团队提出，锦州铁合金是值得并购的优质资产，它是国家“一五”期间苏联援建的156家企业之一，也是中国最大的中低碳锰铁和金属铬生产企业，基础设施及资产质量较好，且在当时的行业周期下，是开展并购的最佳时机。在并购中，她推动对低效无效资产提取减值拨备，请求地方政府将厂区原租用的土地在股权交割时配置给公司，大大提高了公司资产质量。经过努力，中信裕联抓住行业周期，以较低价格对锦州铁合金并购，并顺利完成交接工作。她践行集团战略，参与了资源能源板块的内部整合工作。2016年，中信集团对中信金属有限公司和中信裕联投资有限公司进行整合，成立了中信金属集团有限公司；2019年，中信集团对资源能源板块进行进一步优化整合。在内部整合中，李仪贯彻落实中信集团战略部署要求，牵头完成了中信金属集团股权架构由“中信有限”调整至“中信股份”的工作，有效解决了原“中—外—中”股权架构下的重复征税问题，为日后派息节省了大量税收成本。

## 达以专精，提升财务工作质量

李仪坚持“业财一体化”，提出战略财务、业务财务的理念。对标公司战略，她发挥参谋作用，做好决策支持。中信金属集团在成立伊始，便明确了“成为国际一流的大宗商品贸易商和矿业公司”的战略目标。李仪带领计划财务部发挥目标制定参与者、发展规划撰写者、三年滚动规划推动者的作用：提供有效财务信息，为公司战略目标制定出谋划策；牵头制定公司中长期发展规划，发挥战略引领作用；以“三年滚动规划”为抓手，推动公司战略目标、发展规划的全面落地。立足公司实际，她主动融入业务，做好业务保障。为确保贸易业务顺利发展，她发挥与内港两地金融机构良好的合作关系，优化合作银行、降低财务成本。2018 年，公司新增低成本贸易额度 3 亿美元，保障了贸易业务快速发展的资金需求；持续以低息借款置换高息借款，进行近 3 亿美元的借款置换，财务费用大幅下降。

## 进以拓新，对标一流奋楫向前

作为中信金属集团财务总监、执委委员，如何发挥金属集团的全局性优势，打造各子公司的局部特色，是李仪一直思考和探索的问题。她持续梳理低效无效资产，集中优势资源打造核心业务，不断优化业务、资产和债务结构；利用不同地区平台的融资成本差异、便利度及税负差异，谋划业务布局，实现降本增效。从局部特色的角度，她强化中信金属集团的引领、管理、培育功能，促进各子公司发挥差异性优势，全面提升发展质量和效益。过去几年，中信金属集团并购的几个重大项目，消耗了较大的内生资金潜力。为破解资金难题，李仪提出内外协同的资金管理方案：一方面加强与中信财务协同，另一方面强化中信金属集团各子公司的资金互动，集中管理各子公司分散资金，增强对各子公司资金控制力。随着信息化浪潮的兴起以及中信金属集团经营规模的扩大，财务信息化建设的重要性进一步凸显。顺应形势，李仪推进财务信息化建设工作，推动合并报表系统、预算系统、资金管理系统、税务系统建设，打破财务信息孤岛，实现财务数据共享；协助 CTRM 系统搭建工作，提高财务核算效率，倡导将财务人员从程序性工作中解放出来，建设高素质专业化财务管理团队。

眼底山河，胸中事业。李仪的身上，体现着一名专业化、职业化女性，主动融入的情怀、把握大局的智慧、术业专攻的匠心、无惧未来的勇气；李仪的故事，也必将激励千百个在港工作的中信人开拓进取、拼搏奋斗，不断践行中信战略，履行中信使命。

## 瞿晓文

# 中信海上稠油开发的拓荒人

瞿晓文，男，汉族，中共党员，1972 年 9 月出生，天时公司副总经理。扎根月东油田生产一线，发扬工匠精神，精细开发管理，提升注汽质量，提高修井时率，为公司生产经营提质增效做出突出贡献；善于解决生产难题、处置突发事故，成功处理 B 岛外输泵事故和油田双海缆断电事故，为公司减少原油产量损失近 1.1 万吨；带领团队积极推动科研攻关、技术创新，探索形成化学堵水、大修配套工具等一系列关键技术，解决制约发展的瓶颈；带领生产部门开展节能降耗、降本创效，连续 3 年实现电费大幅下降，原油商品率提升至 98% 以上，年节省燃料油在 2100 吨以上。

2014年4月11日凌晨3点10分，电话铃声叫醒熟睡的他："经理，我是B岛，海缆B失电了，全岛停电，所有设备和油井都停运……""及时恢复应急电，恢复所有自控系统……"他放下电话，稍作整理，在夜色中驱车赶往单位。他是瞿晓文，天时公司首届"优秀部门经理"荣誉称号获得者。

## 立足本职、爱岗敬业，他是精于本职的老黄牛

皮肤黝黑，神情温和，无论到哪儿都穿着标志性的蓝色工作服，是瞿晓文给大家的印象。入职6年，他爱岗敬业，实干笃行，被称为油田生产的"行家里手"和"勤耕黄牛"，为月东油田的产能建设、生产经营、安全环保管理、承包商管理、应急处置等方面做出突出贡献。

月东油田是以油公司模式进行开发建设和生产运营的，2010年至2016年由于采油集输、修井作业承包商在工作内容、人员配置、服务费率上与甲方存在诸多分歧，工作质量和效率不高。为解决这一突出矛盾，瞿晓文带领生产部门迅速投入整合辽河油田采油项目部、修井项目部有关管理制度、操作规程和企业标准的工作中去。

在油田生产一线，夏天要忍受炎炎烈日和蚊虫叮咬，冬天要顶住寒冷的自然环境，而且瞿晓文常常一去就是五六个小时。但为了改善生产质量，他工作日、节假日、双休日都盯在生产一线，带领团队探索采油集输、修井作业一体化管理新思路新办法。经过不懈努力，形成了具有月东特色的生产管理体系，消除了长期影响甲乙双方的工作分歧，承包商服务意识和服务质量稳步提升。2016年至2018年，在没有新井投产的情况下，月东油田连续3年实现45万吨/年的高效稳产，得到中国石油主管部门领导及同人的高度认可。

2014年6月A人工岛生产设施（蒸汽吞吐）安全竣工验收没能通过国家安全生产监督管理总局中油分部组织的专家评审，海上稠油开发的合规性存在问题。瞿晓文利用自己多年掌握的稠油蒸汽吞吐开发经验，结合国家安全生产监督管理总局令第25号《海洋石油安全管理细则》要求，编写

A 人工岛蒸汽吞吐安全竣工备案材料，从蒸汽吞吐的方案设计、设备设施完整性管理、隔热方式优化、应急预案处置、储层和断层的封闭性、固井质量合格程度等方面进行阐述，先后编制 A 人工岛蒸汽吞吐开发试验和扩大试验方案。先后两次去北京向中油分部汇报，经过 5 年的热采试验、固井质量监测和综合分析评价，蒸汽吞吐安全竣工验收最终赢得专家认可，2019 年 8 月顺利通过验收，为 A 岛蒸汽吞吐合规开发打下坚实基础。

## 直面挑战、创新探索，他是填补空白的拓荒人

瞿晓文嘴边常挂着一句话，“我们要做有知识、创新型的石油工人”。他是这样讲的，也是这样做的。月东油田探井试油和生产井的不防砂冷采工艺证实月东油田为强出砂油藏，同时蒸汽吞吐开发加速油井出砂。2018 年 6 月，部分油井出现套管内过滤防砂失效，出砂倒井停产和带病生产累计多达 25 口井，占总开发井数的 19.5%，影响日产原油约 300 吨 / 天，占总产量的 25%，严重影响到月东油田的生产经营和稳定发展。

如何打捞损坏的防砂筛管？采取有效措施进行出砂治理成为摆在瞿晓文面前的一道难题。他带着团队采购钻杆、钻具、井下工具和地面配套旋转设备，先后 3 次组织修井承包商进行大修服务谈判，组织有研发和制造能力的专业公司进行深度合作，成功研制出专用打捞工具。积极组织引进氮气泡沫冲砂、连续正反一体化冲砂技术，解决冲砂不返、进尺慢等问题。还引进和改造了井下液压拔卡技术、井下机械切割技术，形成具有特色的防砂管柱打捞、液压拔卡、机械切割、套铣、磨铣等出砂治理技术。经过两年应用与实践，防砂筛管打捞取得实质性进展，油井出砂治理、封层选采、调层、砾石充填防砂等措施开展顺利，为老井的稳产提供了技术保障。月东油田防砂筛管打捞技术研究与应用获得辽河油田 2019 年度科学技术进步一等奖。

油田开发初期，油藏能量充足，培育自喷生产是提高油井产能的重要手段。2014 年 7 月，瞿晓文在认真分析 YD-A5 井静态资料和动态生产数据基础上，认为该井螺杆泵举升工艺严重制约了油井产能发挥，建议改管

式泵举升，培育自喷生产，提高油井产能。11 月 5 日换泵复产，合理控制套压和生产压差，12 月 5 日稳定自喷生产，产油量由换泵前的 12.2 吨 / 天上升到换泵后的 23.5 吨 / 天，高峰期自喷产油量达 49 吨 / 天，自喷累计产油 8900 吨。自系统投产以来，他先后精心培育 4 口油井自喷生产。

氮气隔热和氮气伴注是保护套管和提高油井措施效果的重要举措。氮气隔热具有管柱结构简单、修井事故率低的特点，氮气伴注具有隔热效率高、调剖压水锥、提高蒸汽热效率等优点。2015 年开始规模化实施蒸汽吞吐以来，他大力推广应用氮气隔热和氮气伴注技术，组织专业人员优化方案设计，缓解层间吸汽不均的矛盾，实现调剖压水锥控水稳油，边底水的锥进速度得到有效控制，热采井排水期明显缩短。热采开发 5 年，组织氮气隔热和氮气伴注、氮气泡沫调剖多达 364 井次，没有出现一口井套变或套坏，单井周期油气比和周期产油量在同类型稠油油藏中处于先进水平。

## 开源节流、拓宽渠道，他是降本增效的好管家

开源是增效的有效途径，节流是增效的有效措施。只有抓好开源节流，

油田的长期稳定发展才有保证。瞿晓文坚持优化资源配置，深化燃料油构成分析，科学制定开源策略。组织B岛伴生气净化流程改造，增加天然气冷却装置，组织C岛C29气井投产和相关气流程扩建，创造性设计天然气管中管加热模式，减少加热设备占用岛面有限空间，盘活气井资源。

开展天然气利用以来，B岛火炬燃烧排放的声音小了，火焰的长度变短了，注汽锅炉、低压蒸汽锅炉启炉时的黑烟不见了，分离燃料油的工作量减少了，操作员工的劳动强度也减轻了。2016年至2018年天然气用量逐年增加，燃料油用量逐年减少，公司原油商品率由96%上升至98%以上，年节省燃料油在2100吨以上，年创效益多达500万元。

井筒电加热降黏是月东油田开发生产的降黏方式，但能耗高、耗电量大，约占年度总电费的50%。而且随开发井数增加，年注汽量液量增加，电费不断上升，2015年比2014年增加电费660万元。为有效控制电费过快增长，瞿晓文认真分析电量构成和用电单耗，果断采取多种节电措施，减少用电消耗，节电效果明显。

2015年4月1日，YD–Ag3h热采下泵开井，瞿晓文首次决定在热采井不下加热电缆，带头打响了井筒节电措施的第一枪，后续开展井下电加热运行制度优化、运行电流优化、电伴热运行制度优化，控制电量增长，节省电费。2016年比2015年减少电费340万元，2017年至2019年在年产液量增加5万吨~8万吨的情况下，实现电费基本稳定，累计节省电费多达1100万元。

## Bob Goodwin

# 扎根澳矿耕耘十载的澳籍中信人

Bob Goodwin，男，1958 年 6 月出生，澳大利亚籍，中信泰富矿业副首席运营官。自加入中信澳矿以来，始终心系公司发展，主动攻坚克难，勇于承担责任，成为澳籍员工的优秀代表。在担任资产管理经理期间，带领工作团队用近两年时间圆满完成资产数据及维修计划与 SAP 系统的衔接、录入及管理更新工作，为项目设备维护和成本核算打下坚实基础。在负责项目选厂运营团队维修及费用控制工作期间，因地制宜提出多项改进措施，为选厂降本增效打下良好基础。在负责尾矿坝建设过程中，大胆采用聚氨酯管道替代原设计中的钢管，为尾矿坝项目节省约 1400 万澳元，彻底改变了尾矿坝建设被动局面。

Bob Goodwin（鲍勃·古德温，以下简称“鲍勃”）是中信泰富矿业管理有限公司的一名澳籍高管人员，2009年加入澳矿，历任采矿设备维修车间负责人，资产管理部总经理，同时负责尾矿坝建设和矿坑排水等工作。10年来，他立足本职、兢兢业业，以饱满的热情和扎实的工作，为中信澳矿项目做出了突出贡献。

## 敬业奉献，践行中信文化

中信澳矿是中信在澳大利亚开发的集采矿、选矿和港口运输于一体的全流程超大型项目，为国内最大的铁矿项目的三至四倍，是国内铁精粉进口的第一大来源。与此同时，中信澳矿项目注重发挥中澳双方在技术和资源方面的互补性，既带动了中国产业“走出去”，也拉动了澳大利亚当地的就业。鲍勃正是在这样的大背景下慕名而来，而且一干就是10年。

鲍勃是土生土长的澳大利亚人，但加入中信以后，在积极融入澳矿项目和中方团队中，他逐步领会和认同了中国的传统文化和中信的企业文化。在传统西方观念中，工作与生活是有严格区分的。但在鲍勃的字典里，加班加点是家常便饭。无论是晚上还是周末，在办公室还是1000多公里以外的项目现场，只要工作需要，随处都能见到他的身影。他在与同事的一次交流中谈道：“我很钦佩中国文化里为达成目标不畏艰难、砥砺前行的工作态度。大部分西方公司在面对重重困难时会选择放弃，但中信会迎难而上，这种精神令人钦佩。我非常荣幸在过去10年为澳矿项目的建设运营贡献出自己的一份力量，我会继续乐观地面对所有挑战。”

多年来，鲍勃始终保持着旺盛的工作精力和饱满的工作热情，积极面对各项挑战与任务。2019年初，鲍勃升任中信澳矿项目副首席运营官，整体负责采矿、矿坑排水、尾矿坝建设、安全、环境及资产管理等重要工作。虽然已年过六旬，但他很快就投入到项目建设中去。“采选配合”一直是澳矿项目的工作重点，采矿和选矿配合成功的关键是要求各个工作面衔接顺畅，更要求中西两种文化有效融合。面对项目员工文化背景不同的实际情况，鲍勃积极组织参加各项活动，带领大家融入中信澳矿大家庭。在他的示范下，采矿与选矿部门的配合日趋融洽，采矿效率得到显著提高，为保障供矿质量发挥了重要作用。

## 担当克难，投身中信事业

2014 年，澳矿项目第 1、2 条生产线正处于调试阶段，维修工作复杂繁重。鲍勃被派到项目现场支持选厂运营团队的维修及费用控制工作。其间他因地制宜，结合自身专业知识和实践经验，提出了多项改进措施，为降本增效打下了良好的基础。

一年后，鲍勃再次临危受命，承担起尾矿坝建设的艰巨任务。当时，项目尾矿坝建设工期已经大幅落后，直接影响到项目提产。作为年产铁精粉 2000 万吨、尾矿排放量超 4000 万吨的世界超大型磁铁矿项目，如果项目进行提产，尾矿年排放量有可能接近甚至超过 5000 万吨。由于澳大利亚在环境及人文保护方面的要求非常严苛，且为了减少集团资金压力，必须按计划管理好尾矿排放提前量。鲍勃带领团队一面加紧建设，一面对原有设计不断优化，尽量缩短工期。坝体建设用的材料，全部来自矿坑采出的废石，由采矿部门直接运送到尾矿坝区域进行筑坝，为公司节省了一大笔材料二次搬运成本，同时也避免了外部承包商与采矿部门的工作衔接问题。在管道铺设方面，鲍勃大胆采用聚氨酯管道替代原设计中的钢管，这不仅使管道铺设成本大幅降低，还为尾矿坝项目节省约 1400 万澳元。经过不懈努力，尾矿坝建设状况已改变了被动局面，在原定期限及预算内顺利完成了区域扩建，为项目提产稳产奠定了坚实基础。

2018 年开始，鲍勃又承担起矿坑排水工作，这是一项技术性强且耗时耗力的系统化工程。如果没有充分的技术准备，不仅会影响采矿生产，还可能耗费大量的资源。鲍勃在关键时刻再次迎难而上、挺身而出，迅速组织水文地质专业人员制订出周密翔实的计划，加紧按计划实施系统化矿坑排水工程。目前部分工作已初见成效，采矿工作量也逐步提升。

## 身体力行，勇当中信榜样

2016 年，中信澳矿六条生产线全面建成并调试成功，随着项目竣工后工程指挥部人员大幅缩减，如果不及时梳理、妥善保管大量剩余备件，可能会影响六条生产线的正常运营。鲍勃主动请缨，带头协调各部门进行剩余备件的梳理工作。由于人员流动频繁，年近六旬的他经常带领工程师团队，顶着 40 多度的高温扎在项目现场，先后收集整理了总价值逾 2000 万澳元的备件信息资料 7200 余件，为登记入库做好了充分准备。

2019 年 3 月下旬，澳矿项目现场遭遇了近 10 年来最猛烈的飓风。面对严酷的自然条件，鲍勃不顾自己年逾六十的情况，带头申请留守现场抗击飓风，而且始终坚守在一线，为澳矿员工做出了良好的表率。在以身示范的同时，鲍勃还注重对年轻人的培养和团队建设，利用专业技能和工作经验带领大家共同进步。一名财务部门的员工曾向他请教发电方面的问题，他结合项目现有的发电设备，耐心地从发电原理、工艺流程讲起，对澳矿项目联合循环发电厂的特点做出了详细说明，帮助他了解电厂全面情况、形成良好工作习惯。他立身为梯、躬身为桥的精神，也受到年轻员工的普遍好评和一致称赞。

## 创新探索，传承中信风格

勇于创新是中信的传统基因，也是企业长远发展的内在动力。进入中信澳矿 10 年来，鲍勃面临很多极具开创性、探索性的新挑战，他注重发扬敢于创新的精神，在创新革新中追求卓越、实现突破。

中信澳矿项目采用澳大利亚大型矿业企业通用的 SAP 系统后，由于新采购的采矿重型设备也于同期逐步组装投产，大量的资产数据及维修计划需要在 SAP 系统中进行设置。时任资产管理经理的鲍勃，主动承担起这项极具开拓性的任务。凭着对本职工作的热爱，着眼于项目未来的发展，鲍勃带领人数有限的工作团队积极探索、持续攻坚，用近两年时间圆满完成任务，为未来项目设备维护和成本核算打下了扎实基础。

随着中信澳矿项目六条生产线于 2016 年下半年逐步投产，项目重心也从建设调试转移至提产稳产、降本增效。在提产爬坡阶段，生产运营部门往往容易忽视成本控制。鲍勃再次被委以重任，负责澳矿项目整体降本增效任务。尽管他的专业背景是机械工程师，只有基础的财务知识，但是他自我加压、刻苦探索，带领财务费控团队对项目各项成本进行深入分析并提出一系列合理化建议，还参与了项目从国内引进澳大利亚的绩效考核维保合同的制定。这一维保合同模式在澳大利亚尚属首例，为项目整体降本增效创造了良好条件，并成为业界效仿的典范。

在负责成本改进的同时，鲍勃还对澳矿项目未来发展进行了很多前瞻性思考和探索。面对尾矿坝建设的困难和挑战，他因地制宜提出了备选方案；充分考虑在不同外部条件下的运营策略，他参与起草了《项目十年运营规划》，就当前面对的主要风险，结合短期的资金需求，务实地对项目的未来发展进行了探索分析，得到公司管理层的一致认可。

## 冯定五

# 中信澳矿自磨选矿技术的引领者

冯定五，男，汉族，1967 年 9 月出生，中信泰富矿业管理有限公司工艺技术经理。长期工作在项目一线，先后参与和主导实验室选矿工艺优化试验、脱水车间及磨选线调试、干料区运行优化、实验室建设，以及选厂工艺设备及流程升级改造等工作。中澳铁矿项目采用世界最大自磨机，且矿石硬度大、磨蚀性高，在业界没有稳定运行成功的经验，自磨回路成为选厂投产以后稳定运行及产量提升的瓶颈。为攻克相关技术难题，他带领工艺团队大胆创新，通过相关设备配置及工艺操作参数优化、自磨给料粒度控制、顽石旁路改造等创新，成功实现世界最大自磨机的自磨回路稳定运行，大幅提升自磨处理量，为选厂降本增效发挥重要作用。

冯定五 1995 年获得中南大学矿物加工专业博士学位后，在长沙矿冶研究院工作两年就进入南非 Stellenbosch 大学任博士后研究员，同时担任南非一家磁选设备公司的高级技术顾问。2000 年，冯定五进入墨尔本大学担任高级研究员一职，还兼任多家工程技术公司的高级工程师、技术经理等职务，是矿物加工工艺及设备研究领域的专家和“大拿”。

虽然身在海外多年，但冯定五一直怀着技术报国的夙愿，时刻准备为祖国海外资源事业奉献自己的知识及经验。2012 年，中信澳矿项目调试在即，但现场紧缺熟悉澳大利亚生产模式的专业人才。冯定五知悉这一情况后，毅然放弃了高校高级研究员的优越岗位，举家从繁华的澳大利亚东部搬到偏远的西部小城，怀着满腔热情加入了中澳铁矿项目。这次的工作变动，使他从朝九晚五的城市生活转移到朝六晚六的“荒野”工地，也不得不牺牲更多陪伴家人的时间，将重心转移到澳矿项目。

中信澳矿投产之初就困难重重，第一道“拦路虎”就是自磨工艺的难题。中信澳矿采用的是世界上最大的自磨机，而当时国际上自磨工艺领域缺少稳定运行经验，很多大型矿业公司不得不采取半自磨工艺。在公司领导支持下，冯定五带领选厂工艺团队一头扎进自磨工艺创新攻关中去。在充分了解自磨机运行特点的基础上，他们通过大量周密细致的工艺考查和大胆尝试，锁定了解决方案。

方案确定后，遇到的难关也接踵而至。除了工艺流程设计存在缺陷外，更多的是对大型自磨操作技术的陌生。自磨机的专属特性，使其对来料粒度尤为敏感。来料块度特别小时，磨矿效率会变得极差。冯定五率先意识到来料粒度的重要性，并向采矿部门提出增大来矿块度的要求。当时的采矿部门多为澳大利亚本地人，很少有人在磁铁矿矿山工作过，更没有接触过自磨技术，对冯定五的建议都不以为然。但冯定五没有打退堂鼓，利用一切机会跟采矿部门领导和同事沟通讨论，通过大量的数据分析和文献检索给他们摆事实、讲原理，最终让增大粒度的方案得以实施，在增加台时、稳定自磨操作方面发挥了积极的作用，也让澳大利亚本地工程师对中国工程师团队有了更强的信任感。

虽然经过持续攻关，自磨技术取得了较大突破，但直到 2017 年初，自磨台时离目标仍有很大差距。冯定五看在眼里，急在心上，带领团队踏上了自磨衬板优化的漫漫之路。澳矿在衬板类型方面没有成熟经验借鉴，一切需要从零开始。

为了适应高密度高强度的技术攻关任务，冯定五始终用近乎严苛的标准自我加压、学习充电。在学习上，他通过技术交流、参观学习、文献收集，丰富自己和团队的专业素养，不断探索最新的行业科技动态，寻求进一步提升澳矿竞争力的措施。在工作上，他以身作则、勤勤恳恳，每天都是办公室来得最早、走得最晚的那个人。即使是冒着四五十度的酷暑高温，他也坚持在现场取样、考查，有时一待就是大半天。通过一年多的海量文献研究、衬板扫描分析、实时生产数据跟踪，最终确定了适应澳矿矿石特点的自磨衬板类型——弧形衬板。这一创新做法在铁矿自磨领域尚属首创，具有开创性的意义。

新方案也带来了新问题。由于弧形衬板排料只能单向旋转，导致衬板磨损速率明显加快。为解决这一问题，冯定五多次冒着四五十度高温的风险钻进自磨机内检查衬板的磨损情况。澳矿炎热的天气加上磨机内部的高温，每次从里面爬出来的时候，冯定五全身衣服都被汗水浸透了。正是靠着这种精神，他在短时间内总结出了磨损规律，并对不同位置的衬板材质做了改进，大大提高了衬板使用寿命，节约了大量检修时间，为项目创造了极大的经济效益。

有人把技术创新比喻为登山，常常是“正入万山圈子里，一山放过一山拦”。自磨衬板优化的问题解决以后，冯定五又面临新的难题。中信澳矿的矿石硬度比较大，当时很多著名研究机构认为，在现有工艺流程下，如果不做大的技术改革，台时很难继续提高。但冯定五不信这个邪，他相信只要通过合适的设备进行分选，就可以获得高效、合格的精矿产品。在取得公司领导支持后，提产提质试验工作被提上日程，冯定五迅速带领团队对不同提产提质设备、不同工艺流程设计进行了周密试验，最终确定了最优方案——淘洗机代替三段磁选方案。这个方案投资少、投资回报率高，已经在第六生产线进行安装工作，投产后预计台时可在现有的基础上提高10%、电耗降低10%，将为公司实现“2000万吨产量，60美元FOB成本”的“2060”战略目标打下坚实基础。

2012年加入澳矿项目以来，冯定五先后主持了实验室的选矿工艺优化试验、脱水车间及磨选线的调试、干料区的运行优化、选厂工艺设备及流程的升级改造。在持续创新改造下，中信澳矿自磨回路系统的设备配置更加合理，控制操作具有完全自主的知识产权，成为业界大型自磨机稳定、高效运行的典范，自磨技术也成为澳矿技术的核心，很多来访的国内外大型矿业公司无不对澳矿的技术创新大加赞赏。

一花独放不是春，百花齐放春满园。冯定五不仅自己注重创新，还特别注意培养创新团队、提携青年英才。他常说，“对我来讲，个人理想的实现与祖国海外资源事业的繁荣应该始终互相成就，我希望有更多的富有创新精神的年轻人可以勇于挑战，成为中信引以为豪的中坚力量”。他经常为了解决一个技术性难题而主动放弃节假日休息，牺牲个人时间帮助年轻同志。多年来，他视选厂工艺技术的进步与队伍的建设为己任，大力培养年轻工程师，团队在他的鞭策之下不断进取、硕果累累，很多年轻人都成长为相关领域的技术骨干，成为推动中信澳矿项目持续健康发展的新生力量。

## 区嘉文

# 网络基建的技术能手

区嘉文，男，汉族，1986 年 9 月出生，澳门电讯基建网络及接入部高级经理。刻苦钻研业务，苦练专业技能，迅速成长为技术骨干，2011 年首次代表澳门出征世界职业技能竞赛就勇夺通信网络电缆安装项目第 8 名的好成绩。发挥技术优长，参与制定了通信网络电缆安装标准，使技术人员能够更全面更高效掌握业务知识和技能，大幅提升工作效益，2013 年带领团队在短时间内就完成超过 2000 宗光纤到户铺设工作。积极参与完成重大项目，在港珠澳大桥口岸澳门段网络工程、新北安码头网络铺设工程、澳门各大博彩企业室内网络建设等多项大型工程中发挥了重要作用。

入职澳门电讯近 13 年的区嘉文，有一段非常励志的职业生涯轨迹。1986 年出生的他，进入澳门电讯不久就迅速成长为技术骨干，首次代表澳门出征世界职业技能竞赛就勇夺通信网络电缆安装项目第 8 名，还参与制定通信网络电缆安装标准，在港珠澳大桥口岸澳门段网络工程、新北安码头网络铺设工程、澳门各大博彩企业室内网络建设等多项大型工程中发挥了积极作用。

## “我不怕困难，挫折只会让我更加热爱”

2006 年，年仅 20 岁的区嘉文高中毕业后便加入了澳门电讯，成为澳门电讯客户服务部门的一名基层员工。刚刚踏入职场的他，心中怀着一股积极拼搏向上的冲劲，刻苦学习和掌握工作所需的知识及技能，很快就凭着杰出表现获得部门主管及同事的好评。工作再忙碌，也没有降低区嘉文对学习专业知识的热情，他利用业余时间继续进修大学课程，边工作边学习，2008 年顺利毕业，成功取得学士学位。

渴望不断提升自我价值的区嘉文，希望更好地规划自己的职业生涯发展，经过再三考虑和自我审视，他发现自己对网络基建兴趣最大，便积极主动向部门主管请缨，转岗至澳门电讯基建网络及接入部门担任基础技术员一职。面对新的岗位和挑战，他从零开始、虚心进取，翻开了职业生涯的全新一页。

“任何事情都不可能一帆风顺，但是我不后悔，我更深切感知到，挫折感使我更清楚自己对这份新的岗位的热爱。”区嘉文这样说。从办公室做客服转到一线做工程，对他来说是极大的挑战。为了迅速适应新的岗位，他花费大量的业余时间，潜心学习新的知识和业务技能，在通信专业能力上不断进步、快速提升。

凭着极强的求知欲和好学好问的冲劲，区嘉文在新的工作领域逐渐得心应手。“越深入学习，越发觉自己对网络布线专业的兴趣。同时随着公司建设‘数码澳门’智慧城市步伐的加快，我们也迎来了更多挑战。这些挑战并未让我们有所畏惧，反而在鞭策着我们不断进步。”怀着那股遇强越强的热情与动力，区嘉文积极学习、努力拼搏，在一次次掌握新知识、克服新困难中成长为网络部门及接入部门的技术骨干。

## “我相信奋斗，努力当那朵闪亮澳门的浪花”

眼看区嘉文网络布线、安装技术等的技能日益纯熟，部门主管鼓励区嘉文参加 2011 年世界职业技能竞赛“通信网络电缆安装项目”。区嘉文在部门导师悉心教导下，进行了接近一年的全方位密集训练，逐渐掌握了电缆安装的速度训练、光纤网络连接、布线设计等大量专业知识和技能，从众多训练选手中脱颖而出，获得首次代表澳门出征该项世界竞赛的资格，前往英国与超过 63 个国家和地区的选手切磋专业技术。

“我以为训练充足、准备妥当，但到正式比赛的那一刻才发现一山还有一山高。”到了比赛现场，区嘉文才感到前所未有的压力和紧张。但天生不服输、不妥协的他，顶着压力、迎难而上，在为期四天的比赛之中，展现出既有的专业能力和技术。

“有幸参与这项比赛，是我职业生涯中的重要转变。从培训中学习到的知识，可以应用到日常工作中，实在获益良多。”这次特殊的经历，让区嘉文开阔眼界的同时，也了解到与世界领先国家和地区的差距。在基建网络及接入部门中，区嘉文积极参与制定了通信网络电缆安装的标准，让部门同事更全面系统和标准化地学习和掌握该领域的综合知识和技能，大幅提升了部门的工作效益。

为了把实战中获得的专业技能和宝贵经验传给更多的同事，区嘉文无条件多次担任澳门代表队及公司多项职业技能赛的导师和评分专家、制定培训课程，带领澳门选手在一次又一次通信比赛中获得佳绩。他还担任课程设计及技能导师，把很多技巧和技能倾囊相授。“通信行业是团队工作，企业里不止我一个区嘉文在努力，我希望发掘更多爱企业的闪耀浪花，在大湾区及智慧城市发展浪潮之中，为澳门亮起耀眼的光芒。”

## “我非常幸运，能够成为建设港珠澳大桥的一分子”

2013 年中信国际电讯成为澳门电讯主要股东后，积极支持澳门电讯多项大型基建投资项目，包括加快全光纤覆盖的基础项目、港珠澳大桥口岸澳门段网络工程、新北安码头网络铺设工程等多个大型工程。

让区嘉文印象最深的就是世纪工程港珠澳大桥。“能够有机会参与港珠澳大桥项目之中，我和团队成员感到莫大的荣幸，因为这代表着把澳门电讯的名字镌刻在港珠澳大桥建设的史册上，我们不容有失，必定要做好网络铺设工作，为建设澳门及大湾区发展做出更大的贡献。”

区嘉文带领着团队，不断与三地政府部门沟通，除了设计网络走线、紧贴工程进度去配合相关部门的规范，还希望将最先进的通信技术带到这项世纪工程之中。“如果有能力将先进的光纤网络铺设到港珠澳大桥，为广大的澳门市民和各地旅客服务，我们一定会全力以赴，提升澳门智慧城市的形象。”凭着为澳门服务的决心，通过一次次设计网络走线方案、一轮轮商讨技术难题攻关，最终他们提出了一系列合理化建议，获得政府部门理解和支持，而采用了澳门电讯的建议方案。

回顾这次重大任务，区嘉文不无感慨地说：“这个极艰巨的任务，假如团队没有爱国爱澳的心，没有坚定一致的目标，‘放弃’这个念头每天都会飘出来，我也没办法成为建设港珠澳大桥世纪工程的一分子。”也正是靠着这份信念，区嘉文带领团队克难攻坚，以丰富的专业知识进行了科学化的网络布线规划，在满足同样速度需求的前提下，在港珠澳大桥人工岛上铺设了先进的光纤网络。

## 李慧燕

# 创新及价值创造者

李慧燕，女，汉族，1962年10月出生，中信银行（国际）个人及商务银行业务副总监兼个人银行部主管。曾在跨国银行工作20多年，拥有丰富的国际金融业务管理经验。在加入中信银行（国际）之前，李慧燕就被中信集团的品牌和规模吸引，入职后更被管理层的创新思维及锐意进取的精神深深打动。她暗暗下定决心，要运用自身经验协助信银国际在创新路上取得突破，不断提升品牌价值及影响力。她积极运用金融科技推动零售银行电子转型，带领团队推出动感银行、“信港通”，有力提升信银国际在金融科技创新领域的龙头地位。

## 勇于开拓，创富增值

在李慧燕的字典里，没有循规蹈矩，只有开拓创新。负责零售、商务银行分行、直销业务及带领战略性网点转型等工作以来，她带领团队迎难而上、勇于创新，零售银行跨境业务及电子银行业务双双实现突破性进展、取得开拓性成果。她本人也因金融科技创新应用成果屡获殊荣，得到业界、媒体及监管机构的高度评价，还被评为中信银行最佳员工奖。

从2015年起，李慧燕带领团队落实完成与腾讯战略合作的一系列项目。最初，合作项目包括本行客户及非客户用 WeChat Pay 购买旅游保险以及在 WeChat Pay 绑定银行户口等。作为先行者，团队面临很多未知挑战。但他们敢于“摸着石头过河”，多次与监管机构商议技术保障、客户体验、业务模式等问题。经过持续攻坚克难，项目最终成功上线。在摸索出一条路子后，其他银行也纷纷跟随推出类似项目。李慧燕带领团队继续在商业模式上创新突破，提出了优于全港其他大型银行的方案，奠定了信银国际在金融科技创新领域的领先地位。

成为全港首家银行推出银行户口绑定 WeChat 小额支付后，信银国际又快马加鞭推出“直接付款授权服务”，服务范围覆盖所有尚未与 WeChat 直联的香港零售银行。全港零售客户都可以通过银行户口增值 WeChat 电子钱包做转账、派发红包及付款。这项服务荣获金融创新奖（深港组）二等奖，在超过 200 家的参赛机构中脱颖而出，成为取得最佳成绩的香港银行。

在零售业务电子化为大战略方向的情况下，李慧燕注重运用金融科技优化及推动零售银行电子转型。她带领的动感银行项目在短短一年内成功完成香港金融管理局沙盒计划测试并正式推出，让信银国际成为全港首家推出真正遥距开户的银行。凭借崭新的品牌设计及市场营销策略，产品面市三个月后，获客量就占到总获客量的 15%，再一次提升了信银国际的品牌形象。聚焦客户需求，他们还快速推出“信港通”和 CNCBI Token 等创新产品，CNCBI Token 成为香港首家银行推出的保安编码程序，使流动银行服务更加安全和便捷。

持续创新带来累累硕果。自 2015 年起，中信银行推荐 AUM（资产管理规模）增加 59% 至港币 65 亿元，转介合作存款增加 79% 至港币 22 亿元，转介合作贷款增加 1.39 倍至港币 8 亿元。

## 以客为专，集贤树人

长期从事国际金融业务管理的李慧燕，深知客户体验的重要性。在负责销售业务后，她注重加强与前线人员沟通，提升员工敬业度，协助中层管理人员提升管治能力，从而使前线人员流失率低于同业。同时，积极协调产品及有关支援部门，减少客户及前线人员痛点，重点指导销售流程及系统支持，不断提升渠道的管理效益，改善客户体验及提高前线人员产能。

在风险管理和应急处理上，李慧燕坚持以客为专、注重人文关怀，最大限度降低分行营运面临的突发风险。今年春节以来，突如其来的新冠肺炎疫情持续蔓延，日常营运管理面临不确定性风险剧增的情况。李慧燕多次带领团队研究应急策略、制订防控方案，亲自示范如何做好防控、提高应急能力。她还积极与客户及经合规部与监管机构沟通，维护信银国际的品牌信誉，得到客户与监管机构的信任和支持；对内，她悉心关怀同事，倾听分行同事的忧虑和建议，在维护人员安全上给予最大支持，同时还不时分享经验，教导同事学会如何更好地自我管理和提升领导力，进而合力携手解决危机。

李慧燕十分重视培育人才，除了悉心培训下属，她还殷切教导跨部门同事及分享经验，深受同事认可。同时她为公司履行企业社会责任，身为大学生项目导师的她不时地在公开论坛及香港科技大学分享未来银行发展、实体网点的角色、香港金融科技发展及应用。除此之外，李慧燕也是香港资历架构行业培训咨询委员会银行业的委员之一。

## 恪守诚信，敬业乐业

2019 年可以说是风高浪急的一年，香港经历超过半年的社会运动，部分中资企业和银行首当其冲，被暴力示威者大肆破坏，分行设施、ATM 机等屡屡出现被打砸等恶性事件，银行的经营环境极其艰难。尽管如此，信银国际零售及商务银行的非利息收入仍创新高（上升 33%），分行及直销渠道的贡献占了最大份额（达 67%）。受社会运动影响，分行在营业中随时需要紧急关门，销售及客户服务受到影响，前线员工也心有顾虑。抱着“一个都不能少”的理念，李慧燕一方面做好员工的情绪纾解，一方面领导分行紧抓所有与客户见面的机会，完成既定的业务目标。其中，保险业务的非利息收入更比往年上升了 84%，在全球极具挑战性的商业及投资环境下，得此成绩实属不易。这也恰恰见证了李慧燕的领导才能；团队众志成城、上下一心的成果，实属难能可贵 。

此外，李慧燕对银行的数码转型战略发展更是不遗余力，她积极推动网点交易往电子渠道迁移，简化流程，自动化、中央化处理，减少手动操作，最大限度降低错误率，提高效率，增强客户体验，提升银行竞争力。

作为本行基建玫瑰园计划骨干之一，李慧燕与团队在 2017 年成功推出股票系统（Infocast）及核心银行系统升级（core banking system upgrade），并为推动财富管理及客户关系管理系统（Avaloq）的商业策划及项目做出重大贡献。玫瑰园计划牵涉多个系统，李慧燕带领的团队与项目专家在过程中也经历了不少问题和挑战。面对非常紧凑的用户测试等种种挑战，作为项目的零售主要骨干，李慧燕带领团队与项目专家通力合作，并带领零售的测试人员，几乎每天加班，更在周末及公众假期返回公司协助，最终逐一攻破问题症结，并在规定时间内完成用户测试，成功让系统准时上线。

在玫瑰园计划中，Avaloq 系统的如期上线见证了李慧燕与团队的应急及风险控制实力。Avaloq 系统开发历时三年，在整个过程中，无数的问题与困难不停挑战着整个开发团队，甚至在系统正式上线的当天还发生重大事故，整个项目几乎陷入必须撤回的巨大风险中。一旦系统无法如期上线，项目因此须推迟至少三个月，前期已完成的工作也必须全部推倒重来，除了造成银行巨大的经济损失，更严重的是影响银行的商誉以及客户与监管机构对银行的信任。李慧燕与她的团队见状立刻与技术专家召开紧急会议，并与其他团队集思广益，冷静分析并逐一拆解问题，最终发现问题在系统服务器上，随即团队对症下药，迅速解决问题，Avaloq 系统得以准时成功上线。Avaloq 系统成功上线后，李慧燕带领前线人员积极学习，并让他们在短时间内适应新系统，全面提高销售及运营效率，增强风险控制能力。

李慧燕在银行界拥有超过30年的丰富高管经验，作风优良，遵纪守法，是恪守诚信的典范。在她的带领下，分行及直销部门的风控更为优化，合法合规。除岗位指定的工作以外，她还被委派担任银行一些跨部门的小组成员，包括 Star Award 评审委员会成员、Team Power 领袖、客户体验委员会成员。李慧燕爱岗敬业，热忱的工作态度，堪为同人典范。

# | 刘仕强

## 中信商用车业务的开拓者

刘仕强，男，汉族，1953年3月出生，大昌行集团原执行董事及汽车部主管，2018年4月退休。作为大昌行汽车部门主管，领导合众汽车统领五十铃品牌所有在中国（含港、澳、台）、新加坡、缅甸等国家和地区的商用车、轿车业务。负责的五十铃香港汽车代理业务成绩斐然，在短短7年时间内取代英国货车成为香港商用车界的翘楚，并连续39年稳居市场龙头地位，创下了日本五十铃包括日本本土及海外市场的最高纪录。知人善任，积极为公司培养优秀人才，带出了一批重要岗位的领导人。重视企业文化建设，倡导“顾客至上、服务第一”的经营理念，这成为公司上下共同信守的待客哲学。

跑遍中国大江南北的五十铃（ISUZU），现在已是家喻户晓的商用车品牌。在 20 世纪 70 年代，五十铃在中国还是个寂寂无名的品牌，从不为人知到车界翘楚，五十铃品牌发展的背后，浸透着一位中信人的智慧和心血。从 1973 年加入大昌行，到负责五十铃品牌代理业务，再到负责中国、新加坡、缅甸等地区商用车和轿车业务，他用数十年努力带领合众公司助力五十铃成为商用车市场的龙头。他就是大昌行集团原执行董事及汽车部主管刘仕强。

## 积极进取，创新不守成

刘仕强作为主要负责人的合众汽车有限公司于 1962 年成为大昌行集团所属的首家汽车公司，并于 1973 年被日本五十铃自动车株式会社委任为香港及澳门总代理。在代理五十铃的早期，英国品牌的商用车在香港市场占有率高达 90%。想让名不见经传的日本品牌五十铃受到客户青睐，难度可想而知。刘仕强顶着压力迎难而上，首创当时领先市场的客户车辆换购服务 (Trade-In)，目的是秉持“以客为本”，免除买家处理旧车的烦恼。这项在今天看来很平常的购车服务，在 40 多年前堪称划时代的创新。为了赢得客户口碑，刘仕强亲自带领员工走访货车用户聚集地，连业余时间也争取机会接触客户，帮助大家逐步认识五十铃的优点。他还非常重视把握用户需求，协调五十铃厂方推出更加适合香港道路驾驶的优化方案，大幅提升了舒适度，降低了耗油量。在短短 7 年间，刘仕强就带领五十铃实现逆转，取代英国货车成为市场龙头。

改革开放初期，在很多人还没发现内地市场发展红利时，刘仕强已经看准了其中蕴藏的巨大机遇。但由于营商模式、语言文化、饮食生活的“水土不服”，刘仕强在很多方面都面临挑战。特别是当时孩子刚出生不久，正是需要陪伴和照料的时候。但在刘仕强眼里，内地新上的项目同样是“襁褓婴儿”，更需悉心呵护。他牺牲陪伴家人的时间，奔波于香港和内地，为培植内地项目倾注了大量心血。他看准机会与内地大型改装厂，例如三一、中联、徐工、星马等合作，开发新品种，让进口五十铃底盘雄霸水泥搅拌车及水泥泵车市场，并长时间成为进口商用车底盘销量冠军。同时，中国市场销量亦成为五十铃出口重型商用车全球冠军。刘仕强在内地经营五十铃的岁月当然并非一帆风顺，当中不乏危机。2003 年，中国质量认证中心指出五十铃汽车刹车器存在问题，禁止进口。这让五十铃代理业务面临沉重打击，损失可能数以亿计，而且稍有不慎就可能会失去总代理权。面对突如其来的棘手问题，刘仕强当机立断，迅速决定召回整改两万多台五十铃汽车，积极接触厂家商讨解决方案，开发适合国内市场的新型号。经多条战线并行作战，在短短一年多的时间里解决了问题，销售数据也快速回升，成功带领公司化险为夷，并赢得五十铃厂家的赞赏及认同，为长期合作伙伴关系奠定巩固基础。

刘仕强带领合众汽车取得的辉煌业绩，也使五十铃厂方在与台湾前任代理商终止合同时，第一时间就找到大昌行，磋商代理事务。当时，五十铃在台销售已有一段空窗期，厂方希望刘仕强带领五十铃重新站稳台湾市场。基于多年积累的深厚情谊，刘仕强答应了厂方的请求。从 2012 年起，刘仕强带领团队把香港合众的成功经验运用于台湾市场，先后布局 10 多个销售网点和 40 多家服务点，专门成立零件中心实时提供高质量零件保障。在刘仕强的努力下，台北合众汽车以优秀的经营团队与专业表现于 2013 年获选为“年度金炬奖十大潜力企业”，并从成立之初 400 台的销售规模提升至 2018 年的 3200 台，涨幅超过 7 倍。

## 以诚取信，共赢不单赢

自合众汽车公司成为五十铃代理开始，刘仕强与五十铃厂方以及诸多客户都保持着互信互惠的良好关系。他充分掌握五十铃商用车故障率低、易于维修以及零件供应充足的特性，秉持以诚取信、互惠共赢的理念，带领团队打造了稳健可靠的品牌形象，使五十铃连续 39 年稳占香港商用车行业领导地位，市场占有率保持在 40% 至 60%，并成为日本本土及海外市场的纪录保持者。

在刘仕强的“朋友圈”，有不少信任和支持合众汽车的“铁粉”，海迅供应链有限公司就是典型代表。海迅公司由吴荣海于2011年5月创立，为多个住宅区、写字楼、商铺酒店及各大连锁店提供中央仓货物配送、点对点派送及多元化综合物流服务。短短6年间就能成为物流市场翘楚，与海迅选对了携手同行的合作伙伴有很大关系。

海迅公司初创时，吴荣海购买了一台其他品牌的5.5吨密斗货车，不到几天就出现故障，给货物配送带来很大被动。吴荣海抱着试试看的态度买了第一台五十铃货车。让他没想到的是，五十铃货车的可靠质量和合众公司的优质服务很快征服了他。从此以后，合众汽车成为海迅公司选购商用车的不二之选。仅2019年4月，海迅公司就购买了130台5.5吨五十铃货车。目前，公司购买的五十铃货车超过300台，成为合众汽车有记录以来商用中型货车的市场冠军。受益于五十铃货车的优质保障，海迅公司的业务不断发展壮大，派送规模达22万余件。

“顾客至上，服务第一”，这是刘仕强常对员工灌输的价值理念，也是他带领合众汽车团队的成功经验总结。多年来，他大力倡导全心全意为客户提供优质产品及服务，得到五十铃厂方和广大客户的一致好评。为答谢合众汽车的突出贡献，五十铃社长专门邀请大昌行集团领导造访日本五十铃并颁发“市场领导奖”及“长期合作伙伴奖”。

## 躬身为梯，退休不褪色

“谁拥有人才，谁就拥有未来”，这是刘仕强常对公司领导人员说的话。他是这么说的，也是这么做的。多年来，他始终把培育优秀年轻人才作为重中之重，大力培养有能力、有潜力的青年英才，为公司长远发展积淀后劲。对集团给予自己的培训机会，刘仕强大都让给身边同事和业务骨干，力求为他们创造更多启发思维、扩展视野的平台。他还重视安排优秀年轻人才回到内地工作、深入了解国情，为全面提升综合素质打下基础。

刘仕强总说，一个企业获得一年的成功，靠的是努力；十年的成功，靠的是管理；百年的成功，靠的是企业文化。无论是新员工入职，还是重要时间节点，无论是任职时，还是退休后，他都注重用优秀企业文化引领员工、培育员工，使之成为自觉践行的价值观念。时至今日，他所倡导的重视客户关系的精神仍在合众团队薪火相传。每逢农历新年，合众团队都秉承昔日合众管理层“以客户为尊”的理念，真诚为客人送上节日祝福。当五十铃车辆需要技术支持时，合众团队更会及时提供帮助。

桃李不言，下自成蹊。刘仕强与合众汽车共度的每个重要时刻就像一本活的年鉴，记录着企业发展壮大的成长轨迹，也记录着企业文化的不断传承。他从容不迫、诚恳亲和的人生态度，以客为尊、以诚取信的经营哲学，都是传承企业文化的生动教材，无时无刻不在影响着他身边的人。在他的言传身教下，大昌行很多年轻员工自进入公司起就自觉把优秀企业文化作为价值追求，在学中信故事、做中信传人中促进了中信文化薪火相传。

## 孙 炜

# 中国银行间外汇市场的先行者

孙炜，男，汉族，中共党员，1973 年 11 月出生，中信银行杭州分行党委委员（原总行金融市场部常务副总经理）。任职以来，凭借扎实的专业知识，制定了从数据源选取到程序编写的外汇业务工作流程。作为中国银行间人民币外汇市场首批交易员，带领团队在汇改工作中积极搭建系统、设计流程、制定制度，构建了科学合理的外汇交易体系，为中信银行成为首批合格人民币外汇交易机构做出突出贡献。作为总牵头负责人，带领众多同业参与者经过近 30 轮修订，促成《中国外汇市场准则》在 2017 年成稿并对外发布，得到全球准则工作组负责人高度评价。

孙炜 1997 年 8 月加入中信银行，现任中信银行杭州分行党委委员（原总行金融市场部常务副总经理）。入行以来，他先后从事金融市场部外汇业务结算、司库管理、外汇交易管理等工作，调任杭州分行前曾分管总行金融市场部外汇交易、贵金属交易以及债券投资业务。从金融市场部业务操作员到中信银行外汇交易业务的掌舵者，从第一代人民币外汇交易主管到中国外汇市场准则制定的总牵头人，孙炜 22 年来身体力行，为中信外汇交易业务发展做出突出贡献，得到监管机构、市场同业及企业客户的高度认可。

## 恪尽职守，带领团队确保外汇牌价连续稳定

20 多年前的中国外汇市场正处于刚刚起步阶段，市场规模较小，业务场景相对简单，国内包括中信实业银行在内的能够从事外汇业务的银行屈指可数，所以外汇业务中的许多环节都只能通过手工操作完成，例如外汇牌价的制作和发送工作。此外，由于所有分支网点的挂牌汇价都依赖于总行发布的外汇牌价，因此这项工作的准时性和准确性尤为重要，一旦操作不当，不但影响银行业务开展，还会对银行的声誉造成不利影响。

当时这项职能由资金资本市场部（现金融市场部）承担，而具体的操作人员之一便是孙炜，由于外汇市场是 5×24 小时运行，只要不是全球假日，都必须在每天早上 7:30 准时制作并发布牌价。接手此项工作后，孙炜凭借扎实的专业知识以及对市场的深刻理解，和团队成员一起，从数据源选取到程序编写、从模拟测试到实践检验，制定了完备的业务流程，并且数年如一日按时、准确发布牌价，即使是每年的除夕也不曾中断。正是这种爱岗敬业、恪尽职守的工作精神，促成了他在此后职业生涯中的不断进步。

## 镞砺括羽，勇担中国第一代人民币外汇交易主管

2005 年 7 月 21 日，中国人民银行宣布我国开始实行以市场供求为基础、

参考一篮子货币进行调节、有管理的浮动汇率制度，自此人民币汇率不再单一盯住美元，轰轰烈烈的汇改拉开了序幕。由于具备了前期对外币业务的经验积累，中信银行（原中信实业银行）积极响应监管机构号召，从一开始便积极参与，在此过程中，孙炜不惧挑战，在银行各级领导的支持下，积极参与系统搭建、流程设计和制度编写工作，做好基础准备，与此同时在银行各级领导的指导下主动进行市场探索，作为中国银行间市场首批人民币外汇交易主管推动外汇做市商业务顺利启航。此后 15 年，中信银行连年位居我国银行间外汇市场即期做市商前三名，多年获得银行间外汇市场评优多项殊荣，并多次获得国际权威财经杂志《亚洲货币》评出的亚太地区及中国最佳外汇交易团队奖项。

## 攻坚克难，竭忠尽智搭建银行外汇业务体系

人民币汇率改革的不断推进，给商业银行的发展带来了新的机遇，但同时也面临着众多挑战，交易系统的建设、人才队伍的培养以及客户关系的维护，对于一项全新的业务来说，这些工作都需要从头开始。彼时，孙炜作为外汇业务骨干，严格贯彻领导要求，主动协调相关同事，几乎参与

了所有上述工作。时间紧任务重，攻坚阶段，几乎每天清晨他都第一个来到办公室，夜幕下最后一个离开。

功夫不负有心人，经过团队数月的辛勤努力，中信银行的外汇交易系统、制度和流程均通过了监管机构的验收，顺利成为首批合格人民币外汇交易机构，为后续成为首批即期外汇做市商、远掉期外汇做市商、首批期权报价银行等打下了坚实基础。

## 高屋建瓴，双管齐下挖潜外汇代客业务市场

2005 年中信银行的外汇交易体系已经搭建完成，但当年的中国外汇市场仍然刚刚起步，许多跨国企业客户对于中资银行的专业程度难以信任，这直接导致中资银行在谈判过程中大多处于非常不利的位置。在得知此种情况后，孙炜主动配合分行，多次赴客户处进行业务讲解，甚至奔赴海外向跨国公司总部的财务官介绍中国外汇市场的发展历程以及中信银行在外汇业务方面的优势和专业性。凭借自身扎实的专业知识，孙炜通过深入浅出的介绍，一点一点地打消了客户的顾虑。此外，他严格贯彻执行银行对于客户营销体系的建设和完善策略，助力中信银行的外汇代客业务规模迅速发展壮大，在与跨国公司的外汇业务合作中率先树立起了自身业务专业、服务周到的银行形象。

时至今日，中信银行已成为我国市场上为数不多的具备外汇业务全牌照的银行，如果没有当年集团和银行领导层的合理决策，以及孙炜等业务骨干竭忠尽智的艰苦工作，中信银行不可能具备现在外汇业务行业领先的市场地位。

## 砥砺前行，对标国际牵头建立中国外汇市场准则

2015 年 9 月，我国受邀参加国际清算银行主导的《全球外汇市场准则》编写工作，加速了建立中国外汇市场对接国际标准的出台过程。孙炜作为我国参与全球准则工作组负责人和中国外汇市场准则项目总牵头负责人，

带领全国众多同业参与者，在接近两年的时间中，通过不断的研究、讨论，对原稿进行了近30轮的修订，终于在2017年5月敲定了《中国外汇市场准则》的成稿并与全球外汇市场准则同时发布。

中国外汇市场自律机制开启了中国外汇市场从他律为主转向自律和他律并重的模式，从过往三年的运行实践来看，外汇自律机制的建立以及其推动实施的一系列自律规范，使市场主体得以更低的社会成本、更有效的管理方式来维护市场秩序。一方面，由监管机构制定框架性的大原则，设定不可触碰的业务操作边界；另一方面，由市场参与者在自律机制的平台上将行业惯例与市场实践有机结合，制定出业务操作规范的行业最优标准，并推动行业内市场参与者的日常操作向全球最佳实践靠拢，为我国人民币汇率形成机制进一步市场化、国际化提供了坚实的发展基础。

现在来看，在经历了汇率市场的大幅波动之后，自律机制的设立无疑是近几年中国外汇市场的一个重大事项，得到了中国人民银行、外汇管理局等高层领导的高度认可以及全球准则工作组负责人的高度评价。相对全球准则，中国准则符合“不低于、不矛盾”的标准，这说明我国外汇市场自律规范建设与国际市场实现了有效的对接。在此过程中，中信银行所扮演的重要角色与孙炜个人的不断努力是密不可分的，在我国自律机制建立与磨合的数年时间中，孙炜充分发挥了自身的专业知识与经验积累，不仅为中信银行争得了难得的荣誉，而且在国际外汇市场行业标准的制定过程中为我国争取到有利的公平竞争机会。

作为中信银行外汇交易业务的掌舵者以及光荣的中国共产党党员，孙炜在积极谋求业务发展、为银行创造利润的同时，在思想上积极向党组织靠拢。外汇市场是我国核心金融要素市场，人民币汇率牵一发动全身。在实际工作中，孙炜充分发挥了党员对于国家外汇业务健康发展的先锋作用，尤其是在外汇市场发展面临严峻考验时期，他总是能够带领团队严格履行做市商职责，维护市场稳定，并得到了我国监管部门的高度认可。

## 袁东宁

# 零售业务新技术创新的优秀代表

袁东宁，男，汉族，中共党员，1980年11月出生，中信银行总行零售银行部客户管理处处长。牵头建立中信银行数据支撑下的客户分层分群经营管理体系，落地客户全生命周期管理和精准营销。牵头开拓远程营销服务中心，创造零售业务新增长点。牵头搭建中信红权益平台和零售CRM、CMM、COM、CDM系统，推动零售业务实现精细化管理。负责零售重点指标推动工作，实现零售管理资产规模和个人存款规模双增长以及贵宾客户数量大幅提升。所负责处室连续3年获评优秀处室，个人荣获2015年度、2017年度中国人民银行科技发展二等奖。

从美国杜克大学攻读博士学位毕业后，袁东宁加入中信银行成为零售业务战线的一员。十多年来，他积极发挥专业优势、发扬创新精神，不断推动客户经营数字化、产品营销组合化和渠道建设平台化发展，参与和见证了零售业务两次转型和跨越发展，为零售业务发展和数字化转型做出突出贡献，两次荣获中国人民银行科技发展二等奖。

## 以创新为本，数据驱动零售转型

2010 年，以建设银行、招商银行为代表，全行业零售业务开启了数字化转型。中信银行当时的零售业务刚起步不久，一线零售人员只能依靠网点厅堂到访客户开展业务，主动营销意识和能力明显不足，总分行零售业务经营管理比较粗放，缺乏自上而下精细化和经营过程管理。

在“金融 + 科技”的大潮中，得科技者得天下。袁东宁凭借对同业动态的密切关注和零售市场的预判，敏锐意识到数据驱动对做强做大零售业务的重要性。面对零售业务科技基础薄弱、科研人员不足等现状，他主动找到部门领导提出在总分行零售部设立数据管理岗、统一零售数据标准、整合零售报表体系和重构零售客户关系管理系统等建议，并自荐成为中信零售数据管理和数据分析的牵头人。

从组建队伍到打造系统，袁东宁事事抢在前面。2011 年起，他牵头在总分行零售部建立数据岗队伍并组织全行集中培训和专项训练。2013 年起，他牵头整合构建中信银行零售客户关系管理系统（CRM）。由于这套系统设计理念和功能领先于业务发展 2 到 3 年，当时面临不少质疑甚至投诉。但袁东宁坚持自己的判断。他坚信，“要做行业领先的客户关系管理系统，什么是领先的，我们就做什么，不是系统不合适业务，而是业务没跟上系统，要借助系统倒逼业务加速发展”。实践证明他的坚持是对的，这套系统的全面应用为零售二次转型成果提供了四梁八柱，也开启了中信银行个人客户体系化管理的篇章。

从无到有、从有到优，袁东宁没有停下创新的脚步。面对大数据、云计算、人工智能等技术快速发展，他带领团队大胆探索新技术应用。他常说，“不干，都是困难，干就行了”。针对零售基础设施弱、专业人才短缺、行业经验不足等问题，他积极借助外力破解难题。在他的带领下，团队率先推出了同业领先的 AI 营销平台，形成集产品推荐引擎、客户接触引擎和渠道路由引擎于一体的智慧营销大脑，实现了线上千人千面实时营销，极大提高了网点零售人员营销效率。

“用数据说话，用行动证明，要交付结果，而不是抱怨过程。”袁东宁是这么说的，也是这么做的。多年来，他带领团队引入行业领先数据分析工具和平台，实现了零售全客户、全产品和全渠道数字化客户精准营销和深度经营，在国内外同业中产生了口碑效应和领先性，助力中信银行于 2017 年在国际大数据峰会的 EPIC 评选中荣获卓越分析唯一大奖。

## 以客户为先，深耕零售客户经营

2017 年，中信银行零售银行部成立客户管理处，袁东宁凭借多年如一日的工匠精神和对客户经营的执着创新被任命为负责人。袁东宁感恩组织的信任，他常说“是中信这种英雄不问出处，善于识人、敢于用人的人才理念，才让这么多优秀同事集结在一起，为共同的事业奋斗”。面临当时零售业务重产品销售和重渠道运营的情况，如何从客户出发做零售业务、开展零售客户经营？新的处室路在何方？袁东宁面临新的挑战。

为了让处室工作尽快运转起来，袁东宁必须在最短时间搭建经营体系、提高队伍能力、明确工作思路。他主动带头研究同业做法，参加客户经营培训班，与分支行交流探讨，每天对着客户经营规划琢磨到半夜。那段时间里，他每天从早上工作到次日凌晨，连续做规划、画流程、理数据、写需求。通过不断优化和完善，终于形成了一套较为完整、可落地的客户经营方法。

“有困难，找东宁”，这是袁东宁同事常说的话。客户经营方法刚确立，袁东宁就接到领导指派的分层经营和分群并重的急迫任务。面对领导和同事的信任，他马不停蹄投入老年、女性客户分群经营的规划中。他从客户视角出发，针对打造老年客群幸福年华、女性客群悦己悦生活的零售品牌，带领团队经过10多轮市场调研、可选体系设计和系统测试，克服经验不足、人手紧张、资金缺乏等困难，成功推出“了不起的幸福年华养老计划”体系和女性俱乐部体系。通过对品牌经营的大胆创新实践，在中信银行2018年AUM（资产管理规模）日均增量来源中，中老年及女性客户AUM日均增量贡献89%。

在做好零售客户分层分群经营基础上，袁东宁主动提出做零售非金融服务体系创新。他以淘宝“双11”、京东“618”为契机，创新提出构建中信特色的互联网式权益平台，弥补零售权益体系空白，解决手工核对、手工发放、兑换率低、客户投诉多等问题。在他的努力下，率先推出每月15日中信银行中信红权益品牌日活动。以中信红权益为抓手，他主动与得到App等行业知名公司合作，极大提升了中信银行品牌知名度。通过为客户提供差异化权益产品，创新打造银行与客户高频接触场景，不仅实现了客户价值提升，更为中信银行带来了新的流量入口，提升了银行客户活跃度和价值贡献，零售客户的户均AUM增量贡献达到全口径零售客户的25倍。

智慧源自一线，活力出自基层。袁东宁常说，“一线就是他的智囊团”。

有一次，理财经理向他抱怨每天要接待几十个来网点的客户，感觉天天忙乱，却没多少业绩。一句平常的抱怨引发了袁东宁的思考。如何快速找到价值客户，实现疲于奔命到智慧经营？他迅速与多家咨询公司和科技公司沟通，带领团队进行多次推演设计，引入零售客户全生命周期管理经营策略，建立了围绕潜在客户、新客户、潜力客户、流失预警客户、睡眠客户和赢回客户六个节点的客户全生命周期管理体系，推出了基于客户生命周期管理的"五大行动"精准营销。2018 年"五大行动"累计覆盖 800 万客户，带动管理资产增长 2200 亿元。

经过不断深化客户经营、科技赋能精准营销，零售管理资产快速增长，存款规模实现历史性突破，中高端客户规模跨越式发展。中信银行凭借在零售客户关系管理领域优异表现，2016 年荣获《亚洲银行家》"最佳客户关系管理奖"，2018 年实现零售管理资产与个人存款同向增长，零售 AUM 余额年增幅 20%，个人存款余额增幅 35%。

## 以发展为要，构建持续发展能力

随着零售个人客户管理资产突破万亿元，仅依靠网点渠道开展客户经营愈发不足，如何整合渠道、集约经营成为袁东宁又一个课题。在网点渠道主战场基础上，他带领团队协同运用电子渠道、远程渠道、短信渠道三方渠道开展客户经营与营销，牵头应用数字化手段打造集营销、服务和交易于一体的远程营销服务中心，有效拓宽了客户经营渠道。平台能力是实现零售客户集约高效经营的又一途径。平安银行口袋银行、招商银行 W+ 系统等同业成功经验，既让袁东宁看到系统科技建设的不足，也坚定了运用数字化工具释放零售产能的经营策略。他带领团队深入一线听取意见需求，以平均每年优化和新增百余项功能的速度升级零售系统，搭建了客户关系管理等系统平台，为客户经营工作提供了坚实支撑。

功夫不负有心人。袁东宁牵头搭建的 CRM 系统荣获 2018 年亚洲银行家最佳客户关系管理 CRM 项目奖。CMM 系统领先的做法得到监管机构的赞许，荣获 2016 年中国人民银行科技发展二等奖，极大地提升了全行数据分析应用水平。

袁东宁不仅重视自身素质提升，更注重培育年轻骨干、打造创新团队，为长远发展积蓄后劲。他经常通过工作例会、经验分享、难题攻关、集中培训等形式，向青年员工及全行零售条线相关人员传递系统应用、数据分析、客户经营等知识及技能，不断提升队伍的专业性和创新性。在提高人才知识技能的同时，袁东宁还注重用中信优秀企业文化培塑员工正确的价值观。他积极参加组织企业文化培训工作，将文化下沉至全行零售条线一线员工，融入实际的客户经营管理工作之中，从而使得日常工作更具朝气和活力，保持零售队伍的特有精气神。

## 王　蓓

# 践行工匠精神的银行员工代表

王蓓，女，汉族，中共党员，1968 年 8 月出生，中信银行总行办公室主任助理。参与 2006 年以来全行历次战略规划编制工作和公司业务发展规划制定工作。特别是在牵头编撰《中信银行 2018—2020 年发展规划》中，她吃住基本在单位，昼夜忘我工作，制定了“8100 工程”，得到总行党委、董监事和全行上下一致认可。牵头制定《中信银行公司业务转型发展方案》和《中信银行对公客户一体化服务体系建设指导意见》，形成可落地的“330 工程”，保障方案落到实处。

她是朋友们眼中出众的才女，她是办公室里的拼命三郎，她是团队中的知心大姐，她是青年同事的授业恩师，她是领导心中的得力干将，她是组织评选的优秀党员……别人眼中的她，总是有多种不同的角色。但她更喜欢把自己定位成一名银行领域的“工匠”，干一行、爱一行、精一行，几十年如一日，笃实专一、久久为功。她就是中信银行总行办公室主任助理王蓓。

## 守匠心，奉献无言苦

非凡始自热爱，极致源于匠心。接到牵头编制《中信银行 2018—2020 年发展规划》的任务时，王蓓时任总行公司银行部业务管理处处长，负责板块和部门的综合管理，日常工作任务十分繁重。对于一般人而言，能够完成好其中一项重大任务已是十分不易，何况两大任务同时压身、并行推进，艰巨性之大可想而知。但王蓓没有一丝犹豫就欣然受领了，并且跟领导立下“军令状”，保证完成任务，一定编制出一份高质量、高标准、经得起实践检验的发展规划。

为了这个承诺，王蓓一人分两角、一肩挑两头，在新三年规划编制的三个多月里，每天“以行为家”，吃住基本都在单位，白天和团队成员一起精心撰写，夜里自己坐在办公桌前静心雕琢。在大家眼中，夜以继日地与文案为伍，起草规划、编制方案、撰写报告是一份孤寂、平淡、辛苦的差事，“挑灯秉烛、废寝忘食”是常态，“反复推敲、连续作战”是常事，绝非常人可以做好。此时的王蓓已近知天命之年，在周围同龄人开始调慢生活节奏、注重身心保养时，她依然坚持高负荷、高强度、高要求地忘我工作，付出了比其他年轻同志更多的精力和心血。

持续的高压工作，使她患上了终身不可逆的自身免疫性甲状腺炎。虽然医生严肃告诫她要注意休息、绝不可再熬夜，但王蓓还是凭着一股韧劲硬生生挺了过来，不分昼夜连续拼了三个月，最终圆满完成了任务。这种竭尽全力的干劲和拼劲，让她身边的同事深为佩服。当大家问她为什么可以做到如此忘我专注、倾尽所能时，她总是淡然微笑说，“哪有什么秘诀？既然选择了就要坚持做好，不能辜负组织的信任”。朴实的话语中透着对工作一如既往的坚守和担当。

由于贡献突出，中信银行总行党委授予发展规划核心写作团队“特殊贡献奖”，并将唯一的特等奖授予王蓓。这既是组织对王蓓工作成绩的充分肯定，也是对她“工匠精神”的大力褒扬。

## 精匠艺，追求无止境

匠艺是工匠的“金刚钻”。想要练就“金刚钻”，离不开长期刻苦的学习。作为中信银行多次战略规划的参与者，除了要有扎实的文字功底，还要有对形势的洞悉，对业务的深谙，对银行经营规律的把握，学习的重要性不言而喻。而身边同事常说：“王蓓的脑袋就是一座宝藏。”

王蓓常告诫团队，切忌闭门造车，要善于学习、丰富自己，既要多读一点历史和民俗俚语，又要掌握前沿知识和发展大势，更要常思常悟领导的思想和指示，这样才能完成一份高质量的报告，否则写出的材料就会空洞乏味、言之无物，不但浪费大家的时间，甚至还耽误全行的发展。她十分注重平时的学习积累，广泛涉猎各种知识，不断提升自身理论功底和业务水平。在王蓓的文件柜里，总是摆满了各类书籍。她每天早上基本都是六点多到岗，利用上班前两个小时的安静时间，心无旁骛地钻研学习，提升自己的“匠艺”。特别是在起草新三年规划期间，王蓓带领规划核心写作团队反复研读十九大报告和辅导读本，翻阅主要对标同业规划材料，把前中后台的资料素材仔细研究提炼，做了大量的“备课”。知彼知己、知市识势，是她带领团队起草规划的基础，也是成功完成任务的保障。

精益求精是磨砺匠艺的“不二法门”。王蓓在工作中是一个不折不扣追求“细节”的完美主义者，对每一项任务，她都在拼速度的同时，也拼高度、拼精度，对极致的追求近乎“一根筋”。她常说，“精华在笔端，咫尺匠心难。只要把精准、精确和精细视为生命，极致就不会太遥远”。她善于把握细节，工于做好细节，无论是起草发展规划还是重要报告，从谋篇布局到下笔成文，从论点到论据，从语法到措辞，她都带领团队字斟句酌、反复打磨、炼字熬句。在新三年规划得到各方面一致认可后，为了更好地推动规划落地实施，在行领导的指导下，王蓓和她的团队再接再厉，按照项目管理模式，将规划的“八大举措”进行精心分解，细化为 100 项重点任务，形成可落地的“8100 工程”,2018 年百项重点任务全部达到进度要求。在公司业务转型方案和客户一体化建设指导意见出台后，她又参与将指导意见中的重点任务分解形成“330 工程”，推动方案真正落到实处。

## 做匠人，奋斗无终点

匠人之道，在于用一生做好一件事，全力以赴、坚持到底。入职中信银行总行的近十三年间，王蓓始终保持奋斗的本色，把勤勉敬业、默默奉献、追求卓越的理念和风格融入每一天、一周、一月、一年的工作之中，没有丝毫的放松和懈怠。

十三年以来，王蓓年度个人综合考评结果均在“B”以上，其中 7 年考评为“A”，2016—2018 年连续三年考评为“A”，被评为总行机关 2017 年度优秀员工、中信银行优秀共产党员，总行机关 2018 年度优秀员工。现在的她，已踏上新的征程。2019 年 2 月，她由公司银行部调入办公室工作，任研究规划处处长；2019 年 8 月，她被提聘为办公室主任助理。岗位在变，但初心不改，她依然怀着一份虔诚，执着于自己的匠心，全身心投入其中，拼搏在中信银行高质量发展的战线上，为全行发展助力，为转型献策。

星光不问赶路人。一路走来，一路坚持，一路奉献，一路求索。王蓓已经记不清在办公楼里有多少个未眠之夜，多少次挑灯夜战，多少场彻夜长谈。一天一年如此易，她却十三载如一日，而这正是许许多多中信银行人工作面貌的缩影。在不眠的夜里，这种默默奉献的“工匠精神”就像一束光，点亮了夜空，也照亮了远方。

| 姜　鹏

## 金融科技创新的青年人

姜鹏，男，汉族，中共党员，1984 年 3 月出生，中信银行总行信息技术管理部金融产品 IT 创新实验室处长。作为金融产品 IT 创新实验室带头人，带领项目团队研发的“信智投”产品客户数已超过 5 万，交易金额接近 10 亿元。推出“区块链信用证系统”“福费廷区块链服务平台”“区块链 + 供应链的链金融系统”，先后获《亚洲银行家》“最佳金融机构创新中心”、中国人民银行科技发展奖、2018 年金融信息化 10 件大事等国内外多个奖项。牵头研发中信大脑平台，完成自动化流程、语义识别、图像识别等能力上线工作，为推动银行实现智能化转型做出积极贡献。2016 年获银行业信息科技风险管理课题研究成果、2018 年获中国人民银行颁发的科技发展奖二等奖。

作为创新实验室带头人，姜鹏对创新有着敏锐的感触和执着的追求。短短不到三年的时间，面对同业的激烈竞争和互联网公司的前后夹击，他带领团队硬是闯出了一条适合中信银行科技发展的创新之路。“信智投”“基于区块链的贸易融资平台”“中信大脑”……一个个凝聚着智慧和期许的产品背后，是创新实验室无数个日夜的辛勤付出。2019 年 5 月，创新实验室被《亚洲银行家》评选为“最佳金融机构创新中心”，这不仅是对团队专业性的充分肯定，也是对姜鹏工作成果的高度认可。

## 勇于担当，主动扛起创新大旗

创新实验室成立伊始，工作千头万绪，挑战接二连三，人才匮乏，技术积累不足，甚至连实验室的发展方向都不明晰。姜鹏坐在办公桌前心里五味杂陈，比起之前带领成熟稳健的互联网开发团队的经历，这个“既没粮又没枪”的新岗位，实在让人望而生畏。可姜鹏凭着一股初生牛犊不怕虎的劲儿，还没等到领导的第二轮约谈，就主动说服了自己，敲响了总经理办公室的门。虽然已经做好心理准备，但创业的艰辛让姜鹏也一度怀疑自己的选择。每天深夜他都在苦苦思考，银行的创新到底应该怎么干。在行里领导的鼓励下，为了尽快制定出实验室详细的发展规划，姜鹏每天都和成立之初唯一的一名员工一起，白天马不停蹄地与国内外同业交流、开展金融科技调研，晚上加班总结收获，清晨又为当天调研准备提纲和材料。日复一日，迷雾渐退，实验室的发展方向变得愈发清晰，名称最终确定为“金融产品 IT 创新实验室”，定位就是要研发具有前瞻性、颠覆性、跨领域、系统性的金融创新产品，研究前沿金融科技在业务条线的智能化运用，助推中信银行数字化和智能化转型。

实验室发展方向刚明确，姜鹏来不及歇口气，就一头扎进了前瞻性业务的探索中，在经历一次又一次的研究和验证后，最终圈定了将人工智能和区块链技术与业务融合的先期目标。计划获得行里认可后，姜鹏和伙伴们就义无反顾地开始了艰辛的创新之旅，他把吃饭、走路甚至睡觉前的时间都用在思考如何应用前沿技术进行业务创新上。每当团队成员遇到难题时，他都会和大家一起集思广益，冷静思考、积极应对。在自行攻克许多技术难关的同时，为了尽快找到技术和业务契合点，姜鹏一边主动到各业务部门开展了数十次新技术宣讲和交流，一边带领团队成员掀起了学习业务的热潮，做到“业务技术两手抓，两手都要硬”。通过不懈努力，实验室的创新业务终于迎来了曙光。

## 勤于探索，精心打造创新产品

从2016年开始，区块链项目就在中信银行紧锣密鼓地落地应用。姜鹏一直与各业务部门热烈讨论，探索区块链与银行业务的结合点。经过与国际业务部的多次探讨和评估，他初步选择将国内信用证作为中信银行区块链技术应用的突破口。半年时间里，姜鹏和他的团队每天白天与同业机构谈技术合作，晚上加班加点搞系统开发，终于取得突破性进展，基于区块链的信用证传输系统成功上线。在此基础上，他们再接再厉，很快又推出“福费廷区块链服务平台”，中国银行、民生银行、光大银行、平安银行等多家银行先后加入中信银行发起的这一联盟。2019年，区块链上交易规模已突破500亿，成为银行间最大的区块链生态联盟。

人工智能是姜鹏及其团队的另一个主攻方向。为了尽快将这一技术应用到各业务条线，2017年冬，姜鹏大胆提出打造中信人工智能引擎——“中信大脑”的构想。这一想法很快获得各级领导的大力支持，但行里也提出了更高要求：平台建设必须自主研发，核心技术必须自主可控。技术新、任务重、资源少，困难不言而喻，但姜鹏依然没有退缩。他咬紧牙关，带着团队伙伴们历经几十个日夜，反复修改数十稿，终于赶在2018年春节前夕确定了“中信大脑”的建设方案和技术方案。当最终方案立项通过时，整个团队沸腾了，他们激动地呐喊，终于可以大干一场啦！

## 敢于追梦，始终坚定创新步伐

金秋九月是丰收的季节，姜鹏带领团队历经三个季度的持续攻关后，“中信大脑”于2018年9月成功投产，成为股份制银行中首个自主研发的智能金融服务平台，聚合了自动化流程、数据挖掘、推荐预测、图像识别等多个功能，具备为全行各业务条线提供智能化服务的能力。而今，“中信大脑”提供的智能化服务已初显成效，在零售业务领域，实现“千人千面”的产品推荐和客户精准营销，参与的智能推荐系统成功营销的理财类产品金额突破千亿大关，支撑的贷发借 AI 外呼营销成功率达传统外呼效果的 16 倍。在风险控制领域，支持对电子账户开户流程中身份证影像真伪的自动审核；构建对公客户知识图谱，实现风险舆情智能化预警。在运营管理领域，率先搭建机器人流程自动化平台，有效提升托管、人力、审计等业务的自动化水平。“中信大脑”的投产标志着中信银行金融智能化水平迈上新台阶。研发这一平台，不但助力中信银行快速开展业务创新，还打造了一支“强科研，重应用”的技术团队。多名博士、美国 Google 的前 AI 平台专家等纷纷加入这一团队，实验室的研发实力持续上升。当同业还在采购一个个数据挖掘模型时，实验室一年产出的数据挖掘模型就超过了 70 个，未来几年还将以更快的速度助推各业务领域的数字化、智能化转型。

没有华丽的电子大屏，也没有各种机器人展示，只一门心思将 AI、区块链等新技术运用在银行实际业务中。“Quite different！ Very good！”《亚洲银行家》总编在调研创新实验室后发出由衷赞叹。面对这些成绩，姜鹏总是看得很淡，始终鼓励团队保持创新精神，告诉大家“创新不要怕小，只要能提升业务效率，就是创新；创新不要怕大，要敢想敢干，不怕失败”。正是凭借这种对事业的热爱和对工作的激情，姜鹏带领他的团队一路勇往直前，披荆斩棘，在中信“诚信、创新、凝聚、融合、奉献、卓越”的核心价值理念的指引下，不断追求更高的创新目标。

初心为筑创新梦，砥砺奋进谱新篇。在中信银行金融科技创新的道路上，姜鹏正如创新实验室里的那盏明灯，照耀着团队不断前行，为中信数字化、智能化转型贡献力量。

## 陈小青

# 信用卡运营专家

陈小青，女，中信银行信用卡中心运营管理部原总经理。2003 年初入职信用卡中心的时候，她已过而立之年。她与 10 多名同事一同成为信用卡中心的第一批员工。作为筹建初期的成员之一，她在信用卡中心一干就是 16 年。这 16 年，她秉持初心、默默坚守，见证了信用卡中心从初创到成长、从突破到壮大的历程，也在信用卡运营战线书写了一曲筑梦、逐梦、圆梦的奋斗之歌。

## 筑梦——怀揣梦想毅然抉择

“你想好了吗？”

“我想试一下，在一个全新领域做有挑战的事情。”

看到陈小青眼中的坚毅和憧憬，她丈夫说：“家里你放心，我会照顾好；你以后独自在外打拼，要保重好身体。”

这是陈小青与丈夫在商量是否加入中信银行新成立的信用卡中心时的对话。

的确，很多人都无法理解，陈小青不算年轻了。在单位，她是部属眼中的好领导，作为国有商业银行二级分行计财科科长，她所在的科室几乎每年都被评为先进；在家里，她是四位老人的好女儿、好儿媳，也是丈夫眼中的好妻子、儿子心中的好妈妈。不管是事业还是家庭，都有着非常美好的前景，为什么要做出这样的选择？

但陈小青有自己的想法。她看准了中信的品牌和信用卡领域的潜力，也怀揣着在新的领域挑战自我、突破自我的梦想。她要为了这个梦想，再搏一搏。

在家人的支持下，陈小青仅仅在 72 小时内，就完成从思考抉择到背上行囊的过程。为了这个梦想，她只身从陕西去到北京，投入到信用卡中心紧张的筹建工作中。

面临着全新的业务领域，她投入了全部的热爱和精力，从头开始学习和实践。2003 年恰逢“非典”，她和驻北京筹建小组的几位伙伴一起，连续 9 个月没有回家，在为信用卡业务系统的切换积极筹备。她负责建立信用卡账务处理体系，制定信用卡会计核算办法，在当年 8 月圆满地完成信用卡账户及账务的结转工作。那一年的 12 月 3 日，“中信 STAR 信用卡”正式对外发行。

身为初期建设者，那是她最难忘而激动的时刻，也是她开启自己逐梦征程的时刻。

## 追梦——精益求精做好匠人

进入信用卡中心后的十多年，陈小青始终把饱满的热情倾注在工作上，早出晚归，搭系统、建流程、提效率、降成本、优体验，不断完善运营体系建设，夯实业务基础，支持各项产品、渠道上线运营。从“小运营”到“大运营”，她构建了一套精细化、智能化、数字化、领先行业的信用卡运营体系。

产品支持是信用卡业务拓展的重要保证。她带领团队实现了 1000 多款产品的卡片设计和生产，从“磁条卡”到“芯片卡”，从“大芯片”到“小芯片”，再到“个性化多色彩小芯片”的应用，每一次改变，都是对产品更安全、更美观的最大助力。为了推动国密算法落地，她精心做好卡片制作、产品设计综合统筹等工作，2016 年超额完成了人行下达的任务。她还创新通过“慧用卡”实现十多项自助服务的落地，丰富客户自助服务功能，为客户打通了便利的还款通道，实现了运营工作的转变和提升。截至 2019 年 6 月末，账单电子化率达 99% 以上，申请件自动化率达 99%，表单自动化率接近 100%，既满足了客户关于便捷用卡的需求，同时又为信用卡中心节约成本 1.44 亿元。

2007 年，由于系统账务稳定性较弱，出现一次较严重的生产问题。看到客户受影响，陈小青急得落泪了。为了最大限度消除影响，她迅速组织技术、风险、运营、客服等方面人员讨论解决方案，当日就进行了处理。自那次之后，她带领团队建立了严密的系统监控规则和严格的监控机制，从根本上加强治理，确保运营账务体系持续稳定。

随着互联网的发展，她所带领的团队自 2012 年开始又陆续推出了“柜台确认”“持卡确认”业务，实现了客户面签功能的全网点覆盖，有力地支持了网络渠道获客。“柜面 E”和“柜面申卡”等一系列创新，也为柜面实现了借贷交叉一键式营销。2017 年，针对场景重新优化发卡全流程，她带领项目组推出“E 秒用卡”服务，有效地利用场景，快速实现发卡、用卡的一体化。之后利用最新技术研发了“远程视频确认”流程，支持白名单客户的高效快速的远程确认。通过持续不断的获客流程创新和优化，累计支持获客近 1800 万户，为业务发展提供了渠道支持和流程保障。

16 年间，信用卡中心三次重大业务运营系统项目，陈小青都是业务核心牵头人及参与者。她说，自己很幸运能参加这些重大系统建设项目，只是亏欠了家人。她在信用卡中心工作期间，与丈夫团聚的日子加起来也就两年多，还是丈夫利用寒暑假时来深圳团聚。与其说是团聚，更应该说是丈夫来照顾她的生活。公公、婆婆病重住院期间，也只能是丈夫医院家里两头跑，她无法全力尽孝。

## 圆梦——不懈奋斗书写华章

一分耕耘，一分收获。16 年来，陈小青为信用卡中心一次一次书写历史而默默贡献，她自己也从员工成长为部门负责人，所在团队受到信用卡中心级、总行级、集团级、市级等内外部各类表彰 29 次。身为中信一员，陈小青热爱中信品牌，也践行着中信的价值观。做好点滴、努力贡献，也是她的内心写照。

2010年7月2日，在中信银行深圳笋岗支行的大堂，面对众多媒体，现场展示了“网点发卡——即申即办”业务，也计时宣布了“92秒”的奇迹。这是一场流程变革和创新的典型案例，颠覆了原有的发卡流程，将集中制卡模式突破为集中+分散的模式，而这背后是历时两年的多个子流程的打通。也正是那时候，她意识到了全流程优化的意义和势能。之后，为了加强网点发卡的卡片管理，团队自主研发的“智能卡片存取一体机”于2013年取得了国家知识产权局颁发的“外观设计专利”和“实用新型专利”两项证书。

2019年10月26日，中信银行信用卡StarCard系统成功上线投产，这是国家首个具有自主知识产权的新一代云架构信用卡核心业务系统。在众多金融机构中，信用卡中心率先完成以云计算+分布式架构为基础的新一代金融核心系统的转型。她作为业务牵头部门的负责人，自2017年12月新核心系统项目启动起，投入了巨大心力，组织牵引着16个业务部门，梳理了庞杂的业务内容，清晰了业务逻辑，明确了业务需求，制订了切换方案，不断测试、调整，据统计，在23个月中，业务测试人员拟写了12.5万条业务测试案例，执行了 47.8 万条测试案例验证，与技术团队一起确保了新核心系统的顺利投产。

回想 2013 年，在信用卡中心举办的“10 周年庆典”上，当现场访谈节目中被问及“为何放弃已取得的工作成就和安逸生活，加入信用卡中心”时，她说：“2003 年我即将 36 岁，我不想错过这样一个机会。信用卡中心就是一块成长的热土，在这里可以实现梦想，收获成长，我为自己的选择而庆幸。”现场出人意料地播出了一段采访她丈夫的视频，来自远方的亲人的信任和支持，是她得以全身心投入工作的巨大力量源泉。

2019 年 12 月 19 日，根据工作安排，陈小青承接新的岗位职责，担任信用卡中心办公室主任。重任在肩，展望新的征程，她始终坚信梦想的力量。她心中有梦，脚踏实地，勇于追梦、勤于圆梦的逐梦之旅在继续。

## 钱　平

# 坚守银行国际业务的耕耘者

钱平，男，汉族，中共党员，1964 年 11 月出生，中信银行北京分行国际业务部总经理。从进入中信银行起，26 年如一日坚守国际业务，积极优化产品结构，开发跨境资本项目结售汇、内保外贷、出口买方信贷等新兴业务领域和客户群，有效推动新市场环境下国际业务稳步过渡。面对行业新、技术复杂的新一代信息技术产业，带领团队共同设计和创新 NRA 账户封闭管理条件，第一时间回复信审员关注的风险点，推动授信审批流程顺利进行。近 10 年未发生过重大操作风险，国际业务在北京地区始终处于市场前列。2019 年被表彰为北京市金融道德模范、北京金融五一劳动奖章。

钱平 1993 年加入中信银行北京分行，现任中信银行北京分行国际业务部总经理。26 年来，他以匠心细致追求卓越，以实干笃行实践初心，从出口审单业务做起，踏实勤恳，任劳任怨，对业务精雕细琢，对工作敬业专业，始终牢守风险与合规底线，为中信银行不断创造利润和价值，亲身参与和见证了中信银行国际业务的发展和壮大，也诠释了中信银行人的“工匠精神”。

## 初入银行，任重道远，勤奋敬业服务奉献

入行之前，钱平是一名从事了九年远洋气象研究工作的科研人员，中山站的首次越冬纪念碑上，还刻有他的名字。1993 年，29 岁的钱平得知中信实业银行北京分行筹建，需要英语好的同志，他想趁着年轻尝试不同的行业和职业，就抱着试试看的心态去应聘。他务实踏实的工作态度和严谨的逻辑思维能力给面试官留下了深刻印象，没多久便收到录用通知书。就这样，钱平转行进入了中信大家庭。作为第一批行员，他被寄予厚望——肩负着北京分行国际业务开创和发展的重任。

隔行如隔山。为了弥补专业的不足，钱平坚持“干中学”，发挥自己善于钻研的特长，遇到问题习惯去问个“为什么”，喜欢从实际业务出发，揣摩国际业务的逻辑内在性。例如，对于单证业务实质性不符点的判断，别人可能会照搬国际审单标准，但他会思考标准制定的原理，不符点的潜在危害是什么，会不会对运输报检、清关退税带来麻烦，成本是否增加，对各方权益有无影响等。工作中遇到实在不懂的问题，他就打电话向客户讨教经验，有时候以进出口的公司名义给中国银行打电话讨教。日积月累，融会贯通，他的业务技能得以迅速提高，也逐渐将工作变成了自己的爱好。

国际业务部当时只有七八个人，他上午骑自行车“扫楼”跑客户，主动与客户探讨业务，挖掘客户需求点，下午回行审单做账，风雨无阻，加班加点。遇到客户忙不过来，他就主动帮客户到商会、国家质检机关、贸促会等机构取单据。想客户之所想，急客户之所急，赢得客户信任，与客

户做朋友，他为北京分行积累第一批国际业务优质客户发挥了重要作用。

## 艰难转型，勇于创新，迎难而上开辟蓝海

北京分行国际业务客户以国企、央企、跨国企业等大型、特大型进出口企业为主，它们的需求主要是国际结算和贸易融资等基础功能性服务，国际业务的特色和优势体现在服务的效率和质量上。2014 年之后，内外部经营环境和条件持续恶化，经济下行趋势显露，同业竞争进入白热化，传统客户要求越来越高。与此同时，行内授信资源越来越紧缺，转型迫在眉睫。

作为部门负责人，钱平不畏困难，勇于开拓，调动国际业务部全体员工积极性，深入调研支行痛点、充分挖掘客户潜力。记不清多少次挑灯夜战，他率营销团队逐一分析客户业务下降原因，“一户一策”商讨应对方案；数不清多少回唇枪舌剑，他在信审会苦口婆心为客户争取授信规模；更记不得经历了多少艰难曲折，客户才愿意接受并成功落地北京分行跨境联动创新业务。

无论遇到多少艰难险阻，钱平始终以客户为中心，把服务客户作为银行生存、立身和发展之本。他经常与团队说，国际业务部要服务好“两个客户”，一个是市场上的企业客户，另一个是我们的支行。所有的客户资源都需要我们的支行维护，它们需要我们提供产品作为“武器”去开拓、巩固市场。我们只有与支行拧成一股绳，形成合力，才能更好地满足客户不断变化的需求，才能在激烈的竞争环境中不断实现突破。

功夫不负有心人。在钱平带领下，国际业务部紧密跟随支行市场嗅觉，依托产品创新和渠道拓展，在巩固传统业务的同时，依托政策红利和市场机遇，精准营销了中关村高科技企业、独角兽企业、外商投资企业、第三方支付、跨境资本项目结售汇、跨境资金池收付汇、境外发债、外债回流、出口买方信贷等新兴业务领域和客户群体，将国际业务发展成为融结售汇、跨境投融资、增信、外汇保值于一体的跨境综合性金融服务，不断为客户提供超值服务体验。

转型之路离不开中信银行的创新基因。钱平一直十分重视国际业务的创新发展。在团队共同努力下，2017 年北京分行在“区块链福费廷交易平台”成功落地区块链国内信用证福费廷业务，获得“中信银行 2017 年度创新奖——区块链国内证项目优秀推广分行”荣誉称号。2018 年北京分行成功落地英国总部基地伦敦项目一期出口信贷银团贷款，以实干践行国家“一带一路”倡议，用务实为中信集团协同责任的发展战略添砖加瓦。

## 不忘初心，矢志笃行，榜样精神薪火相传

2017 年，钱平被评选为“总营榜样”，这时他已担任国际部总经理 10 多年，一直保持着“传帮带”的优良作风，将老一辈国际业务领导们的工作热情和开拓精神发扬光大，培养了一批单证、保函、贸易融资、外汇政策、资金产品方面的骨干人才，这也是北京分行得以不断提升客户服务体验、保持业务稳步发展的重要人才保障。

他坚信榜样的力量是无穷的，坚持要求部门员工做到的，自己必须首先做到的原则。他可以连续 21 年没有休年假，也可以无怨无悔加班到深夜，

因为他认为工作是一件很幸福的事。他的初心是，精益求精把工作做好，为客户解决遇到的问题，能让更多的人通过中信银行的国际业务走向远方是他最大的快乐。

作为国际业务部党支部书记，钱平反复要求党员干部对照先进典型、身边榜样找差距，坚持高标准、严要求，引导全体党员始终坚持金融工作要“听党的话”“听监管部门的话”“听集团和总行党委的话”，坚持国际金融为企业“走出去”和国家建设服务的理念。他以强化制度建设和流程控制为本，带领部门建立和完善了各项规章制度。早在2013年，北京分行便在北京市场率先独立获得国际结算业务ISO 9001：2008质量管理体系认证，奠定了北京分行国际结算业务专业化和高质量的市场地位。

近年来，跨境业务的合规反洗钱压力日益凸显。钱平要求不断完善工作制度和管理办法，强化业务分工，明确职责范围，将反洗钱纳入岗位职责内容。在日常业务中，他更是亲力亲为把好风险关，国际业务部近十年来未发生过重大操作风险。他还十分重视国际业务的自律合规建设，率领北京分行在2018年首届“京律杯”北京地区银行外汇和跨境人民币展业规范知识竞赛中斩获一等奖。2018年，北京分行荣获年度外汇管理规定考核

“A 类银行”评级。这些都进一步巩固了北京分行在北京地区国际业务的市场地位和品牌实力。

随着业务不断发展，中信银行国际业务在北京市场享有美誉，一些银行和猎头公司主动找到他，承诺给予优厚的待遇，但他都委婉拒绝。因为在他心中，中信银行给了他现在的一切，使他重新发现了人生的价值，服务好中信银行是自己的义务，也是自己做人的基本原则。这是他的坚持，也是他的信念。

## 胡雁艳

# 善于搞好协同的银行人

胡雁艳，女，汉族，中共党员，1979年8月出生，中信银行南京分行投资银行部总经理。带领团队贯彻“融资、融智、融产”战略，秉承“三大平台、三种服务、四个自信、五敢精神”业务发展理念，成功介入社保、住建等重点机构业务领域，积极支持无锡地区包括上市公司在内的重点企事业单位做大做强，累计为无锡地区企事业单位提供超过300亿元的金融服务。积极推进四个普惠金融全总行首笔业务，率先实现普惠金融“票、房、链、政”等标准化产品全覆盖。分行2018年在规模、效益各类考核指标排名在南京全辖二级分行领先，并获“A”类银行最高评级。

无锡自古就是江南富庶之地，逐步发展成“百年工商城”，是中国民族工业和乡镇工业的摇篮，是苏南模式的发祥地。生于无锡的荣毅仁先生于1979年创建中信集团，可以说，中信与无锡有着不解的渊源。

巧合的是，同年8月，无锡的一只“小雏雁”呱呱坠地，开始了和中信的不解之缘。“出生于荣老的故乡，又与中信同龄，冥冥之中，中信的基因早已融入我的血液之中。”带着这样的中信梦，2004年研究生毕业后，胡雁艳回到家乡，加入中信银行无锡分行。旁人看来，这位在无锡分行耕耘十余年，是无锡分行协同业务主要骨干的胡雁艳，早已成为协同征途上的领头雁。

## 弘扬中信品牌，勇立潮头奏凯歌

“我与中信集团同庚共脉，我感恩中信给我学习的机会与展示的舞台，我将与中信同呼吸，共成长。”在总行和南京分行的战略引领下，胡雁艳积极探索“不止于银行、不止于金融”的全景式服务，向无锡市各级政府和重点客户宣导中信综合金融优势和特色品牌，为银政企合作搭建平台，为经营发展拓展空间，支持无锡重大项目建设，助力无锡经济腾飞。

在担任无锡分行公司分管行长期间，她经常辗转于无锡、上海、南京、北京等地，通常一天之内要走几个地方，走马灯似的拜访政府、总行、中信集团各家子公司等，让政府和客户了解中信、信赖中信，让中信集团子公司了解无锡、参与无锡经济建设。在无锡分行的因公出差史上，胡雁艳至今还保持着3年内150次以上、累计行程30万公里的最高纪录。

2018年，无锡市最大的招商引资项目——华虹半导体（无锡）有限公司项目将在无锡总投资100亿美元。该项目一直受到无锡市乃至江苏省领导的高度重视和关心，也是各家商业银行竞争的焦点。得知这一信息后，胡雁艳深入开展多方营销工作，在总行业务总监、南京分行行长陆金根的指导和时任无锡分行行长单国民的牵头下，她积极与无锡市、区两级政府沟通，及时了解招标的最新信息和进展情况，引导政府领导完成从认知中信银行到认可中信银行的转变。在胡雁艳带领的营销团队的努力下，中信银行从众多竞争对手中脱颖而出，一举中标成为华虹半导体项目资本金的主结算银行。项目资本金累计在无锡分行入账超40亿元。

“因为相信，所以看见。”成功营销华虹半导体资本金项目，仅是胡雁艳践行总分行战略、弘扬中信品牌和优势取得的成果之一。据不完全统计，无锡分行2017年斩获12个IPO和再融资资金募集户，累计获资金24亿元；债券承销获得5份注册通知书，债券承销金额36亿元。2018年成功落地了中信银行系统内首笔第三方存单质押欧元私募债投债业务，落地南京分行辖内首单创新结构性产业基金；成功落地无锡市国资运营平台——国发资本（注册资本100亿元），在分行开立基本账户，项目资本金累计入账2.8亿元；助力远景能源（江苏）有限公司等三家企业成功发行海外债券，囊括无锡全市场份额；成功落地随借随还、链式普惠、小微信用E贷及标准化商票贷四个普惠金融全总行首笔业务，率先实现普惠金融“票、房、链、政”等标准化产品全覆盖。

## 践行协同战略，辛勤耕耘结硕果

“我们要借力中信集团独特的资源禀赋和强大的协同效应，优势互补，强强联合，在无锡市场上彰显中信综合金融能力和品牌自信，这是我们有别于他行，也是他行无法复制的差异化竞争优势。”

胡雁艳深入体会学习总行业务总监、南京分行行长陆金根对企业文化的赋能，不仅向政府、向客户宣扬中信独特的品牌优势，还向全体员工宣导中信协同的理念，让全行员工增强中信品牌自信、发展理念自信、区域市场自信、员工队伍自信，发扬“五敢”精神，争创团队一流、服务一流、业绩一流。

她不仅认识到位，而且行胜于言，久久为功，把中信协同的营销理念和品牌优势娴熟运用到无锡分行公司转型发展和营销实践中去。她积极践行“协同、同业、海外”三大平台以及“传统商行、综合融资、资源整合”三种服务理念，为无锡市政府与中信在锡子公司合作牵线搭桥，积极构建无锡地区的中信协同“朋友圈”。她深入走访中信集团在锡子公司，向中信集团在锡子公司推介无锡项目，并且会同中信集团相关子公司组成联合营销舰队，高频度、多层次拜访无锡市级政府和两县五区各级政府，密集走访重点战略客户，不断把中信协同优势转变成营销竞争胜势，把不可能变成可能，把抵达变成超越，把在望变成在手。

在胡雁艳的有力组织下，无锡分行公司板块业务百花齐放，捷报频传，多项业务取得了新的突破，公司业务转型创新取得了累累硕果。分行为江阴利港发电股份有限公司承销 8.5 亿元债券业务；为中信泰富特钢集团旗下子公司兴澄特钢提供 10 亿元综合授信额度；支持中信戴卡将三期轮毂项目落户无锡，并为其提供 2 亿元项目贷款；协同撮合中信建投为宜兴市城市发展投资有限公司承销 30 亿元债券业务；撮合为宜兴经开承销 10 亿元新公司债业务；撮合为新发集团承销 30 亿元新公司债业务；撮合中信的咨询公司中标无锡市惠山区人民政府国企改革咨询单位；协同信银国际为总行级战略客户远景能源、扬子江造船办理 24 亿元内保外贷业务；等等。无锡分行利用中信集团协同平台，累计为无锡地区企事业单位提供超过 300 亿元的综合金融服务。目前中信集团在锡各子公司资产规模超1000亿元，在锡主要产业类项目投资总额约600亿元，年上缴税收超过40亿元，为无锡市产业强市和地方经济建设做出了贡献。

2016年胡雁艳分管公司业务以来，始终在南京分行辖内二级分行中保持领先。2016—2018年期间，无锡分行全口径对公日均存款分别达到329.8亿元、355.97亿元、374.47亿元，较上年末分别增长22.68亿元、26.17亿元、18.5亿元。

2018年，无锡分行全口径对公存款日均增量18.5亿元，在南京分行辖内二级分行排名第一；国际结算收付汇量同期增1亿美元，市场份额位居无锡当地股份制银行第一。无锡分行连续九年获人行外汇管理考核“A”类评级。交易银行有效户增量也在南京分行辖内二级分行排名第一。

## 筑梦中信事业，拼搏奋进绽芳华

自从进入中信银行以来，胡雁艳从普通柜员做起，先后从事公司部职员、支行客户经理、支行副行长等多个岗位。她通过个人的拼搏努力和矢志追求，实现了从初出茅庐的学霸到总行最有价值员工、支行长，再到无锡分行副行长的华丽转身。

一条“学海无涯苦作舟”的名言伴随着她的成长，成为了她的座右铭。她入行三个月就在分行客户经理转正考试获第一名，在南京全辖公司客户经理考试中获得无锡分行第一、南京分行第五名的好成绩，在南京分行全辖营销方案比赛中获团队和个人两项第一。多次获得分行年度个人先进和优秀客户经理称号。

一个“道虽通不行不至，事虽小不为不成”的人生信条，让胡雁艳在默默耕耘中取得了收获。她认真对待每一笔业务，热心对待每一位客户，虚心请教每一个问题，从每一件小事做起，从点点滴滴做起，不惧劳苦，坚定信心，不断适应环境的改变，变压力为动力，变被动为主动，主动迎接挑战，不断战胜困难。她把客户交给她的每一件事都记在心里，当作一种责任落实在行动上，并且想方设法地去办好。胡雁艳用坚持和用心赢得了客户的信赖，也创造出她个人职业生涯一个又一个看似不可能的可能。

一句“公司是船，我在船上，我与中信荣辱与共”的肺腑之言，让她的团队业绩成为同行中的佼佼者，她清楚这里面汇集了多少艰辛的汗水。2007年，胡雁艳刚生完孩子两个月，连产假都没有休完，就回到了工作岗位；15年来，总有这样那样的重要、紧急业务，让她放弃了一次又一次的公休，至今还没有真正休过一次年休假……闲不下来的胡雁艳，因此也被大家戏称为无锡中信的“拼命三娘”。

对家人照顾关心太少，是胡雁艳最大的内疚：儿子成长的10年里，她仅仅和孩子一起旅游过三次；10年2500个有效工作日，能够准时回家的日子寥寥可数。记得有一次她六点回家，儿子惊讶地问：“妈妈今天这么早回家，是不是生病了？”父亲和婆婆同时病倒，她却不能第一时间赶回照料，抹了抹脸上的泪花，又投身于营销一线中去。在任公司业务分管行长期间，她满脑子都是工作，经常忘记了吃饭，忘记了休息，超负荷的工作让她得了老胃病，以至于曾经半年就要做一次有痛胃镜。

一条“始终把中信利益放在首位”的处事原则，让胡雁艳在市场变化和重大风险面前显得从容不迫、游刃有余。无锡银行业界流传中信银行一段佳话：在尚德集团快速壮大的时期，胡雁艳作为尚德集团的主办客户经理，娴熟运用创新产品介入并取得了共赢发展。2011 年尚德集团在中信银行国际结算近 8 亿美元，日均存款超 5 亿元。在尚德集团最鼎盛时期，胡雁艳敏锐地预判内在风险隐患，在向分行领导汇报后果断采取了行动，通过低风险业务逐步替代原来的高风险信贷产品，从最高时近 20 亿授信到 2013 年的全额退出，完美地实现了与大额授信的共进退。

星光不问赶路人，时光不负有心人。她先后获得南京分行优秀客户经理、总行“青年岗位能手”、总行国际业务精英客户经理、总行最有价值员工、中信银行 25 周年“百佳员工”、中信银行 2017 年度最佳员工等荣誉称号，在奋斗的征程上留下了一连串闪光的足迹。

“奋斗的路上没有停车场，只有加油站。面对更加严峻的经济金融形势，我将以更加饱满的热情和只争朝夕的精神，投身于南京分行公司业务‘加速度’发展中去，投身于‘核心利润极’的价值创造中去，不断创造新业绩，实现新跨越，再创新辉煌。”

## 胡雪梅

# 公司资产业务零不良的代表

胡雪梅，女，汉族，中共党员，1970 年 11 月出生，中信银行上海中信泰富广场支行党支部书记。深耕基层网点 28 年，精心做好厅堂管理、客户营销和产品落地等工作。2008 年任支行负责人以来，深入分析形势、提出综合服务方案，为支行负债业务做出积极贡献，10 余年未发生一笔逾期和不良。支行荣获 2015 年度上海市平安示范单位、2018 年度上海金融职工立功竞赛活动“最美金融服务窗口”。个人荣获 2016 年上海金融系统优秀党务工作者、2017 年上海市银行同业公会优秀基层支行行长、上海金融系统五一巾帼标兵。

胡雪梅 1991 年加入中信银行上海分行以来，从一线柜员做起，先后担任支行委派会计、副行长、行长，深耕基层网点 28 年。作为上海分行基层网点的带头人、金融体制改革的见证者和中信银行创新发展的参与者，她带领团队依靠中信的平台优势和品牌效应，为客户谋价值，为员工谋幸福，为打造“最佳综合金融服务企业”做出了突出贡献。

## 业精于勤，做好支行“大管家”

入行之初，胡雪梅从事会计业务岗位，从储蓄到会计，从柜员到会计经理，一干就是 15 年。会计工作基础而繁杂，重要却琐碎，胡雪梅苦练基本功，在最初的应知应会考试中成为“中信小行家”。她深知柜面业务的服务效率和业务质量对于银行的重要性，即便加班到深夜，也无怨无悔，利用业余时间刻苦钻研业务，为柜员解读规章制度，带领大家共同积累经验、提高技能。

胡雪梅曾任职于原徐家汇支行，支行位于上海 CBD 核心区域，业务量巨大，每天来厅堂办理业务的客户从早到晚络绎不绝，常常营业结束还关不了门。每到七天长假更是对支行的大考，当时的支行有 8 台自助设备，会计人员需要时刻待命，不能也不允许有机器故障和账务差错发生，这就要求她和会计团队保持高度的责任心时刻坚守岗位，每天清机和加钞。由于当时支行尚无完整的营销体系，除了把柜面业务安排得井井有条，胡雪梅还主动承担起整个厅堂的管理工作，包括客户营销和产品落地等，成为支行的“守护者”和“大管家”。

## 敢于转型，带领团队创新探索

2006 年，在经过深思熟虑后，胡雪梅从支行内部管理岗位转型至公司业务营销行列，并于 2008 年被任命为原徐家汇支行的负责人。在转型过程中，她经历了从被动执行思维转向主动营销思维，从管好自己、接受管理到带领整个团队向前走的角色转换。有人曾经问她：“风雨中、酷暑中，跑街的感觉如何？”她说：“我做了两年跑街扫楼工作，十年的支行长工作，我喜欢做业务，喜欢和各类客户交流，喜欢有挑战性的工作。每当一个个大客户落地、一单单大业务进来，我为客户解决一个个难题，我会觉得很有意义并很充实。”

当然，任何事情都不是一蹴而就的，其间有无奈和煎熬，也有快乐和满足。2008 年在刚接任支行负责人时，正值美国次贷危机，市场处于通缩阶段，资产价格跌得很低仍吸引不到投资者，支行存款大幅滑坡，作为领头人的胡雪梅没有时间迷茫，更没有时间停顿。在恶劣的市场环境下，她找到一家保险资产管理公司，几次三番上门分析当时的形势，提出徐家汇支行综合服务方案的优势，最后客户经过表决决定划入徐家汇支行资金达 2 亿元。第二年又划入了超过 20 亿元的短期资金。胡雪梅为支行的负债业务做出了积极贡献。

## 坚守使命，公司资产业务零风险

作为党支部书记，“三严三实”一直是胡雪梅做人做事的原则和准绳。

胡雪梅定期召开党支部会议，带头认真学习党的路线方针，认真贯彻落实总分行党委各项要求，将党的各项政策传导到基层一线。她顾大局、识大体，引导全体党员始终坚持金融工作要“听党的话”“听监管部门的话”“听集团和总行党委的话”，坚持金融为实体经济服务的理念。实践中，她坚持合规经营，充分理解监管部门的要求，把国家的金融安全放在首位，落实好各项监管政策。

银行是经营风险的行业，“为银行负责、为客户负责”是胡雪梅的使命和信念。对她来说，管理好银行的负债和资产始终让她“战战兢兢、如履薄冰”，对待每一个授信客户都要求自己要实地了解经营场所，要和每个客户的负责人面谈，要实地了解每一处抵押物的情况。她具有较强的风险预警能力，为了银行信贷资产安全，加强日常跟踪管理，依靠分行领导和法律保全部门，为潜在风险客户寻找买家，解决客户还贷资金来源，妥善处理好到期银行贷款资金回收。

按照商业银行发展规律和基本常识来分析问题，找对目标客户和理性研究市场风险，有所为和有所不为，她始终认为研究市场风险永远没有尽头。胡雪梅担任支行负责人十余年间，支行公司贷款没有发生一笔逾期和不良。

## 薪火相传，倾心铸就制胜团队

上海分行的老一代中信人为胡雪梅留下了宝贵的精神财富，特别是他们的开拓精神和人文关怀深深感染了她。胡雪梅保持了“传帮带”的优良作风，并将这些精神发扬光大：要求员工做到的，自己必须首先做到；甘愿默默无闻，把机会让给年轻的同事；对支行每一位同事都笑脸相迎，即便是一名刚入行的实习生。

在生活上，胡雪梅充分体现一名共产党员吃苦耐劳、甘愿奉献、乐于助人的优秀品质。她关心员工的成长和幸福，坚持和年轻同事多谈心，让他们感到组织的温暖；在员工遇到困难时，总是耐心开导，尽自己最大力量去帮助；心系员工成长，始终毫无保留地将自己的知识和经验传授给同事。在她的培养下，支行团队中涌现出多名优秀干部，其中三人现任上海分行其他支行的负责人。

在还是一名会计经理的时候，胡雪梅看到支行负责跑交换的员工整日疲意，询问得知他一家老小都住在没有空调的房间，晚上无法入睡，她立即向支行领导申请了一笔特殊奖金供他安置空调。如今这位员工已在胡雪梅的支行服务 20 年，成长为一名业绩优异的贵宾理财经理，为支行的长足发展做出了贡献，并在 2019 年获得“全国金融五一劳动奖章”。谈及胡雪梅多年来的关怀，他依然热泪盈眶。

在客户眼中，胡雪梅是一位严谨的专家，一个识大局的员工，一位有担当的领导；在员工心里，她是一个有爱心的大姐，是学习榜样，是先进标杆，是“工匠精神”的最好诠释。

## | 倪卫芳

# 分行业务发展的“拼命三郎”

倪卫芳，女，汉族，中共党员，1970年5月出生，中信银行苏州分行行长助理。带领吴江支行由2007年时单一网点、存款规模17亿的“小机构”发展到下辖4个经营机构、存款规模近百亿元的大支行，年利润从2007年的3000多万元增长到最高超4亿元，市场份额连续多年在股份制商业银行中稳居第一。注重抓人才带队伍，通过外部引进、内部挖潜、严格奖罚等机制打造了干事创业氛围。个人获吴江市劳动模范、苏州市劳动模范、全国金融五一劳动奖章、全国五一劳动奖章。

中信银行优秀共产党员，总行最有价值员工、优秀支行长，中信集团优秀共产党员、吴江市劳动模范、苏州市劳动模范、全国金融五一劳动奖章、全国五一劳动奖章……这些金灿灿的荣誉背后都是同一个名字，她就是中信银行苏州分行行长助理倪卫芳。说起“倪卫芳”，大家都会竖起大拇指，说她“巾帼不让须眉”，更有人说她是“拼命三郎”。 她从事银行工作已 28 年，进入中信银行工作也已第 11 个年头，在吴江支行行长、党支部书记的岗位上一干就是 10 年。从加入中信的那一刻起，倪卫芳就在心底把自己当成一名顶风前行的纤夫，无论遇到什么样的风浪，都会在激昂的号角声中和同伴们一起加油鼓劲、奋力前行。

## 同事眼中，她是敢打敢拼的“铁人”

2010 年，营销亨通集团短融的成功经历，让吴江支行全体员工受到极大鼓舞，他们没有想到，自己居然成功了！回想合作之初的场景，一切依然历历在目。当时，中国银行间市场交易商协会对于民营企业的短期融资券发行控制较为严格，注册程序烦琐冗长，亨通集团更是把工商银行作为首要合作银行。但这些不利因素都没有阻挠倪卫芳和她的团队“啃硬骨头”的决心。为了拿下这一项目，倪卫芳带领团队成员通宵达旦、连续作战，精心筹备针对亨通集团举办的投行业务推介会，并为企业量身定制了一套堪称完美的融资服务方案。这套方案最终在与四大国有银行和其他股份制银行的激烈竞争中拔得头筹，受到企业的青睐。项目进入实施阶段，倪卫芳再接再厉，亲自参与调查报告和募集说明书的撰写，并为项目推进多方奔走，终于在短期内取得总行批复，将项目如期上报交易商协会。

2010 年 5 月 12 日，交易商协会下发了接受注册通知书，标志着吴江支行主承销的 9 亿元亨通集团短期融资券正式注册成功。从提出方案到注册成功仅用了半年时间，这是中信银行“两级管理，三级营销”模式优势的体现，更是倪卫芳和她的团队创新进取、辛勤耕耘的结果。喜讯传来的那一天，倪卫芳一直悬着的心总算放了下来。当中午走到办公室门口时，她突然眼前一黑，整个人就软了下去……片刻之后，她清醒过来，挣扎着回到了办公室。虽然脑袋昏昏沉沉、四肢酸软无力，但倪卫芳一声不吭，硬撑着完成了下午的工作。直到傍晚，员工从她身上的擦伤看出了端倪。大家都劝她赶紧好好休息，去检查一下身体，可她却淡淡一笑："没事的，有空再说吧。"第二天一早，她又准时出现在晨会上。熟悉倪卫芳的同事都明白，她不是不苦不累，而是总把责任放在首位。

## 家人眼中，她是舍家为业的"外人"

作为基层支行的行长，每天面临的挑战和压力都是巨大的，只有身先士卒、冲锋在前，才能带出一支敢于亮剑、善于拼搏的队伍。加入中信银行以来，倪卫芳从没有请过一天假，周末办公室里也总会看到她的身影。为了抓好业务，她曾经扛着 40 度的高烧去跑营销，也曾不打麻药顶住牙疼坚持工作。为了赢得客户，她还曾主动照顾一位怀有身孕的台湾客户三个月，并在分娩时陪伴了三天三夜。单位的事、客户的事，哪怕再小，她都是第一时间尽心尽力处理，唯独对于家人和自己的事，她却常常没有时间去顾及，所以家里人不止一次打趣她"早已改姓了中信"。

对于家庭，倪卫芳时常感到深深的内疚。学校开家长会，她总是缺席。更有一次，为了抢抓稍纵即逝的存款商机，她不得不狠心留下生病的儿子，让他独自在医院打点滴。还有一次，也是在某债券发行前夕的当口，倪卫芳的母亲患脊柱疾病入院手术，为了不耽误和外资企业的谈判，她不得已只能把母亲托付给医生和爱人照顾。每当提到这些事，倪卫芳内心充满着歉疚和自责。

关于这些生活中的亏欠，倪卫芳想方设法尽力去弥补。她常常尽可能早起一会儿上街买好菜，做一顿可口的早餐，用这种体贴和温馨的方式得到家人谅解和支持。倪卫芳对于工作的热爱，总是蕴含在每日每夜的辛劳中，而对于家人的关爱，往往就体现在这一粥一饭的用心里。

## 同行眼中，她是屡战屡胜的“牛人”

11 年前在倪卫芳初到吴江支行时，它还只是一家存款规模只有 17 亿元的“小机构”。10 年间，倪卫芳作为支行负责人倾注了她全部的心血和汗水，带领全体员工与时间赛跑，勤勉进取、大步快跑、争创一流，取得了令同业为之侧目的骄人成绩。

10 年间，吴江支行以“精业”精神，专注优势业务，做出特色亮点。吴江首单中小企业私募债、总行第一单资金池归集系统银企直联、落地系统内首个银校通品牌项目“智 e 通”、苏州市系统内首单多银行资金管理 MBS 系统项目，以及吴江区政府平台的第一单短融、第一单中票、第一单永续债……倪卫芳带领吴江支行不断创造一个又一个“第一”。国际业务从无到有、从小到大，业务规模比肩大行；投行业务更是在吴江打响了品牌，在当地同业同类业务占比份额超过 70%。

10 年间，吴江支行以“创业”精神，推进协调发展，实现做强做大。倪卫芳带领她的团队不断开拓进取，支行资产规模跨上百亿台阶，赢利能力增长了10倍，在分行年度考核中始终名列前茅，市场份额连续多年在当地股份制商业银行中稳居第一，且远远超过了当地的交通银行。这家昔日的“小机构”如今真正成为吴江银行业的“大行”，一批优秀骨干也在工作实践中逐步成长起来。

雄关漫道真如铁，而今迈步从头越。2018年，倪卫芳被提拔为苏州分行行长助理，责任更大，担子更重。但对她而言，工作就如同一艘大船，承载着客户的需求、领导的期望和发展的使命，而她愿做一名纤夫，与同伴们一起鞠身弯腰、绷紧纤绳、无惧风雨，一步一个脚印，坚定地朝前走去……

## 杨　毅

# 敢闯敢干的“开路先锋”

杨毅，男，汉族，中共党员，1983年8月出生，中信银行杭州分行行长助理兼温州分行党委书记。在吉利并购沃尔沃集团融资项目中，他凭借多年打下的良好信誉基础，以先发优势为中信赢得全球协调行和牵头行的资格，并在中期出现突发困难情况下，积极稳妥应对，保住了中信银行的领头行地位，为中信总行赢得IFR Asia 2018年度“China Loan House of the Year”大奖。面对温州区域金融市场系统性信贷风险冲击，加深与青山集团、森马服饰、正泰集团、德力西集团等大型民企合作，实现主要业务指标全面企稳回升。荣获2016年度中信集团优秀共产党员、浙江金融五一劳动奖章，2017年全国金融五一劳动奖章。

在中信银行分行有一支敢闯敢干的青年干部队伍，“80后”青年杨毅就是这支队伍中杰出代表。作为杭州分行分管公司金融板块的行长助理兼温州分行党委书记，杨毅还是全国金融五一劳动奖章、建党95周年集团和总行优秀共产党员、总行级“青年岗位能手”等一系列荣誉的获得者。

## 抓住机遇，助力“吉利”出海并购

多年前，当吉利还是一家不知名企业，其他银行的授信只有两三千万时，中信杭州分行就已经给了2亿元的授信额度，这也获得了与吉利一起成长的机会。

“我们那时候天天早出晚归，蹲在台州吉利总部做尽调，有时候一尽调就是几天。”杨毅回忆起与吉利的结缘，感慨万千。正是这扎实的尽调让杭州分行敢于放出比他行高数倍的贷款，这也为后来中信杭州分行成为吉利并购沃尔沃全球协调行和牵头行打下了基础。

多次的实地走访和尽调，使杨毅和他的团队不仅了解了吉利的现有财务状况、销售订单及供应链环节，也让他们了解了吉利及其带头人李书福的战略布局。以全球汽车工业格局为考量、立誓要让中国汽车走向世界的李书福，一直在谋划布局海外市场。对这样志存高远的企业，杨毅及其团队不因当时企业暂时的困难而远避，而是选择坚定支持和携手共进。

2018年6月，吉利收购沃尔沃集团成功落地，成为我国资本市场的风云事件。早在2017年项目启动之时，凭借敏锐的市场嗅觉，在刚得知吉利有并购融资需求且连标的公司都不愿透露的情况下，杨毅就在行领导带领下和吉利副总裁前往总行与主要领导及相关部门沟通项目情况，在时间上为杭州分行赢得了跨境并购融资的主动性。但在项目推进的过程中，吉利最重要的合作银行Z银行提出了抗议，要求吉利集团更换全球协调行及牵头行，否则就退出所有的授信。

在此紧要关头，在得到分行领导全力支持后，杨毅一方面与Z银行积极谈判，建议其加入整个银团，另一方面向企业提出“Z银行退多少授信，中信就增多少授信”的方案。最终，吉利集团保留了中信杭州分行全球协调行和牵头行的地位。在这21亿欧元的跨境银团并购贷款中，中信银行承贷了2.5亿欧元，为持有份额最高的银行。该笔业务也成为杭州分行迄今为止牵头金额最大的跨境并购项目，还为中信总行赢得了IFR Asia 2018年度“China Loan House of the Year”大奖的荣誉。

打下这一漂亮仗之后，杨毅对吉利的服务并没有懈怠。2019年年初，吉利决定发行25亿元超短融，其中杭州分行承销15亿。但就在簿记结束两小时前，联席主承销行突然通知客户，无法承销原定份额。按照惯例，吉利只剩下两种选择：一种是以高于预期的利率发行，一种是放弃本次发行。怎么办？危急时刻，又是杨毅大胆决策，给出客户第三种选择：由中信银行承销全部份额。总行承销团队启动紧急流程，总、分、支行开足马力高效配合，为客户寻找新的投资方。经过两个小时鏖战，不仅足额募集，还发出了比客户预期更低的利率。当晚，吉利控股集团副总裁李东辉致电杭州分行楼伟中行长，盛赞中信杭州分行对企业高度负责的精神，并当场确定由杭州分行作为后续DFI项目牵头行。在不断努力下，吉利在杭州分行的存款也从多年前的日均5000万元，变成如今的日均20多亿元。

## 敢于担当，带领温州分行突破困境

对于温州，不少金融机构都会谈之色变。近年来受温州区域金融市场系统性信贷风险的冲击，当地商业银行不良率高企，各项业务发展举步维艰。中信银行温州分行也不例外，如何帮助温州分行突破困境？杨毅临危受命。

2018年1月，杭州分行行长助理杨毅兼任温州分行党委书记，在人生地不熟的温州，他硬是用不到一年的时间交出了一份让人惊叹的成绩单：截至2018年年末，温州分行各项存款余额156.9亿元，较年初增加40.1亿元，增量列股份制银行第一，高出第二名近20亿元，超过建行、交行两家大行。不良贷款余额5.66亿元，较年初下降1.94亿元，不良率2.83%，较年初下降1.54个百分点。“在杨书记带领下，温州分行逐步走出了金融风波带来的影响。主要业务指标全面企稳回升，存贷款规模快速增长，资产质量也持续向好。”这是温州分行同人对他的评价。

杨毅到底有什么样的秘诀？他不是在营销客户，就是在营销客户的路上，他无时无刻不在挖掘自己的潜能和客户的潜力。青山集团是一家专门从事不锈钢系列产品生产和销售的全球性行业龙头，年销售额1600多亿元，净利润接近百亿，是各家银行营销的重点对象。在青山集团与中信银行合作的14年时间里，它一直是杭州分行重要的战略客户，但合作一直没有大的起色，授信额度维持在4.5亿元左右。杨毅履新温州分行后发现了这一问题，随即与各部门条线探讨青山集团营销方案，一次次带队上门与企业高层深入沟通。当了解到该集团实际控制人项光达在北京出差时，他立即与企业联系后飞往北京当面商谈沟通。最终，35亿元授信项目顺利获批。

与青山集团的合作突破并没有让杨毅停下步伐，他继续在票据池、资金池、债券承销、理财销售等综合业务上挖掘潜力，实现了多点开花。继青山集团突破之后，森马服饰海外并购、正泰集团、德力西集团等一批温州的龙头企业均被杨毅带领的团队突破，中信品牌和中信速度成为温州当地金融系统的美谈。

## 顾全大局，带伤上阵拓展业务

这几年里，第一次见到杨毅的客户都难以置信，站在他们眼前的这位“白发行长”竟是一位80后，而杨毅的老朋友们也难以相信在短短几年里，他竟然“青年白头”。“人有几个青春？能把最好的年华献给中信，是我的荣光。”这是杨毅对青春的诠释。

他这份奉献精神不仅感动了同事，也感动了客户。2013年5月，中信银行杭州某支行获悉所合作的客户将开展一项重要业务，许多银行挤破头也想争取这一宝贵机会。这项业务市场竞争十分激烈，如果中信银行把握不住，不仅会失去与该客户未来更深入合作的机会，也会降低在浙江市场的品牌影响力。如何在众多银行中脱颖而出成为业务主办行？支行领导想到了时任天水支行行长的杨毅，“杨行长深受客户信赖，我们只能求助于他”。

“兄弟行有困难，我必须试一试。”当时的杨毅腿部骨折刚动了手术，躺在医院病床上无法动弹。“同事都劝我打电话沟通就行，又不是自己行的业务。但我认为都是中信的事，必须全力以赴，打电话哪有面聊有诚意？”对于杨毅的外出请求，医生坚决反对：“如果落下后遗症，那可是一辈子的事！”但杨毅没有考虑那么多，再三软磨硬泡，最终说服医生，坐着轮椅、拿着拐杖出现在了客户办公室。

“你怎么这样来了？”见到杨毅的那一刻，企业负责人惊呆了。“说实话我们真是被中信银行感动了，你们有这样的诚意和态度，我相信一定会比其他银行服务得更好！”这位客户事后表示。最终中信银行成为客户该项重要业务的唯一合作银行。

如今，走在钱塘江畔中信银行杭州分行的大楼里，同事们都会亲切地称呼杨毅一声杨行长。他们将他视为杭州分行的一个青年标杆，他创造的成绩和为中信取得的荣誉也成为行里的标杆。“成为有担当、有温度、有特色、有尊严的最佳综合金融服务企业”，这是中信银行的愿景，也是杨毅的奋斗目标。

## 任春晨

# 钻一行、精一行的“多面手”

任春晨，男，汉族，中共党员，1984年2月出生，中信银行合肥分行机构客户部高级产品经理。在数据中心机房网络整体搬迁工作中，面对近50台设备、上百条线路搬迁调整和20多家外联单位的协调工作，主动放弃休息时间，始终坚守工作一线，为连续六轮搬迁做出突出贡献。作为机构客户产品经理和客户经理，带领团队配合合肥市国土资源局和公共资源交易监督管理局，完成需求分析、系统开发、投产上线等关键环节，快速上线土地网拍系统。带领团队成功中标合肥市物业专项维修资金专户资格，专项维修资金存款规模超过160亿元。利用互联网、大数据等技术手段，成功上线省内多家医院“银医通”项目，通过“线上＋线下”的渠道融合，创新产品应用模式。

在中信银行合肥分行，有一位在平凡岗位上任劳任怨、甘于奉献的青年业务骨干。他先后工作于分行信息技术部、办公室和机构客户部，始终秉承追求卓越，钻一行、精一行的工作理念，逐步从后台岗位走到了业务条线最前沿，成为推动合肥分行业务发展的中坚力量，并先后获得总行最佳员工、明星产品经理、高水平专业人才等荣誉称号。他就是中信银行员工转型发展的杰出代表——任春晨。

## 兢兢业业，在后台岗位上潜心耕耘

初到中信，任春晨加入信息技术条线，主要负责分行网络管理和特色业务开发。虽然是后台岗位，可他兢兢业业、勤勉工作，在平凡的岗位上做出了不平凡的业绩，不仅实现了网络运维零事故、产品开发全落地，还在数据中心机房网络的整体搬迁工作中发挥了重要作用。

分行数据中心搬迁是一项难度高、时间紧、强度大、范围广的综合性工程，涉及网络设备近 50 台、网络线路 100 余条、外联单位 20 多家、各类服务器 50 余台、应用系统超过 100 个。每轮网络搬迁前，任春晨都会制定详细搬迁流程，提前做好应急预案；每轮网络搬迁后，任春晨都会进行严格的网络测试和系统验证，确保业务按计划恢复。在连续六轮搬迁过程中，他主动放弃休息时间，不分昼夜、全程参与、全心投入，始终坚守在第一线，冷静应对各种突发状况。

老数据中心机房搬迁环境复杂，各种机器设备使用年限较长，是搬迁工作的重点和难点。外联线路切换当天凌晨 2:30，老防火墙突然无法开机，配置导入备用设备后，链路也没有恢复，厂商花了很长时间都没能找到问题根源。此时已经 6:35，距营业时间 8:30 还有不足两个小时。如果 8:30 没有恢复业务，分行所有跨行交易将全部瘫痪，直接面临监管机构的严厉处罚。当时，任春晨第一反应就是“出大事了”，但他瞬间又冷静了下来，毕竟还有时间进行补救。“还有时间！不能放弃！再试一试！”他一边安抚已经非常失落的搬迁小组成员，一边独自对着笔记本电脑，一遍又一遍地检查设备参数。经过反复斟酌，他凭经验判断可能是配置自动导入后没有生效，于是尝试着手工配置命令。“配置生效了！”听到这个消息，大家瞬间又看到了希望。就这样，他一条一条地手工配置命令参数，终于在营业前 20 分钟，成功恢复了跨行业务。事后，厂商经过详细检测发现是设备版本 BUG 导致的不兼容问题，为此总行专门组织了一次全行设备升级，有效避免了其他分行出现类似问题、造成重大损失。

## 深度融合，在转型道路上克难攻坚

为了更好地利用科技手段推动分行业务发展，2015 年任春晨主动申请去业务条线锻炼，加入了刚组建不久的分行机构客户部，负责国土住建、医疗卫生、公共资源等多个业务板块的组织推动和自营客户的营销维护工作。在此期间，他充分利用 IT 专业背景，更好地理解中信银行各类金融产品特性，寻找到专业知识和业务岗位的契合点，将专业技术知识和业务产品深度融合，通过传统基础服务、创新科技服务、综合融资服务，快速抓住了客户需求，有效提高了业务拓展效率，促进了所负责板块业绩稳步提升。

2016 年，合肥市房地产市场呈现爆发式增长态势，房价涨幅高居全球第一，成为住建部重点调控城市。为此，合肥市相关部门于 6 月初提出了土地网络交易系统的建设需求，要求月底必须实现网上交易。首次开展国有建设用地网上交易，不仅受到了国土资源部以及安徽省、合肥市政府的高度重视，也得到了包括央视等多家新闻媒体的重点关注。

如何引导客户明确需求、契合分行现有的技术架构、实现系统快速开发上线，成为任春晨面临的首要问题。为此，他直接驻点客户单位办公，依托扎实的技术能力，参与有关部门的所有技术方案论证，给客户提供建设思路，并帮助客户设计业务逻辑和系统架构，及时帮客户解决了各个关键环节的难点，最终他提出的方案得到了政府有关各部门的高度认可。

方案确定后，留给实际开发的时间已经捉襟见肘。为了保证开发进度，端午节期间，任春晨在总行现场编写需求说明书，与总、分行开发人员现场沟通，及时协调客户单位，最终在规定时间内，成功上线了具备缴款渠道多样、退款时间灵活、查询方式便捷等特点的土拍保证金系统。系统上线后，他连续多日坚守在客户单位直到深夜，帮助客户掌握系统操作、核对账务数据，耐心接受竞买企业咨询，实实在在让客户感受到了中信服务、体验到了中信速度。由于任春晨专业、真诚的服务赢得了客户的信任，中信银行业务范围逐步扩大，为后续几年合肥分行对公结算存款迅猛增长打下了坚实基础。

目前，合肥分行土拍保证金系统年均交易量始终位居系统内第一名，带动日均活期存款沉淀非常可观，成为全行的业务标杆。与此同时，任春晨还积极牵头营销土地出让金，分行市场份额一直处于当地领先地位。

## 久久为功，在业务条线上填补空白

近三年，合肥分行经营业绩突飞猛进，创造了历史最好水平。在此过程中，任春晨逐步成为总行级的国土住建板块专家，在平台搭建、业务创新、营收增长和项目落地等方面，为分行整体业绩提升，做出了卓有成效的贡献。

2019 年初，维持银行合作关系已近十年、整体存款规模非常可观且后续增长空间巨大的合肥市维修资金启动扩围工作。面对千载难逢的契机，任春晨长时间、全方位紧密联系各业务主管单位，通过专业化的市场分析能力和金融服务能力，向客户详细阐述中信银行优势和市场贡献，最终得到了各主管单位的认可，艰难拿下维修资金专户资格，从而使合肥分行成为新增入围的唯一股份制银行。

在工作中，任春晨积极践行集团党委和分行党委的决策部署，将党建与中心工作相结合，以党建促发展，积极同机构客户联合开展党建活动，通过党建拉近与客户的距离，构建了扎实的客户关系。以此为基础，他组织推动全辖经营单位同安徽省内近百家医疗机构开展业务合作，利用互联网、大数据等技术手段，通过“线上＋线下”渠道融合，创新产品应用模式，在省内多家医院成功上线了“银医通”项目，为省内数百万人次患者提供了便捷的金融科技服务。同时，他还大力支持其他兄弟分行业务发展，进行先进经验分享和案例复制推广，毫无保留地支持多家分行参与项目投标和系统建设，促进了中信银行业务的发展。他撰写的《关于土地财政资金流转环节负债业务机会的研究》《土地竞买保证金在线交易系统项目》等先进经验和典型案例，均在系统内部产生了巨大影响。

## 马海莉

# 转型创新的排头兵

马海莉，女，汉族，中共党员，1972 年 1 月出生，中信银行武汉分行东风事业部总经理。作为武汉分行成立时首批入行的 53 名员工之一，历经会计清算、对公营销、零售拓展和支行长等多个岗位。在筹备武汉分行第一家二级分行工作中，带领团队快速打开局面，开业 5 个月零售管理资产就突破 2 亿元。任武汉东风支行行长期间，面临规模和利润双下滑的挑战，创新业务思路、开拓新增长点，确保公司、零售、资产质量等指标均位居武汉分行前列。任东风事业部总经理后，积极促成与东风财务公司启动供应链金融业务“联合贴现”和“银团贷款”项目，为长远战略发展奠定坚实基础。荣获 2017 年湖北金融五一劳动奖章。

马海莉是中信银行武汉分行成立之初首批公开招聘的 53 名员工之一。从 2000 年加入中信银行以来，她先后经历会计清算、对公营销、零售拓展和支行长等多个岗位，把青春年华献给了热爱的金融事业，也收获了奋斗带来的荣誉和幸福，荣获中信银行武汉分行“百佳员工”“先进个人”“优秀导师”，中信银行总行“百佳员工”“最佳员工”“湖北金融五一劳动奖章”等多项个人荣誉，她带领的团队也先后荣获武汉分行“标兵行”，中信银行总行“五一巾帼标兵岗”，湖北省“银行业合规示范网点”，湖北金融“五一劳动奖状”等多个光荣称号。

## 在崭新领域面前，她是善于学习、精明强干的多面手

初入武汉分行，马海莉在会计部负责同城清算工作。她以一名非银行从业人员入行，半年时间就熟练掌握了相关银行业务，成为岗位能手。由于业务能力突出，她很快被调至公司部。公司业务是中信银行传统优势项目，但对马海莉来说却是一个全新的领域。她上班时跑业务、下班后学知识，抓紧一切可以利用的时间学习充电。没过多久，她比很多老客户经理还熟悉特色产品和业务流程。特别是借助中信集团“金融 + 实业”综合服务平台，她凭借自己敏锐的市场嗅觉和充分的知识储备，抓住了湖北城市建设的重大机遇，开发了一批优质的通信、高速公路项目，用突出的业绩为自己成为优秀公司客户经理做了最好的注脚。

2009 年初，马海莉被选中参与筹备武汉分行的第一家二级分行——襄阳分行，负责零售业务拓展和管理工作。那时的襄阳，客户对金融机构的认知还仅限于国有几大行，有的客户对中信银行不熟悉，甚至提问：“你们是中国信合吗？”为了快速打开局面，马海莉针对当地市场状况制定了工作“三部曲”：借助媒体广告宣传，达到快速认知效应；带着零售客户经理一起组成学习小组，共同学习熟知产品和流程；利用公私联动和零售产品优势，增加客户来源。这“三部曲”让当年的古城襄阳刮起了阵阵中信旋风。

看到马海莉忙碌的身影，谁会知道那一年，她的女儿刚刚九岁，正是需要母亲陪伴的年龄。那段时间，马海莉为了工作投入无数个日夜，为了业务累计行进上万公里，但为了陪陪女儿抽出短短的一天却成为一种奢侈，为了回家看看从襄阳到武汉短短300公里却成为遥远的距离。她对女儿回家的许诺常常落空，每每在电话里听到女儿稚嫩的嗓音，还有问得最多的那句话："妈妈，你怎么又不回来呀？"她的眼泪总会忍不住流下，又默默擦去。隔着话筒亲亲心爱的女儿，给出不知道多少次没能兑现的回家承诺，她又继续奔忙在襄阳城的大街小巷。功夫不负苦心人，襄阳分行开业仅5个月，零售管理资产即突破2亿元，被评为武汉分行零售业务"十佳团队"之一。

## 在困难挑战面前，她是迎难而上、创新克难的突击手

2013年初，马海莉调任武汉东风支行行长。当时，这个拥有着昔日中信银行全国"百佳团队"、武汉分行系统内多年的标兵行、武汉分行"千亿目标"先锋单位等多项荣誉的支行，正面临战略大客户财务集中和多个大项目投资对支行产生巨大冲击导致规模和利润双下滑的不利局面。面对员

工们殷切的希望和组织的信任，她快速沉下来摸情况，理清历年来的业务往来，调整工作思路适应客户发展变化，始终把自己置于市场开拓的第一线。经过多次与客户的积极沟通和调整合作方案，她带着支行团队先后争取到了客户超短融联承发行资格、锁定支行作为票据库和主要结算账户、争取新的整车及网络项目、新能源布局及三电零部件项目等合作机会。同时，她鼓励支行同事多思多想、共同寻求新点子，向集团客户提出的“商票计划”“集团票据大管家”的业务思路就是不断寻求创新的结果。不断地创新思考，为支行带来更多新的机会和亮点，也保持着支行在汽车金融市场份额始终居于其他银行之前的第一位次。东风支行再度成为连年“标兵行”，公司、零售、资产质量等各项指标均位居武汉分行前列。2016 年，支行重返武汉分行公司业务“百亿俱乐部”行列。

2018 年 5 月，为进一步加强和深化与东风的合作，武汉分行成立了东风事业部，马海莉任总经理。基于此前对战略客户财务公司获批供应链金融资格的情况了解，她花了大量时间理清了客户在供应链体系搭建、产品设计、定价管理等方面的想法，提出银企联合供应链金融开发合作。在总分行领导和同事的指导和支持下，她带领团队着力打消客户顾虑，跟踪供应链条上客户需求如何落地、供应链金融产品的选择、业务授信支持、合作协议与条款的反复沟通协商、操作细节的风险考量等等。创新的业务需要创新的思维，也意味着没有现成的经验可供使用，她常常因为一项业务细节和规范操作查阅资料琢磨到深夜，或者和相关部门的同事探讨论证而忘记吃饭。2019 年 1 季度，武汉分行与战略客户财务公司签署了《战略合作协议》并将在供应链金融业务上启动“联合贴现”和“银团贷款”项目，此举意味着在供应链条上的客户将随着业务合作的深入发展逐步成为武汉分行有价值的客户。面对大家赞许的目光，她带着一贯的淡淡微笑又开始了新的思考，投入到新的战斗中去。

## 在团队需求面前，她是心有大爱、把关定向的执旗手

作为基层党支部的带头人，马海莉一直以高标准严格要求自己，发挥

党员先锋模范作用，带动团队共同进步，以提高对自己的要求提升团队建设的整体标准。她带领支部党员和入党积极分子参观了中共八七会议旧址、辛亥革命博物馆、韶山毛主席故居和湘江橘子洲头，观看了《新时期焦裕禄式的好干部——杨奎烈》和反腐纪录片《永远在路上》，赴“中共皖浙赣特委旧址”革命教育基地参观学习，更是将学习原著、原文作为重点，把东风支行党支部的党建工作树立成为武汉分行党建工作的一面旗帜。2017年，马海莉被推选为代表参加了集团的党代会，东风支行在她任内连年被评为武汉分行“先进基层党组织”，2016年更荣获总行“先进基层党组织”和中信集团“先进基层党组织”的光荣称号。

马海莉在带领团队向前不断奋进的同时，更像知心大姐姐一样用心中的爱去温暖团队里的每一个人。她喜欢与员工随时随地交流沟通，休息倒水时、食堂进餐时、准备午休时，她抓住每一个机会与身边的员工聊一聊，了解员工的情况和想法。谁一直单身，要关心一下；谁身体不好，要关注一下；谁家的老人病了，要去探望一下；谁家的孩子升学了，要祝贺一下；新员工初来乍到，她会帮忙安排住宿；老员工压力大了，她不断完善职工小家建设，帮助员工释放和缓解压力。她用无时无刻不在的一次又一次的点滴关怀将涓涓暖意汇入每个员工心里，用亲人般的爱让每个员工在支行都拥有在家一般的温暖和安心，让团队有了主心骨，更让“执旗手”这个称号多了一份充满大爱的内涵。

# 江淑华

## 勇夺前茅的巾帼英雄

江淑华，女，汉族，中共党员，1976年10月出生，中信银行广州珠江新城支行行长。主持花园支行工作以来，面对客户、业务结构单薄的实际，带领团队攻坚克难、创新进取，深入发掘客户的资金归集结算需求，为电信系列客户提供集团网银服务功能，成功解决企业资金归集使用等难题，推动支行业绩实现大幅增长，自营存款余额冲破250亿，累计营业收入达12亿，规模及盈利均超额实现三年业绩翻番目标。支行规模及效益处于分行前列，多年保持对公业务零不良。个人荣获广东金融五一劳动奖章，2018年获全国金融五一劳动奖章。

从客户经理起步，到广州花园支行行长助理、副行长、行长，再到广州珠江新城支行行长，江淑华在中信银行一干就是18年。18年间，无论在哪个岗位，她都兢兢业业、勤奋进取，不断创造卓越的成绩。广州分行“先进管理人员”，中信银行“最佳员工”、“优秀共产党员”，广东金融五一劳动奖章、全国金融五一劳动奖章……一个个鲜亮的荣誉就像一串串坚实的脚印，记录着江淑华不懈奋斗、勇往直前的坚定步伐。

## 坚忍不拔，深入一线拓展客户

2013年10月，江淑华同志全面主持花园支行工作。当时正值支行业务拆分，留存的客户及业务结构相对单一，给支行的后续发展带来不利影响。如何在转折中实现新的业绩攀升，成了江淑华日夜难安的一块“心病”。她坚信，人生没有捷径，只有脚踏实地、实干苦干才能创造未来。凭借这份执着，江淑华秉持“建设一流队伍，创造一流业绩”的理念，带领支行干部员工深入一线、积极营销，打响了开拓客户的攻坚战。江淑华身先士卒，把绝大部分精力投入到营销工作之中，把营销工作融入与客户的日常交往之中，几乎不休年假，甚至多次在高烧打点滴的情况下依然硬挺着，奔走在业务一线。

公积金中心是花园支行高价值的机构客户之一，多年来一直保持紧密的合作关系。所谓逆水行舟，不进则退。江淑华深刻地认识到这类客户必然也是各家银行拼命争抢的目标，只有不断加深合作和业务捆绑，才能长久留住客户。为此，江淑华在2013年专门组建公积金中心营销团队，在提升日常服务质量的前提下，不遗余力地推动分行与公积金中心的各项业务系统建设，促成分行与公积金中心签订公积金缴存归集服务协议，成为取得归集资格仅有的几家股份制银行之一。此后几年，更凭借参与公积金中心网络贷款系统的开发和自愿缴存系统的投标，不断深化与广州公积金中心的合作，使分行公积金业务份额在股份制商业银行中稳居前列，而这仅是江淑华维护和拓展客户的一个缩影。

经过5年的不懈努力，江淑华带领支行团队扎根业务、冲锋陷阵，重新培育出一批包括政府机构、房地产、军队、通信、船舶、展览、电力、能源、商业百货、基金等主流行业的客户群，为支行业绩实现爆发式增长打下了坚实的基础。

## 矢志创新，努力打造优质产品

管理学大师彼得·德鲁克说过，企业存在的目的就是创造顾客。但如何才能创造顾客？在江淑华的理解中，只能依靠产品和服务，只有积极探索、大胆尝试，不断推出符合客户价值主张的优质产品和服务，才能创造客户、留住客户并建立客户忠诚度。

电信集团是中信银行总行级重点战略客户，其业务最初主要集中在日常结算和定期存款，业务种类和结构都相对单一。为突破这一局面，江淑华在支行组建起电信服务专业团队，不断深入发掘客户的资金归集结算需求，搭建现金池资金归集结算体系，成功解决企业资金归集使用难题，也为花园支行带来了一批电信下属公司及其上下游供应商客户，从而使支行成为电信集团广通服系列客户的主要结算银行。成功绑定了结算业务，江淑华并没有停下脚步，又紧锣密鼓部署起来，迅速为广通服系列客户成功申请集团授信，成为其唯一授信业务银行。2017 年初，广通服下属公司公诚管理提出招标系统开发的创新需求。江淑华立刻抓住业务发展机会，马不停蹄地制定招标系统开发方案，带领电信服务团队一举中标，花园支行成为唯一中标银行。从原来简单的结算上门服务，发展至现金池资金归集、集团授信、新系统开发等多维度的金融服务体系，江淑华及其团队朝着打造“最佳综合金融服务企业”的愿景越走越近。

花园支行一直都是广州分行发展的排头兵，但其前行之路也非一帆风顺。2017 年，由于政策的影响，船舶企业传统业务全部暂停，这直接导致花园支行存款跌至 100 亿元，营业收入大幅下降。面对困局，江淑华没有灰心和气馁。她明白，如果团队的领头人也丧失了信心和斗志，团队的战斗力也会一落千丈，打击将是毁灭性的。一切问题必须靠发展来解决。江淑华一方面不断给支行团队打“强心针”，鼓舞士气，另一方面积极调整支行的客户结构和业务结构，优化资产布局，提升盈利能力，为支行迎来喘息之机。此时，由于人民币汇率双向波动较大，船舶企业对外币资产避险保值需求更加凸显。江淑华敏锐抓住市场机会，组建团队持续营销船舶企业办理即期、远期、掉期、期权和 CCS 等金融市场业务，为企业提供及时、安全的跨境结算。2017 年至 2018 年，船舶系列企业金融市场交易额累计超过 140 亿元，为分行带来可观的金融市场收入及国际结算量。

## 以身作则，引领支行健康发展

作为一名支行行长、党支部书记，江淑华对自身一直要求严格，学习政治理论和业务知识总是十分积极，加班加点、点灯熬油更是家常便饭，这种高度的自觉和自律同事们看在眼里，也深深地被她感染。

在日常经营中，江淑华高度重视合规工作，把合规放在与发展同等重要的位置上。她常说：“合规必须从高层做起，从每个单位一把手做起，领导干部必须更严格地要求自己，在工作中树立起合规经营的榜样，自觉遵守国家政策、外部监管部门以及总分行的各项规章制度，严防死守经营风

险的防线。”除了加强合规制度的建设和执行外，为加强员工的合规意识，提高经营管理水平，江淑华会定期组织员工进行合规案例学习，她还十分关心员工八小时工作外行为，通过谈心谈话和日常引导，使诚信、正直、守法、合规的理念一点一滴地融入员工的工作和生活中，成为一种习惯。正是由于花园支行全体员工始终坚守合规经营的防线，支行近年来实现了又好又快发展。2014 年至 2018 年期间，花园支行自营存款余额冲破 250 亿元，存款日均余额最高达 197 亿元，资产余额最高 127 亿元，累计营业收入达 12 亿元，规模及盈利均超额实现三年业绩翻番的目标，多次获得辖内优秀行及先进行的称号，在同城支行中稳居百亿支行之首，同时，实现风险案件的发生为零、公司业务的不良率为零、零售资产不良率仅为 0.2%，远低于总分行平均水平，成为分行内资产质量最优支行。调任珠江新城支行短短 5 个月间，存款即增长 28.61 亿元，也保持了良好的发展态势。

不忘初心，永不停步！这是江淑华的奋斗格言。在新时代，她将矢志不渝、顽强拼搏，继续行走在为中信事业奋斗的路上。

## 唐　婧

# 倾心服务职工的“格桑花”

唐婧，女，汉族，中共党员，1984年6月出生，中信银行拉萨分行人力资源部总经理助理。任职以来，她积极提高业务能力，对所有的银行规章和人事制度都熟记于心，以优质、快速、合规的职业素养做好人事服务工作。针对分行分属不同省份员工住房公积金、各类保险政策不同的实际，积极研究不同省份住房公积金和各类保险政策，力求将每个员工的适用政策都用准确、不出差错。时时想职工之所想，急职工之所急，在员工遇到重大疾病或事故时，想方设法为员工争取利益最大化，受到广泛好评。克服高原恶劣条件影响，甘于奉献，忘我工作，缺氧不缺干劲，以拼搏精神确保各项人事工作优质高效。个人荣获2017年西藏自治区金融五一劳动奖章、2018年全国五一劳动奖章。

迎风雨前行，十余载春华秋实。唐婧 2008 年入藏参加工作，2015 年加入拉萨分行筹备组，现任中信银行拉萨分行人力资源部总经理助理，至今仍奋斗在“世界屋脊”西藏的拉萨。

都说女性之美若花儿，唐婧便是一朵高原的“格桑花”，即使遇到风雨，仍毫无畏惧、勇敢绽放。作为银行人力资源工作者，她对待每项业务都一丝不苟，对待每位同事都亲切豁达。而今的她领略到了为事业拼搏的魅力，体会到了“以人为本”的真正内涵，感受到了集体温暖的力量，得到了公司上下一致好评，先后获西藏自治区金融五一劳动奖章、全国五一劳动奖章。

## 勇敢冲上世界屋脊

“莫道青史男儿事，只因未留巾帼名。”这样的赞叹用在唐婧身上一点也不突兀。毕竟，没有多少人能有勇气长期在高原工作，而她却一待就是 12 年。

在选择成为中信人的那一刻，唐婧就坚定了这份初心。所以当拉萨分行抛来“橄榄枝”时，她毫不犹豫就接住了。在她眼里，自己不是去吃苦，而是去到更需要自己的地方发光发热。

不到高原，不知在自然面前人有多渺小。在拉萨，低压、低氧，气候干燥寒冷，风一起脸如刀割，加上高强度紫外线照射，气候之恶劣可想而知。刚到拉萨分行的时候，有次开会她突然感觉头重脚轻，瞬间晕眩差点摔倒，鼻血都流了出来。同事忙着送她去医院，她却笑着说：“不用这么夸张，休息一下就好了。”后来老同志很严肃地提醒她，咳嗽加高原反应如果不及时治疗，很可能有生命危险，拉萨每年都有因为高反而丧命的。经过这次事情，她才逐步感受到高原的“可怕之处”。但不服输、不怕苦的性格，让唐婧对高原的可怕有自己的认识。“越是艰难越能够磨砺自我，越是不易越能享受果实的甜美。”靠着这样的信念，她不仅勇敢地冲上“世界屋脊”，还坚定地留在了这个“雪域圣地”，闯出了属于自己的一片天地。

## 心与血诠释职与责

“问渠那得清如许，为有源头活水来。”今天的唐婧无论是在中信银行拉萨分行，还是在拉萨整个银行业内，都算得上是资深人力资源从业者。这样的厚积薄发，源于她多年的累积，更源于她为此付出的心血与汗水。

相较其他行业，银行人力资源工作最突出的特点就是专业性和政策性强。为了尽快提升管理水平和综合素质，唐婧无论工作再忙，都要挤出时间进行专业知识、业务技能学习。各类培训一下来，她都是自己先学，而后传帮带和同事们一起学，平时，她自己还会找资源看网课，坚持记笔记保障和提升学习效果。为了快速适应新的形势发展，银行的规章制度、国家的金融政策以及人力资源管理等专业知识她都会时时更新。事实上，正是凭着这样一种勤学好问的精神，她才能快速成长，成为行内骨干力量。

唐婧所在的拉萨分行，员工来自五湖四海，各地保险、医保政策都不一样，单单把员工每个月的“五险一金”理顺就要耗费大量时间。打开唐婧的抽屉，里面被员工的报表和数据单塞得满满当当。每一份文字材料和表单，她都牢牢刻在脑海里，需要的时候第一时间就能找到。不是她多么有“天赋”，而是源于日复一日“燕子垒窝”一样的摸索和积累，形成了一套特有的管理方法。

对唐婧而言，“5+2”是工作常态，加班加点也是家常便饭，有的时候还需要 24 小时待命。特别是考核工作历来是人事工作的重点和难点，她刚开始接手时发现一些考核标准和实际情况有出入，如果全按考核标准来，可能与实际情况有所不同。为了达到考准考实的要求，唐婧查找了大量历史考核标准，测算了数十个考核方案。很多时候，她晚上回家还在不断核算标准，不满意就重新来过，直到优化后的方案通过。

## 一腔热爱浑然忘我

没有一腔热爱，唐婧不会在条件艰苦的西藏坚守 10 多年，没有一腔热爱，她所负责的人事工作也不会被大家称为“既有规矩又有温暖”的工作。对于工作，她好像永远都有使不完的力气，也好像有用不完的热忱。“做好人力服务，助力员工幸福”，这是唐婧对人事工作的定义。正是靠着这一腔热爱，唐婧在西藏这块“圣地”，给同事们带来了有温度的关心与关怀。

有人说，在西藏“躺着都是奉献”。常年干燥的空气，只有内地 60%

左右的含氧量，高原反应带来的头痛、失眠、呼吸困难、流鼻血不适，无一不让初来者望而生畏。就是在这样艰苦的环境下，唐婧从事着复杂琐碎的人事工作，而且一干就是 10 多年。由于常年在高原工作，每天对着电脑屏幕，加上高原气压低，唐婧眼压过高导致常年眼睛充血，血丝布满眼球，视力也慢慢下降。但她从未因为眼疾退缩过，甚至没有因为眼疾请过半天的假。回首过去的银行生涯，看着她身边的同事有的忍受不了艰苦的环境悄然离开，有的找机会去条件更好的大城市工作，她始终坚守在自己的岗位上，用缺氧不缺干劲、缺氧不缺精神的实际行动，践行了中信风格和“老西藏精神”。

“反自顾，不歇足，勇往直前未却步，满腔热血聚抱负。”投身中信、扎根高原是唐婧的选择。这朵雪域高原上美丽的“格桑花”，会在今后更为热烈地绽放，将满身正能量传达给更多中信人。

# 徐　磊

## 互联网银行业务的探路者

徐磊，男，汉族，中共党员，1978年7月出生，百信银行股份有限公司行长助理。任职以来，他带领团队设计上线百信银行手机App、行业应用、信用账户、权益账户、聚合收单、网贷存管等数款产品，建立市场营销、风险控制及运营维护体系。牵头建立“智能账户”体系，集合信用账户、权益账户等功能，成为百信银行三大核心能力之一；开发“电子银行卡”项目，为实现银联云闪付、微信支付等移动支付功能提供极大便利；搭建“智能支付”平台，为客户带来便捷优惠的支付体验；创新“行业应用”产品，在各种互金存管类业务上得到广泛应用。2018年，为百信银行获取1300万客户，30亿元低成本负债业务，任务指标超额完成130%。

2020年是徐磊进入中信大家庭的第20个年头。走出校园便加入中信的他，从中信银行深圳分行的一名普通员工，逐渐历练成为分行电子银行部的“排头兵”。百信银行筹建以来，他迅速投入百信银行创业大军，凭借优秀的专业素养与管理能力，打赢了“智能账户”和“智能支付”体系建设攻坚战，创立发行了全国首张电子银行卡，构建了一套具有新型银行特色的生态金融平台和客户管理机制。丰硕战果的背后，是他矢志推进百信银行作为国务院创新试点的首战精神，也是他追求卓越、永无止境的辛勤深耕和无私奉献。

## 探寻未来银行的地平线

“初创的百信银行如何在4000多家银行同业中突出重围，发挥好国家赋予我们的金融互联网改革实验田作用，是我们必须面对的问题。”徐磊自百信银行筹建时，就围绕这个问题进行了深入思考，结合长期实践摸索出的经验和互联网银行发展规律，归纳形成的“O+O”“B+B”战略规划，成为百信银行“打造平台、融入生态、场景在前、金融在后”理念的雏形。

方略既定，只争朝夕。他迅速带领团队建设百信银行特有的支付能力与账户体系，陆续设计并上线了行业应用、信用账户、权益账户、聚合收单、手机App等“拳头”产品，成为百信银行融入生态获取客户的“攻城器”。与此同时，他还预先谋划了百信银行市场布局，建立起目标客户名单制管理体系，精准锁定种子用户，拿下“电子银行卡”“网贷存管银行”等全国试点资质，为百信银行金融生态合作发展业务铺平了道路。仅在开业第二年，他负责的支付与生态事业部就服务了38家平台企业、获取1300万零售客户，占全行客户数80%以上，并派生30亿元低成本负债，超额完成既定指标。在捷报频传的同时，他带领团队成功化解“电信欺诈”“断直联”等事件对百信银行的业务影响，为百信银行起步腾飞扫清了障碍。

作为监管部门寄予厚望的创新型银行，百信银行还要当好金融科技能力输出的“试金石”。徐磊紧盯需求、锐意创新，带领团队打造出一套“行业应用”体系。2018年，适逢P2P“暴雷潮”，他牵头积极推进百信银行与朝阳区金融办合作，迅速上线“网贷存管”系统，实现对试点 P2P 企业运行状况的动态监测。“行业运用”体系很好地解决了市场上广泛存在的“二清”类问题，迅速捕获了同百度、京东、小米等头部互联网企业的战略合作机遇，积累了大量的优质客户资源。

## 奏响合规与创新交响乐

对百信银行来讲，合规是根基，创新是使命。如何实现二者深度融合，是摆在徐磊面前的第一课题。无论是创立发行全国首张电子银行卡，还是打造行业领先的智能银行账户和支付体系，大量的工作都是在几乎无可循案例、无参照对象、无标准指导的“三无”情况下开展的。

创设发行中国首张电子银行卡，是徐磊带领团队打下的一大硬仗。2017 年，国内微众、网商等创新型银行均没能成功发行电子银行卡，监管方面也并没有审核电子银行卡发行的先例。他牵头组织攻坚队从“零”起步，从国外前沿科技、金融标准规程到国内监管政策演进，列尽了“新办法”，下足了“笨功夫”，完成了 500 多页的电子银行卡联网通用和信息安全规范等相关材料，在多个领域实现了系统性首创。很多时候，他经常在监管人员前一个日程安排还没有结束时，就已经守在办公室门口，被监管人员笑称为“热血浸入式”的工作方式。在他的坚持下，最终以专业合规的设计和积极的态度得到监管部门首准，也树立了百信银行专业敬业的好口碑。

“智能账户”体系是百信银行践行“智能银行即服务”战略的重要支撑。不同于传统机构，直销银行不设线下网点，金融业务的拓展高度依赖多元系统嵌入能力，这就要涉及海量的技术合规、程序合规问题。徐磊主动请缨，同核心技术骨干和法务合规人员一道剥茧抽丝，逐一协调解决难题，通宵达旦研讨方案。他常说：“我们必须在合规底线和创新发展之间取得精准平衡。”定好方案后，他们又在很短的时间内建成了“智能账户”体系，全面集成了存、贷、汇、投、保、消等各种金融交易功能，实现了功能和渠道的共融，打通了与各银行子系统以及各类金融机构之间的关系，奠定了百信金融服务无缝对接和融入场景端的基础。

要让客户接受百信银行的金融能力输出，关键是打磨销售能力。徐磊不追求冒进，始终保持对合规底线毫不妥协的工匠精神。他常说：“我们不是什么都能做、都要做，合规是我们核心销售能力，也是我们的行业价值。”他率先在百信银行搭建起首套客户管理体系，并主动牵头推进风险控制策略嵌入客户管理体系中。三年以来，他带领团队选客户、跑客户，足迹遍布大江南北，凭借深厚的专业功底与审慎的工作作风，赢得了客户的信任和广泛好评，建立起了百信银行的“朋友圈”。

## 创新的最大底气来自公心

创新的成果是多彩的，但创新的背后往往是观念的冲突和分歧。在大家眼中，徐磊在平日里谦谦待人。但在业务探讨会上，他可不是“老好人”。作为全行级的战略规划“六度计划”的掌舵人，他经常邀请相关部门的业务骨干参会讨论。参会的人总能听到他带动大家“打破砂锅问到底”，引导参会人跳出个人思维局限进行多维度思考，形成了一系列具有实质性价值的建议。会议上，不仅有争辩时的“面红耳赤”，更有接下战书时的“铿锵有声”。正因如此，他的团队被大家评价为思维敏捷、眼光独到、敢打硬仗、能打胜仗的“铁军”。

作为最早一批加入百信银行的员工，他积极牵头扛起了部分公共系统建设的重任。在夜以继日推动公共系统建设成熟后，他主动提出要理顺公共系统建设管理，把倾注心血的公共系统成果移交给中台部门。对此，有些人不能理解。他却非常坦然，在移交过程中，他说“公共系统建设的本质就是公建共享，百信银行是我们的家，想要干事创业就不应计较个人得失”。同样的事情数不胜数，正是凭着“把银行当作自己家”的这股精神，徐磊和他的团队像滚雪球一样把生态金融事业不断做优做强做大。

同徐磊共事的人对他和他的团队最深的印象，就是这支“突击队”的作风。他出差总是晚上出行，极少占用上班时间，短途出行大多时候是乘火车。只要没有商务需求，他和团队几乎都住在办事地点附近的小宾馆。有人曾问他为什么不乘飞机，他解释道，火车出行不仅省钱，更不妨碍工作与保持信息畅通。在一点一滴之中，带出了团队的务求实效、朴素简单的好作风。

## 总要有人舍小家为大家

“All in”是徐磊经常提及的一句话。他是这样说的，也是这样做的。无论是筹备期打响“三大战役”，还是领军实施“六度计划”，他都常常加班至深夜，百信银行成了他“第二个家”。

徐磊家在距北京2000多公里的深圳。谈到家庭，他总是浮现出幸福的笑容：“两个孩子小的只有半岁，大的也才刚刚上学，正是需要父爱的年纪，我非常爱他们。”但接到组织安排后，他毅然选择独自赴京工作，把对家庭的爱与责任深深地化为对工作的赤诚。千头万绪需要他披荆斩棘，聚少离多、加班熬夜则是常态，无数时光是在挑灯夜战之中度过的。因任务繁重，徐磊两个多月才能回家团聚一次。有时候即使是出差顺路，但由于日程太紧来不及周转，最终也都放弃了回家的机会。周围的朋友都很难理解，但他总是轻描淡写地说“还能坚持，后院还没起火”。这份忠于事业的奉献精神，也激励着他的团队和更多百信人。

| 汤　峻

# 探索资产证券化的代表

汤峻，男，汉族，1976 年 3 月出生，中信证券全球投资银行管理委员会委员、全球债务融资业务负责人。牵头开创“赎回 + 回售”双权产品创新设计、“回购融资 + 现券交易 + 利率掉期”综合客户服务手段等，积极配合和影响监管金融工具创新，为公司固定收益类创新产品及创新服务走在市场前沿做出突出贡献。特别是作为资产证券化业务线行政负责人，积极在信贷资产证券化领域布局，实现 2011 年重启试点后在国有大型银行、股份制银行、城市商业银行、农村商业银行、外资银行、汽车金融公司的全部首单发行，并在企业资产证券化的供应链金融、普惠金融、商业地产、PPP 基建等细分领域寻求开拓，发行承销规模位居同业第一。

汤峻1998年大学毕业后进入中信证券工作，先后在公司清算部、固定收益部、债券销售交易部等多个部门工作。20多年来，汤峻把中信风格作为日常行为准则，以身作则、追求卓越，创新进取、协同共进，在不同岗位做出突出贡献，带领部门不断取得和巩固了市场领先地位。

## 深耕一线，坚守矢志中信的初心

作为中信证券注册地迁往深圳后首批派驻深圳人员，汤峻入职没多久就投入充满挑战的战场。当时，他主要负责整个公司对接证券交易所法人托管结算数据的核算分析工作。在办公环境、人员匹配等条件都不充分的情况下，汤峻一人身兼数职，每天均要处理上千条交易记录的会计核算。

2001年的元旦前夜，按惯例是金融机构会计账簿结算的关键时点。汤峻原本只是打算在办公室熬个通宵，把相关工作处理好就回家。但一个交易数据跟他开了个“玩笑”，他反复计算排查都没找到出现偏差的原因。为了揪出问题根源，汤峻连续在办公室住了一个多星期，困了就稍微眯一会，直到最后眼睛充血，连电脑屏幕都看不清了，只能让其他同事帮着查阅，他再进行数据逻辑勾稽关系分析。正是靠着这股干劲，终于赶在监管部门规定时限之内完成了问题排查工作。

初心易得，始终难守。汤峻作为公司最早的利率债承销业务骨干，多年来始终如一、深耕细作，从无到有搭建了公司利率债承销的完整制度、业务流程和操作标准，全流程参与了财政部、国开行等发行主体的沟通维护、产品分析研究报告撰写、投资者目标寻找和营销、投标定价策略制定等工作，为推动中信证券利率债承销规模持续位居同业第一、保持利率债承销市场领先者地位做出突出贡献。

由于汤峻在债务资本市场销售交易领域的突出成绩，公司安排他进入投资银行委员会负责债券承销发行工作，面对新的形势和任务，他继续发挥敢吃大苦、敢打硬仗的精神，坚持“金融服务实体”理念和市场化定价导向，积极配合和推动监管金融工具创新，服务公司投行客户和公司机构投资者的投融资撮合交易，确保公司在各类固定收益类创新产品及创新服务方面走在市场前沿。在汤峻分管债券承销发行工作期间，中信证券信用债承销规模持续位居同业第一。

## 创新开拓，践行服务客户的诚心

近 20 年是国内债务资本市场快速发展的时期，也是中信证券在相关领域从无到有成为市场领跑者的时期，汤峻既是见证者和亲历者，也是耕耘者和建设者。多年来，他扎根债务资本市场业务领域，坚持“以客户为中心，以产品为导向，以创新为驱动”，始终冲在客户服务、产品服务第一线。

2008 年，汤峻牵头建立“发行人赎回 + 投资人回售”的双权产品创新设计，为投资者二级交易开创“回购融资 + 现券交易 + 利率掉期”的综合投资顾问服务手段，该创新模式随后成为市场通行使用工具。他不仅重点维护国有银行、大型保险公司、社保基金、公募基金等大型金融机构，还常年深入各市县争取同农村信用社、农村商业银行、中小财务公司的合作商机，使之成为中信证券债券承销发行的忠实基石投资者。基于对客户市场的全面深入了解，在很多主承债券项目的招投标、簿记发行之前，汤峻往往能对发行结果做出很好预判，从而正向引导融资企业和市场投资机构的服务黏性。

为响应国家“用好增量、盘活存量”号召，汤峻积极开展资产证券化ABS产品承销创新发行工作，实现2011年国务院重启试点后在国有大型银行、股份制银行、城市商业银行、农村商业银行、外资银行、汽车金融公司的中信证券全部首单承销发行。2016年，汤峻预判国有大型银行项目发行将进入井喷期，开始主抓这类业务。其间，有一家大型银行本已选聘其他机构，但汤峻锲而不舍，多次登门拜访寻求突破口，最终靠诚心打动客户，赢得参与项目的机会。2017年底，该客户项目的一个关键环节出现重大困难，汤峻带领项目团队在深夜11点赶到客户办公室，通宵达旦和客户一起商讨解决方案。通过艰苦细致的工作，终于在第二天晚上解决了问题，实现了项目在年底前发行的既定目标。客户为此深受感动，进一步加强了与中信证券的合作，这也成为中信证券证券化市场份额领先的重要因素之一。此外，汤峻还带领团队在供应链金融、普惠金融、商业地产、PPP基建、REITs等细分领域寻求开拓，先后在多个领域实现首单创新项目发行。

2016年底，政企合作项目证券化业务开始试点。汤峻敏锐把握业务契机，一方面积极联系监管机构了解政策动态，另一方面想方设法争取试点项目。通过集团兄弟单位支持和公司内部资源协同，中信证券成功拿到全国首批4单项目中的2单，创造了行业内的最佳成绩。为了争取一家机构，汤峻带领团队赶到客户年会现场，在年会间歇与客户交流。随后又从服务项目一般性工作做起，最终争取到该项目承销商的角色。通过项目良好合作，这家客户后续在多个领域与中信证券开展合作，仅PPP类型证券化即完成3单项目发行，累计合作的证券化项目规模达到160亿元。

## 合规运行，秉持诚实守信的公心

诚实守信、作风正派、原则性强，是汤峻给身边同事的一个突出印象。在债务资本市场快速发展中市场制度建设和监管措施尚不完善，部分融资客户、市场中介机构、投资机构存在违法违规并利益干扰时，面对每一单承销项目中标、每一笔销售执行、每一笔交易定价，汤峻都坚持严谨合规，自觉保持投行人的职业操守和道德底线。

近年来，监管部门加大了对债务资本市场领域一级承销和二级交易的合规稽查力度。事实上，前些年由于制度建设不完善，市场上有不少违规寻租套利的“缺口”。但汤峻一开始就坚守底线合规原则，配合公司不断完善业务制度、操作流程、定价标准的体系化建设，积极向各个监管部门建言推动监管制度完善和市场熟悉，优化市场化簿记建档定价、托管结算券款同步处理机制。他由此也成为监管机关的日常咨询顾问，为推进整个债务资本市场良性发展发挥了积极作用。

证券化业务交易结构复杂、流程较长、环节繁多，仅靠人力难以支撑。汤峻有前瞻性地预判到信息系统重要性，从 2016 年就着手布置信息化系统建设工作。经过前期调研准备、需求梳理和供应商招标等工作，2017 年 6 月推动第一版系统上线，各类型业务项目空间管理开始成型。经过多轮优化，最新系统不仅兼顾多个交易场所、多类证券化产品特点，还一体化解决了证券化项目各细节要素的存储、现金流测算、风险阈值管理和监管文件报送等重要工作，实现了跨部门工作流转和协同，大幅提高了工作效率，为证券化业务发展提供了重要助力。2016 年至 2020 年，中信证券管理的存续期企业资产证券化项目单数从 16 单增加到超过 180 单，工作量增长了 10 倍多，信息化系统为保障项目稳定高效运行起到关键性作用。

行动是无声的教育。汤峻诚信合规的风格无时无刻不在影响着团队其他同事。多年来，他坚持低头做事、低调做人，从高处看待市场发展和竞争格局，从低处踏实做好每项工作、服务好每个客户，带动大家自觉践行中信风格、弘扬中信文化。他还注重关心年轻人才成长的点滴变化，加大对青年英才的培训帮扶和梯队栽培，带出了一支敢打硬仗的高素质团队。

## 雷　勇

# 擦亮证券品牌的“老中信”

雷勇，男，汉族，中共党员，1967 年 7 月出生，中信证券北京分公司总经理。参与组建中信证券金融产品开发部，建立中信证券代销金融产品体系，搭建金融产品统采统销业务模式、打造券商金融产品全生命周期管理体系，成功申请代销金融产品牌照，为中信证券形成全市场领先的产品销售能力奠定坚实基础。积极推动集团内中信证券与中信银行产品交叉销售、物理网点合作，与原信诚人寿开展保险产品采购代销，强化中信品牌优势。任北京总部营业部负责人以来，积极对接客户需求和项目资源，使营业部收入、利润、市场份额等指标在北京地区 500 多家营业部中排名前三位，2018 年全国股基交易量市场份额同比增长近 40%。荣获中信集团 2011—2012 年度业务协同先进个人奖。

雷勇，1990年进入中信集团，1995年中信证券成立后进入中信证券工作，现任中信证券北京分公司总经理。在中信工作30年来，他注重传承中信风格及核心价值理念，以身作则、攻坚克难、屡创佳绩，先后推动了中信证券经纪业务前后台分离、营销体系搭建、金融产品开发部组建等重点工作，为中信证券金融产品从无到有、从有到优的跨越式发展做出了突出贡献。

## 勇于担当，推动业务创新

作为中信证券的“元老”，雷勇始终牢记“勇于创新、多做贡献”的初心，将业务创新作为推动工作的生命线和落脚点。

在此期间，雷勇全程参与了金融产品开发部组建工作。当时的券商业务还是以提供交易支持为主，产品销售大多是公募基金，尚无“金融产品”的概念。在接任金融产品开发部负责人时，他对相关业务也是“丈二和尚摸不着头脑”。很多产品都没有可借鉴的经验，产品底层资产如何筛选，风险如何有效控制、做出的产品如何卖出去，这些问题成了新部门面前的“拦路虎”。

为了尽快推动工作，雷勇一方面带领团队与公司投行、资管等部门深入交流，另一方面与银行、信托、保险等外部金融机构充分沟通，了解市场上产品的运行模式、客户需求、风险控制等情况。在进行充分市场调研的基础上，他带领团队首先从当时客户接受程度较高的类固定收益产品开始尝试，建立了一整套非标资产的筛选标准，并协调公司领导以及法律、风控合规、业务等部门共同成立了金融产品风控委员会，对项目进行严格把控、统一决策。产品发行初期，因为是券商的首次尝试，习惯了在券商做股票交易的客户对产品的接受程度并不高。他又组织团队深入分支机构，耐心进行产品培训，帮助分支机构员工熟悉产品，最终实现了零的突破。在类固定收益产品稳步推出后，他又带领团队不断丰富产品门类，逐步形成涵盖权益、现金管理、保险等门类的产品体系。在雷勇带领下，金融产品开发部以敢为人先的勇气在实践中不断探索，积累项目筛选、产品结构设计、风险管理等方面经验，逐步实现产品全生命周期管理。在此过程中，雷勇为中信证券成功申请代销金融产品牌照，公司成为首家获得代销资格的券商；搭建金融产品统采统销业务模式、券商金融产品全生命周期管理体系并沿用至今，为中信证券形成同行业领先的产品销售能力、财富管理转型升级驱动力奠定了坚实基础。

即使在基层营业部任职期间，雷勇也将创新作为推动工作的重要抓手。在担任北京北三环中路营业部总经理期间，他独辟蹊径，较早提出了以机构客户为目标的理念，对央企、国企财务公司进行逐一拜访，挖掘业务机会，很快将营业部打造成为收入、利润突出的业务创新营业部。在担任北京总部营业部负责人期间，他注重对接客户需求和项目资源，更好地服务实体经济，使成立仅四年的营业部收入、利润、市场份额等关键指标在北京地区 500 多家营业部中名列前茅……

## 精心统筹，凝聚协同合力

除了金融产品开发，雷勇还带领部门团队承担着中信证券内部协同业务的管理职责，为公司协同业务建立了良性运行体系。仅在 2013 年，金融产品开发部就向其他部门提交业务机会 1100 多单，其中 150 多单完成或立项，为公司创造收入超过 4 亿元。

在集团业务协同部大力支持下，雷勇积极推动中信证券与中信银行、原信诚人寿开展产品交叉销售、物理网点合作等协同业务，开集团内部业务板块深度协同合作的先河，促进了集团业务板块间协同创新效应的发挥。在他精心组织下，中信证券与中信银行在三方存管、产品托管等方面进行深度合作，带动中信银行三方存管规模遥遥领先，推动中信银行沈阳分行、天津分行产品托管规模迅速增长，发布中信银行——中信证券联名白金卡，充分利用中信金融平台的优势，加强银证深层次合作，为双方提供共同增值服务，凸显中信品牌优势；中信证券于 2013 年获得“保险兼业代理业务许可证”，具备了代销保险产品业务资格，并与原信诚人寿开展了保险产品采购代销合作；实施了深圳金牛期货经纪有限公司 100% 股权收购工作，协调期货公司整体业务整合，在风险可控的前提下保证 IB 业务平稳开展……

为表彰雷勇在集团内部协同发展方面做出的重要贡献，中信集团于 2012 年为他颁发了“2011—2012 年度业务协同先进个人奖”。

## 恪尽职守，严格风险把控

自 2008 年起，雷勇担任中信证券监事至今，始终恪尽职守，严格履行对董事会编制的定期报告进行审核，检查公司财务，对高级管理人员行为进行监督等职责，并在监事会主席空缺期间，较好完成了召集和主持公司监事会议等任务。

除了完成监事职责，在业务工作中雷勇也尽心履职，全面加强合规管理工作，为中信证券稳定经营、规避风险贡献力量。在担任合规部部门 B 角期间，他积极落实公司国际化战略，推动中信证券、中信证券国际与里昂证券举办了首次合规法律论坛，使中信证券全球化合规管理体系建设迈出第一步。在担任原经纪业务管理部营销业务负责人期间，他积极推动中信证券经纪业务营业网点由单一的代理服务通道向代理服务、销售终端双重职能转型，在开展大量的宣传引导、沟通协调工作基础上，推动了中信证券经纪业务前、后台员工分离改革工作：对前台员工制定客户经理制度，以客户开拓为目标实施市场化的考核奖惩机制；对后台员工定岗定编定责，着力提升客户体验，加强对客户的投顾服务；组织建设中信证券第一套经纪业务管理平台，实现对经纪业务系统人员、绩效、成本、风险等方面远程管理，加强了对营业部营销风险控制，为公司各项规章制度顺利执行提供了技术支持和保障。即使已经过去10多年时间，但雷勇推行的前、后台分离员工序列基本沿用至今，通过经纪业务制度体系和组织架构创新，有效提高了营业部工作效率和市场开拓能力。

30年来，雷勇以扎实的作风、突出的业绩赢得了好评和认可；面向未来，他将继续稳扎稳打，为中信事业再创新佳绩。

# 马　玉

## 大宗商品企业风险管理服务的践行者

马玉，女，东乡族，1974年10月出生，中信期货西部分公司负责人。作为西部分公司负责人，带领团队依托中信的特色优势优化产业链布局和资源化整合，全面打造综合金融服务工具，短短两年时间使分公司权益突破10亿元，3家分支机构在当地期货经营机构中排名第一，2家分公司在当地期货经营机构中排名第二。创新开展场外期权、“保险+期货”、投资咨询等业务，为产业客户提供多元化、个性化服务方案，2018年分公司利润占比中新业务利润达到35%以上。带领团队在陕西、甘肃、新疆、宁夏对接扶贫项目，为农户提供相关金融衍生品服务，助力脱贫攻坚。

马玉于2014年8月加入中信期货，先是创立并担任新疆分公司负责人，努力开拓当地市场大宗商品企业风险管理服务，而后勇担重任，作为新成立的中信期货西部分公司负责人，注重创新与协同，将市场布局拓展至整个大西北，探索出一条产业综合服务之路，进一步提升了中信在西北地区的品牌影响力。

## 勇挑重担、勤勉奋发，坚持金融服务实体经济

西北是国内经济欠发达地区，虽农产品、金属冶炼和矿产品企业较多，但金融土壤却相对贫瘠，尤其“期货”一词对于大部分企业和投资者来说更是十分陌生。在这样的金融环境下，作为西部分公司负责人，如何带领西北五省小分队在这片金融环境贫瘠的土地上开拓创新，如何运用金融工具服务好实体经济，成为摆在马玉面前亟待克服的一道道难题。

西北各省份幅员辽阔，地理跨度大。马玉每个月出差20多天，除了解各地分支机构业务情况和工作难点，更多的是与大家一起奋战在一线，一起跑企业，一起做调研，往返于开发和覆盖客户的路途中。实践出真知，经过一段时间的考察和调研，2016年中的一天，马玉紧急召开西部5家分公司负责人业务讨论会议，根据公司总体战略，制定了清晰的业务导向。5家分公司60多名员工，踏上了激流勇进、只争朝夕的产业开发之路。5省分公司根据各自地域特点，从资源类上市公司到厂矿企业，挨家挨户实地拜访，对棉花、电解铝、铁合金、苹果和能化等西北特色行业几乎做到了全覆盖。各二级分公司依托中信的特色优势逐渐形成模式化思路，特别是在棉花产业链、铁合金产业链、电解铝产业链及苹果产业链上下游企业资源整合方面，不断拓展服务的深度和广度，取得明显成效。

短短两年时间，西部分公司权益稳步突破10亿元。宁夏分公司、内蒙古分公司、甘肃分公司3家分支机构在当地期货经营机构中排名第一，陕西和新疆分公司在当地经营机构中排名第二。

## 敢为人先、锐意进取，打造多元盈利模式

近年来，期货业发展转型步伐加快，创新业务不断推出。为更好地服务实体经济，中信期货成立了中信中证资本有限公司，致力于为实体企业提供更加专业的风险管理服务。而敢不敢在公司内吃第一只“螃蟹”，通过创新业务模式带领团队开拓向前，考验着一个区域带头人的思维、格局、胆魄和能力，创新是业务发展的必然之路。

马玉与团队综合分析西部的资源禀赋和客户需求，清醒地意识到，西部有着大量的资源类企业，企业的金融服务需求体现在三个方面：融资、投资和风险管理。必须依托当地的优势产业资源，在产业服务的深度和广度上下功夫，借助中信的平台资源做出中信特色。各分支机构开始积极推进风险管理子公司创新业务，从仓单融通业务入手，从解决客户短期融资之痛点入手，大家一起研究各类同业仓单融资模式，评估风险点，制作初步的合同，并与中证资本的同事一起讨论、论证，终于推动了第一单的业务落地。近年来，仓单融资业务、仓单贸易业务规模都得到了快速增长，做到了与客户共进退，并深入参与到客户主营业务中；上下游资源撮合方面，

将自己“变身”为实体服务平台，几个品种的贸易规模屡创新高；场外衍生品业务方面，为客户提供个性化、定制化服务。

经过两年的沉淀，西部分公司以开展投资者教育活动、标准仓单业务、期转现业务、场外期权、“保险 + 期货”以及投资咨询等业务为抓手，积极为客户提供各类综合服务方案，充分满足企业客户的投融资和风险管理综合需求，形成了自己的业务模式。随着创新业务的持续落地，客户黏性日益增强，西部分公司改变了传统经纪的单一模式，建立起多元盈利模式。2018 年西部分公司利润占比中新业务利润达到 35% 以上，效益显著。

## 热爱中信、建功中信，满足客户多元金融需求

协同文化是中信的独特优势，分支机构如何借助中信集团金融与实业并举的特色，高效协同集团各类资源，提升核心竞争力，并满足客户多元化需求？这是摆在每位中信人面前的重要课题。

马玉要求必须坚持协同思维，为当地产业客户提供投行化的服务模式。她身体力行，主动为各业务条线协调集团资源，最大限度发挥集团优势，取得良好效果。在做好期货业务的同时，协同中信证券资管部实现银行类委外业务、通道类业务落地，成功拿下上市公司收益凭证大单定制等业务，并为中信证券投行项目组推荐各类优质业务。

在马玉的带领下，西部分公司不仅有效协同中信在西北地区的业务拓展，也为客户提供了集团化综合金融服务的良好体验。

## 践行责任、敬业奉献，“保险 + 期货”精准扶贫开花结果

2016 年，国家十三五规划纲要和 2016 年、2017 年、2018 年中央一号文件多次提出“保险 + 期货”精准扶贫的方针政策。马玉认为，发力“保险 + 期货”精准扶贫是理所当然的分内之事。更何况西北区域是国家脱贫攻坚战的重点区域，更加体现了这项工作的重要性。

2018 年，马玉带领团队在陕西、甘肃、新疆、宁夏对接多个扶贫项目。在陕西白水县、蒲城县、富平县，新疆克州县、甘肃静宁县举办 5 场“保险 + 期货”推荐会，落地 6 单“保险 + 期货”项目。为陕西富平县玉米、延川县苹果，新疆莎车县棉花、克州棉花，甘肃静宁县苹果合计 3791 户种植户提供价格保险服务，保障了 1.4 亿元产值的价格风险。同时帮助新疆麦盖提县实现石榴销售 2.57 吨价值 16 万余元、宁夏彭阳县对口扶贫帮扶 3 户。

随着后期大枣期货、干辣椒期货等品种的上市，马玉将带领西部分公司在“保险 + 期货”精准扶贫的道路上坚定地走下去，为更多农户提供金融衍生品服务，为我国脱贫攻坚战夺取全面胜利贡献应有的力量。

千淘万漉虽辛苦，吹尽狂沙始到金。五年风雨兼程，五年辛勤耕耘，马玉的一言一行，生动诠释了“诚信、创新、凝聚、融合、奉献、卓越”的中信核心价值理念。

## 朱黎明

# 金融先锋号的金牌经理

朱黎明，男，汉族，中共党员，1972 年 1 月出生，中信证券浙江分公司副总经理、业务中心总经理。作为浙江分公司业务中心负责人，带领团队努力开拓业务，2018 年全年市场份额较上一年增长 210.15%，稳居浙江全市场第一，跃居中信证券系统内第一。牵头构建分类分级分层服务体系，开拓权益类产品定制、两融交易型客户，使业务中心资产规模过 300 亿，覆盖私募管理人 1400 余家，始终引领市场前沿。高度重视抓好党建工作，善于发掘引导优秀青年员工向党靠拢，带领业务中心荣获2018年度“浙江金融先锋号”和“全国金融先锋号”称号。

“黎明者，天刚亮也，洒扫庭除。”正如其名字一般，朱黎明2007年进入中信集团后，先后担任中信证券杭州凤起路营业部、中信证券富阳迎宾路营业部、中信证券杭州解放东路营业部的负责人，在激烈的市场竞争面前，他多次带领团队抓住市场风口、实现扭亏为盈，被誉为“金融先锋号”的“金牌”经理。

## “雄关漫道真如铁，而今迈步从头越”

2014年夏天，为了应对各类券商的“围猎”，中信证券（浙江）有限责任公司拟筹建解放东路营业部，在服务落地本级业务资源基础上，结合浙江区域特点，在激烈竞争的环境下打造一个有特色的“浙江总营”。从当时情况看，新营业部往往面临新开业成本和队伍建设压力，开业三年能实现盈亏平衡和持续经营已属不易，更不用说在经纪业务转型中实现突围。

在公司尝试征求朱黎明意见时，他毫不犹豫就答应了。在那个鼓励券商创新的时期，朱黎明深知创新需依赖大平台的综合优势，也深知挑战背后的创新机遇。他的成长经历中，每一次都在应对挑战，每一次也都与创新相伴。在凤起路营业部时，他多次获得公司的“创新奖”和业务“首单奖”；在富阳工作期间，他一年内就将一个亏损300多万的新网点扭亏为盈，“诀窍”也是创新。这些与挑战“交手”的经历，也增强了他应对未知的信心。

开拓不易，创业维艰。解放东路营业部于2014年8月8日拿到批文，朱黎明只身赴任，公司交给他的是两名业务运营人员和一个由仓库腾出的100多平方米营业场地。2014年末正值牛市，老营业部门庭若市、排队开户，而这个位于写字楼23层的新网点一无前台，二无存量客户，三无门头店面，似乎与市场火热的气氛格格不入。

严酷的现实告诉他，不能按照传统方法经营，必须独辟蹊径、破旧立新。朱黎明只有不等不靠，一边招募员工，一边拓展客户，利用自己多年积累的经验和资源，先从机构业务入手，先做大资产求生存。他快速招募到6名前台员工，又借着私募管理人登门拜访浙江公司的时机，敦促员工抓住机遇加强交流、提供服务。当时适逢浙江打造“小镇经济”的风口，他力主浙江公司筹建“山南基金小镇营业部”。获得认可后，他几乎一周去一次小镇管委会，落实场地、沟通协调。

数月奔忙终于迎来硕果。这个冷清的新网点在开业后的第一季度就实现盈利200万，完成全年指标。与此同时，他们作为基金小镇唯一配套服务券商，顺利拿到浙江证监局的批文，正式以新营业部之身孵化筹建“杭州玉皇山南基金小镇营业部”。朱黎明趁热打铁加快团队建设，陆续把多名优秀新生力量输送到小镇营业部，为营业部持续健康发展积淀了人才支撑。

## “咬定青山不放松，立根原在破岩中”

面对2015年的“私募潮”风口，朱黎明确信他们是下一阶段经纪业务的主流客户。骄阳似火的6月，朱黎明带领团队用了6个星期时间对211家持牌私募进行全面覆盖拜访，取得了第一手资料。在第二阶段，朱黎明深知私募管理人的区域性特点，在公司领导支持下组织联合培训，下发1192家全国私募名单，集合浙江公司各营业部40余位员工进行了长达4个月的覆盖拜访。利用券商相对甲方的地位覆盖拜访服务私募管理人，这在当时又是一个创新，很快受到市场认可。2015年，解放东路营业部累计引入交易资产近70亿元，第一年市场交易份额近万分之三，利润超过3000万元，已达到一个中等规模营业部的体量，创造了经纪业务全市场新网点的历史纪录。

浙江的企业家在创业实践中凝结出一个很有名的“四千精神”，即“历经千辛万苦，说尽千言万语，走遍千山万水，想尽千方百计”。在朱黎明和团队身上，就很好地体现了“四千精神”。2016年11月，浙江公司整体并入中信证券，解放东路营业部正式改名为浙江分公司业务中心。朱黎明又迎来了新的挑战。2016年股灾后，行情突变，交易萎靡，他在审时度势、清醒研判后，迅速聚焦量化私募管理人服务，带领业务中心团队快速拜访了全国460多家量化私募管理人。那段时间，他几乎每周都在出差，最多的一天洽谈了 7 家管理人。

积尺寸之功，方能成就赫赫之功。2017 年，业务中心已积累了比较丰富的私募管理人服务经验，并初步打造了专业团队。机会总是青睐有准备的头脑，朱黎明很快发现市场牛散有向量化交易转型的需求。基于公司平台各部门的精诚合作，业务中心成功服务高端交易型客户向量化策略转型的需求，开辟了类 MOM 的服务模式。2018 年，业务中心全年市场份额 0.2049%，较上一年增长 210.15%，居浙江全市场第一、中信证券系统内第一、全国三甲。作为新网点，业务中心营业收入也在 2019 年跃升系统前七、浙江第一，以亮丽的业绩单受到了全行业的瞩目。

在创新突破的实践中，朱黎明还创立了省级分公司业务中心特色经营的新模式，他本人也先后荣获 2016 年度和 2018 年度中信证券浙江分公司“优秀管理者”称号，并带领业务中心荣获 2018 年度“浙江金融先锋号”和“全国金融先锋号”荣誉。

## “板上种桃李，硕果满神州”

朱黎明坚信人才是立足之本，尤其注重传承中信核心价值观培养，引导团队人员争做新时代中信事业的开拓者。他坚持“校招为主、社招为辅”

模式，努力培养新人。日常工作中，朱黎明注重关注员工成长，将团队打造成温暖的大家庭。在每年的新人欢迎仪式上，朱黎明都会分享业务中心的成长历程，引导大家在感悟创业史、发展史中秉承开拓创新精神，自觉做中信精神传承者。

经过短短四年的发展，业务中心已经组建起一支业务能力突出的专业队伍。团队中，研究生占比38%，“90后”占据大半江山，形成了素质过硬、梯次配备的人才梯队。在朱黎明的推动下，业务中心还持续为浙江分公司培养输送专业人才和管理人才，近三年已有3名优秀员工提拔至网点负责人岗位。

面对累累硕果，朱黎明并未止步。他紧跟公司发展战略和行业前沿新动态，顺应财富管理转型趋势，积极尝试按项目经理制，分工协作开发管理人，推动新老员工共同进步。为稳步转向财富管理道路，他继续探索2.0模式：用公司的综合平台优势去满足客户的财富管理需求，对高净值客户的产品定制、家族办公室服务，量化交易型客户。在朱黎明带领下，业务中心交易类资产规模超过300亿元，累计覆盖私募管理人1400余家，私募产品落地238个，权益类销售逐年递增，财富定制、家族信托业务陆续落地，实现了超前、超常规发展。

# 黄　健

## 爱岗敬业的养老金专家

黄健，男，汉族，1983 年 1 月出生，华夏基金北京分公司总经理。连续 14 年从事企业年金、职业年金政策研究和客户服务工作，带领团队发扬敢打敢拼精神，使公司企业养老金业务获得快速发展，2018 年末养老金资产管理总规模超过 1914 亿元，企业年金管理规模连续 10 年位居基金行业第一位，全国社保基金、基本养老基金等多个组合规模超过 843 亿元。转到销售岗后迅速转变角色，带领团队先后中标中国银行、建设银行、中广核集团、一汽集团、能建集团等 50 多个年金项目，开发交通银行、华夏银行、华融湘江银行等 10 多个专户项目，使规模从不到 100 亿元增长到 611 亿元，项目数量超过 50 个。

2005年从英国硕士毕业后，黄健就加入了华夏基金，从事养老金、专户及公募基金机构客户的服务工作，先后担任华夏基金养老金管理部总监、北京分公司总经理。15年来，他积极投身于养老金政策研究和客户服务工作，带领团队将养老金资产管理规模从不到100亿元提升至611亿元，连续多年获得中石油、国开投等大型机构客户的优秀管理人及服务团队奖项。在此基础上，他还积极开拓业务范围，带领团队于2018年成功中标国内首单职业年金项目——中央直属机关职业年金，为公司职业年金业务开发打下了坚实基础。

## 践行“甘于奉献、爱岗敬业”的企业文化

2005年，国内的企业年金业务方兴未艾，无论是市场参与机构还是年金委托人对于年金的理解都处于起步阶段，业务开发举步维艰。当时，华夏基金虽然取得了第一批企业年金基金管理机构资格，但是在广大年金客户中的认知度却不高。即便是经过半年多的艰苦努力，公司业务仍未能实现零的突破。

面对艰难处境，黄健秉承吃苦耐劳、精益求精的精神，耐心细致地推动自己所负责的产品设计、宣传材料制作等工作。为了能够更好地帮助销售同事拓展业务，他一方面利用海外学习背景，广泛收集海外资讯，编写信息周刊，扩大华夏基金的品牌影响力；另一方面，与同事共同梳理公司的竞争优势，推出了“福、禄、寿、喜、财”等五款拳头产品。在此基础上，黄健和团队同事们珍惜每次投标机会，在确保投标文件零差错的前提下，积极寻求创新、取得突破。

2006年，华夏基金受邀参加了国内首家外资企业的年金招标，这是国内首单提供中英文双语标书的项目，对产品团队而言是个巨大挑战。相较于当时的国内企业，外资企业在年金管理方面更加成熟规范，投标过程中需要提供详细的尽调材料。刚拿到英文招标书时很多描述与国内的说法不同，如何精准地回答每一个问题，确保不产生歧义成为产品团队面临的最大难题。为了确保项目顺利推进，黄健一方面积极与国外服务机构取得联

系，交流经验，另一方面认真查阅国外相关资料，辅助标书编写。经过连续的通宵加班，产品团队最终高质量完成了应标任务，成功中标这个关键项目。在产品开发岗的两年多时间里，黄健参加了10多个重大项目的投标、合同签署及运营工作，在工作之余梳理完成了企业年金投标题库，大幅提高了标书的制作效率和准确性。同时，他还完成了20多个省市的企业年金投管人资格报备工作，为华夏基金在全国开展年金业务打下了基础。

2007年，由于公司业务需要，黄健转到了压力更大的销售岗。在一无客户、二无经验的情况下，他虚心向销售前辈请教，从身边做起，利用产品岗位的多年工作积累，为北京市属多家企业提供职工养老金、投资理财的培训服务。然后以北京市场为中心，逐步将服务扩大到重点央企。通过专业的服务、诚信的态度，他逐步赢得客户的信任，先后中标中国银行、建设银行、一汽集团等50多个年金项目，开发了交通银行、华夏银行等10多个专户项目，为公司机构业务的快速发展做出了重要贡献。

## 发扬“诚以待人、专业负责”的华夏精神

养老金业务有别于传统的公募业务，具有进入门槛高、合作周期长、衍生需求多、专业要求严等特点。为了更好地开展业务，黄健在认真研究养老金专业政策知识的基础上，坚持从客户利益出发，逐步成为客户放心的“大管家”。

2011 年，华夏基金面临核心投资人员流失、投资业绩波动、市场负面新闻频发的不利局面。为了解决这些问题，公司开始对投资构架、考核办法、投资流程等方面进行调整，这会给投资业绩带来较大的不确定性。在这种情况下，黄健一方面如实和客户沟通公司情况，树立客户信心，宣传长期投资理念；另一方面主动与客户联系，积极配合客户的减资操作，全力保障客户的投资组合安全。沟通过程中，有的客户提出过质疑，更有重点客户直接终止了合作关系。可是，黄健依然坚持从客户利益出发，牺牲短期利益谋求长远发展。即便是停止合作关系的客户，他依然坚持提供相关增值服务，为客户在合同签署、考核办法制定、投资管理等方面出谋划策，这一坚持就是 3 年时间……最终，黄健满满的诚意打动了客户，在 2014 年重启了与华夏基金的合作，目前委托规模已经超过 7 亿元。

多年的贴心服务，为华夏基金带了良好的市场口碑，也推动了养老金业务的快速发展。其中，华夏基金企业年金管理规模超过 943 亿元，运作组合 196 个，管理规模连续 10 年位居基金行业第一位；养老金产品管理规模超过 126 亿元，并管理全国社保基金、基本养老基金等多个组合。

## 坚持“以身作则、团结互助”的优良传统

“老带新、传帮带”是华夏基金优良传统。2014 年担任养老金管理部副总经理、营销团队负责人以来，黄健以身作则、勇于担当，带领团队合法合规开展业务，并通过多种举措增强部门及团队的凝聚力。

资本市场风云变幻，及时了解最新资讯以及客户委托资产的运营情况十分重要。黄健以身作则，坚持每天至少提前半个小时到达单位，整理客

户最新业绩情况。针对业绩波动较大的组合，分析原因并及时向客户汇报交流。每月，黄健都会与团队成员一同分析所负责项目的运营情况，梳理可改进的地方，并在交流中分享自己的销售经验，帮助团队成员共同成长。

在公司目标任务或业务拓展遇到困难时，黄健并没有一味将压力传导下去，而是一马当先、主动担责，帮助公司解决问题、完成任务指标。2015 年下半年至 2016 年初，证券市场遭遇了史无前例的股灾和熔断双重打击，上证指数从最高的 5178 点下跌到最低的 2638 点，跌幅超过 49%。市场的巨幅波动使追求稳定收益的养老金投资者遭受了巨大损失。截至 2016 年 1 月末，公司运作的 181 个组合中有 154 个当年收益出现负值，如何安抚客户的情绪成为当时面临的最紧要难题。

“越是困难的时候，越要稳住阵脚，要用我们主动、专业的服务帮助客户渡过难关。”黄健在团队沟通会上提出了主动出击的行动方案。在接下来的时间里，他带领团队逐一拜访所有的客户，积极沟通情况、分析问题、提出建议，帮助客户缓解压力，避免客户在错误时间做出过激反应。在黄健和团队努力下，主动沟通取得了良好效果，帮助客户在市场后续回暖的过程中获得了可观的收益。在良好的团队文化的激励下，从 2014 年至 2018 年底，黄健所在团队的养老金资产管理规模快速增长，从原来不到 100 亿元增长到了 611 亿元。

养老金业务被称为“没有终点的马拉松”。在这场长跑中，黄健将以热爱为动力、以责任为坚守，不断开拓进取、探索前行，为中信事业发展做出新的更大贡献。

## 谢　群

# 财富管理业务的拓荒者

谢群，男，汉族，中共党员，1963 年 7 月出生，中信建投证券西北分公司总经理。面对所负责西北地区地域较广、位置偏远、网点分散等实际，克服困难、积极创新，在做好传统基础业务的同时开拓投融资业务领域，充分利用中信建投证券的资源优势，为各级政府和企业举办资本业务培训 80 余场、负责调研考察企业 300 余次，西北分公司营业部从原来的 3 家增长到现在的 19 家，在西北地区树立了中信建投证券良好的品牌形象。带领西北分公司在经营管理、业务创新、人才培养、网点建设、回报社会等方面取得突出成绩。

1979年，理查德·皮尔斯执导的一部美国西部剧情片《拓荒者》，讲述了20世纪30年代大萧条时期，一个美国人在历经生活磨难和天灾人祸后，苦心经办农场，终于获得丰收的故事。影片中，拓荒者的形象跃然银幕，生动地诠释了何谓“拓荒精神”。而在我国大西北，就有这样一位拓荒者，十余年坚守一线、勤勉尽职，为公司财富管理业务发展打开了崭新局面。他就是中信建投证券西北分公司总经理谢群。

## 扎根西北，攻坚克难过歧路

上任伊始，谢群经过广泛的市场调研发现，西北地区的企业和老百姓对财富的保值增值存在理念上的误区和盲区，财富管理产品并没有得到市场的充分认可，想要打开局面面临重重阻力。对于这一状况，谢群看在眼里，急在心上，他每天都在思考怎样提供更优质的财富管理服务，为中信建投证券赢得更大的发展空间。2011年底，谢群带队与长安银行进行合作洽谈。起初，长安银行对公司提出的财富管理合作模式知之甚少，也不感兴趣，没少让谢群吃闭门羹。但谢群没有放弃，一次次协调公司有关部门与长安银行深入交流，带领团队成员为银行不分昼夜地梳理流程，协助银行成立资管部门，最终达成了与长安银行的合作。这一次拓荒合作，为公司在全国范围内与各地方银行开展财富管理业务合作创造了一个范本。谢群后来在总结此事时说：“任何一项创新业务的推出，都会蕴藏获利或者业务发展的机会，只有及时把握，比别人更快一步去挖掘，才能取得先于并高于别人的收获。”

打响第一炮后，谢群没有放松，立马投身到与当地企业的合作洽谈中。身处西北地区，谢群和他的团队把目光放在服务“一带一路”沿线地区的企业上。2015年，谢群凭借对新三板定增市场的敏锐触觉，发现华龙证券有定增需求，便积极准备各项承揽工作。为抢得先机，他当天凌晨两点从西安赶到兰州与客户商谈。虽然一夜未眠，但面对会谈中的各种难题、对手方设置的重重障碍，谢群依然沉着应战，现场为客户制订了多套可行方案。经过多轮商谈，他的大局观念、服务意识和专业能力赢得了客户认可，最终拿下了 2016 年中国市场最大一笔新三板定增项目。

由于身兼数职，经常往返各地，难以得到充足休息，谢群在常年奔波中落下了不少病根。即使这样，他还是经常工作到半夜，为的就是能给企业最好、最全的服务。2013 年至今，谢群为各级政府、企业举办资本业务培训 80 余场，调研和考察企业 300 余次，充分做好需求对接。通过稳扎稳打、广泛开拓，谢群带领团队逐渐建立了与各大银行、企业良好的合作关系，使公司在当地获得了较高的声誉与口碑。

## 身先士卒，所向披靡勇担当

为响应中信建投证券“发展普惠金融”的号召，谢群从 2010 年开始对西北地区网点进行布局和建设，最忙碌时有三家营业部同时选址，一天跑三地成为他那段时间的家常便饭。同事们常笑他是“空中飞人”“钢铁侠”，他也不以为意。拖着一个半旧拉杆箱手握票根、步履匆匆，是他最为常见的形象。新疆、太原、北京、银川……一串串轨迹记录了他为公司发展奔波的历程。谢群不辞劳苦、亲力亲为地对待每一个新营业部选址，与监管部门、公司总部及房东反复沟通，解决一系列问题。有人劝他别那么认真，可他却说“千万不要小看选址建设，这关系到以后营业部能否早日盈利”。

就在谢群最忙的时候，他的妻子身患宫颈癌突然入院。由于当时身在外地，他只能满怀歉意地和妻子、孩子通过电话来交流。在家里最需要他的时候，他却奔赴在工作最需要他的地方。经过这几年的发展，西北分公司营业部从原来的 3 家增长到现在的 19 家，新设营业部绝大多数实现了盈利。

在西北地区工作，大多环境恶劣、条件艰苦。2016 年夏天，西安遭遇罕见的大暴雨。当天凌晨，营业部墙外雨水管道突然破裂，雨水倒灌入公司机房，情况十分危急！谢群第一时间冲到现场，组织员工进行重要设备转移和破裂管道加固，谢群和同事们浑身都被雨水浸透了。经过 4 个小时的肩挑人扛、持续奋战，他们终于成功堵住破裂管道并将主机转移到安全位置。凌晨 5 点，当备用设备正常开启后，谢群终于长舒了一口气。此时一夜未眠、疲惫不堪的他，双眼已布满血丝，他给大家预订了早点，安排抢险员工回家休息，自己却在吃了两粒降压药后，又开始了新一天的工作。事后有人问他为什么这么拼，他微笑着说：“最放心不下的就是早上 9 点半开市，设备能否正常运行，客户能否正常交易，这关系到客户的利益，关系到公司的口碑。”话语中全然只有客户和公司，丝毫没有考虑过自己。

## 凝心聚力，疾风劲草战明天

多年来，在带领团队不断冲锋陷阵、攻坚克难的同时，谢群也十分关心和体恤员工。每当员工遇到困难时，他总是尽力去帮他们渡过难关，许多员工都将他视为自己的亲人。西北地区地域广阔，在出差途中谢群也不忘关心员工的工作和生活，经常利用工作间隙了解员工的实际困难。一次，西北某营业部的员工突发重病，谢群得知后立即联系自己的同学，几经周折终于把这位同事送到北京的知名医院就诊。谢群还连夜赶到员工就医处进行探望，并时时关注员工病情，积极为他排忧解难。

熟悉谢群的同事都知道，军人出身的他身上既有“黄沙百战穿金甲”的豪迈，也有“愿得此生长报国”的情怀，决断果敢、知人善用、感召力强。无论工作多忙，他每周总要安排出时间与员工交流，分享自己的工作经验和心得，鼓励员工脚踏实地、力争上游。同时，谢群还特别重视青年工作，经常赠书给“80后”“90后”员工，并与他们分享读书心得，许多青年员工都将他视为人生导师。近年来，在这种良好的人才培养环境中，西北分公司培养提拔的营业部经理11名，从外部引进9名，走上分公司领导岗位的干部3名，为中信建投证券干部队伍建设做出了重要贡献。许多同事都笑称谢群“桃李满天下，春晖遍四方”，但他总说“这些都是公司未来发展的希望，只有留住人才，才能基业长青”。

十余年间，谢群带领团队全心投入、深耕细作，用自己的赤诚和行动生动地诠释了“为员工搭建广阔的事业平台，为客户提供优质的财富管理服务，为社会做出更大的贡献”的财富管理准则，使财富管理真正成为源头活水，润泽了西北这一“贫瘠”的金融土地。

## | 吕晓峰

# 投资银行业务的排头兵

吕晓峰，男，汉族，中共预备党员，1970 年 12 月出生，中信建投证券投资银行部行政负责人。任职以来，带领团队高质量完成大量融资重组项目，连续多年股权融资重组金额位列投资银行部前茅，为中信建投证券投行股权排名做出重要贡献。2018 年度，带领投行业务二部完成股票承销 343 亿元，并购重组交易 408 亿元，占中信建投投行股权融资金额的比例超过 40%，占并购重组交易金额的比例超过 60%；实现收入超过 4 亿元，在所有业务部中排名第一。特别是 2018 年带领团队完成宁德时代 IPO、中国重工发行股份购买资产、SST 前锋项目等多单市场辐射深远的经典项目，有力提升了公司投行品牌的美誉度。

投资银行，在很多人眼中都是笼罩着神秘色彩的高薪行业。但真正走近这个行业，会发现光鲜背后有着不易为人所知的酸甜苦辣。对投行人来讲，朝夕奔波、出差熬夜都是家常便饭，一页页文件的背后是忘我的付出，西装笔挺的外表下是染黑的花白头发，上市欢庆的喜悦来自不懈的坚持。正因如此，要在投行领域做出一番业绩，必须有勤勉专注、奋发进取的特质，中信建投证券投资银行部负责人吕晓峰，就是一个这样的投行人。

## 坚守价值导向，把国家战略需求当作“指挥棒”

2016年，国务院发布积极稳妥降低企业杠杆率的意见后，很多中央企业都在研究如何降低杠杆率。作为我国最大的军工行业上市公司，中国重工因所处的船舶和海洋工程装备行业整体不景气等问题，在项目实施前面临财务负担较重、资金压力较大等困难，亟须压缩贷款规模、降低资产负债率。同时，由于再融资规则的修改，投资者参与上市公司非公开发行的意愿减弱，缺少投资中国重工、帮助其降低资产负债率的有效路径。

“在现有的法规框架下设计出符合监管导向、客户需求、投资者偏好的方案正是投行价值所在！”这是吕晓峰坚守的价值导向。他带领团队日夜奋战，研究法规、搜索案例，结合前期项目经验，创造性地设计了通过发行股份购买资产实施市场化债转股方案。方案一提出，立刻获得了中国重工和投资者的认可。“方案如何落地？监管机构怎么审批？”20多年的投资银行经验和习惯使吕晓峰敏锐地意识到下一步工作重点是使方案获得监管部门认可。他立即率领团队与证监会、发改委等多部委进行沟通，使方案顺利取得发改委降杠杆部际联席会议支持，也推动了市场化债转股审批路径的成型。

项目执行过程中，恰遇证监会修改相关股东减持股份的规定。吕晓峰第一时间做出反应，在假期召集项目组开会并与中国重工商讨应对策略。假期结束后，当投资者注意到政策动态与项目组沟通时，项目组已有了完整的政策解读和沟通方案。中国重工市场化债转股最终顺利实施，引入资金218.68亿元，降低资产负债率10.01个百分点；中国重工市场化债转股经验被国务院国资委推广，方案被多家中央企业借鉴。中国重工债转股项目获得 2018 年中信集团中信青年“金点子”创新创效大赛三等奖，项目签约照片更是出现在“砥砺奋进的五年”大型成就展上。

2018 年吕晓峰带队完成的宁德时代 IPO 项目，既是最具影响力的“大国重器”独角兽代表项目，也是协助客户实现跨越式发展的典范。2015 年，吕晓峰初次接触宁德时代董事长时，企业尚处初创阶段、成长不确定性较大，而新三板私募融资热情高涨。宁德时代对“应该走哪条路”犹豫不决。吕晓峰凭借敏锐的投行嗅觉和专业的判断能力，设计了先进行私募融资，然后在创业板上市的方案，并说服了客户。目前，宁德时代已经成为创业板市值最大的公司，也是市场公认的业绩优良的蓝筹股。宁德时代 IPO 项目也被评为第十二届新财富最佳 IPO 项目。

近年来，正是坚持将推进业务发展与践行国家战略结合，吕晓峰带领团队实现了全产品均衡发展，业务规模连续多年在中信建投证券投行部名列前茅。2018 年度投行业务二部完成股票承销 343 亿元，并购重组交易 408 亿元，占中信建投证券投行股权融资金额的比例超过 40%，占并购重组交易金额的比例超过 60%。

## 敢于迎难而上，把培植行业优势当作突破点

熟悉吕晓峰的都知道，他无论干什么事都有一股持之以恒的韧劲儿。靠着这份执着与坚持，2008年以来，他在金融行业特别是城商行和农商行领域打造了中信建投证券投资银行的一面旗帜，先后为五大行、股份制银行和城商行、农商行提供了从私募、并购、IPO、再融资及综合资本补充的全产品服务。

商业银行资本补充工具创新性、专业性很强。为了服务好客户，吕晓峰带领团队持续关注工商银行的资本补充需求，研究国外法规和案例，拜访监管机构，完善项目方案，狠抓项目质量。在2010年为工商银行400亿元可转债提供服务之后，吕晓峰又带队完成2015年450亿元优先股、260亿元二级资本债、2019年700亿元优先股等项目，并在2017年牵头880亿元二级资本债项目，成为当年商业银行发行规模最大、利率最低的二级资本债。这些项目的成功发行，得到工商银行的充分认可，也为中信建投证券为大型银行提供常态化投行服务奠定了坚实基础。

路遥知马力，日久显恒心。成都银行IPO项目更是保荐机构为发行人长期服务的典范，堪称投行领域的“马拉松”。中信建投证券从获聘保荐机构到成都银行正式上市，整整历时10年。2012年申报后，他们陪伴客户经历了多次IPO暂停、城商行审核停滞，从受理到过会历时2070天。同期别的项目和客户放弃时，吕晓峰鼓励项目团队顶住压力，继续为成都银行开展服务，确保项目持续推进。甚至在成都银行都想放弃时，吕晓峰还一次次拜访银行领导，说服客户迎难而上，表示中信建投证券一定不离不弃。经过艰苦努力，成都银行最终成功上市，取得当时环境下的重大突破，成为拟上市城商行纷纷取经学习的标杆。

2019年，吕晓峰被任命为中信证券投资银行业务委员会委员、投行部行政负责人。上任伊始，他就投入“科创板”推出的攻坚战中。经过一年的努力，投行部交出圆满答卷。“科创板”首批挂牌上市企业中，中信建投证券保荐6家，排名行业第一；全年累计挂牌上市企业中，保荐9家，排名行业第一。凭借“科创板”的杰出表现，中信建投证券获评上海证券交

易所“科创板企业上市优秀会员”。

## 勤勉培养团队，把打造投行队伍当作重中之重

吕晓峰总是跟团队讲，要以成事的目标来引导客户解决问题，不是机械被动地完成过程，遇事有前瞻、有可比，法规案例一个也不能少。这些年，他几乎无时无刻不在琢磨客户的需求、项目的进展、资源的调配，专门维护客户常态化机制，定期掌握项目实质要害问题及客户真实需求，全身心投入响应客户的诉求，有的放矢赢得客户长期信任。对在审项目，他要求各项目组在合规前提下始终保持与审核人员的日常沟通，反馈信息后及时制定对策，确保项目及时发现问题、控制风险、排除障碍。

作为团队负责人，吕晓峰处处身先士卒、冲在一线。一天的工作日程，他总是从早到晚排得满满当当。2018 年，在华夏银行 292 亿元定增项目中，他带队攻坚克难，从向证监会申报至通过发审会仅历时 24 天，获得批文并募集资金到位仅 35 天，做到了周周有节点性进展，创造了 A 股再融资的最

快纪录，充分体现了保荐机构超强的执行能力和沟通能力，在团队内部形成了很好的示范导向。

吕晓峰注重把培养锻炼年轻人作为重要任务，通过大量的建议书和竞标工作磨炼新员工，在待人接物的细节上亲自教导年轻人。他还非常关注关心团队人员的个人成长和所思所盼，积极为参加保代考试的员工提供时间上的便利，为亲属生病的同事寻医问药，也与追求个人发展转向投资的离职员工保持联系继续合作，为大家提供了干事创业的良好环境。在他的带领下，投行业务二部由几个人发展成为近60人的大团队，打造出承揽有能力、承做有创新、执行有效率的团队风格，完成了众多股权、债权融资以及并购重组项目，成为投行部最有战斗力的业务部之一。

## 何怀周

# 聚光灯背后的风险“清道夫”

何怀周，男，苗族，中共党员，1978年11月出生，中信信托业务评审部总经理。任职以来，着力推动风险管理工作精细化、专业化，全面升级《业务尽职调查与可行性分析指引》，重新修订《业务审批管理办法》，总结建立“风险预警管理机制”，实现管控风险“稳、准、狠”。深度参与业务工作，帮助多个“举手制”新设部门成长壮大。在公司主动管理业务年复合超50%高速增长情况下，经手上千项目，近五年来基本没有出现新增不良。针对业务前线关心的评审效率问题，推行系列改革举措，带领部门获公司2018年“最佳服务奖”。个人荣获2016年全国金融青年服务明星、中信集团优秀共产党员，2018年中信信托优秀管理者。

2019年伊始，中信信托被《财经》杂志长青奖评选为“可持续发展风控奖”。荣誉背后，凝聚着一群风控人员的辛勤与汗水、责任与担当。他们执着专业、精干高效，坚守业务的逻辑和风控的底线；他们习惯于扫除问题、防控风险，为业务可持续发展保驾护航；他们兢兢业业、埋头苦干，让公司和前台展现风采，甘当风险“清道夫”。这个优秀的风控团队的带头人，就是何怀周。

## 来之能战，助力风险管理“精细化”

2013年2月，何怀周加入中信信托，担任风险管理部副总经理；2018年10月，开始负责公司业务评审部工作。6年多来，他为风险管理工作贡献智慧和心血，推动风险防控与业务发展同频共振。

初来乍到，何怀周还有所顾虑，但当他感受到公司“简单、务实、敞亮、极致”的文化氛围后，大有如鱼得水的痛快。他按照公司“全员风险管理”核心要求，在吸纳金融同业有益经验基础上，参与到《业务尽职调查与可行性分析指引》等制度修订工作中，为风险评审工作夯实制度基础。

2015年，公司试行主审人机制，推出4条主审人通道，何怀周兼任一条通道主审人，带领团队表现突出，获得公司首届“最佳评审奖”。

2018年，面对“资管新规约束下主动管理业务压力大增、信托传统主业板块进入系统性风险深水区、创新业务竞争与复杂性全面提速”三大挑战叠加，何怀周牵头草拟业务评审专业化改革方案，向深化改革要生产力。历经8个多月时间、20余次汇报评估与补充完善，最终公司分设独立的业务评审部，进入按行业板块分工的专业化评审时代。2019年，在何怀周的带领下，各评审通道主动出击，推动各业务板块评审工作的优化升级，成效明显。

## 价值提升，解决问题“见真章”

何怀周深谙，风控部门的根本价值应体现在为业务可行性提供解决方案、帮助业务部门成长发展之中。2017年，广州部成立时只有两人，业务经验不足，第一个申报的项目融资仅1亿元，还是当地的小开发商，更挑战“三旧改造”的复杂政策。这样的综合条件，被否掉并不意外，但何怀周带领团队深度参与，促成了该项目落地，实现了800万元年收入的高性价比。在风控部门的支持下，广州部先后实现过单个项目收入超亿元、单个客户放款近百亿元等可喜成绩，成为公司成长较快的京外部门之一。

“全心全意服务”是何怀周的职业信条。一次，中信某企业的员工持股方案提交到集团协同会上商议，何怀周作为中信信托代表参会。原本中信信托在该项目中担当通道角色，仅需按照资金方管理人指令行事，但何怀周急人之所急，在讨论遇到关键难题时，提出了以股权标的企业信用转换为基础的评级攻关方案。会后，令他没想到的是，企业和资金方管理人经过短暂协商，又请他帮忙联系评级公司沟通实操性，他欣然接下任务。最终，该项目成功落地。经此案例，该企业对中信信托人的专业能力和极致精神十分认可，从通道业务客户发展为信托产品投资人。

中信信托领导“始终冲在一线，在听得到炮声的地方指挥战斗，出现风险一起想办法化解”的精神，一直激励着何怀周，因此他在风险项目上同样迎难而上、听从指挥、决不推诿，并积极落实公司“风险预警管理机制”，总结应对风险的实操经验及时分享给业务部门。

## 砥砺前行，走好风控“平衡木”

近年来，何怀周经手的项目数以千计，基本没有出现新增不良。作为一名勤恳的风险“清道夫”，他每天任务饱满，自诩为“五官锻炼最丰富的人之一”：“瞪眼”，翻阅大量项目材料；“竖耳”，全天候接收业务部门各种答疑和流程催进；“多说”，业务沟通论证孜孜不倦；“久坐”，长时间会议如同接力赛；“变脸”，在价值与风险的平衡之间反复切换。何怀周白天工作十余小时，晚上经常还要“扫蚂蚁”——完成大量的公文会签和微信答疑。2016年7月，何怀周的父亲尿毒症急性心衰住院治疗，他白天上班、晚上陪护，又赶上部门减员、工作量成倍增加，他硬是咬牙坚持了下来，工作丝毫没有受到影响。

在何怀周看来，工作加班加点、克服家庭与生活困难都不算什么，最大的烦恼，来自业务部门的“吐槽”。2018 年底，公司别开生面召开了一次“吐槽大会”，业务部门对评审效率、风控规则有些不满，个别部门还存在误解。身为业务评审部的负责人，何怀周既憋屈又攒着劲。分辩是不能解决根本问题的，还得靠实力和规则说话。会后，他组织内部剖析会，分析原因、提出对策，出台了《关于进一步保障和提升业务评审效率的若干措施》，并抓住“立项”和“评审会意见签出”两个牛鼻子眼，做出“接到申请当周立项、评审会后五个工作日签出”两项承诺；对内推行审查人周例会制度、评审质效管理一页通、按周统计发布各主审团队受理和推进工作情况等一系列举措，保障风控尺度总体一致。在 2018 年度公司考核评优中，业务评审部获得“最佳服务奖”，殊为不易。

## 不忘初心，带队育人弘扬“正能量”

何怀周的投入、担当和优秀，为他个人和部门赢得了多项荣誉，也感染和带动了部门员工的整体风貌。他制定了业务评审基础工作“八项军规”，释疑解惑、提供指引；他和员工开展晨训，明确任务、振奋精神；他认真修改并指导员工审查意见，重视逻辑、强调严谨。何怀周坚信，“工作中的以身作则和师徒般的长期帮助，是比上下级关系更长远和深刻的带人之道”。

作为党支部书记，何怀周将党建作为巩固队伍战斗力的重要抓手。为解决工作中边界不清、容易搁置的实际问题，何怀周在支部创新设立“共产党员流动服务岗”，提倡党员同志在部门分工、岗位责任、奖惩机制之外，发挥主动服务的精神，得到公司党委认可并在中后台部门推广。2017年7月，中组部“两学一做”学习教育督导组来中信集团调研，旁听何怀周所在党支部党课，何怀周以“坚定共产党员理想信念的核心是要‘旗帜鲜明’”为题讲授党课，带队领导称赞“充分体现了对党的赤胆忠心和坚定信念，也体现了对中信事业的执着追求和无限热爱”。在何怀周的带领下，所在党支部连续两年被评为中信信托“先进党支部”，支部党员更成为部门工作中攻坚克难的主力。

何怀周感言："在中信这个优秀的平台上，每一份认真的付出都会得到尊重和激励，中信的光荣历史和使命担当，也是所有中信人传承心底、相互激励的情怀。这份情怀一直激励着我，始终坚持一颗公心，为公司的风险防控工作做出自己应有的贡献。"

## 解　宁

# 信托业务合规的护航员

解宁，男，锡伯族，中共党员，1977 年 1 月出生，中信信托合规管理部总经理。面对 2013 年某项目委托人不当集资引发的近千名投资人聚集情况，他带领团队精心稳妥处置，通宵达旦对近千份证明材料逐笔甄别，避免了资金分配中的次生风险。2014 年在处置某项目兑付风险中，他创新性提出公开拍卖违约债权，迫使次级投资人主动履约的方案，促进了贷款的快速清收，该案被誉为行业“教科书式”的经典案例。2015 年在处置某大型股权投资项目风险中，他顶住压力开展工作，为十几亿元的投资款回收奠定坚实的法律基础。

解宁2010年加入中信信托合规管理部，2016年5月以来担任部门负责人。他怀抱一片初心，积极践行公司发展战略，通过前瞻性政策研判，为公司经营发展出谋划策；他坚持一颗恒心，九年如一日辛勤耕耘，与上级监管和业务部门良性互动，赢得理解和支持；他守护一份专心，以高质高效的审查提供专业化服务，多次参与项目风险化解，为公司持续稳健发展保驾护航。

## 有一种相遇，是“一见钟情、天长地久”

2010年，跨行转入信托行业的解宁，一进公司就展现出快速适应的能力、吃苦耐劳的精神和全情投入的状态。入职不到8个月，除事务管理类业务审查、综合性合规管理工作外，他直接经办审查的主动管理业务就多达82笔，规模近500亿元，占当时整个公司管理资产规模的1/6。他的辛勤付出，得到了公司领导的肯定。2011年除夕夜，分管公司领导的新年祝福短信，让他颇感意外和高兴：“小解，你和我，你和中信，是一见钟情；祝福一个好的开始，为的是天长地久。”

“一见钟情、天长地久”的祝福与期待，更坚定了解宁继续“撸起袖子加油干”的信心。为了给公司近40个业务部门提供优质的合规服务，他经常审批修改报文到深夜、不分时空研讨项目；为工作耽误吃饭是常事，他更难得在家吃上一顿晚饭；因为忙碌，他连续7年没有休过年假。如此高强度的工作状态，他一坚持就是9年。他说：“相比公司领导和其他同事们，我这点付出不算什么，能为公司做点事儿，就感到踏实、开心。”

2014年，公司安排他参加第二期赴欧学习培训。临行前，部门接到一项紧急任务，他毫不犹豫就选择留下来与同事一起完成工作。错过了出国培训，他很淡然，“出国学习的机会很难得，但为公司排忧解难更重要”。

## 有一种专业，是“练好基本功、打好组合拳”

信托业务灵活、复杂，行业监管规则多样，实践中跨行业、跨领域、跨监管的交叉金融业务屡见不鲜。因此，做好合规工作不仅要练好“基本功”，还要打好“组合拳”。

为练好“基本功”，解宁保持了一颗好学的心。金融监管各项规章如数家珍，新法新规发布后，总是第一时间带领部门员工领会吃透；工作记事本上，密密麻麻记载着各种监管要求、业务需求和解决方案；外出参加会议，不忘把材料带回来与同事分享。要打好“组合拳”，他认为，合规和法律风险应做统一考量，拟订法律文件要注重个性化和操作性，对合规和法律问题的认识要多听听别人的看法。凭借扎实的“基本功”和“组合拳”运用能力，他努力化解了一系列疑难杂症。

2015 年，某股权投资项目发生逾期风险。该项目是采用股权投资的夹层信托投资业务，结构异常复杂，交易主体多达 10 个，仅抵押合同就有 80 多份。更不容乐观的是，因条件发生变化，导致公司主张回购缺乏合同依据。面对风险暴露，公司领导要求立即着手处置，月底前完成法院立案。眼看只剩下 10 天的准备时间，外聘法律顾问给出了申请司法强制执行的方案。在认真考量项目现状后，解宁认为直接进入执行程序可靠性不足，他提出了另一套方案。然而，外聘法律顾问并不赞同，双方相持不下，形成僵局。该项目本金高达12.5亿元，试错成本极高，容不得半点闪失，而立案截止期迫在眉睫。解宁再三考量，顶住压力，决定召集一个由更广泛外部专家参加的论证会，为争取最优处置方案做最后努力。三天后，经过多方论证和激烈讨论，公司最终认可了解宁提出的处置方案。该方案在后来的司法程序中获得了法院的全面支持，并为后续资产重组、完成清收夯实了法律基础。

## 有一种踏实，是“做到极致、问心无愧”

“做到极致”是中信信托企业文化的精髓。解宁经常感慨，“中信信托的综合实力在行业内连续十多年保持领先，我们的合规工作必须配得上这块‘金字招牌’，只能越做越好”。

2013年，某单一自然人信托项目发生风险。更让人头疼的是，委托人恶意隐瞒了信托资金非法汇集自近千名退休职工的事实。在得知项目违约后，几百名老年人多次到公司聚集，给公司声誉造成严重影响。解宁与同事们彻夜研究债务重组方案，先从资产端源头解决资金回收问题。在艰难收回贷款后，分配给谁又是一大难题，而分配时限只有两天不到！解宁和同事们通宵达旦，逐笔甄别各种证明材料，最终毫无偏差地完成了全部出资人身份认定，杜绝了次生风险发生。

2014年，因交易对手失信，某项目发生兑付风险，公司决定严格按照“卖者有责、买者自负”原则处置，并将风险化解策略定位为“公开、透明”，全程接受监督。在仔细分析业务背景、法律文件后，解宁和同事们深入研究各种化解方案。起草文件、现场谈判、信息披露、执行查封、债权处置、重组方案制订……每个环节都有他的身影，因为他不允许风险化解工作出现任何纰漏或闪失。司法处置清收过程漫长，如何更主动、快速地清收成了他的“心病”。那段时间，他上班思考、回家琢磨，甚至做梦都在比较方案的优劣。通过深入了解次级投资人身份和心态，他想到，何不公开折价拍卖债权？这一想法很快得到了公司领导的认可。拍卖公告发出后，次级投资人迅速表态希望终止拍卖，同意参与债权重组，项目处置出现重大转机。该项目风险处置开了行业公开拍卖违约债权迫使次级投资人履约的先河，财经媒体对公司的风险化解能力以及全过程的公开性、透明性、规范性都给予了高度评价，称赞该案为行业“教科书式”的经典案例。

## 有一种情怀，是“挚爱中信、薪火传承”

为什么当年选择来中信？中信是中国改革开放的窗口，是独树一帜的央企先锋，他喜欢并愿意在这样有活力、有生命力的企业里工作。“知遇图报，中信选择了我，我就应努力工作，为公司发展贡献力量。”解宁如是说。

解宁认为，做事不能靠个人，得靠团队。作为部门负责人，他把培养一支高素质、专业化、梯队型团队作为己任。新员工入职后，虽然有小组长帮带，但解宁还是会抽出时间，与他们直接交流，通过手把手带，帮助新人建立符合部门标准的工作习惯。

解宁对工作要求的严格令人印象深刻，他经常对部门同事说：“我们是搞合规工作的，如果我们自己的工作都不严谨规范，怎么好意思去要求别人做好呢？”解宁以“做事要用心，有多少心就能办多少事”为座右铭，也时常与同事互勉。

在他以身作则、悉心培育下，合规管理部的工作得到了公司上下一致认可。连续3年，部门在“最佳服务部门”评选中位列前茅，他和部门多名员工也收获了“优秀管理者”“最佳评审团队”“服务明星”“优秀党务工作者”等多个奖励。

| 王　宁

## 服务实体经济的金融先锋

王宁，女，汉族，中共党员，1979 年 2 月出生，中信信托业务总监兼投资银行一部总经理。任职以来，带领团队在股权信托、艺术品投资信托、股票质押融资项目、房地产投资基金等业务领域成就多个中信信托“第一单”，扶助多家民营企业走向公开资本市场。2015 年在部门拆分情况下，带领大多由新人组成的团队创新进取，使投行一部收入保持在公司前列，近三年为公司累计创收超过 11 亿元。特别是 2017 年，在全球最大铝产品制造商中国宏桥被恶意做空情况下，带领团队迅速开展“救火”工作，历经两个多月艰苦鏖战，拿出入股中国宏桥方案，推动中国宏桥正式复牌、解除危机，该投资项目每年为公司带来 2 亿元以上的投资收益。

2017年底，魏桥创业集团张士平老先生在回顾年度工作时，忽然起身说道："我提议，全体起立，让我们以热烈的掌声，对中信集团、中信信托、中信银行给予我们的大力支持，表示衷心的感谢！"掌声如潮水般涌来，坐在第一排的王宁热泪盈眶。

在王宁的职业生涯中，被客户感谢已经不是第一次了。19年来，她始终不忘初心，坚持利他在前，以客户需求为中心，践行金融服务实体经济使命；19年来，她学习在中信、成长在中信，从初出茅庐的大学生成长为提供综合金融服务的专家；19年来，她将青春与热血奉献给信托，也见证和参与了中信信托的发展和壮大。

她与中信共芳华。

## 不可能完成的任务

2017年初，魏桥创业集团下属企业、全球最大的铝产品制造商中国宏桥遭遇国际竞争对手的狙击，诽谤新闻、恶意做空股票、要求第三方独立核查、拖延年度审计等“组合拳”迎面袭来，魏桥上市公司被迫停牌，后续将引发债务违约等连锁反应，形势十分不利。

王宁在得知这一消息之后，迅速组织团队与企业高管连夜协商对策并快速形成建议方案，第一时间去找公司领导汇报。领导的回答简单干脆：“支持民族工业是我们国企的职责所在，你们放手去做！”

随后，王宁带领团队迅速推进合作方案，开始与时间赛跑，去挑战这个不可能完成的任务。在集团领导和各部门的大力支持下，王宁做了大量基础工作，并与集团内银行、证券、戴卡和建设等多家公司协同，有针对性地一一破解难题。

这个过程中经历的沟沟坎坎，王宁自己也数不清了。仅找环保机构这一件事，就费尽周折。因为大众普遍认为铝行业是高污染、高耗能产业，王宁找了多家机构，屡遭拒绝，好不容易找到江苏一家机构，勉强接下“这个烫手的山芋”。两周后，对方反馈：“没想到这家企业对环保这样重视，比想象中好太多！”

历经两个多月鏖战，全面尽调报告出炉，结果显示中国宏桥经营情况稳定，盈利水平优异。王宁顶住各方面压力，拿出了入股中国宏桥的方案，得到了集团和公司领导的认可。8 月 15 日，作为香港山东周的重要献礼，在集团和山东省领导的见证下，中信信托与中国宏桥签订战略入股合作协议。10 月 30 日，中国宏桥正式复牌，外界质疑全部澄清，一举粉碎了做空机构的恶意诽谤。

## 停不下来的挑战

2001 年 7 月，刚刚走出大学校门的王宁，满心期许地来到了京城大厦，就连她自己也没想到，在中信一待就是 19 年，连身边的朋友都好奇地问道：“京城大厦有什么魔力吗？”

在王宁看来，这种“魔力”源自认同。中信信托一向秉持简单、务实、敞亮的文化，大家相互之间没有那么多钩心斗角，只有一个共同的目标，那就是“干事”。

2005年，公司在业务上进行战略调整，并在内部推行“举手制”，成立了综合金融服务小组（投资银行一部的前身），王宁有幸成为其中的一员，开启了一段激情燃烧的岁月。

由于部门客户来自各行各业，王宁需要不断提升专业能力、丰富知识结构，来搭建与客户之间顺畅沟通的桥梁，应对解决复杂、非常规的需求难题。2009年，王宁报考了特许金融分析师（CFA），那是一段全年无休的“痛苦”时光。工作日白天上班、晚上做题，周末还要去上培训班；出差间隙，在飞机上、出租车上、酒店里，抓住一切时间学习。

这几年的勤学不辍，练就了王宁工作中的“十八般武艺”。同时，在公司“智慧叠加、持续创新”的氛围下，王宁和部门同事一起成就了多个中信信托的“第一单”：第一单股权信托业务、第一单艺术品投资信托、第一单股票质押融资项目、第一单阳光私募投资项目、第一单房地产投资基金……

“为了服务好客户，我必须不断学习，不断挑战自己！每天都有新鲜感，不断释放激情，让我停不下来。”王宁说。

十几年如一日的高强度工作和精神压力，对身体健康显然是不利的。2014 年春天，王宁被诊断为甲亢，医生和周围的朋友都纷纷劝说“这个病就是累的”，“你必须换一个轻松一点的工作”……经过一段时间的治疗和疏导，王宁想通了，也释然了。如何平衡好工作和家庭、效率和身体，本就是一个人人要面对和解决的课题。而工作带给她的满足感、成就感，反而是支撑她恢复健康的最大原动力！

## “这面大旗，你扛得住吗？”

2015 年，王宁所在的投资银行一部被一拆为三，由王宁率领剩余的几个年轻人驻守大本营。“投行一部从成立至今，业绩收入一直排名前三，这面大旗，你扛得住吗？”面对投行一部老领导的期许，王宁深感责任重大。

现实异常严峻和艰辛。在金融供给侧结构性改革的大潮下，王宁遇到了种种困难，尤其是要带领平均工作经验不满 3 年的年轻队伍，王宁必须一面往前冲，一面还要手把手地带。她变得更加忙碌，脑子里只有项目的时间表，没有周末和节假日，一度被朋友和家人称为“007”。

有一年在杭州，为一家民企紧急融资，考虑到第二天必须要签约，但是一些关键风控条件还没有落实，无奈之下，只好把老板请来一起商议，最后终于说服老板同意了公司的方案，当时已是凌晨 3 点多。第二天顺利签约后，这家企业一个高管告诉王宁，他们的老板在跟王宁团队开完会后，在办公楼的路灯下，组织高管开了一个临时会议，颇为感慨地说：“你们看看人家中信信托的员工，为了我们的项目尚且勤奋如此，我们为自己赚钱还有什么理由懒惰?！”

王宁要面对的，不仅仅是体力的辛苦与智力的考验，更有人性、党性的考验。有一次，一位民企老板为了拖延还贷款而在王宁面前老泪纵横，见王宁不答应，拿出一大包现金递到她面前，王宁推开了，晓之以理动之以情，并努力帮他寻找合理合法的解决办法，最终让这位民企老板心服口服。

因为急客户之所急、想客户之所想，王宁的客户黏性极高。一次，朋友介绍了一家急需融资的企业，王宁当天晚上就带着团队和律师去见客户，一直忙到凌晨。但是因为企业要做的项目有个较大的隐患，王宁觉得哪怕最后融资业务泡汤，也要提醒客户，而在场民营企业的高管没有一个人敢拨通电话。王宁见状，虽有几分犹豫，但还是拿起电话，给民企老板打了过去，把风险和忧虑一一讲明。这位老板听完，十分感动："感谢你们能站在我们客户的角度考虑问题！"

这些年，有一些民企老板向王宁抛出"橄榄枝"，高薪邀请王宁去公司任职，都被王宁一一回绝了。

王宁说："能够进入中信信托这样好的平台，从一棵小草成长为大树，是公司给了我滋养，这种认同感和归属感已经融入我的血液当中。"

因为感恩，所以传承。在部门管理上，王宁就像做业务一样，认真对待、悉心关怀团队里的每个成员。在她看来，部门就是公司的小家庭、员工的港湾，给予员工正能量的氛围，员工才能团结一致打硬仗、打胜仗。在团队成员的共同努力下，王宁兑现了对老领导的承诺，她接手部门以来，投行一部保持部门收入排在公司前列，近三年为公司累计创收超过11亿元，且多次获得公司年度项目最高利润奖、协同奖、成本控制奖和最佳业绩奖等多个奖项。

## | 冯彦庆

# 勇担重任的“救火队长”

冯彦庆，男，汉族，中共党员，1970 年 4 月出生，中信信托业务总监兼中信旅游党委书记、总经理。作为 IT 专家人才被引入中信信托，参与企业年金管理系统建设，起草《企业年金基金账户管理信息系统规范》，创新性地将企业年金账户管理理念与信托业务管理相结合，推动信托业务管理规范化。转岗前台业务部后，完善“打新股”产品设计，推动单次资金归集规模增加，曾一度达到千亿元级，高效完成客户的业务需求，2010 年新增二级市场投资信托规模 185 亿元。2016 年任中信旅游党委书记、总经理后，大胆创新改革，改善内外部经营环境，带领公司摆脱财务困境，净负债率由 360% 降至 30%，业绩扭亏为盈，达近 5 年最好水平。

来中信十多年了，冯彦庆一直是简单干练的平头，戴着一副黑框眼镜，一身深色西装，说话慢条斯理。看他这身打扮，很难想到他是一名金融从业者。然而，在他身上，还有许多让人想不到的事情……

## 厚积薄发的前中后台“三栖明星”

2002年，冯彦庆作为IT专家人才被引入中信信托。当时，中信信托代表中信集团，承接了社会保障部下达的企业年金管理系统建设和业务推广的任务。冯彦庆和同事们一头扎进系统的建设当中，经常和外方团队研究测试系统到深夜，通过系统反推业务，他从中学习到了信托业务知识。冯彦庆参与起草的《企业年金基金账户管理信息系统规范》，仍是国内该领域的重要规范性文件。

2005年，冯彦庆转岗到信托管理部，担任部门负责人。他创新登记托管工作，将IT经验及企业年金账户管理理念与信托业务管理相结合，极大地促进了部门管理业务的发展。其间，他配合资产管理部发行了国内第一单投资债券类集合信托。

2007年，随着业务发展，资产管理部需要打造全链条的人员队伍，冯彦庆被调整到该部门。当时，部门的主流业务是“打新股”，他转岗后就快速投入到银信合作当中，凭借之前的工作经验，他完善了登记权益系统，并且把银行理财客户的权益登记放在了中信信托，把握住了该业务的关键环节。在产品设计上不断摸索，迭代升级，从“每月打”到“每周打”，再到“支支打”，通过银行代销系统与信托登记系统的无缝对接，持续提高了资金的运用效率，受到市场的高度认可，单次资金归集规模曾一度达到千亿元级。

冯彦庆感叹道：“中信信托的企业文化，尤其是灵活的选人用人机制，给了我干事创业的动力，也提供给我转型发展的机会和平台。”

## 成功渡过第一次“创业”难关

2010年，冯彦庆遇上了来到中信后事业上的第一次“大考”，部门原总经理离职，部门被分拆，骨干员工大量流失。公司领导决定，让冯彦庆挑这个担子试一试。为了证明自己“肩膀够硬”，他铆足了干劲拓展业务。短短几个月，他就飞出了国航的金卡。

那一年，冯彦庆带领团队，主攻业内火爆的结构化产品开发。由于此类产品处于起步阶段，加之人手少、新手多，冯彦庆亲自上阵、马不停蹄，一次次地去给客户经理做培训，一个个地去见投资者……那一年，由于精神压力大、过度劳累，他右眼中心性视网膜病变，有大半年的时间看东西是曲状的，好不容易才治好。刚恢复那段时间，冯彦庆半开玩笑地跟同事说：“我眼里的京城大厦终于变直了！”

凭借之前合作伙伴的推荐，冯彦庆与民生银行开展合作，有几项业务合在一起需要在短短的两周之内落地，冯彦庆带领团队完成了这项不可能完成的任务，获得了交易对手的称赞和信任，也借此赢来了更多的业务机会，当年新增二级市场投资信托规模 185 亿元，成为部门最大的利润来源。他带领团队成功顶过了最难熬的那一年。

经过几年的市场深耕，冯彦庆带领团队一路“高歌猛进”，从 2011 年到 2015 年，他带领的部门业绩优秀，连续 5 年在公司位列前五名。2012 年冯彦庆团队获得全国金融五一劳动奖，2018 年冯彦庆被授予中信信托“杰出贡献奖”（2002 年至 2017 年）。

## 死磕到底的“拼命三郎”

冯彦庆平时话不多，但他身上总有一股子蛮劲，可以说是公司“做到极致”工作作风的“代言人”。

冯彦庆有一处“工伤”在胃上，因为他经常紧张密集出差、熬夜、饮食不规律。2012 年，在一场会议上，当天没怎么吃饭的冯彦庆感到身体阵阵不适，胃里跟“着火”了一般，身上不停冒虚汗，脸色发青。公司领导见状，让他赶紧去医院检查身体。走出会议室，冯彦庆给妻子打了个电话，让她过来送他去医院，他挂了电话就“瘫”在了会议室外的沙发上。医院检查结果是“胃黏膜脱落”。很长时间里，他的食谱里只有稀粥加青菜，晚上胃里疼痛到难以入睡。病成这样，他也没有休息几天，还是照常上班，经常出差。

做金融的都知道，处理风险项目十分“熬人”。有一个风险项目处置让冯彦庆记忆犹深。

2016年，由于交易对手存在失信风险，合作的二十多家金融机构全部切断了贷款，某项目出现流动性风险。在“车轮战”似的谈判后，冯彦庆团队终于与交易对手达成了部分还款的协议！正当在机场打印好登机牌准备回家的时候，他接到同事电话：“对方要改方案！”眼见多日的努力要打水漂，他立即取消了回京的航班，继续与对方彻夜长谈。

经过不断努力，冯彦庆团队帮助交易对手解决了久拖未决的债权，偿还了信托项目部分借款，并对剩余借款进行了重组，由当地一家企业接盘。至此，该项目结束，原债权彻底了结。这招可谓“一举两得”，既成功化解了风险，又拓展了新的客户。

## 临危受命担任“救火队长”

2016 年，深陷经营困境的中信旅游由中信信托托管。那时，中信旅游业务市场萎缩、经营业绩亏损、现金流枯竭，公司已近破产边缘。在这种情况下，冯彦庆接下了中信旅游党委书记、总经理的“担子”，开始了他在中信的“第二次创业”。冯彦庆上任后，接连放出三个大招“灭火”。

“第一招”是清理历史遗留问题。在对历史遗留问题进行全面系统的摸底后，他拿出了壮士断腕的决心和勇气，坚决处理掉不符合中信旅游经营理念的“瓶瓶罐罐”，彻底改善“摊大饼”的经营局面，集中资源做好主营优势业务。他通过打出成功处置“世界大观”债权、重新梳理组织人事架构、建立优胜劣汰机制、对亏损子公司清理退出等“组合拳”，改善内外部环境。

“第二招”是强化自身造血能力。他凭借自己多年的信托从业经验，通过加强内部协调、对应收款进行梳理与核销、加强资金日报和资金监管、健全财务信息化管理等举措，多管齐下让企业摆脱财务困境，净负债率由托管时的 360% 降至 30%。

“第三招”是调整发展思路。他带头提出了“互联网 + 旅游 + 金融”的发展战略，积极探索产融结合的新模式，探索经营全域旅游、互联网服务和研学旅行三个新业务板块，并通过加强党委领导、落实“三重一大”决策制度、引入新的业务系统等，有效提升了业务管理水平和能力，增强了风险管控能力。

在冯彦庆一系列大刀阔斧的改革举措下，中信旅游扭亏为盈，实现了传统业务创收的近 5 年最好水平。

“火势控制住了，但是重建的任务还很重。希望中信旅游能够把握住新时代人民追求美好生活的新机遇，植根中信沃土，摸索出一条健康发展之路。”冯彦庆如是说。

## | 张　力

# 兢兢业业的“险”峰攀登者

张力，男，汉族，中共党员，1978 年 3 月出生，中信保诚人寿广东省分公司原副总经理、佛山中心支公司原总经理。带领团队挖掘业务增长点，力创发展效益，实现业务平台和保费利润突破。2015 年至 2018 年，连续三年保费规模在系统内排名第一。以三大渠道结构转型为主线，抓住机遇成立高净值项目组，深耕品牌宣传和品质服务，2018 年创收千万大单，营销渠道高净值产品保费累计突破 1600 万元。公司荣获 2018 年全国工人先锋号，个人荣获 2016 年全国金融系统第四届“双提升”活动全国金融青年服务明星、和讯网 2015 年度保险经理人“百强保险经理人”奖。

2018 年 5 月，中信保诚人寿佛山中心支公司被全国总工会授予“工人先锋号”的称号，张力在人民大会堂接受表彰。他既兴奋激动，又感慨万千。回想六年前，佛山中心支公司还只是一家名不见经传的小机构，新单保费平台只有 3000 多万，如今已增长到 2 亿，核心续保率指标保单首年持续率也达到 98%，在系统内乃至行业内都位居前列。此时的他真正体会到，创业就如攀登一样，唯有不断超越，才能登上高峰。

## 以坚韧为翼，飞越市场的“极地”

2012 年保险市场遭遇寒冬，整体发展陷入瓶颈。当时的佛山中心支公司更是内外交困、百废待兴，这让刚接管它的张力感到阵阵刺骨严寒，仿佛置身极地一般。上任伊始，在张力组织召开的第一次业发渠道会上，公司下辖的六个营销服务部负责人只有一位到场，其他五位或请病假或干脆空岗。每当回忆起这一情景，张力仍心有戚戚。在如此艰难的情况下，张力没有打“退堂鼓”，反而激起了骨子里那股不服输的劲儿。他暗下决心，一定要干出点名堂来。

摆在张力面前的第一道难题是人心不稳问题。面对市场的极寒，基层很多营销员都对行业前景信心不足，团队中人心惶惶。张力上任后把主要精力放在基层调研上，不是在基层，就是在去基层的路上，每天和一线同事交心谈心、深入探讨，孜孜不倦地做市场调研，寻业务方向，谋发展之路，鼓励团队成员“寒冬始终会过去，春天一定会到来”。凭借独到的业务战略眼光和快速的市场应变能力，张力和同事们很快就绘制了公司发展新蓝图，使大家重新看到了希望。在此过程中，他坚定的信念和务实的作风也深深鼓舞和激励了基层员工，军心迅速稳定下来。

稳定团队只是开始，如何真正激发出大家工作的热情更为重要。张力带领公司员工积极迎变、持续探索，充分发挥创业主人翁精神，摸索出了很多务实管用的办法。比如对于内勤员工，通过开展“青年岗位能手”竞赛、业务竞赛、团队拓展等一系列活动，职工的积极性、主动性和创造性大为提升。而对于外勤团队，他也积极倡导荣誉文化，通过召开大型表彰会、荣誉会，强化了团队的荣誉感和凝聚力。

在张力和他的团队持之以恒的努力下，佛山中心支公司新单保费平台2015年突破9000万元，超额实现“三年翻番”，2017年又达到1.95亿元，提前实现“两年翻番”；利润保费也从2012年的2000万元增长到2017年的6000万元，实现了业绩和效益的全面腾飞。2018年佛山营销渠道遭遇回调，张力迎难而上、调整策略，在稳住主渠道的同时，大力拓展其他渠道，团险渠道新单保费规模及内涵价值利润均取得双位数增长，增长率位居全省大型机构首位，为全年经营目标的实现打下了坚实基础。

## 以果敢为舟，跨越竞争的“红海”

随着行业的快速发展，新的保险机构逐步增多，同业竞争越发白热化，已从“蓝海”变为“红海”。各大保险公司为增强营销战斗力，想尽千方百计壮大队伍规模，开拓业务渠道，这给佛山中心支公司带来很大挑战。张力在广分公司“打造最佳人才创业基地”的理念指引下，主动出击、迅速行动，借助佛山地区优势主导青年人才战术，打造公司首家专属年轻人的创业孵化基地“YOUNG”空间，在当地招募高素质、有担当的年轻人，并大胆启用年轻人担当管理骨干，在迅速扩大营销员队伍规模的同时，进一步优化了人才结构，为公司业务发展提供了有效的人力保障。这一模式也在广分公司得到全面推广，取得良好成效。

激烈的竞争之下，许多机会稍纵即逝。如果缺乏敢为人先、敢想敢干的闯劲，很多时候就难以突破发展瓶颈。“敢想敢行动，敢于创未来”正是张力一直倡导的创业精神和工作理念。2014 年总公司推出“传家”高净值品牌项目，张力敏锐地意识到这很有可能是未来业务发展的一个重要突破口，于是第一时间成立了高净值项目组，把开拓和经营高净值项目作为长期业务增长战略目标，在品牌宣传和服务品质上不断深耕。皇天不负苦心人，2018 年公司营销渠道高净值产品保费累计突破 1600 万元。

随着近年来监管环境越来越严，各家保险公司的银保业务发展普遍陷入僵局。在2017年参加市政府会议期间，张力很偶然地同南海农商行的相关负责人并排而坐。借此机缘巧合，自此“聊”开了银保业务合作发展之路。会后张力带领银保团队果断出击、趁热打铁，在半年的时间里与南海农商行多次接洽，反复梳理准入流程，最终敲开了这家当地最大地方银行的大门，为公司银保渠道打开了崭新局面。2018年公司银保渠道首张千万元大单，就诞生在南海农商行，这也让张力和他的团队倍感振奋。

## 以勤勉为径，翻越行业的“险峰”

张力投身保险行业16年，出身军人家庭的他始终严于律己，把勤勉工作、恪尽职守作为立身之本。2017年末，常年高强度工作使张力出现心脏不适，不得不入院做手术，安装心脏起搏器。这个时候正值公司“开门红”业务的紧张备战阶段，张力满脑子忧心的都是公司业务的发展，在手术后仅休息了一天就嘱咐同事把他的工作文件带到医院以便办公。当同事们前往医院探望时，他第一句问的就是业务情况。大家劝他多休息，但他话里话外还是离不了工作。整个探望期间，他基本上都在和管理团队商讨谋划发展策略，确保“开门红”旗开得胜，病房俨然变成了他的第二个办公室。住院第三天，连医生都深深记住了这个特殊的“病人”，因为他经常不按医嘱休息，总是在不停地看文件、写方案。这段“医院备战开门红”的故事后来在同事间广为传颂，而这只是张力日常工作的一个缩影。

保险是一个知识密集型行业，张力在工作之余一直保持勤学态度，先后考取LOMA寿险管理师和理财规划师（ChFP）。2018年他通过研究生全国统考，开始攻读工商管理硕士。同时，他积极参加公司各类党政、管理培训项目，如饥似渴地汲取知识的养分，并将学习思考融入日常工作，将业务发展与行业前沿接轨，这也为打造具有思考力、发展力、创造力的团队起到了良好的示范作用。经过长年累月的实践锻炼，张力处变不惊、反应敏捷的个人特质充分体现到业务发展中，赢得同事们的由衷钦佩。“优秀经理人”“百强保险经理人”“全国金融青年服务明星”等一项项荣誉是他砥砺前行的注脚。在他的带领下，佛山中心支公司 2018 年原始保费规模突破 6.8 亿元，成功跻身佛山寿险公司前十。

在张力的微信朋友圈中，有一张他在一次登上山顶后竖起大拇指的照片。或许对于攀登者而言，登顶的意义不在于又征服了一座高山，而在于再一次超越了自己。

## 官利伟

# 精于协同的保险人

官利伟，男，汉族，中共党员，1974年10月出生，中信保诚人寿河南省分公司总经理。带领公司开拓合作渠道，完善风险合规系统，实现跨越式发展。公司2016年至2018年新单标准保费分别为8041万元、1.88亿元、3.18亿元，新单标准保费、新单利润增长率均位列系统第一。提出“主动协同、激发效能”管理理念，带领分公司打造以关键点管控为核心的管理模型，搭建“事前评审，事中监测，事后检视”的合规体系，成功解决前、后线，业务发展与风控之间的关系，实现行业协会现场检查零问题。荣获2013年“全国金融青年岗位能手”、和讯网“中国2017年度杰出保险经理人奖”。

官利伟2008年加入中信保诚人寿，现任河南省分公司党支部书记、总经理。12年来，他秉持一个共产党人不忘初心、坚韧不拔的品格，立足中信沃土，躬耕保险事业，带领党员、职工持续推进党建上水平、经营创佳绩，充分展现了新时代一名基层党员干部的动人风采。

## 深耕市场、协同合作，实现业务跨越发展

河南作为人口大省、经济大省，历来都是各家保险公司的必争之地，竞争十分激烈。作为河南省分公司负责人，如何带领分公司在中原大地上开拓创新，如何运用保险金融工具服务好实体经济，成为摆在官利伟面前的一道道难题。

河南省17个地级市，数量位列全国第三。官利伟每个月都奔波于各个地市，往返于开拓渠道、开发客户的途中，始终奋战在业务一线。他本着“深耕一个行业、一个地区”的原则，坚持“对区域市场研究透、多种渠道同步推进、合作开发协同共赢”的思路，不断开拓寿险市场。为了开拓合作渠道，在银行合作的保险公司数量有规定限制的情况下，他拜访了几乎所有的省分行，阐明合作优势和前景，多家银行被他的诚意和专业能力折服，中信保诚人寿由此成为它们重要的合作伙伴。为了开拓分支机构，在河南监管审批收紧的形势下，他成了监管机关的“常客”，反复展示公司区隔同业竞争的优势和专业度，获得了监管机关的肯定。

在官利伟的带领下，将士们拼质量、拼服务、拼信誉，在中原大地屡创佳绩。2016年达成新单标准保费8041万元，新单利润2667万元；2017年达成新单标准保费1.88亿元，同比增长134%，新单利润7586万元，同比增长184%；2018年达成新单标准保费3.18亿元，同比增长69%，新单利润1.31亿，同比增长73%，分公司新单标准保费、新单利润增长率均位列系统第一，营销、银保、团险新单标准保费、新单利润增长率六大核心指标均排名系统第一；分公司开业三年新单利润总量跃居系统第三。

## 勤奋敬业、奋勇拼搏，提升品牌内在价值

河南省分公司筹建伊始，面临众多挑战，系统的建设、人才队伍的培养以及客户关系的维护，每一项工作都需要从头开始，官利伟全程参与了这些工作。时间紧任务重，他披星戴月、不辞辛劳，白加黑、五加二成了他的习惯；为了挤出更多工作时间，他经常带领团队一天往返近千公里洽谈业务，有时把午饭也给“戒”了，晚上他办公室的灯经常最后一个才熄灭。在这些燃烧青春、共同奋斗的日子里，官利伟表现出强烈的责任感、使命感和勇于担当的精神，带领团队爆发出巨大的凝聚力和战斗力，也由此赢得了客户、员工、公司的广泛认可和持久信赖。

面对寿险市场的转型升级，如何提升核心竞争力，满足客户多元化需求？官利伟深思熟虑后，决定从行业特点出发，从分公司发展实际入手，提出“创建河南市场最有品质的寿险公司”的发展愿景。在他的主导下，“建设品质环境，推动品质业务，提供品质服务，共享品质人生”贯穿分公司经营，从 2016 年的“首问负责制”，到 2017 年的“主动协同”，再到

2018 年的“提升效能”，每一年分公司工作主题都紧随时代进步、社会职责和企业发展。

在品牌建设方面，官利伟带领分公司打造合规诚信品牌，拓宽媒体渠道，不断提升公司专业形象；积极投身地区热点文化建设与传播，将少林与太极作为两个重要支点，参与河南十大体育贡献人物颁奖典礼，成为联办机构、颁奖机构；积极参与公益活动，支持国内大型海峡两岸大学生交流活动，受到国台办高度重视并登上央视进行宣传；与当地政府部门、事业单位等进行多维度沟通与合作，带领分公司快速形成地区影响力和品牌竞争优势。

## 优化机制、严把关口，打造卓越战斗团队

随着公司业务和人力不断攀升、机构网点全面铺开，如何凝聚人才、培养人才成了官利伟最为关心的一项工作。

官利伟身先士卒，通过言传身教，坚持用“以事为本永远是以人为本的前提”“以奋斗者为本”的正能量公司文化引领同事。在人才引进方面，他推行“机制引才、制度用才、培训育才、发展成才”的人才战略，积极引进和打造思想境界高、大局观念强、业务能力佳的专业化团队。只要他在办公室，面试成了他必不可少的工作，短短三年时间仅内勤他就面试了 2500 多人次。为了充分与候选人沟通，对于核心岗位，面谈到凌晨三四点的情况时有发生。在人才培育方面，他带领分公司对内积极开展研讨、实践、总结，对外借鉴成功案例、汲取先进经验，打造了公司文化发展体系、员工训练辅导体系、干部培养提升体系，同时还在党员、职工中落实每天一小时、每月一本书、每季度集体交流一次心得体会的“三个一”学习要求，不断提升团队素质能力，为分公司长期发展奠定了坚实基础。

## 恪守原则、合规执纪，坚守公司发展底线

作为分公司党支部书记，官利伟对自己高标准、严要求，引导全体党

员“听党的话”“听监管部门的话”“听集团和总公司党委的话”。为强化监督管理，官利伟提出“主动协同、激发效能”的管理理念，带领分公司打造以关键点管控为核心的管理模型，形成了规范、简洁、高效、务实的工作秩序。

近年来，保险业风控管理形势趋严。官利伟不断完善工作制度和管理办法，强化业务分工，明确职责范围，将风控管理纳入岗位职责内容。在日常业务中，他更是亲力亲为把好风险关，分公司成立以来未发生过重大合规风险。他十分重视风控建设，在客服管理方面，以关键指标为引擎，以前后线协作为纽带，以运作时效为重点，以客户体验为核心，优化服务体系和质量，保单的15日送达率、保全时效、理赔报案率均系统排名第一。在合规管理方面，构建专兼职合规队伍体系、合规培训体系，建立合规普法体系、诚信体系，全面打造事前评审、事中监测风险、事后检视排查机制，取得明显成效，在保险协会现场检查中，未发现任何问题；在总公司的审计和合规检查中，均获得了充分肯定。

这些年，官利伟凭借坚定的理想信念、严谨的工作作风、出色的工作业绩以及强烈的事业心和责任感，得到了公司领导、同事及合作伙伴的高度认可，先后荣获中央金融团工委“全国金融青年岗位能手”、集团“新时代爱国奋斗中信先锋”、总公司“五星员工”、和讯网“中国2016年百强保险经理人奖”、和讯网“中国2017年度杰出保险经理人奖”、大河网“2018年度河南金融业杰出领军人物”等称号，在系统内起到了良好示范作用。

## 吴小王

# 高原高品质锂盐开发工作者

吴小王，男，汉族，1980 年 4 月出生，青海中信国安锂业生产副总监。2016 年，带领碳酸锂厂生产和技术团队加强攻关，在短短 5 个月时间内实现电池级碳酸锂的工艺突破，填补了国内盐湖企业生产电池级碳酸锂的空白，提升了青海省盐湖开发利用技术水平，创造了可观经济效益。先后参与国家省部级盐湖开发项目 12 项，获得发明专利 3 项，发表国内外科研文章 6 篇，获青海省科技进步三等奖 2 项、科研成果 7 项，其中国际先进 3 项、国内领先 3 项、国内先进 1 项。2011 年入选青海省人才建设小高地循环经济领域重点培养人才，2017 年入选青海省海西州“高端创新人才百人计划”拔尖人才，2018 年入选青海省“高端创新人才千人计划”拔尖人才。

2006 年，为贯彻实施西部大开发战略，青海中信国安公司建成国内首个万吨级工业碳酸锂项目。也是那一年，以盐湖先驱为榜样的吴小王离开校园，响应国家号召来到青海，满怀激情地投身盐湖开发事业，在这片寸草不生的高原戈壁滩一待就是 13 年。

## 勇挑重担，树“锂”品牌求发展

青海碳酸锂厂建成以来，生产的锂产品都只到工业级别，产品品质不高，市场销售不畅。尽管厂里的技术团队不断试验和探索，可还是和国内其他盐湖开发企业一样，无法实现锂产品从工业级到电池级的技术迭代。随着全球新能源行业的飞速发展，以中国锂电动汽车产业链为代表的需求端持续爆发，国内外锂资源产品进入供不应求阶段，电池级碳酸锂的市场价格更是从 3.5 万元 / 吨暴涨至 17.8 万元 / 吨。2016 年，公司决策必须牢牢抓住这一难得机遇，但技术问题成为摆在眼前的“拦路虎”。面对这道难关，时任副厂长的吴小王没有退缩，他主动请缨承担电池级碳酸锂的重大技术攻关任务。

西台吉乃尔盐湖地处青藏高原柴达木盆地的西北处，偏远荒凉，缺氧严重，生存环境非常恶劣，吴小王带领他的团队在这里没日没夜进行探索试验。在遭受一次又一次的失败后，面对多重压力，他没有逃避，更没有放弃，反而越挫越勇，在盐湖上一连三个多月没休息一天。每天工作时长超过 14 小时，吃住都在办公室和生产现场，经常加班到深夜，实在困得不行了就在办公桌上趴一会儿，然后继续全身心投入到工作中。长期高强度、高负荷的工作，使吴小王的身心承受了巨大的压力，也因此落下了失眠、心慌等毛病，至今仍未恢复。

成功属于勇毅而笃行的人。经过不懈努力，2017 年初，吴小王带领团队打赢了这场百日攻坚战，“国安牌”电池级碳酸锂成功量产，一举打破了国内盐湖企业无法生产高品质电池级碳酸锂的“魔咒”，填补了国内技术空白，在青海省乃至全国盐湖开发领域都具有里程碑意义。同时，从 2017 年至2018年，这一产品的量产也直接为公司增加利润2亿元以上，产生了积极的经济效益和社会效益。收获成功的吴小王没有懈怠，继续带领团队扑到产品品质的持续提升上。目前“国安牌”电池级碳酸锂品质已达到国际领先水平，可对标行业龙头美国雅宝。公司现有客户均为国内锂电材料行业的领先企业，产品也已进入特斯拉、苹果、三星等国际新能源产业厂商的供应链，市场销售供不应求。

## 敢为人先，开拓创新谋成效

自入职青海中信国安公司以来，吴小王始终把创新作为首要任务。他从技术部实验员做起，历任技术部研发中心主任、技术与质量管理部副主任、钾肥厂副厂长、碳酸锂厂副厂长、碳酸锂厂厂长、公司生产副总监，不断在磨炼自己的业务技能和创新本领，破解了一道道技术难题。在攻克电池级碳酸锂金杂指标发生多次失败，众人无计可施之时，吴小王深入车间与技术人员和老师傅们交流探讨，结合查阅资料文献，提出从产品端控制改为全流程和关键节点控制，最终将产品金杂含量从6000ppb降到200ppb以内，远低于3000ppb的行业标准。还有一次，在电池级碳酸锂钙、镁除杂的技术攻关任务中，吴小王凭借扎实的理论知识和丰富的生产管理经验，力排众议，经过上百次实验，创造性地提出从“单一结晶”控制改为“结晶+络合”双重控制的工艺方法，使钙、镁杂质含量大幅降低，把国内同行企业远远甩在身后。

多年来，吴小王积极参与国家省部级盐湖开发项目12项，获青海省科研成果7项，其中国际先进3项、国内领先3项、国内先进1项，拥有发明专利3项，在国内外发表科研论文6篇。工作13年中，他为电池级碳酸锂的成功生产做出了重大技术贡献，也为盐田原料、钾肥、硼酸生产等盐湖综合开发项目提供了重要技术支撑，成功入选青海省“高端创新人才千人计划”。

除了重视技术创新，管理创新也常被吴小王挂在嘴边。在碳酸锂厂工作期间，他就率先在厂里设立创新奖，引导和激励全员把创新融入日常，取得了良好效果。针对碳酸锂产能无法释放的问题，吴小王从人、机、料、法、环五个方面入手，提出停机时间考核、产量和品质绩效考核、合理化建议奖励、批评与自我批评活动等一系列管理创新举措，有效提高员工积极性，推动设备运转率持续提高，在严控生产成本的前提下，使得碳酸锂单线产量从2016年的2200吨提高到2019年的5200吨，超过单条生产线5000吨的设计产能，达到历史最高水平。

## 凝心聚力，以人为本建团队

人才是企业发展的基石。西北地区环境恶劣，留住人才面临困难。吴小王一方面注重做好思想工作，使人员离职率持续下降，另一方面大力培养各类人才，积极打造卓越团队。2016年以来，碳酸锂厂技改和新建项目较多，吴小王以此为契机，经过组织考察，推荐出一批敢于担当、甘于奉献、能力突出的员工分批参与项目建设。通过实践锻炼，不仅提高了员工的能力素质，也筛选出一批综合业务能力较强的优秀人才，为公司发展补充了后备力量。

同时，吴小王还高度重视培训工作，在做好内部培训的基础上，积极为员工创造外部培训的机会。2016 年以来，他在公司支持下，先后安排厂内骨干人员外部培训 10 余次、骨干受训 100 余人次。每次培训前他都会要求参训员工回来后给大家讲，开展一次内部培训，做到以点带面、全员受益。

火车跑得快，全靠车头带。作为领导干部，吴小王深知自己的工作状态如何，将直接影响团队的整体表现。多年来，他扎根盐湖、以身作则，经常主动放弃难得的休息时间加班加点工作，与基层干部员工打成一片、干在一处。常年在野外工作，把自己交给单位，把孩子交给老人，照顾不上家庭，是吴小王生活的日常。家人亲戚常有怨言，也多次劝他回到浙江工作，他只好反复劝说家人，最终赢得了家人的理解和支持。不少企业慕名递来“橄榄枝”，但也都被他拒绝了，他说：“公司培养了我，盐湖磨炼了我，我的身体流着中信的血液，我哪儿也不去。”在吴小王的带领下，碳酸锂厂员工队伍始终高度稳定，团队有激情、有活力、有效率、有业绩，受到各方高度肯定。

伟大出自平凡，平凡造就伟大。吴小王在平凡的岗位上创造着不平凡的业绩，他是新时代中信人的缩影，也用实际行动诠释了“永远争第一”的国安精神。

## 贾昊昊

# 深耕被投行业的并购先锋

贾昊昊，男，汉族，中共党员，1988 年 3 月出生，中信投资控股投资业务部原高级经理。负责投资并购工作以来，每年出差 150 天左右，赴全国 29 个省、100 多个城市了解 150 余家业内公司，最终完成几十家公司的收购，出色完成估值建模、尽职调查报告、行业分析报告、交易架构设计、回报计算等工作，所有投资项目未出现重大纰漏和瑕疵。带领中信外包发展成旗下成员企业超过 40 家的集团公司，合并年收入超过 30 亿元，息税前利润超过 3.5 亿元，成为中国金融外包与保安押运领域行业龙头和国家监管部门公安部治安局力推的标杆企业。

中信外包服务集团从仅有寥寥数人的平台公司，发展为旗下成员企业40多家、员工3万余人的大型集团，仅用了短短5年时间，而贾昊昊作为公司投资并购工作的负责人，深耕保安押运行业，几乎参与到每一笔并购交易，亲眼见证了中信外包这棵小树苗成长为参天大树。从无到有，从小到大，这5年的时间对贾昊昊来说如同进行一场全新的创业，在中信体系内打造出了一家细分领域的龙头企业。

## 走遍祖国，开疆拓土

2014年，中信投资控股与中信产业基金合作设立投资平台中信外包，志在整合全国金融外包服务行业与保安押运行业的武装押运牌照资源。中信外包成立之初，正式员工仅有5人，2015年贾昊昊作为投资方派驻成员，负责投资并购，在全国范围内开展对行业内企业的收购。

全国拥有武装押运牌照的保安押运企业约400家，基本特点是按照行政地域划分，遍布在各省各地。当时恰逢政策窗口期，保安押运企业从公安局名下脱钩，在市场上寻找合作伙伴。多家公司试图整合此行业，其中不少大型公司已有成熟网络，业务覆盖全国。相比这些竞争对手，中信外包成立之初人员极度匮乏，负责投资并购的仅贾昊昊一人，两者力量悬殊不可谓不大。

但不惧艰苦、迎难而上是贾昊昊身上最鲜明的品质，即便孤身一人，他也拿出“虽千万人吾往矣”的勇气，下定决心绝不能让公司在稀缺资源的抢夺中掉队。为了尽量多拿牌照，此后近5年时间里，贾昊昊累计出差次数接近200次，天数接近800天，足迹遍布全国29个省、100多个城市，经常在一周内穿越四季，从东三省到珠三角，从江浙沪到云贵川，从胶东半岛到河西走廊，曾在炎炎盛夏登上海南岛，也曾在寒冬腊月上过青藏高原，华北平原、四川盆地、中原沃土、荆湘赣皖……每一处都有过他奔波忙碌的身影。他曾说起过最难忘的出差经历，他曾在河南用5天时间跑了11个城市，也曾在河北连续10顿早饭、午饭、晚饭都在不同地方。这段时间，刚好赶上贾昊昊儿子出生，因为孩子太小，又经常长时间看不到爸爸，贾昊昊每次回家孩子都把他当成“陌生人”，刚有点熟悉贾昊昊又匆匆背起了行囊。

为了保证每个投资项目的进度，贾昊昊经常在各种交通工具上制作材料，到目的地后开始谈判，晚上回酒店继续加班。估值模型、行业分析报告、架构设计方案、尽职调查报告初期都由他一人完成，后来才逐渐有人分担这项工作，但所有材料最终审核仍由他来把关。4 年时间里，大部分投资项目均通过投委会审核并执行，且未出现重大纰漏。

## 深耕行业，融入保安

俗话说“干一行，爱一行”，贾昊昊认为自己作为投资人员，应该做到“投一行，爱一行”，只有深耕一个行业，成为这个领域的专家，才能真正做好这一行业的投资。被派驻到中信外包之初，贾昊昊完全不了解武装押运牌照的来龙去脉，也不了解这个牌照对应的保安行业。这个行业的从业人员大部分都是退休公安干警和退伍军人，平均年龄较大，也因此不少标的公司管理层第一眼都会把贾昊昊看成一个什么都不懂的小毛孩。

为了尽快熟悉行业，贾昊昊起初十分认真地查询行业法规，做行业研究，分析市场，虽然打下良好的基础，告别了“门外汉”阶段，但总感觉没有深入其中。他冥思苦想，终于悟出一个道理，行业的核心是人，是成百上千、各个级别的管理人员，只有和他们打成一片，了解他们的所需所想，才能成为“业内人士”。于是在随后的工作中，贾昊昊特别注意与行业内人员的相处，学习怎么用他们的思维模式思考问题，用他们的交流模式交流心得。为了得到行业内管理层的认同，贾昊昊曾以达州保安公司副总经理的身份在四川连续工作近两个月，其间深入体会一线押运员工作的状态，并前往省内几乎所有相关企业与管理层交流，用自己对行业深入的理解打动他们。

4 年多时间里，贾昊昊通过各种渠道了解过近 150 家业内公司，实地拜访近 80 家，推动并购程序约 60 家，完成交易 20 多家。在此过程中，他成了很多保安押运从业者都熟知的“小兄弟”，有时也会以“行业专家”的身份出席相关活动，真正在这个行业内具备了自己的知名度和话语权。

保安行业不少管理者喜欢戏言自己“从公安干成了保安”，而从清华大学经管学院本硕毕业的贾昊昊则总笑着说自己“费了好大的努力，终于从金融从业者变成了保安从业者”。不过正是有了这份踏实，才让他成长为深耕保安押运行业的全能选手。

## 培养团队，笃定前行

虽然习惯了常年独立在外地出差“战斗”，贾昊昊还是清楚地知道，公司的壮大不能仅靠几个人，而是要形成团队化、体制化的作战模式。在投资部，贾昊昊一直在扩充着团队力量，先后有 8 名成员加入，其中既有摸爬滚打十几年的投资业内老手，也有初出茅庐的高校毕业生，但他们都没有在保安行业整合并购的经验。曾有团队成员在加入公司一年多的时间里都没有完成一个并购项目，心理压力特别大，经常愁眉苦脸，贾昊昊觉得这样的状态不但对他自己不利，也破坏整个团队的氛围，于是主动放缓手头的项目，以自己的经验帮同事分析哪些项目的成功可能性高，然后战略性地加大投入力量，又跟他一起到项目所在地做长时间、锲而不舍的公关工作，最终在半年内那名同事完成了三家公司的并购，为公司的扩展做出了重要贡献。正是靠着贾昊昊的持续努力，部门同事快速进入工作状态，形成了一个高效、专业、战斗力强的并购团队。

作为中信外包的“创业元老”和股东方派驻成员，贾昊昊着眼于整个公司的成长。在建设投资部的同时，还积极帮助公司领导组建其他职能团队，一起完成了财务、人事、运营管理等公司制度体系的搭建和股权架构的设计。

努力终有回报，5 年的时间，中信外包由最初的空壳发展成一家大型集团，合并年收入超过 30 亿元，息税前利润超过 3.5 亿元。目前，中信外包服务集团运作规范、成熟，已成为金融外包服务行业与保安押运行业细分领域的绝对龙头，也是监管部门公安部治安局力推的标杆企业。

用 5 年的时间，跑遍祖国的绿水青山，深入到一个不太为外人熟知的行业，打造出一个龙头企业，贾昊昊觉得自己很幸福，也很有成就感，他说：“在中信体系内，中信外包还只是一家很小的公司，但它就好像一块坚实的砖，铺在了集团过往 40 年辉煌的路上，这样的砖越多，集团未来就会越顺，而我自己就是这条路上众多勤勤恳恳‘铺砖中信人’中最普通的一个。”

| 李志刚

## 扎根援藏扶贫一线的中信特种兵

李志刚，男，汉族，中共党员，1970年4月出生，2013年到海拔4700米的那曲市申扎县挂职常务副县长，2019年被提拔为那曲市委副秘书长、申扎县委副书记，是中信集团三届援藏干部。援藏7年来，聚焦“两不愁三保障”实施精准援藏扶贫的要求，克服高原反应和各种困难，深入申扎县62个自然村走访调研，实施监督中信集团小康示范村建设、安居房建设、藏医院建设、幼儿园建设、查朗路建设、村级活动场所建设、干部培训等近40个援藏项目，认真监督好集团援藏扶贫资金，为援藏工作做出突出贡献。

“风吹石头跑，四季穿棉袄”，这是对那曲恶劣条件的真实写照。而位于那曲市西部500余公里的申扎县，海拔均在4700米左右，更是那曲有名的“苦”县。

而李志刚从2013年7月开始，就在申扎县开展对口援藏工作，迄今已有7个年头。

7年来，他时刻为申扎人民着想，克服高寒缺氧、气候恶劣的自然环境，弘扬和继承“老西藏”精神和“那曲”精神，这座“洁白的盐城”（申扎县藏语意思）不会忘记，这里的干部群众也没有忘记他的深情厚谊。

在援藏时间到期后，李志刚又主动要求延长援藏期限，继续为申扎的干部群众贡献力量，现在已是连续三届援藏“老干部”。他也先后两次被那曲市评为优秀援藏干部，西藏自治区评为第七届、第八届优秀援藏干部；2019年更是得到组织的认可，由原来的申扎县常务副县长提拔为那曲市委副秘书长、申扎县委副书记。

面对组织的信任和干部群众的信赖，他说道：“我对申扎人民已经有了很深厚的感情，虽然这里是苦了一点，也苦了自己家里的亲人，但是想想自己援藏的使命和当地发展的现状，我觉得很值，这段经历真的是我人生中最曼妙的风景！”

援藏之初，李志刚不断思考“援藏为什么，在藏干什么，离藏留什么”，在工作中树立正确援藏观，始终本着在西藏留下感情、留下口碑的宗旨，以满腔热情认真学习调研，发挥主观能动性精心谋划援藏工作，以实际行动践行了“做光荣中信人，做优秀援藏干部”的援藏誓言。

在具体的工作中，他坚决服从那曲市委市政府和县委县政府的安排部署，贯彻落实援藏工作的各项举措，尽自己所能多干实事。针对那曲市、县基层工作“碎片化”的现实情况进行理性思考，以之促进实际工作的开展。坚决克服“镀金”“做客”思想，确立“做事不做官”的工作理念，强化工作责任感。摆正自身位置，以良好的精神状态投入工作，通过认真工作锻炼自身能力，更好地扎根那曲、服务那曲。积极调整工作思路，寻求申扎县各部门与中信集团的合理配合，合力确保援藏工作目标的实现。

他努力克服各种困难深入一线基层走访调研，走遍了申扎县8个乡镇，结合自然资源优势，先后在水资源、旅游资源、太阳能资源等方面深入调查研究，与内地多家公司沟通衔接，科学制定了招商引资方案，收到了显著的成效。水资源的开发利用已和中信国安公司达成了意向；为解决全县的用电问题，他多次与国家电力龙源集团沟通、协调，在多方的共同努力下为申扎县争取到了总投资3亿元的太阳能光伏项目（三期共30MW）。

“援藏工作必须关注民生福祉，把赢得人心作为一切工作的出发点和落脚点。”李志刚坚持把民生援藏作为重中之重，用80%以上的援藏资金不断向基层向牧区倾斜，不断提升牧民群众的幸福感、获得感。

申扎县雄梅镇一村一、二期小康示范村工程、塔尔马三村安居工程、安居房维修、玻璃房改造、下过乡敬老院、申扎县完小塑胶跑道等项目相继建成投入使用，共计安置900余户牧民。雄梅镇小康示范村工程已成为那曲市西部的标杆工程。

本着用好援藏资金集中力量办大事、办好事、办成事的原则，他与援藏同事陈人杰一道积极与集团领导请示沟通，经过不断的努力，申扎县藏医院项目终得以落地，现在已建成并投入使用，极大方便了广大牧民群众看病就医。自治区吴英杰书记、齐扎拉主席到申扎考察调研，也充分肯定了集团援藏给牧民带来的翻天覆地的变化。

作为援藏干部，李志刚能想县里干部之所想，急牧区群众之所急，和陈人杰相互配合，积极地创造条件改善民生，极大地营造了申扎县拴心留人的好条件。

他在集团历年援藏2000万元额度基础上，2017年又向集团多争取了2000万元用于申扎县各项民生建设和村级活动场所建设（1500万元用于村级活动场所，300万元用于塔尔玛三村的道路硬化及附属设施建设，200万元用于藏医院的医疗废水处理）。

2016年，从集团工会争取到130万元资金用于申扎县职工之家建设；争取50万元用于申扎县抗洪救灾。

利用历年援藏结余资金383万元配合实施申扎县行政办公区和县直干部职工周转房集中取暖工程，现已投入使用，运转良好。

从集团党费清理的结余中，争取到1500万元用于县基层党组织建设、党员培训及贫困党员的慰问等，大大提升了基层党员和党组织的战斗力。

2019年，结合“不忘初心、牢记使命”主题教育，他积极与中信井冈山干部培训学院沟通联系，先后两次共选派62名申扎县干部赴中信井冈山干部培训学院学习，促使申扎县干部党性素养和理论水平得到了长足的提高。

注重教育援藏，助力牧区孩子成长。从2014年，在李志刚和陈人杰的共同努力下，海拔4830米的申扎县巴扎乡7村援建了第一个规范标准的幼儿园以来，迄今为止已分别筹资830万元在塔尔马四村、申扎镇六村、雄梅镇八村、塔尔马九村、卡乡五村援建了6个平均海拔4850米以上的村级幼儿园，深受牧区群众欢迎和好评，大家都称李志刚是“希望县长”！

李志刚还通过个人和亲朋好友等共同筹资，多次为申扎县学校、医疗卫生等事业援款捐物，极大地赢得了广大干部职工、牧民群众的好感……

一项项民生工程是援藏成效的见证！

一句句“吐吉其”（藏语谢谢之意）是对援藏干部最深情的表达！

一张张笑脸更是对援藏干部最好的肯定！

如今，在李志刚的带领下，援藏工作已呈现出机制好、领域广、渠道多、质量高的局面。

关于家里亲人的困难，李志刚却没有说得太多：“他们没事，过得去吧！”因为爱，面对分离相思、面对各种生活工作困难、面对人生的坎坎坷坷，他表现出异常的坚定：“既然选择了援藏，就选择了坚强；我相信，牧民群众和家人一切都会更好起来的！”

## 邹　谦

# 保驾护航海外项目的财务专家

邹谦，男，汉族，中共党员，1971 年 12 月出生，中信建设原计划财务部副总经理。任职以来，参与天津轻轨项目、缅甸柴油机厂项目、白俄水泥厂项目和白俄吉利汽车厂项目等，为确保项目顺利实施和圆满完成做出积极贡献。特别是在缅甸柴油机厂项目中，面对落实融资贷款的种种困难，他迎难而上，先后与香港汇丰银行、荷兰 ING 银行、新加坡华侨银行以及普华永道等专业金融机构多次沟通和谈判，积极促成中国进出口银行的项目贷款，为公司和项目规避几千万元人民币的汇兑损失；在后期试生产阶段，带领团队克服困难，顺利完成自制主要零配件和通用零配件按合同约定的装机和试车任务，取得缅甸二工部完工证书。

邹谦23年的中信工作经历大部分时间都活跃在项目建设一线，先后经历了天津轻轨、缅甸柴油机厂、白俄水泥厂和白俄吉利汽车厂等项目。多年来，邹谦始终保持对财务工作的热爱，以自身的细致和韧性为海外项目默默护航。

## 以业为重，用恒心攻坚克难

缅甸柴油机厂项目的工作经历令邹谦十分难忘。自2003年合同签署到2007年项目实施，近四年时间都在落实融资贷款，其间变数丛生、几经周折。项目建设期资金来源于中国进出口银行提供的人民币贷款，而收款则是业主在项目竣工后延期八年分批支付的美元工程款。2003年签约时，人民币兑美元一直采用固定汇率，但到2005年，国家根据经济形势变化改为实行浮动汇率，美元兑人民币汇率一路走低。如果继续实施缅柴项目，将承受巨额汇兑损失。面对变故，公司经过分析研判，把突破困局的焦点集中在成本优化、美元远期收汇保值和贷款币种调整等方面。邹谦就牵头负责后两项工作，他带领团队马不停蹄地与香港汇丰银行、荷兰ING银行、新加坡华侨银行和普华永道等专业金融机构反复沟通和谈判，终于确定方案。尽管该方案保值汇率符合预期，结构损失概率极低，但由于仍有敞口风险被集团否决。眼看美元远期收汇保值之路被堵死，邹谦没有就此气馁，他迅速把精力转到贷款币种调整上，和团队成员一道夜以继日地同进出口银行沟通。经过不懈努力，进出口银行同意项目使用3000万美元贷款，仅此一项就为公司规避了几千万元人民币的汇兑损失。

汇率引发的问题告一段落，邹谦及其团队来不及喘一口气，又全身心投入到落实信用保险进而取得贷款的工作中。由于涉及众多单位，层层问题连环嵌套。邹谦根据实际工作进展，及时向公司和项目部请示报告，频繁往来于集团公司、许继集团、中信保和进出口银行等相关单位。在终于获批购买出口信用保险后，合作伙伴许继集团又出现资金紧缺问题，但仍须赶在年度结算前支付信保保费。邹谦牵头操作借款事项，他带领团队紧急动员、火力全开，终于在中信保结算前一天完成保费支付工作，取得信保保险单，并在进出口银行年度封账前收到第一笔贷款。尘埃落定，邹谦走在下班路上，突如其来的莫名酸痛感席卷全身，一千多个日夜的持续努力终得成果，缅柴项目正式进入建设的快车道。

## 以人为本，用耐心做好沟通

邹谦深刻认识到人是做成事的根本，要做好财务工作，离不开耐心细致的沟通。而他在点滴生活中展现的包容与豁达，使许多同事都把他当作知心大哥，愿意和他倾心交谈。在白俄水泥厂项目现场工作期间，一位年轻员工与邹谦聊天，提到项目实施中克服了大量困难，取得了积极进展，但没有得到领导任何表扬，这让他心里不是滋味，团队其他同事说起这事也颇为不平。邹谦对这种想法并不认同，但他也非常理解这种心态，他没有当面反驳或者讲大道理，只是心里默默记下了这件事。在不久后一次员工聚会时，他很自然地提起这件事，说道："我们付出了很多心血和精力，表面上没有得到足够的回馈。但仔细想想，我们收获了很多，大家的敬业精神、业务能力、克服困难的勇气和解决问题的方法都得到了锻炼和提高，这些看不见的收获才是最宝贵的。”通过邹谦的劝解和引导，大家的心结慢慢解开了。类似的交谈经常展开，团队内部产生了积极的化学反应。

缅柴项目实施到后期试生产阶段，由于当地工业基础薄弱，甚至电力都无法满足需求，试生产工作一拖再拖，废品率居高不下。不顺利的工作节奏、艰苦的环境、燥热的天气和单调的生活，加之身居海外思乡心切又背负工期质量目标，令人感到窒息。项目外聘的一些工程师和有经验的操作工人开始说三道四，各种负面思潮涌动，悲观氛围逐步蔓延。邹谦意识到问题的严重性，多次和项目现场负责人及业务骨干沟通、达成共识。在加强外聘人员队伍管理的同时，邹谦择机与项目团队年轻员工分别沟通，合理分析项目进展，设身处地开导劝慰，帮助大家树立信心、激发干劲。经过这些细致的工作，项目现场弥漫的悲观、迷茫的阴霾逐渐散去，团队的目标更清晰了，大家的斗志又回来了。在项目部的共同努力下，在当年九月底就取得缅甸二工部完工证书。

在参与各个项目的过程中，团队成员在工作中也会出现意见不合，甚至激烈到拍桌子。正是凭着柔和的沟通和积极的协调，邹谦让一个个问题、一次次冲突慢慢转化成团队成员间彼此理解和团结互助的契机，促进团队更加融和，增强凝聚力和战斗力。

## 以己为范，用诚心培养梯队

随着中信建设的成长，邹谦从一名普通财务人员走上管理岗位。他时刻以身作则、忘我工作，也因此错过了家人许许多多的重要时刻。2011 年底白俄水泥厂项目建设抢攻阶段，现场进度通过摄像头实时传送到白俄副总理办公桌前。每周一的项目工作会副总理必亲临，对照计划逐一落实进展情况，未能按计划完成的企业领导站成一排开会，逐层传递压力。时值白俄罗斯冬季，日照时间短，邹谦每天上下班时都是黑天，着实有披星戴月的感受。他和团队同事一起连续加班加点，除完成正常付款报销工作外，还解决了大量的临时补充采购、合同评审、税务申报等工作，一直忙到2012年5月。再次回家探亲时，妻子不无幽怨地告诉他，女儿小升初择校已基本确定，结果不如人意，但也无可更改了。老父亲为了让他安心工作，从发现前列腺癌到做手术始终嘱咐家人不要告诉邹谦，直到他回国后才知道。面对家人，邹谦心存感激和愧疚，在尽心工作时总想法设法送去关心、尽力弥补。这种舍小家、顾大家的奉献精神，也深深感染了他身边的年轻员工。

邹谦所在的东欧及独联体事业部财务部由两三个人发展到十五六个人，其中大部分是大学毕业就入职的员工。邹谦对于这些年轻人既尊重又呵护，但工作要求上绝不放松。从公司规章制度的学习、财务系统的应用、制单质量的差错率，到对英语的继续学习、各类专业技术考试，邹谦都提出了明确要求，经常进行指导。对于年轻员工思想和心理上的各类问题，邹谦也都持开放讨论的态度，从正面予以引导。哪怕有年轻员工酒后失态，要求邹谦当场承诺、提高职级待遇，他也抱着理解的态度，等小伙子酒醒后送去安慰，帮助他疏解心情、调节压力。就是通过这样一次次诚心交流和悉心指导，邹谦和团队成员建立了深厚的友谊，许多年轻骨干迅速成长起来，为公司发展注入了新鲜血液。

在中信大家庭的 23 年，邹谦从一个弱冠青年成长为企业的骨干力量，是千万中信建设人的缩影。如今，他把中信建设的企业精神、自身经验和感悟传授给年轻人，带领团队同舟共济，始终奋战在践行国家“一带一路”倡议的第一线！

## | 李国祯

# 非洲农业开发项目的优秀代表

李国祯，男，汉族，中共党员，1968 年 2 月出生，中信建设农业开发部总经理。在安哥拉工作期间，作为安哥拉农业开发工作负责人，高质量推进马兰热农业开发、威热农业开发等项目，帮助安哥拉农业开发项目取得了多年高产、丰产的业绩，实现提前收款、净利率约 19%、盈利约 4700 万美元的突出成绩，三个项目多次接受中安政府、学术团组的考察和调研，成为中安农业合作的典范。担任农业开发部总经理后，锐意进取、积极开拓，带领团队在国内和中亚、东南亚、东欧和非洲推动多个农业全产业链项目，为公司农业领域开发和储备一系列潜在项目。2008 年荣立中信集团奥运工程三等功。

他被喻为创新发展的“拓荒者”，也被称作栉风沐雨的“新农民”。如今的他已经年过半百，却依然每天奔波在他倾注了无数心血和汗水的土地上。他就是中信建设农业开发部总经理李国祯。

## 抱朴含真，扎根红土

李国祯曾长期在海外工作，2010 年被任命为安哥拉罗安达城市规划项目总经理。这个项目是中信建设在非洲的第一个规划类项目，具有十分重要的示范作用。为了编制符合当地实际的规划，李国祯一次次带领抱着图纸的专家和荷枪实弹的警察，深入罗安达最脏、最乱、最差的地区进行考察。作为热带城市，罗安达四季炎热潮湿，垃圾山和贫民窟中到处都是飞舞的苍蝇和流溢的臭水。李国祯和他的团队每天喝着藿香正气水、抹着风油精、喷着“六神”，在两个多月里走遍了罗安达主城区，为安哥拉首都编制出了一份科学合理的规划，进一步打响了中信建设的品牌。这份难忘的经历也使李国祯对安哥拉这片热土，有了自己更深的理解和一份质朴的情怀。

2012 年，李国祯前往安哥拉常驻，担任安哥拉农业开发项目总经理，从此就与农业结下了不解之缘。这个项目是中信建设在农业领域的第一次尝试，开发范围包括黑石、桑扎蓬勃和卡代代三个大型农场，其中黑石农场是安哥拉粮食产量最高的国有农场。项目总占地面积三十余万亩，相当于整个延庆的农业用地，开发工作涵盖了农场建设，玉米、大豆、水稻、牧草种植，种牛养殖，仓储加工，科研培训等一系列内容。在海外进行如此大规模、系统性的农业开发，之前还没有谁这么干过，项目建设运营的难度和压力之大不言而喻。面对重重挑战，李国祯没有退缩。他心里只有一个念头，那就是一定要把这个项目做好，做成海外农业开发项目的标杆。凭着这股执着的劲头，李国祯白天在田间地头跟踪进度，晚上抱着专业书籍埋头苦学，每周乘车千余公里在首都和三个项目地之间来回奔波，参加与财政部、业主和监理的各项重要谈判。最终，项目提前两年回收全部工程款，并创造了可观的经济效益，成为中安农业合作和中国农业走出去的“典范”。

成果喜人，过程艰辛。为了做好农业开发，李国祯本就黝黑的脸庞在田埂和工地上被晒成了黢黑，四十多岁的年纪已经是半头白发。在安哥拉的十八个省份，大都留下了他研究调研、合作谈判的足迹。中安的各大涉农企业也都知道，中信建设在安哥拉有这么一位叫李国祯的“老农民”。

## 厚积薄发，负重前行

基于在安哥拉农业开发项目中积累的成功经验，中信建设设立了农业开发部，在全球范围内布局农业项目，并聘任李国祯担任部门总经理。结束六年海外常驻生涯回国工作后，面对快速变化的国内外形势和一切从零开始的新部门，李国祯需要迅速适应新环境，找到业务突破口。他始终相信业务是研究出来的，更是跑出来的。在他的带领下，这支新团队废寝忘食地投身到业务开拓之中，每天都在联系海外各国和国内各地的涉农企业及地方政府，跑市场、挖信息、找项目。李国祯经常不是在飞机上研究工作，就是在去机场的路上分析项目，两年飞了三十多万公里。

日夜奔波之余，李国祯也很清楚，做项目不是下苦力，如何在农业领域创新发展，既发挥中信建设的传统优势，又用好集团资源优势和联合舰队模式，是业务发展的关键所在。通过与公司领导的研讨、与同行间交流，李国祯终于摸索出一条中信建设农业开发的道路，就是紧跟政策方向，运用好集团和公司搭建的基金平台和产业平台，利用区域农业禀赋不均衡造成的产业和产品流动缺陷，从产业链的层面策划“融、投、建、管、营、退”相结合的创新项目，拉通供应和需求，在促进公司工程承包主业发展的同时，兼顾多来源的经济效益。

带着清晰的思路和满腔的热血，李国祯和他的团队一路风尘仆仆、披星戴月，储备的农业项目从无到有、从少到多，在海外的哈萨克斯坦、缅甸、柬埔寨、白俄罗斯、安哥拉逐步落地生根，在国内的新疆、山西、云南、海南、内蒙古等地也初见成效。

## 担当尽责，无怨无悔

在李国祯为中信建设事业拼搏的同时，公司浓厚的党建氛围也深深影响了他。多年的驻外经历使他更能感受到党组织和党员在海外项目中发挥的重要作用，也更加坚定了他听党话、跟党走，为党和祖国事业不懈奋斗的信念和决心。他主动向党组织靠拢，经过党组织的培养、教育和考察，于 2014 年在安哥拉光荣加入了中国共产党。他在入党感言中说道："虽然我是名老员工，但是在党的生活中，我是一名新党员，是咱们的新生力量。请各位老同志多指导我、支持我，我希望像你们一样，为党和人民的事业奉献更多力量。"这是期望，更是承诺。

成为一名党员后，李国祯对自己的要求更加严格，每当遇到急难险重任务，他总是冲在攻坚克难的最前线。不管是在祖国广博辽阔的四疆，在雪大风急的中亚、东欧，还是多雨闷热的东南亚、非洲，只要是有农业开发机遇的地方，就能看到李国祯奔走忙碌的身影。在入党后驻外的五年间，每逢春节他都默默坚守在农场生产建设第一线，把过年和家人团聚的机会让给了同事。就这样，他在安哥拉连续度过了五个春节。而在平时，由于工作原因，李国祯也经常照顾不上妻子和孩子，他始终怀着一份愧疚之情努力去尽到一个丈夫和父亲的责任。在行程途中和工作间隙，李国祯一有时间就拿起电话询问家庭的近况和辅导孩子的功课，这个时候的他总是满脸洋溢着笑容。

衣带渐宽终不悔，为伊消得人憔悴。李国祯坚信，虽然自己只是中信万千一线员工的一分子，但为了自己热爱的农业事业，为了不负公司的殷切期望，即使道阻且长、暗流汹涌，也要激流勇进、一往无前，为集团和公司业务发展做出自己的贡献。

# 吴晓东

## 国际工程建设领域的基层代表

吴晓东，男，汉族，中共党员，1976年2月出生，中信建设东欧及独联体事业部副总经理。先后在哈萨克斯坦沥青厂、阿尔及利亚东西高速公路、哈萨克斯坦国有公路改造等多个具有重大影响的项目中承担主要管理工作，为高质量完成任务做出突出贡献。在哈萨克斯坦沥青厂项目中，充分发挥联合舰队综合优势实现项目顺利竣工投产，取得社会和经济效益双丰收。在阿尔及利亚东西高速公路项目后期病害治理工作中，带领团队扫除重重障碍，确保规定期限内如期完成。在哈萨克斯坦国有公路改造项目中，坚持一手强化内部管理，一手主导项目实施外部环境和形势引导，确保项目顺利推进。

在中信建设，有一位长期扎根国际工程项目一线的优秀共产党员，他不计较个人荣辱得失，时刻维护国家利益、公司权益，先后在哈萨克斯坦沥青厂、国有公路改造以及阿尔及利亚东西高速公路等多个具有重大影响力的国际工程项目中承担主要管理工作、做出突出贡献，曾获中信建设“先进工作者”“十大感动中信建设人物”以及集团个人三等功等荣誉。他就是中信建设东欧及独联体事业部副总经理——吴晓东。

## 担当有为、攻坚克难的“开路先锋”

加入中信建设以来，吴晓东忠诚敬业、担当尽责，在重大项目中磨炼意志品质、锤炼业务能力，迅速成长为优秀的工程管理人才，为中信建设事业发展立下汗马功劳。

哈萨克斯坦沥青厂是中哈合作共建的重点项目，中方负责工艺设备的安装指导、开车以及使用培训，哈方负责具体施工。在旁人看来，吴晓东主管的施工部分应是轻松而简单的任务，但由于合作双方在观念、利益上的差异，项目在推进过程中时常出现下游衔接不闭合、属地单位不服从管理等“疑难杂症”。面对不利情况，他没有沉溺于合同细节，局限于工作指导，而是秉承共商、共建、共享、共赢的理念，下定决心要从根本上解决问题。一方面，吴晓东不拘形式、突出实效，积极发挥中信联合舰队的综合优势，充分利用各合作单位优质资源，采取工序全过程实地旁站、质量成品放行见证等多种措施对哈方施工质量进行管控；另一方面，注重 EPC 项目在建设周期内全流程的上下游业务协同，带领团队从早期的设计和采购环节就开始深度介入，以现场为基点、以点带面，加强中哈各相关方之间的工作联动，并周密部署各项施工实物资源的保障与供应……在他推动下，项目顺利竣工投产，至今仍然运转良好，取得了经济和社会效益“双丰收”。

阿尔及利亚东西高速公路项目虽然通车多年，但由于历史原因一直无法交竣，后期又出现了路面裂缝、桥头跳车、边坡滑塌等亟须治理的道路病害。这些病害分散在全线 359 公里的 5 家施工单位责任区域内，点多面广、程度不一。吴晓东接手任务时，项目已经停滞多年，劳动力、设备、材料、场站等各类生产要素均严重缺乏，各参建单位员工也普遍意志消沉、士气低落，各项工作举步维艰。吴晓东深知，项目每拖延一天都会积聚一分履约风险，必须以最短时间完成病害治理工作。为了解决相关问题，他扎根基层一线，在充分调研基础上大胆采取分而化之的策略，有效解决了各施工单位互相观望等待的问题，迅速打开工作局面。同时，他按照“项目一盘棋”的思路，盘活调度全线可利用资源，推动各施工单位取长补短、相互扶持，最终克服重重障碍，如期完成了病害治理工作，为项目释放履约风险、通过竣工验收奠定了坚实基础。

重新进入哈萨克斯坦市场，吴晓东已经从一名生产型管理者成长为两条国有公路改造项目的总体牵头人。身份的转变，带给他更多是沉甸甸的责任。面对各项工作混乱无序的现状、复杂的外部社会安全环境以及与业主间严重的商务分歧，吴晓东忧心忡忡、彻夜难眠。经过深入研究思考，他果断调整工作思路和方向，从践行“一带一路”倡议和推动公司长远发展角度出发，一方面强化内部管理，另一方面加强对项目外部环境和形势的引导，组织团队不等不靠、主动作为。在商务分歧严重影响设计进度、征地推进不畅的阶段，他牵头协调内部各方，率先启动现场清表作业、展示积极意愿；面对反华势力不断挑唆、哈国民间反华浪潮高涨的不利局面，他积极开展外宣外联工作，推动与沿线各辖区定期定向开展社区共建活动，展示中信积极的社会形象……在他的努力下，高速公路改造项目顺利开局、稳步推进，不仅最大限度争取了民意支持、化解了社会安全风险，还获得哈方社会各界的高度赞许，进一步巩固了中信的品牌优势。

## 坚守党性、示范带头的“优秀党员”

驻外工作十余年来，吴晓东始终坚守党性、严格自律，注重发挥先锋模范作用。面对与国内不同的工作环境，他坚持以党和国家利益为先，既采取灵活的工作方式，又坚持根本的政治原则。工作中，他时刻保持清醒的头脑，从不接受和默许任何特殊安排。即使面对外方人员因为个人私利进行的恶意刁难，他也坚持有理有利有节和不卑不亢的交往方式，以灵活智慧处理各类涉外事务。哪怕是面对“找警察抓走”“卷铺盖滚蛋”等各种人身威胁以及当地移民、安全机构的“礼遇”，他也坚守底线、决不退缩半步。

作为一名党龄 19 年的老党员，吴晓东深知“打铁必须自身硬”。因此，虽然第一学历不高，但他十分注重提升自身素质。工作 20 多年来，他一直苦练内功，克服在专业能力和工作负担方面的重重障碍，先后自费完成了大专、本科、硕士研究生等在职学习课程。为了不影响业务工作，他放弃了娱乐和休息，把几乎所有的业余时间都用在了完成课业上。在撰写以海外工程风险识别与管控为主题的学位论文时，哈萨克斯坦公路项目正值开篇布局的重要阶段，白天满负荷的工作结束后，他就在办公室里挑灯夜读，困了就在桌上眯一会儿，醒了就继续奋笔疾书……功夫不负有心人，最终他以优秀成绩取得了工商管理硕士学位。时至今日，他已经从一名普通员工，成长为中信建设的中层管理骨干之一，在公司党员职工中树立了榜样。

作为事业部党委委员和项目牵头人，吴晓东高度重视组织建设。他深知，远在海外工作，发挥党员的示范引领作用至关重要，直接关系项目部的整体风气。为此，他以身作则，带头同身边不良风气和错误思想做斗争；多次组织开展务虚恳谈会、民主生活会、青年职工座谈会、驻外职工心理疏导等活动，了解掌握职工思想动态，及时向职工伸出援助之手，解决实际困难，化解思乡焦躁情绪；对可能出现不良风气或违规违纪行为的高危部门和岗位，定期约谈相关职工，及时敲响警钟、筑牢防线。在他的努力下，党支部政治意识不断增强，团队风貌大为改观，被评为中信建设“先进党支部”。

吴晓东常说：“中信建设在全球范围多种国际工程承包模式和多元化业务为我提供了锻炼成长的平台，让我有机会实现成就梦想。这份机会来之不易，让我倍加珍惜。”怀揣这份感激之情，他将继续践行中信建设“敢为人先、开拓创新的英雄主义，追求卓越、永无止境的理想主义”企业精神，为打造国际领先的工程建设综合服务商贡献力量。

## | 万武明

# 攻克海外工程项目难题的“突击队长”

万武明，男，汉族，中共党员，1974 年 3 月出生，中信建设阿尔及利亚国家区事业部副总经理。12 年来坚守海外，为中信建设海外项目做出突出贡献。担任西标段 W9 标段青年突击队队长时，大胆创新和采用非常规方法突破施工瓶颈。任工程部长期间，推出驻地工程师和驻地法语专家制度，使长达 359 公里的西标段成为阿尔及利亚东西高速公路第一个实现全线通车目标的大标段。任现职以来，他积极协调资源，消除现场临验保留项，促进西标段项目完成最终竣工验收和保函全部释放，推动项目圆满收官，结算金额达 40.17 亿美元。西标段项目荣获中国土木工程詹天佑奖，个人被表彰为 2009 年度北京市优秀青年突击队标杆、中信集团优秀共产党员。

万武明在阿尔及利亚工作 12 年来，秉持“为祖国增光、为中信添彩”的信条，忠诚担当，默默奉献，凭借过硬的工程专业技术、优秀的政治素养、出色的管理才能，扎根国际工程项目，干一行，精一行，用青春和奉献践行国家“一带一路”倡议，谱写了“建东西高速公路、筑中阿两国友谊”的人生诗篇。2010 年，万武明青年突击队荣获“北京市青年突击队标杆”称号。

## 敢闯会拼，树立中信建设海外铁军形象

万武明从阿尔及利亚东西高速公路西标段项目部高级业务经理干起，3 个月后升任项目部工程部副部长，7 个月后任工程部部长，同时兼任 W9 标段青年突击队队长。

W9 标段又称奥兰连接线，虽然不是西标段项目的主线，但地位和重要性极为突出。当年阿尔及利亚总统布特弗利卡在此为西标段项目开工奠基，这也是中信建设在阿的总部大本营所在。将 W9 标段称为西标段项目样板工程、中信建设的脸面工程毫不为过。

2008 年初，项目业主将 W9 标段列为提前通车路段，这意味着 W9 标段不仅需要质量、安全工作在全线领先，还得承受着巨大的工期压力。面对重重困难，万武明没有退缩，带领 W9 标段青年突击队全体队员迎难而上，将“特别能吃苦、特别能战斗、特别能奉献”的中信建设海外铁军精神发挥得淋漓尽致。W9 标段全长 27 公里，其中桥梁 13 座，涵洞 53 道，互通立交 7 处（西标段全线共 20 处）。由于 W9 标段有 12 公里为 4 号国道改造，该国道联结阿尔及利亚第二大城市奥兰和首都阿尔及尔，白天车流量极大，交通片刻不能中断，业主因无实践经验迟迟不下决心批准国道破除方案。为此，万武明坚持“以我为主、大胆创新”的方针，采用非常规方法积极突破施工瓶颈。他率领全体突击队员精心筹划和充分准备，集中力量趁夜间车流量少一夜之间将国道全部破除，并对交通进行有效转换和疏导。第二天，当看到社会车流安全有序通过时，业主消除了疑虑，批准

了施工方案，为 W9 标段后续施工打开了局面。

在他的带领下，W9 标段万武明青年突击队不断创出优异成绩：桩基检测 237 根，一次报检合格率 100%；率先完成西标段全线第一片 T 梁的预制；率先完成西标段全线第一段沥青砼试验段；率先完成中、西标段第一个 BBMA 沥青面层试验段摊铺，试验段各项指标均达到设计要求；率先在东、中、西标段全线启动道路标线施工，并首次将热熔涂料应用于阿尔及利亚高速公路标线施工。

2009 年 3 月 1 日，W9 标段实现通车，这是阿尔及利亚东西高速公路全线第一个提前实现主线通车的分标段，工期比合同工期提前 10 个月，为中信建设实现西标段全线保质、按期完工起到了示范作用。

## 矢志向党，践行为国增光庄严承诺

入职中信系统三个月，万武明同志就当选为中信建设阿尔及利亚项目党委奥兰党支部书记。该党支部由西标段项目部 30 余名党员组成，是形成支部创造力、凝聚力、战斗力的基础，也是为整个项目团队成功兑现“为祖国增光、为中信添彩”庄严承诺的主心骨。

2008年初，万武明牵头在西标段项目全线成立九支中信集团青年突击队并兼任W9标段青年突击队队长，带头在全线开展“赛进度、赛质量、赛安全、赛科学管理、赛技术创新”的青年突击队竞赛活动，掀起“比、学、赶、帮、超”的施工热潮，促进工程建设迅速形成大干快上的局面。

2008年5月1日，西标段项目部决定在全线开展“大干180天”生产突击活动。第二天，奥兰党支部即发出倡议，倡议全体共产党员放弃回国休假，为抢赶项目工期发挥先锋模范作用。倡议立即得到项目员工的积极响应。本该2008年5月正常休假的万武明毅然放弃了回国休假机会，一心扑在工地，在现场连续工作14个月，直到2009年2月他负责的W9标段具备通车条件后才回国探亲。其间，8岁的儿子在学校意外摔倒骨折，他也没有回国探望。2008年7月，中信集团领导亲自到西标段项目现场为中信集团青年突击队授旗，高度肯定万武明等青年突击队在项目建设中的重要作用。

作为党支部书记，万武明特别注重加强组织建设，积极培养和发展党员，为组织输送新鲜血液，党支部先后培养和发展了10名中共党员，均成长为项目业务骨干。万武明还积极探索在海外以党建带团建的方法。通过劳动节、国庆节、中秋节、春节等重大节日，组织慰问演出，开展各类体育比赛和文娱活动、员工家属赴海外一线慰问等活动，为前线员工创造了和谐的海外工作生活环境。在四川汶川大地震、青海玉树地震、甘肃舟曲特大泥石流自然灾害发生后，他积极组织支部党员及员工举行哀悼、纪念活动并踊跃捐款。项目团队通过海外捐款等方式充分表达对灾区人民的爱心和支持，始终做到和祖国人民心连心。作为阿尔及利亚国家区事业部党支部纪检委员，他积极组织开展“五项促廉”活动，落实两个责任，加强党风廉政建设和全面从严治党，为事业部生产经营创造风清气正的环境。奥兰党支部及后来的阿尔及利亚事业部党支部每年都被评为中信建设优秀基层党组织。2011年7月1日纪念建党90周年之际，万武明被集团党委评选为中信集团优秀共产党员并予以表彰。

## 活学活用，为事业部发展保驾护航

2008年初，在任西标段项目部工程部长期间，为及时掌控西标段全线长达359公里路段的现场情况，万武明推出了驻地工程师和驻地法语专家制度，派出驻地工程师和法语专家长驻各标段现场，通过他们深入了解、掌握施工一线情况，同时监督现场施工组织和工程进度、质量、安全等工作情况。

为加快中国工程技术人员对陌生的欧洲技术规范的掌握和应用，万武明组织外籍技术专家分批次轮流到现场进行技术讲座和交底，提升应用能力。为确保工程进度，他还与各单位项目部签订工期责任状，制定考核奖惩办法并按月执行考核，及时兑现奖惩。按照工期需要及时调整总体计划，并调配、筹集资源，加强现场组织实施，牢牢掌控项目工期主动权。组织西标段中心实验室开展月巡检和现场抽检制度，加强对各单位实验室和现场的管理，确保工程质量。

2010 年 10 月，西标段项目在阿尔及利亚东西高速公路项目东、中、西三大标段中第一个实现全线通车目标。2017 年 11 月，项目荣获第十五届中国土木工程詹天佑奖，这既是此届路桥工程方面唯一获奖的海外项目，同时也是首个获得詹天佑奖的非洲工程项目。

担任项目部总经理办公室主任期间，万武明每天承担着大量的综合协调工作，包括布置任务、督办工作、总结汇报等。那时几乎每月都有重大的工程庆典和重要领导慰问视察活动，仅在活动接待安排与协调方面，他就需要协调项目部与国家部委、中国驻阿使馆、中信—中铁建联合体、阿政府机构、当地新闻媒体等方面关系。2011 年，西标段项目部被中国驻阿使馆、阿中友好协会、中资企业协会联合颁发中阿合作杰出贡献奖。

在万武明和项目团队不懈努力下，2018 年 8 月，西标段项目完成最终竣工验收，保函全部释放，项目结算金额达 40.17 亿美元，工程款回收达 98.4%，成为阿尔及利亚特大型项目完成最终竣工验收、保函全部释放的成功首例，也创造了中国企业在阿项目结算金额的最高纪录。

# 郭爱民

## 铌技术研究专家

郭爱民，男，汉族，中共党员，1965年5月出生，中信金属股份副总经理、总工程师。作为中信金属铌技术领军人物，长期扎根铌技术研究和推广工作，将铌技术推广方向从钢厂扩大到下游建筑、汽车、能源、机械等应用领域，带动含铌钢产量增加，扩大铌产品市场。主持建立“IRPS”技术推广体系，增强了中信金属铌合金市场竞争力、行业引领力，实现从技术推广者到行业领导者、标准制定者的转变。建立中信金属博士后流动站引进外脑，增进国际技术交流，加强国际技术合作。先后获国家科技进步二等奖2项、省部级科技进步一等奖3项，荣获全国五一劳动奖章，入选新世纪百千万人才工程国家级人选，被表彰为中信集团优秀共产党员。

铌微合金技术是我国钢铁工业最具代表性的技术之一。作为中国铌技术领军人物，郭爱民扎根铌技术研发和推广工作32年，以铌为梦、以铌为业、以铌为归，书写了胸怀强国梦想、扎根铌铁技术的璀璨华章。

## 以铌为梦，不负韶华

郭爱民出生于20世纪60年代，经历过“以钢为纲”的年代，他深知钢铁工业是现代化强国必须跨越的门槛，萌生了最早的钢铁强国梦。1987年，他从北京钢铁学院毕业，入职原冶金部舞阳钢铁公司，同年，在负责“145mm厚超高压锅炉汽包用BHW35钢的国产化”项目中，第一次接触到“铌”。回忆这次项目工作经验，郭爱民说：“我被铌的威力震惊到了，它对钢的强韧性、高温性能具有这样神奇的作用，一见倾心、为铌折服。”

1992年至1998年，为破解我国“乙烯、合成氨石油炼化用压力容钢国产化难题”，郭爱民夜以继日加班实验测试。他说：“我就不信了，中国这么大的国家，压力容器用钢还得受制于人？”他带领团队加班加点，用两个月时间完成一年半的实验任务。他回忆：“当时年轻，熬夜加班都是常事，晚上加班到深夜，大门锁了，看门大爷也睡了，我就睡在厂里。”经过不懈努力，他终于成功地将铌技术大面积应用于压力容器钢板、锻件和焊接材料开发，实现了我国压力容器用钢全面国产化。

90年代中后期，随着我国铁路建设和建筑行业发展步入高速发展阶段，面临着特殊桥梁钢、建筑钢被迫依赖进口的被动局面。为破解这一难题，中信金属牵头推进铌技术在铁路建设和建筑行业的研发。作为中信金属专家委员会成员，郭爱民义无反顾地投身其中，先后主持“大跨度高速铁路用桥梁钢成套技术研究”“国家大剧院耐火耐候含铌钢技术研究”等重大科研项目，攻克了一个又一个技术难关。

在“国家大剧院耐火耐候含铌钢技术研究”项目中，郭爱民设计了20多种实验方案。一次实验中，他连续半个多月吃住在噪声、粉尘、高温俱全的现场，带着团队成员一炉一炉地添加配料，一块一块地测取滚烫的钢坯参数，一张一张地检查测验轧制钢板。过度的疲劳把他拖病了，经常出现眩晕、头疼，全身放射性疼痛，可他没有时间到一路之隔的医院做全面检查。实验结束后，他就马不停蹄地奔赴北京参加国家课题论证。课题通过后，他才僵直着身子被送往医院。医生责问他："你怎么才来？你再不接受治疗，人就要瘫了。"原来由于过度劳累，他患了严重的腰椎间盘突出，再延误有可能引发截瘫。

钢铁有情。郭爱民的辛苦付出取得了巨大收获，他研发出我国第三代、第四代桥梁钢，并成功地应用于京沪高速铁路南京大胜关长江大桥；提出了我国第五代桥梁钢技术研发思路，推动我国桥梁钢达到国际领先水平。他研发出耐火耐候含铌钢成功用于国家大剧院和北京奥运会主会场等重大建筑工程。

## 以铌为业，上下求索

2012 年，学成归国的郭爱民加入中信金属，任总工程师兼中信微合金技术中心常务副主任。然而，迎接他的却是钢铁行业进入寒冬、钢厂降本减亏、铌等"贵重金属"应用大幅缩减的"大考"。作为铌技术领军者，郭爱民带领团队迎难而上、逆境突袭。

逆境突袭第一招是战略破局。郭爱民坚持逆向思维，改变了围绕"产"作文章的思路，致力于打通"产学研用"中"用"的关键环节，通过推动应用领域的材料升级，扩大铌产品在下游行业的应用，从而扩大铌产品市场需求。思路转变一小步，行业改变一大步。这一战略调整，成功激活了需求终端对材料升级换代的积极性，从而带动了钢厂铌消费的快速增长。

逆境突袭第二招是战术优化。在全面构建"产学研用"技术推广战略的基础上，郭爱民又深入思考，如何进一步提升铌技术向下游行业推广的高效性和精准性，如何为整个产业链创造更大价值？为此，他带领铌技术团队创新性地提出"IRPS"技术推广体系。为推动这一技术推广体系取得实效，郭爱民带领团队深入国内各大上游钢厂和下游建筑、汽车、能源、机械重点企业进行调研。他曾经60天走访30家企业，平均2天1家企业。团队成员开玩笑地说：“郭总不是在调研，就是在调研的路上。”一次，由于吃在路上、睡在车上，回到办公室本想打印调研报告的他，在等待打印的不到一分钟的时间里，就斜着身子歪在椅子上睡着了。团队成员不舍得叫醒他，索性任他歪着睡去。醒来后，他说道：“这一觉，睡得可真舒服啊！”虽然过程辛苦，但是结果甘甜。这一战术打法，从应用领域出发把准了含铌钢市场脉搏，建立了体系化的技术研发和成果推广系统，先后设立了近百项产业链合作项目，实现了中信金属从技术推广者到行业铌科学技术领导者、标准制定推进者的转变，增强了中信金属的铌合金市场竞争力、行业引领力和推动力。

星光不问赶路人，时光不负有心人。在郭爱民的带领下，从2012年到2018年，中信金属铌产品业务销售大幅提升，中国含铌钢产量从4500万吨增长到7000万吨，中信金属铌产品销售从1.6万吨增长到3万吨，居世界首位，占全球1/3。

# 以铌为归，万里蹀躞

党的十九大报告指出，我国经济由高速增长阶段转向高质量发展阶段。作为供给侧结构性改革先行者，钢铁行业以化解过剩产能为突破口，下游行业以高质量发展和“中国制造 2025”为目标，优化结构、提升质量。这为铌技术研发推广和业务开拓，带来前所未有的机遇。如何顺势而为、乘势而上？郭爱民提出铌产品业务的“未来双重奏”。

第一奏，拓宽技术研发的新领域。郭爱民坚持“开发一代、推广一代、储备一代”的理念，提出“探索铌在新材料领域应用，提速新材料领域产业布局”的战略，明确新的铌技术研发方向为“高品质特殊钢、有色金属、新能源电池、硬质合金”等四个方面，将“产学研用”技术推广体系应用到新材料领域研发。这一前瞻布局，将对中信金属赢得新材料领域的发展机遇，具有重要意义。

第二奏，开拓技术研发的国际化平台。郭爱民提出“开放式创新、融入式发展”理念，对内建立中信金属博士后流动站，吸引海内外优秀人才，尤其是新材料领域人才；对外融入国际行业协会，增进国际技术交流，加强国际技术合作。这一开放心态，将积极助力中信金属建设“国际一流的大宗商品贸易商和矿业公司”的远大目标。

郭爱民说：“在我国由钢铁大国走向钢铁强国的过程中，国有企业是中坚力量，铌是催化剂，科技创新是驱动力。我将立足中信平台，扎根铌的沃土，为钢铁强国梦奉献毕生力量。”雄关漫道真如铁。相信郭爱民和中信金属铌技术团队定能不辱使命、圆梦未来。

# 刘海田

## 氯化钛白工业技术的改革者

刘海田，男，汉族，中共党员，1957 年 4 月出生，中信钛业、中信锦州金属公司原董事长。2016 年中信锦州金属公司出现经营困境时，已临近退休年龄的刘海田临危受命，带领全体员工攻坚克难、改革创新，一举扭转连续三年亏损局面，多项工作取得突破，2018 年营业收入较 2016 年增长 66%，净利润增长 334%，经营指标均创历史最好水平。带领团队攻克首条沸腾氯化技术的生产线难题，实现全流程稳定运行超过 230 天，各项经济技术指标达到并超过设计标准，工艺技术达世界级水平。组织新产品研发，推出不同应用领域专用型钛白粉新产品，填补造纸专用型、聚碳酸酯专用型、高档工程塑料专用型等多款产品空白。荣获辽宁省五一劳动奖章。

2016年11月，临近退休年龄的刘海田临危受命，带领员工开始了二次创业，全力以赴攻坚克难、改革创新，推动中信锦州金属一举扭转连续三年亏损的局面，中信钛业成功攻克制约企业生存发展的瓶颈问题，多项工作取得历史性突破，企业经营业绩屡创新高，步入高质量发展新阶段。

## 锐意改革，涅槃重生

2016年末，中信在锦州的两家公司遇到发展瓶颈，人心浮动，效益下滑。中信钛业投资5亿元建设的3万吨/年沸腾氯化法钛白粉生产线建成5年不能投入生产，凭借已有的两条1.5万吨/年熔盐氯化生产线艰难生存。中信锦州金属因行业产能严重过剩，连续三年亏损，生存面临巨大挑战，4000多名员工生计受到威胁。

刘海田把临行前王炯总经理的嘱托铭刻在心："平稳过渡，带好队伍，抓好生产，提高效益。"在充分调研企业现状后，刘海田提出了"尊重历史、面对现实、统一思想、提高认识、团结一致，求生存促发展"的工作思路，确立了以经济效益为中心的经营理念和发展战略，积极推动两家公司干部员工转变思维方式和管理模式，与中信文化全面融合。

过去，两家公司还没有彻底告别计划经济管理模式，采购、生产、销售互相割裂，生产部门不关心产品销售和采购价格，其他部门也是各干各的，严重缺乏市场经济意识。针对这一情况，刘海田大胆推行改革，坚持以利润为中心、以市场为导向、以成本为主线，模拟事业部运作，将市场竞争机制和全成本核算理念引入到企业内部的各个环节。开放价格查询系统，使每名员工都能监督上下游的工作结果，推动生产部门既控制成本，也关注原材料和产品价格，倒逼产品生产必须盈利。坚持绩效与考核同步，激励与约束并重，构建"四位一体"的考核体系，将经营成果与工资总额挂钩，持续降本增效，拓宽发展空间。同时，刘海田带领管理团队对公司管理架构进行重新整合，二级机构由原来的15个整合到8个，还首次实施中层管理职位竞聘，优化了干部队伍年龄和知识结构。通过全面梳理管理、技术、技能三个序列，重新定编、定岗、定员，全员劳动生产率提高了 13%，单吨人工费下降了 4.3%，管理创新取得明显成效。

随着规模的扩大，原料供应成为困扰钛白粉生产企业的“老大难”。国内外大型企业的解决办法是自建原料高钛渣生产线，但这种做法费用高、挤占资源、存在风险。刘海田仔细分析之后，决定换一个全新的思路：成立高钛渣生产联盟。说干就干，在他的推动下，中信钛业联合中国北方最有实力的 8 家高钛渣企业结成战略联盟，利用中信的品牌和信誉优势，代表联盟在国际市场批量采购钛矿，各企业加工后由公司统一回购。这样，中信钛业没花一分钱，却拥有了一个年产 15 万吨的高钛渣生产基地，不仅节省了 5 亿元的投资，更为公司可持续发展提供了保障。

## 攻坚克难，打破垄断

中信钛业原有的两条熔盐氯化法钛白粉生产线，既不成规模，更谈不上效益。2012 年，中信钛业投资 5 亿元建成了国内首条 3 万吨 / 年钛白粉生产线，采用的是国际先进的沸腾氯化技术，直到 2016 年底仍不能投入生产，已经“趴窝”5 年，不仅不能产生效益，每年还要投入巨额的调试费用，成为公司的沉重包袱。如果关键技术得不到突破，不能全流程正常生产，公司的生存将受到严重威胁。但一直以来，沸腾氯化技术被美国等发达国家所垄断，对我国实施严格的技术封锁。国内虽有多家钛白粉企业投入巨资进行尝试，却没有成功先例。

这一工程引起了集团各级领导的关注和重视，刘海田下定决心，要带领全体员工迎难而上，坚决啃下这块硬骨头，实现全流程长周期生产，让投资最终转为回报。面对复杂局面，刘海田经过周密调研，成立了攻关领导小组并担任组长，提出要解放思想、实事求是、总结经验、吸取教训，以科学严谨的态度学习借鉴其他企业先进的做法，研究论证新的改造方案，同时立下“军令状”，要在半年内彻底攻克技术瓶颈，“彻底解决制约公司5年的关键技术，了却中信集团、地方政府和公司员工的多年心愿，实现中国钛白工业强国之梦”。

人还是这群人，观念一变天地宽。刘海田组织技术人员分析数据，建立生产模型，反复测算调研……在生产工艺上一个细节一个细节地梳理排查，一个点一个点地分析论证，经过三个月的苦战攻关，终于一次试车成功，一举攻克了这项世界级技术难题，实现全流程稳定运行超过230天，各项经济技术指标达到并超过设计标准，工艺技术达到了世界级水平。中信钛业成为中国唯一一家成熟掌握沸腾氯化技术的钛白粉生产企业，从此西方国家垄断高档钛白粉生产工艺的时代宣告终结。

## 矢志创新，弯道超车

在刘海田看来，企业的成功没有秘诀，如果用一句话来概括，那就是遵循经济发展规律，重视科学技术是第一生产力。自赴任以来，他始终把技术创新作为重中之重，坚持中信钛业高端的品牌定位，紧紧依托院士专家工作站，广泛与科研院所开展技术合作，积极组织技术攻关和新产品研发，每年都推出不同应用领域的专用型钛白粉新产品，先后填补了造纸专用型、聚碳酸酯专用型、高档工程塑料专用型等多款产品的国内空白，并成功进入钛白粉应用最高端的汽车面漆领域，结束了中国高档专用型钛白粉完全依赖进口的历史，还打入国际市场，出口量创历史新高。

刘海田用实际行动践行了集团领导提出的“一年内攻克钛白粉生产线的关键技术，三年内新建扩能项目”指示要求，全力推进“打造中国质量最好、效益最佳、规模最大的氯化法钛白粉生产企业”的发展战略。2019年9月，中信钛业6万吨/年氯化法钛白粉项目奠基启动。到2022年，中信钛业将实现产能、收入、利润等指标较当前翻一番，实现对发达国家的“弯道超车”。

自刘海田上任以来，公司年年超额完成预算目标，2018年营业收入较2016年增长66%，净利润增长334%，主要经营指标均创历史最好水平。如今的中信钛业闯关夺隘、攻城拔寨，已成为国内同行业公认的最具发展潜力的高新技术企业，其广阔发展空间、良好成长性深受资本市场的关注。刘海田敏锐地捕捉到了这一契机，提出了“借力资本市场”的战略构想。在集团的支持下，中信钛业全面启动了上市工作，混合所有制改革也在稳步推进。

勇者潮头立，风劲帆正悬。中信钛业人将继续顽强拼搏、开拓创新，向着打造世界一流的钛白粉企业的目标砥砺奋进、行稳致远。

## 董卫国

# 冲在一线的“锰铁”硬汉

董卫国，男，汉族，中共党员，1968年1月出生，中信锦州金属锰产品事业部原四车间主任。从西扩项目建设投产到电炉产能、指标深度优化的11年间，与车间员工一同埋头苦干，多次创造生产佳绩。特别是在患股骨头坏死、双腿同时发病的情况下，他仍然带病工作，由人架着坐在车间检查配电、出炉、浇注等情况，指挥操作人员协同配合，为大型电炉设备投产做出突出贡献，将人员多、设备多的综合冶炼车间安全事故发生率降到零。带领车间班组先后被辽宁省总工会和中华全国总工会授予工人先锋号荣誉。个人获国家专利2项、省部市级科技进步奖和技术革新激励11项，获锦州市有杰出贡献高技能人才称号和五一劳动奖章。

董卫国患上了股骨头坏死，双侧腿同时发病。开始的时候直不起腰，走路一瘸一拐，后来愈发严重，来自髋关节和大腿近侧的疼痛导致他无法自主行走。但当时列入中信锦州金属公司重点工程的锰产品事业部五台大型电炉刚刚投产，事情千头万绪，作为车间主任的他已无心卧床休息，硬是咬紧牙关坚持工作，与员工一同埋头苦干、披荆斩棘，不仅为公司创造了丰厚利润，还锤炼出了一支爱岗敬业、敢于挑战、技术过硬的优秀队伍。这也就不难理解，为什么那么多了解董卫国的人都对他竖起大拇指：董卫国的骨头真硬！

## 车间主任当交警

股骨头坏死最直接的表现是疼，但再怎么疼也得挺着，不行就用止疼药顶着，这就是董卫国心中的信念。不能走到各岗位巡视，董卫国就坐在配电室里开班长、车间管理人员现场碰头会，根据汇报做出一天的工作部署。然而车间刚成立，百事待兴，只靠听汇报做决策是远远不够的，必须了解现场第一手情况，才能使车间的操作运行顺畅起来。于是董卫国找人架着他坐在处于车间正中炉台边缘的一把椅子上，既能观察配电和压放电极，又能对出炉、摇包、浇注情况一目了然，还能指挥天车与炉下操作人员协同配合。谈到这一幕，董卫国深有感触地说：那时是真真正正当了一段时间“交警”。

当“交警”不是摆酷，董卫国要摸索出一套车间整体操作运行程序，哪台电炉先出炉，哪台天车起吊哪个铁水包，哪个人在哪个位置干什么工作，都要有秩序有方案，既要做到全覆盖、无遗漏，又要避免重复管理、人员浪费。

直到车间完善了管理，做到了人员各站其位、各司其职，工作杂而有章、忙而不乱，董卫国才腾出时间去医院做手术，才能行走自如，直起腰来工作。

## 多措并举保安全

生产安全是车间工作中的重点，若管理不善，会带来惨痛的人员设备事故，之前做出的成绩也会被一笔抹杀。四车间原有班组兼职安全员以工作区域划分，人数众多，但管理效果却不见好。董卫国改变工作思路，将兼职改为专职，并把安全员数量从 11 人裁撤为 4 人，每人负责一个横班的跨区域安全管理工作。这样做的好处显而易见，但不同声音也逐渐冒出来。有人说董卫国任人唯亲，新任安全员都是和他关系好的，能力一般。还有人附和：车间人士，莫名惊诧，长此以往，安无定所。

到底是任人唯亲还是知人善任，是能力一般还是足以胜任，董卫国顶住压力，拿出硬骨头精神，以独有办法回应了“车间人士”的“惊诧”之口。首先在安全员的选择上严格选用标准，不仅要熟悉车间生产环境和操作环节，能吃透安全管理规定，还要认真负责、敢于管理。其次在绩效考评上坚持公正公开，让安全员在阳光下工作，同时安排安全员参加车间管理会，车间根据安全员的建议制定具体改进措施。最后在后勤保障上给予必要支持，明确安全员的权责利，进行更加专业的培训，并适当提高薪酬标准，解决安全员的后顾之忧。

一套“组合拳”打出去，“车间人士”彻底惊诧。他们看到，专职安全员关系莫论亲疏，年龄勿提大小，安全巡查不停步，汇报总结不含糊，责任落实不放松。他们看到，车间安全工作得到有效改善，不论是特殊作业工作票的填写、防范措施的落实，还是安全生产相关培训、安全管理规定的执行，较之前都有了很大提升。他们还看到，作为人员多、设备多、生产任务重的大型综合冶炼车间，竟然将轻重安全事故发生率降到“0”，为公司的安全生产做出了突出贡献。

## 换岗交流促和谐

在冶炼车间，冶炼工和天车工是一对“欢喜冤家”。天车工羡慕冶炼工自在，出完炉、扒完渣就能休息，冶炼工羡慕天车工轻松，动动手指、动动脚就能完成工作。天车工指责冶炼工挂不住钩子，冶炼工指责天车工摆不正位置。坐在上面的天车工说不服你来，站在下面的冶炼工说我来就我来。

到底来不来？董卫国权衡再三，决定“将气就气”让他们互换位置，体验一下对方的工作感受。这么一换，冶炼工上了车才知道天车工的不容易，更重要的是能从天车驾驶的视角看待自己的操作过程，了解了天车视界盲区，从而主动配合天车工作，做到安全无虞。而天车工下了车才知道冶炼工是真辛苦，不但要顶着铁水奔流的热浪出炉扒渣浇注，还要自主保养设备、安全巡检、做好属地管理。

体验之后，再安排冶炼工与天车工座谈，大家很快实现了工作认识上的统一，避免了工作中因沟通失误造成的影响。

## 改进工艺创效益

车间工作，管理是手段，安全是保障，完成生产指标才是硬道理。若没有生产这副骨架撑着，车间工作再丰满也是白搭。

2018 年，四车间尝试冶炼高碳锰铁。这是一块难啃的“硬骨头”，稍有不慎，不但合格产品出不来，还会对炉体造成严重损害，波及锰系产品的整体计划，进而影响公司的经营效益。董卫国组织车间硅锰渣、铁的浇注工作，及时调整电炉参数，制定各项安全预案，新增标准操作法，合理安排工序，对出现的问题认真分析解决，做到日事日毕。

功夫不负有心人，项目最终实施顺利，成功摸索出了密闭电炉冶炼高碳锰铁的数据，拓展了大型密闭电炉生产该牌号产品的能力，实现了产能最大化。此外，董卫国还通过强化考核，实施各项降本措施，使 2018 年低值易耗、维修材料费用较预算降低 63 万元，大幅降低了产品制造成本，为公司降本增效工作做出了贡献。

成绩来之不易，荣誉有目共睹。自 2005 年以来，董卫国获得 2 项国家专利，11 项省部市级科技进步奖和技术革新激励，11 次被评为公司优秀员工、模范员工、优秀单位中管、模范单位中管，荣获第四届锦州市有杰出贡献高技能人才称号，获评 2015 年度锦州市“最美劳动者”，并获五一劳动奖章。在他的带领下，车间班组于 2014 年和 2018 年分别被辽宁省总工会和中华全国总工会授予“工人先锋号”荣誉，如今正奋斗在锰产品冶炼的前线。

## 王建华

# 奔腾网的守护人

王建华，男，汉族，1976 年 11 月出生，中信网络有限公司网管中心原主任，现任运行维护部副经理。针对网络改造需求，牵头构建新型传输、数据网络整体结构，为快速部署各类新型业务搭建网络平台。2016 年至 2018 年期间，前后组织实施 10 余个节点城市的工程施工，特别是在北京、武汉、长沙等市工程中，主动组织、仔细审核各个专业流程和步骤，有效提升了公司网络品牌效应，树立了业界技术团队标杆。作为业务技术管理者，在 2018 年公司改制中积极组织网络融合和对外业务合作，严格把关网络信息安全、财务软件更新等事项，主动承担办公装修、装修材料选型、办公地址选址、装修进度等非本职工作，提高了施工质量，节约了大量经费。

王建华2001年进入中信网络，作为公司网管中心主任，他对所从事的通信事业抱有极大的热情和专注，他善于学习、勤于思考，获得了从网络认证工程师到通信业专家级别的全系列职业技术资格认证，并带领公司技术队伍整体达到行业领先水平，为促进中信网络和集团通信产业发展做出了突出贡献。

## 善思敏行，他是网络顺畅运行的守护者

“网络运维无小事，任何一个小问题都有可能引发大隐患，作为网管人必须严谨细致、认真对待，决不能掉以轻心。”王建华经常把这句话挂在嘴边，他一直也是这么做的。2014年公司网络运行遇到疑难问题：骨干网上海—武汉核心节点之间的光缆中断抢修复原后，上层核心设备间互联链路仍无法自动恢复正常。设备厂商按惯例更换了板卡备件，但不久后故障再次出现，厂商只能提出再次更换板卡。上海—武汉作为奔腾网核心节点，其故障将导致大量业务绕行备用路由，业务时延成倍增长，严重影响网络质量。是等待厂商再次更换板卡，还是进一步探究故障原因？王建华凭借其专业敏锐性，感到这次故障并不简单，可能另有原因。他没有依赖于厂商的处理思路，决定暂不更换板卡，而是组织技术人员全面分析，并带领团队进驻核心机房反复进行故障模拟，对底层传输进行彻底排查。在网络运行中引起故障的因素很多，大到设备板卡制造缺陷、业务配置错误，小到一个小小的元器件质量瑕疵、人工连接的力度是否适中，都有可能造成故障。面对如此繁杂的任务，部分人员产生了畏难情绪，王建华耐心地对大家说：“面对疑难问题，咱们只有亲自上手、不放过每个细节，才能尽快发现问题根源。排错过程中也能加深对网络技术的深层理解，提升处理问题的能力，等厂家、靠别人终究不是根本的解决办法。”在他的鼓励下，团队成员很快全身心地投入到排障工作中。

大家不知道的是，王建华在此前刚被确诊为中度青光眼，亟须手术治疗，医生也一再叮嘱他务必降低用眼强度，避免长期使用电脑工作引起眼

压进一步升高。排障工作时间长、强度大，王建华多次出现眼压升高、头痛等严重不良反应。但为了不耽误工作，他主动推迟手术时间，靠意志一直强忍着，始终坚守在一线。经过近 1 个月的加班加点、连续奋战，王建华带领团队最终查明故障原因出于某国际知名品牌提供的器件存在批次质量瑕疵，特定条件下会触发故障。由于问题发现及时，公司网管中心迅速采取措施，避免了缺陷设备对全网业务带来的故障隐患。问题解决了，王建华才返回北京，开始手术治疗。事后有同事这样评价他："工作中遇到问题，建华都会积极主动寻求解决办法，不等不靠，追本溯源，极富探索精神，还有股子特执着的劲儿。"

## 锐意创新，他是公司技术革新的带头人

2011 年，王建华敏锐地意识到，在当时的国际大环境下，国家对于信息产业的定位越来越清晰，国内互联网企业的爆炸式增长意味着公司面临大量新型业务需求，亟须全面推行网络升级换代。当时面临着多项选择难题：设备选择国内厂商还是国外厂商？设备架构设计容量大小、选型档次高低如何确定？面对这些难题，他主动组建了公司技术团队，在炎热的夏天，十几个戴着厚厚的眼镜、走在大街上没人会在意的"路人甲"，挤在狭小的网管中心，完成了公司网络架构的全面升级改造，一直稳定运行到今天。

当王建华带着团队反复进行技术论证、修改方案、推倒又重来时，当他经过深思熟虑力排众议选择使用国内设备时，当他一次次填补新设备新技术规划环节的空白时，当他为了节省成本、凡事亲力亲为时，当他躺在只垫了一层纸皮的静电地板仍苦苦思考时，外人很难想象他内心经历了什么。面对网络一次次成功地升级改造，王建华十分欣慰，他为这个团队感到高兴，正是这些普普通通的专业技术人员，独立规划设计出来了一套新型网络平台。

实践证明，王建华和他带领的团队付出的努力没有白费。这套网络平台不但能够实现快速部署各类新型业务，而且整体网络成本较低，稳定性

也非常好，具备支持先进的 MPLS 技术能力并支持 10G 至 100G 大带宽接口，领先于国内同行，为满足公司未来业务需求提供了有力支撑。网络质量关乎公司业内声誉，也直接影响公司的核心竞争力。这套网络平台的推出，使得公司在激烈的市场竞争中保持了一定的技术优势，赢得了良好的市场口碑和广阔的发展空间。更直接的体现是，中信网络在混改的过程中，为集团创造了可观的收入。目前，这套网络平台持续为中信网络创造出新的价值，不断为集团信息产业板块的发展夯实基础。

## 甘于奉献，他是冲在工作一线的急先锋

近年来，中信网络一直处于业务发展的重要阶段，王建华主动承担网络割接、搬迁等各项繁重的任务。“任劳任怨，不计得失”是同事们对他最突出的印象之一。让大家记忆犹新的是，2010 年奔腾网络平台进行拓扑结构优化，全网核心系统的业务割接时间紧、任务重，他无暇顾及预产期临近的妻子，带领网管中心技术队伍连续奋战了两周。在此期间，王建华不但没有请一天假，而且还加班加点，甚至经常连夜工作。在一次重大客户

业务迁移割接时，恰逢孩子出生的前一夜，同事们都劝他暂时放一放工作去陪护妻子，但为确保割接任务不出差错，王建华坚持亲自参与，带领同事进行方案研究审核，并组织业务割接实施，直至早上 6 点顺利完成后才匆忙赶往医院。

王建华始终认为，工作中不管是这个部门的事还是那个部门的事，都是公司“这个大家庭”的事，作为公司一员，在公司需要时都要挺身而出，积极主动分忧解难。2016 年长沙机房搬迁，王建华主动承担了搬迁任务，全力保障每个流程、每个环节都界面清晰、衔接紧密，同时尽力优化割接程序，避免或减少客户业务中断。为按时、顺利完成机房搬迁任务，他带领骨干人员到长沙驻扎 2 个月，经常加班加点，讨论技术方案到深夜，第二天又准时投入到工作中，最终在预定时间窗口准确无误地实施完成所有搬迁任务，2 小时内顺利完成上百条业务割接迁移，比预计时间缩短 4 小时。整个搬迁工程期间最大限度地避免了业务中断，减少了故障历时，做到了客户业务零投诉，极大提升了奔腾网的品牌效应，树立了业界技术团队标杆的良好口碑。

始于对中信事业和通信行业的向往，18 年前，王建华怀揣梦想走进中信、矢志中信；18 年间，他不忘初心，执着于通信事业，做出了突出贡献。正如同事们所说：“他无论是工作态度、专业技术水平还是领导能力，都为我们树立了好的榜样，深深地影响着我们整个技术团队，传递了满满的正能量。”

# 李英洪

## 引进国际图书版权的带头人

李英洪，男，汉族，中共党员，1972 年 12 月出生，中信出版集团执行总编。长期负责公司版权业务，探索建立版权数据库系统，完善版权业务管理体系，为树立中信出版国家版权声誉打牢基础。带领版权团队为中信出版引进《黑天鹅》《乔布斯传》《21 世纪资本论》等大量优质国际版权图书，奠定中信出版品牌特色。主持建立海外书探体系，引入美国和欧洲书探，确保获取重点选题和作者信息方面领先。积极践行国家战略，推动《大国战略》《读懂供给侧改革》等展示改革开放成果的书籍输出国际，累计 2000 余种，遍及美国、欧洲、东南亚、东亚地区。先后荣获第七届全国优秀版权经理人、2009 年度全国优秀版权经理人、全国第四界金融系统知识型职工先进个人。

李英洪2001年加入中信出版，现任中信出版集团执行总编。在中信出版从小做大、由弱做强过程中，他始终以爱岗敬业、勤勉奋发的专业精神，奋斗在图书出版、国际版权贸易第一线，建立和完善了中信出版的国际版权业务管理体系，扭转了中信出版版权引进输出失衡的不利局面，为巩固和提升中信出版在国际版权市场的优势地位、推动中国文化“走出去”做出了巨大贡献。

## 白手起家、从零开始的国际版权业务“开拓者”

21世纪初，版权对绝大多数中国出版社都是新鲜事物。由于缺乏历史积累、缺少优质作者和作品资源，中信出版在当时只是默默无闻的小出版社。为了推动业务发展，中信出版将选题来源转向国际出版市场，希望通过大力拓展国际版权业务，培育新的竞争优势。就在这个时候，李英洪从编辑岗位转而从事版权业务。

如何开展国际版权业务？这对十多年前的中国出版业来说是个崭新课题，没有现成经验可以借鉴。面对新业务，李英洪自知只能白手起家、从零开始进行创业，必须加倍努力才能在最短时间做出业务规模，快速形成中信出版的竞争优势。在此期间，李英洪每天平均工作时间长达14个小时，放弃了所有节假日休息时间，全身心投入到工作中。

通过潜心研究国际出版公司经验做法，李英洪敏锐地发现，国内版权管理系统尚属空白，直接限制了国际版权业务的开展。由于市场上缺少相关专业人才，他干脆自行摸索，自学数据库知识，从零开始、一条一条地建设数据库。新建成的数据库功能还不完善，他就边使用、边积累经验、边改进完善。经过他的努力，数据库逐步建立了版权合同、版权结算等常用的业务模板，运用数据管理模式，建立健全了版权业务管理体系，实现了所有版权业务能够随时调出信息的目标。得益于版权管理系统精准的数据支撑和完备的业务进程描述，中信出版逐步得到国际合作伙伴信任。李英洪只用不到两年时间，就将国际客户规模从100家左右拓展到2000家以上，不仅为中信出版积累国际版权资源、实现规模化引进创造了条件，也为中信出版在国际版权市场树立品牌地位、提升品牌价值立下了汗马功劳。后来，随着规模化引进国际选题版权，中信出版以独树一帜的大众商业财经图书业务在整个出版行业占据了重要市场地位，成就了备受瞩目的“中信现象”。

## 牢记使命、持续创新的中信出版发展“推动者”

加入 WTO 之后，随着我国经济腾飞和转型发展，更加需要新的经验与理念，为大众创业、万众创新提供指引。这是中信出版在新时期的业务使命。以此为目标，李英洪结合我国社会发展趋势和特点，从每个细分产品线入手，研究不同领域国际专家学者的最新动态和专业领域的权威评价，带领版权团队以作者、理念、趋势为核心，逐步探索出了挖掘国际优质选题的先进办法。

那时候，李英洪的工作就是每天在互联网上不停搜索，阅读大量外国文献，像个侦探一样在茫茫资讯中发掘线索。2006 年初，在搜索行业信息时他发现了一篇讲述平台网络与社群网络的文章。文章中首次提到了一个新的理论——长尾理论。仅仅几句话的描述引起了他的高度关注，几经辗转终于找到了作者的经纪人。经纪人吃惊于来自中国的中信出版社居然能有这样的敏感性和前瞻性，痛快地答应授权。《长尾理论》2006 年 5 月在美国一经上市，就迅速引起了互联网行业的高度热捧；同年 11 月，中信出版的中文版上市后立刻成为备受商业领域关注的图书。通过这样的工作方法，李英洪带领版权团队陆续引进了诸如《史蒂夫·乔布斯传》《21 世纪资本论》《创业维艰》等大量优质国际版权图书。这些图书的引进，为国内读者带来了从经济学到跨学科等领域的新知识、从互联网到物联网等方面的前沿理念，不仅极大地拓宽了国内读者视野，获得了巨大社会效益，还赢得了市场认可，进一步凸显了中信出版的品牌价值、特色和影响力。

为了巩固并提升中信出版在版权业务上的竞争优势，李英洪主动对接国际市场，耗时五年多时间，先后在美国和欧洲等地建立了完备的海外书探体系。这意味着他每天都可以收到最新的国际图书行业动态、作家作品的最新信息。正是凭借这套书探体系，他们在获取关键选题等方面的能力遥遥领先国内竞争对手，为推动中信出版发展提供了强大支撑和有力保障。

## 深挖资源、精准定位的版权输出业务“设计师”

在公司发展前期，中信出版以国际版权图书为主要业务，迅速扩大了业务规模、占领了市场、赢得了读者认可。但这种业务模式在展现我国特色文化、反映当代社会风貌等方面存在明显不足，与中信出版孜孜以求的大文化梦想存在较大差距。为此，中信出版积极挖掘本土创作资源，依托市场开拓能力和品牌影响力，逐渐积累了一批能够反映我国社会历史变迁的本土创作资源。

在这一背景下，李英洪积极践行文化“走出去”战略，根据不同国家和地区特点，从每一本图书做起，向海外同行定向推荐国内优秀作品。可是，零散的推荐并没有取得想象中的效果，国外出版社严苛的选题筛选机制对中国作品的关注度和认可度十分有限。面对困难局面，他依托多年国际版权工作经验，重新审视中信出版自身选题优势，寻找“走出去”的突破口。经过深入研究，他逐渐产生了一个大胆想法：“既然中信出版一直以来以财经类图书见长，并且已经出版了大量反映本土企业成长的图书，那么为什么不将这类图书重新包装策划，形成一套新的‘投资中国’系列图书，整体对外输出呢？如果以华为、阿里巴巴、腾讯等国内企业和企业家成长的故事为切入点，来反映中国改革开放的巨大成就，就能够使这类选题更具实用性和可读性，也更容易被国际市场接受。”在李英洪大力推动下，“投资中国”系列图书成功“走出去”，并在海外市场取得了巨大反响。以此为契机，李英洪带领团队逐渐将中信图书的版权输出到美国、欧洲、东南亚、中东等地区，短短几年间输出图书超过 2000 种、实现版权输出收入 2000 多万元，不仅改变了中信出版“只有引进、没有输出”的“一头沉”旧貌，还让中信出版成为行业内“走出去”的排头兵。

李英洪说，在中信出版的 18 年是他人生中最重要的时期，他从青年步入中年、陪伴企业共同成长。时至今日，中信出版已经从年出版图书 30 余种、图书码洋 500 多万的小出版社，发展成为年出版新书超过 1400 种、图书码洋超 30 亿的上市出版集团。这些成绩，是以李英洪为代表的中信出版人，身体力行、开拓创新、艰苦奋斗的结果。展望未来，以李英洪为代表的中信出版人也必将与企业一道，共同走向更大的舞台。

# 蒋　蕾

## 守正创新的出版人

蒋蕾，女，汉族，中共党员，1971 年 4 月出生，中信出版集团中信书院总经理。全力打造精品图书，带领团队出版的《道路与梦想》《激荡三十年》《海底捞你学不会》等图书，多次获得图书大奖。全面推进的《乔布斯传》等重点项目成为业界经典案例，开 IP 立体化运营先河。组建中信书院团队，打造以互联网技术为载体的多媒体知识服务平台——中信书院，荣获百道网 2017 年度大众知识服务品牌、中国数字阅读大会 2018 年度中国十佳数字阅读项目等奖项。编辑团队获中信集团女职工文明示范岗、第三届全国金融系统学习型组织标兵班组、全国金融五一劳动奖、全国五一巾帼标兵岗，个人获全国金融五一劳动奖章 、全国金融系统创先争优优秀职工。

“出版行业，是给人以教化、教人以高尚、育人以无私的崇高事业。”秉承这份信念，蒋蕾全身心投入到出版工作中，始终以对读者高度负责的态度，策划每一个选题、审阅每一份稿件、做好每一本图书。在公司传统出版业务快速发展进程中，她坚守初心，以出色业务能力赢得了众多读者和优秀作者的信任；在互联网时代来临之际，她积极创新，组织搭建了互联网知识服务平台“中信书院”，为立体化互联网出版模式做出了有益探索和卓有成效的开拓，曾先后获得全国金融五一劳动奖章、全国金融系统创先争优优秀职工等荣誉称号。

## 坚守初心、忘我工作，秉持专业精神的出版人

加盟中信出版前期，蒋蕾主要负责商业财经类图书出版等传统业务。作为一名专业出版人，她始终将工作摆在首位，在选题质量上严格把关，在书稿编校上精益求精，在市场策划上与时俱进，受到合作各方一致认可。即使在 2010 年父亲病危之际，她守在病床前，仍然坚持通过邮件、电话有序安排工作。父亲去世后，同事劝她休息，但她强忍悲痛，匆匆安排好父亲后事，就立即返岗，投入到一年一度紧张忙碌的图书订货会筹备工作中。

著名企业家王石与中信出版的第一次合作是他的传记《道路与梦想》。图书出版前，蒋蕾负责带领团队与他深入讨论内容架构、出版流程、宣传要点和活动细节，终于得到了王石认可并表达出高度配合出版的意愿。王石说：“你们得催着我啊，给我明确的时间节点，我一定按时完成。”编辑团队开始还比较担心：“他那么大的老板，我们这些小编辑天天催他合适吗？”蒋蕾却说：“越是成功的人越是自律，也越是尊重专业。只要认真工作、高度负责，充分体现咱们的专业素养，对得起作者的信任，怕什么？”那段时间，在蒋蕾的督促下，王石百忙之余，依然保证每天抽出至少 4 个小时用于写作，终于赶在截止期限前交了稿。为了赶在当年的图书订货会前出版，蒋蕾一边带着编辑团队加班加点，一边努力与王石沟通设计、审校等流程，力争做好每一道环节、每一个细节。新书出版后，取得巨大成功，王石夸赞道：“你们是我见过最专业、最靠谱的编辑团队。”10 年之后，

王石的新书《大道自然》，依然选择了与中信出版合作。之后的《褚时健传》，也是王石从中牵线搭桥。用他的话说："我只是为褚老推荐了我最信任的出版团队。"

凭着专业的策划、编辑和沟通能力，蒋蕾带领团队出版了《赢》《激荡三十年》《野蛮生长》《史蒂夫·乔布斯传》等社会反响好、影响力强的高质量图书，不仅赢得了作者和市场的广泛认可，还多次获得了年度优秀团队等荣誉称号和年度财经图书等重要奖项。

## 关爱团队、凝聚合力，促进团队高效协同的领导者

经过自身不懈努力和中信出版的重点培养，蒋蕾从一名普通编辑快速成长为团队领导者。角色变化后，她将更多精力放到了团队建设上。在工作中，她强调团队作战和高效协同，高度重视传帮带，大力帮助新编辑快速提升业务能力；在生活中，她关心关爱每一位成员，逐步成为同事心目中的"老大姐"。

刚升任中信出版第二分社社长时，蒋蕾发现同事们性格不同、特点各异，有的比较内向、不容易融入团队，有的我行我素、习惯于独来独往，还有的性格高傲、不太合群，难以形成团队工作合力。面对这种情况，她在正常的业务沟通会、策划会之余，特意与同事们约定每周五组织团队的“午餐会”，让大家自备简餐、边吃边聊，分享工作生活中的喜与乐、难与愁。遇到喜事儿，大家一起开心；遇到难事儿，大伙儿共同出谋划策。除此之外，她还在生活中对每位同事关怀备至，谁生病了、谁失恋了，她总能够第一时间给予关心和帮助。在她的努力下，本来“各自为战”的团队，很快成为了可以畅所欲言的好朋友，团队凝聚力显著增强，面对重点、难点工作时总能团结协作、众志成城，工作效能大幅提升。为此，有时候还会有外社的编辑慕名前来求职，希望成为这样团队中的一员。

在蒋蕾带领下，第二分社成为一支政治坚定、业务精湛的出版队伍，建立了团结奋斗、无私奉献的团队文化，先后获得了全国金融系统学习型组织标兵班组、全国金融五一劳动奖状、全国五一巾帼标兵岗等殊荣。

## 矢志创新、不断探索，推动出版业转型升级的开拓者

2011 年后，蒋蕾更多地承担起了推动出版业务开拓创新的重任。在操作《罗马人的故事》营销活动时，经过与王石、俞敏洪等知名企业家沟通，她敏锐地发现罗马时期的故事对我国现代企业和社会管理有着诸多启发和借鉴之处。以此为契机，她发动团队开展头脑风暴，探索打破常规的营销模式，决定组织企业家罗马游学活动，把读万卷书和行万里路结合起来，跟随罗马帝国领导者的脚步学习战略视野和领导艺术。

奇思妙想虽然令人激动，但落实起来可谓困难重重。特别是对于大多从事传统出版业务的编辑，面对导师课程、路线设计和食宿安排等专业工作更是完全成了“门外汉”。为了广开思路，蒋蕾带领团队分头行动。一方面，她安排编辑深度研读相关书籍，联系王石、樊纲等专家做游学顾问，规划课程体系。另一方面，她多方寻找合作伙伴，解决旅游资质和食宿安排等问题。产品初步成型后，如何寻找客户又成为新的难题。她带领团队

尝试了读书会、书中广告、机场广告、航空公司和银行高端客户推介、商学院推荐等多种推广方式，终于凭借扎实的课程内容和堪称“豪华”的导师阵容得到了众多企业家学员的认同。在她大力推动下，“罗马之路——大格局领导力”首期课程成功举办，不仅打造了中信书院全球课堂旗舰产品，在国内众多知名商学院中树立了良好口碑，还在业界开了 IP 立体化运营的先河。

随着互联网环境和技术的发展，“有声阅读”成为新型阅读方式，“知识付费”概念逐步兴起。为了抓住出版业互联网转型的机遇和知识付费的风口期，蒋蕾又于 2017 年负责整合公司内部优质出版内容，打造互联网知识服务平台。

面对传统出版社互联网技术基础薄弱、网络流量红利迅速消退、“知识付费”市场震荡加剧等困难，蒋蕾带领中信书院团队边学边干、分工协作，有序推进技术平台搭建、引流拉新、线上知识内容储备等各方面工作，仅用半年时间就实现了中信书院 App 正式上线。通过技术迭代和产品运营，中信书院自有平台用户积累数量快速突破了 600 万，不仅与平安集团、百度、南航等企业建立了合作关系，还通过“互联网 +”异业合作模式，与中央和国家机关工委的“支部工作”App 进行了深度融合，设立了“新时代书院”学习频道，为 95 个部委单位提供高效优质的互联网党建学习服务。仅在中信书院项目上线第二年，就实现数字出版销售收入近亿元。经过三年建设，中信书院项目已成为传统出版业转型升级的典型案例，荣获百道网 2017 年度大众知识服务品牌、中国数字阅读大会 2018 年度中国十佳数字阅读项目等奖项，并入围 2019 年中宣部数字出版“大众出版类”精品项目。

提起 17 年的出版生涯，蒋蕾总是说：“我对这份职业一直怀抱敬畏之心。唯有心存敬畏，才能无愧我心。为了崇高的出版事业，我将始终坚守初心、立足一线、矢志创新。”

## 车红英

# 救死扶伤三十载的普外科专家

车红英，男，汉族，中共党员，1966 年 3 月出生，五四一总医院普外科主任。在五四一总医院普外科工作 30 年，认真开展普外科、胃肠系统、肝胆系统及肛肠系统疾病诊治工作。带领普外科团队先后开展腹腔镜胆囊切除术等多类手术，以及半肝切除、胰十二指肠切除等特大手术，使腹腔镜手术技术有了较大提升，全科腔镜手术占比从之前 20% 上升至 70%，达到市级或省级医疗水平。被表彰为运城市优秀共产党员，2016 年被选为中共山西省第十一届党代会代表。

车红英三十年来忠诚于党的卫生事业，不计得失、不求名利，严格要求自己，一心扑在救死扶伤的医疗工作上；忠于职守、脚踏实地，干一行爱一行专一行，在平凡岗位上奉献着如歌的年华。

## 牢记父亲的嘱托

“小车不倒只管推，一颗红心为人民。栋梁英才报党国，救死扶伤多积德。”五十四岁的车红英至今仍牢记着父亲沉甸甸的嘱托，那是三十五年前一个淳朴的山区老农民对考上省医学院的小儿子的殷切寄语，这成为终生激励他忘我学习和工作的座右铭。

1989 年车红英以优异成绩毕业于山西省医学院医疗系，此后三十年一直扎根在五四一总医院，从未羡慕城市大医院的优厚待遇而“挪窝”。这家全国罕见位于乡镇的三级乙等“特殊医院”在晋南享有广泛声誉，2016 年至 2018 年连续三年获国家卫计委、健康报社“改善医疗服务示范医院”的殊荣。车红英便是这所医院的杰出代表。

三十年如一日，车红英始终牢记全心全意为人民服务的宗旨。“我们应该时刻心里装着病人，挽救一条生命，就是挽救一家人。我们是人民的医生，是共产党员，不能忘记党和人民的教诲。我是在国家很困难的时候培养的医学生，不论在任何环境和条件下，不管遇到多大困难，我都要竭尽全力做一名合格的党员医生。”车红英是这么说的，更是这么做的。作为院级专家、普外科主任，他深知自己的职责，积极带领全科医护人员完成医院下达的各项工作任务，努力钻研医术，提高业务水平。作为一名共产党员，车红英就像对待亲人一样对待每一位患者，力争让每个病人都带着笑脸出院；始终严以律己，坚决抵制行业不正之风，坚持不开大处方、不开不必要的贵重药品和新特药，不该做的检查坚决不做，最大限度地减轻患者负担。凭借娴熟的业务知识和高尚的医德，车红英每年都会收到许多患者赠送的锦旗、牌匾和表扬信，还有不计其数的口头表扬。通过对出院病人进行问卷调查显示，普外病人的满意度一直保持在 90% 以上，赢得了社会对医院的信任和尊重。

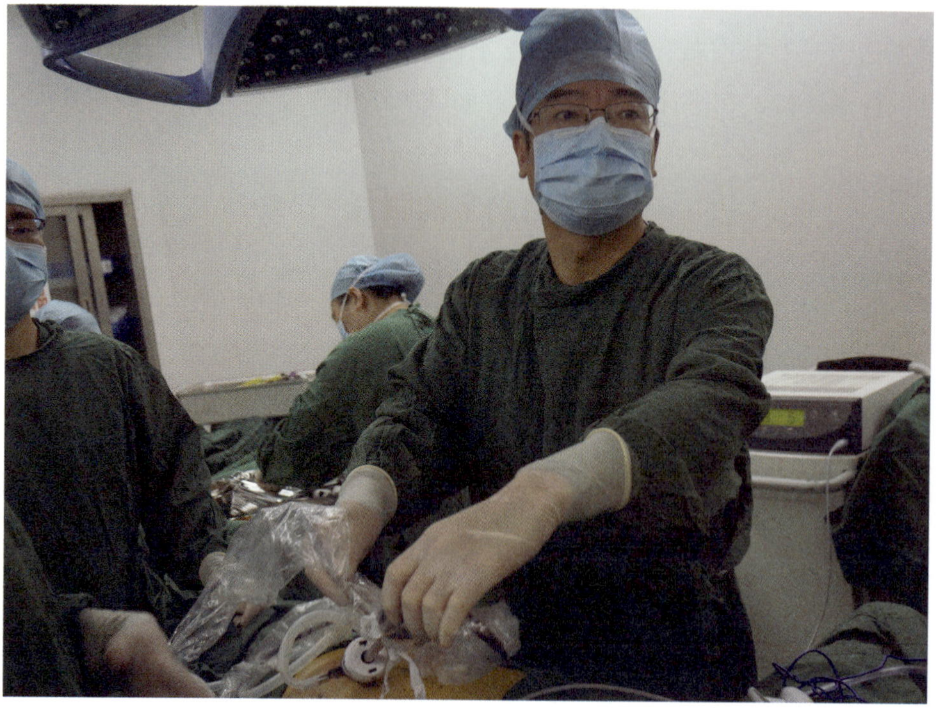

## 把患者放在心上

一位宫颈癌放疗后反复肠梗阻的病人，20余年辗转多地就医，包括西安、太原等各大省会医院，均诊断为放射性肠炎，经保守治疗好转后出院，但又反复住院接受保守治疗，病人苦不堪言。来五四一总医院住院后，车红英详细询问病史，细致研究影像学资料，组织多学科讨论，诊断为放射性肠炎致病痕狭窄不全梗阻。经过与家属充分沟通，决定进行手术治疗，患者多年的痛苦一举消解。患者的儿子再三要送红包、请吃饭，都被车红英婉拒了。家属非常感激地说："我母亲住院多次了，我是头一回碰到您这样技术好、医德又好的医生。"

急病人所急、想病人所想是车红英一贯的工作作风，普外科重危病人多、急诊病人多、意外应急事件多。每当遇到垂危病人抢救或突发事件时，无论白天还是黑夜，无论上班还是休息，无论严寒还是酷暑，车红英总是随叫随到。一次凌晨 2 点，睡梦中的车红英被电话叫醒，说化肥厂爆炸致多人烧伤，接到命令，他迅速穿衣，奔赴急诊科，同时召集全科医护人员参加抢救，整整一个晚上抢救了 4 名重度烧伤者，赢得抢救机会，使伤者转危为安，最终康复出院。

还有一年腊月二十七，有一位食管癌病人做食管癌根治，因手术复杂、患者年龄大，术后患者并发肺部感染，肺功能不全，采取气管插管、呼吸机辅助呼吸，术后病情危重，住重症医学科。正值春节放假，车红英放弃节假日休息，每天到科室去看望患者、指导治疗，病人一有情况就立即赶到，病人家属也被感动了。功夫不负有心人，最终患者顺利康复出院。而这些仅仅是车红英日常工作状态的一个缩影，类似的情况不胜枚举。

## 只问登攀不问高

“技术过硬，为患者治好病，才是称职的医生。”这是车红英的信条。参加工作三十年来，车红英不仅熟练掌握了普外科医疗领域各种基本技术技能，还瞄准科技前沿，吸纳当今医疗尖端科技成果，提高自主创新能力。以腔镜手术为代表的微创技术是外科疾病治疗的发展趋势，也是车红英的主攻方向。他立足实际、刻苦钻研，努力实践、精益求精，使医院腹腔镜微创技术有了显著提升。目前，普外科正在逐步开展胃癌、结肠癌、直肠癌的腹腔镜手术，这些手术在保证肿瘤根治、淋巴结清扫的前提下进行，创伤小、出血量少、术后恢复快，有良好的应用前景。

2018 年秋，五四一总医院普外科完成了一例高难度手术——“全腹腔镜脾切除术”，这标志着医院腹腔镜技术又上了一个新台阶，填补了医院的空白，达到了省内领先水平。据了解，该患者因“脾脏肿瘤、充血性脾肿大、特发性血小板减少症”入住普外科，经科室讨论后决定为该患者实施全脾切除术。考虑到患者病情严重，而传统开腹手术至少有 20 厘米长的大切口，术中需要切断腹壁肌肉，对患者造成较大创伤。为减少术中出血，经术前充分讨论，决定施行腹腔镜手术。在车红英的带领下，经过缜密的术前计划，手术取得了圆满成功，患者腹部伤口不明显，很快恢复正常饮食并可下床活动。

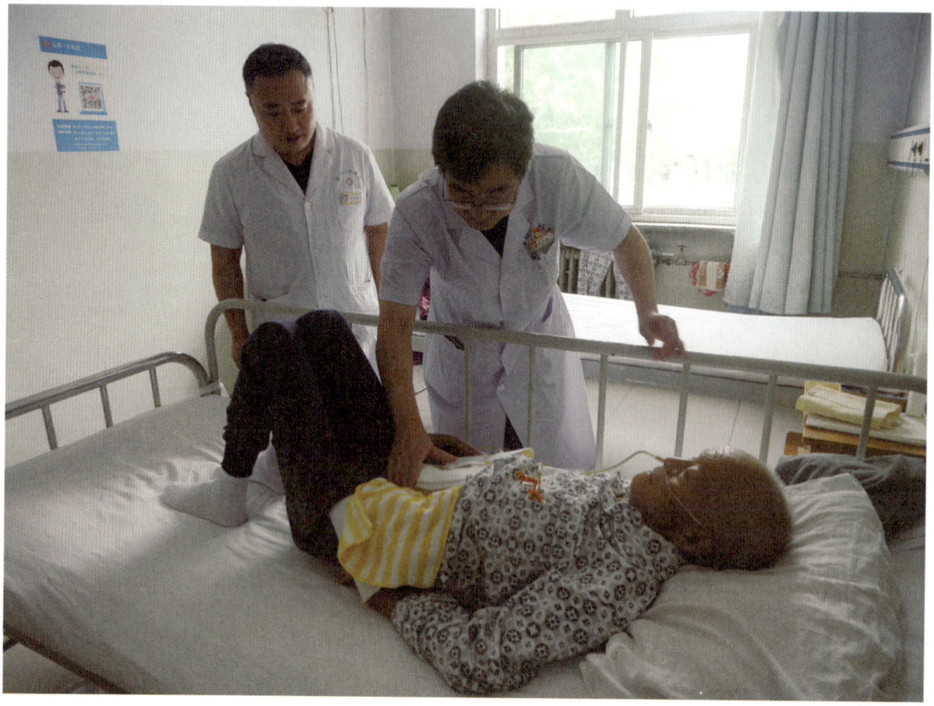

三十年来，车红英勤勤恳恳，胆大心细抢救病人，稳妥开展治疗和手术，从死亡边缘拉回了许多凶险危重病人。他的手术以切口小、分离细、出血少为特点，病人恢复快，深受广大群众好评。他不论白天、黑夜，还是节假日，几乎天天上班，很少有休息，只要有危重病人，他就会出现在抢救室内或手术台上，有时一天连续做四五台手术，从不说辛苦。由于服务态度好、技术水平高，慕名找他做手术的病人很多，每年由他主刀做的大大小小手术近1000例。

车红英将青春年华献给了他所热爱的事业和人民，党和人民也将信任的目光投向他，他是山西省第十一届党代表大会的代表，多次被评为运城市和卫生系统先进工作者、优秀共产党员和劳动模范。面对荣誉，他只是把它们看作对自己的鼓励和鞭策，他明白，自己要做的事太多，路还很长很长……

## 刘修文

# 克难攻坚的财务管家

刘修文，男，汉族，中共党员，1977 年 2 月出生，中信城开财务管理部总经理。2007 年华南集团、深圳集团和北京地产公司重组成立中信地产，作为财务部门领导参与中信地产重组改制、对接配合集团上市、参与重大项目收购转让和中信地产小股东退股等一系列工作，为公司创造了良好的经济效益。2016 年中信地产与中海地产进行重组交易中，积极配合做好近千亿元规模资产的剥离、重组、移交构筑，有效维护了中信利益。任中信城开财务管理部总经理后，牵头推动海南国安等存量资产处置，实现存量资产占比大幅降低，回笼资金超 30 亿元，为公司后续发展奠定坚实基础。

“能克服困难的人，可使困难化为良机。”每当遇到困难时，刘修文总会想起丘吉尔的这句名言。秉承这种理念，刘修文先后在中信深圳集团、中信地产、中信城开等公司的财务岗位上，克服了一个个困难、攻克了一道道难关，出色完成了中信地产重组改制、中信地产与中海地产重组交易、存量资产处置等一系列重大任务。在此过程中，他用“担当”“勤勉”“创新”生动诠释了新时代中信财务人克难攻坚的优秀品质，最大限度地维护着中信的利益。正如他手中核算的每一笔数据，无声但有无穷的力量。

## “担当”——临危受命、勇于担责

2007年，对刘修文来说，是难忘的一年。原华南集团、深圳集团和北京地产公司重组成立中信地产，刘修文临危受命，担任财务部领导，同时阶段性兼任下属公司财务负责人。在此期间，他不仅要完成日常财务工作，还被“凌云”项目抽调为财务工作组成员，参与中信地产改制审计评估等重点任务。面对困难，他没有被吓倒，凭着一股子不服输的拼劲儿，与财务组成员一起深入各公司开展调研，摸情况、查问题，细致梳理历史材料，耐心协调各方主体，制定有效对策措施。工作累了他就躺在办公桌上睡一会，饿了就泡碗方便面简单对付一下……经过努力，他不仅用最短时间推动新组建部门的业务工作走上了正轨，还在中信地产、深圳集团等10余家公司改制以及中信地产成立、引进战略投资者的过程中发挥了重要作用。

2016年，正值刘修文孩子面临上学、公司为他申请“京外调干”的关键时期，集团启动了中信地产和中海地产的重组工作。面对重大任务，他顾不上考虑因业务整合导致暂停“京外调干”对自己和家庭的影响，来不及筹划今后的职业生涯，就全身心投入到重组工作之中。面对时间紧张、资产庞大、涉及人员多、与中海地产未明确事项复杂等诸多难题，他迅速理清头绪、进入状态，和17家下属公司的财务总监逐一沟通，安抚情绪、稳定团队，明确财务工作的方向、标准和程序，及时解除了天津和青岛信托计划，稳妥做好了剥离资产重组、中信地产利润分配和再增资等工作。那段时间，他顶着巨大的压力早来晚走，经常忙碌至深夜，手机总是24小时开机，确保有情况随叫随到。眼看着他眼圈浮肿、眼眶暗沉，原本乌黑的头发渐渐花白、变少，爱人不忍心、劝他多休息，他却说："我毕业之后就加入中信，是中信培养了我，作为一名中信人，就是要在关键时刻冲得上去，在危急关头豁得出来。"

在刘修文带领下，财务团队仅用三个半月时间就完成了涵盖 27 个城市、115 家公司、超千亿元资产的审计和评估工作。为促成交易顺利完成，他还就协议中的未明事项与中海地产进行艰苦磋商，通过一次次上门沟通、一项项资料整理、一遍遍耐心解释，在短短 6 个月时间内就完成了近千亿元规模资产的重组交易和移交工作，切实维护了中信的利益。

## "勤勉"——笃信好学、忘我工作

"态度决定一切，勤奋成就一切。"刘修文常用这句话勉励自己。进入中信 21 年，他从财务部主管逐步成长为总经理，每一步都勤勤恳恳、扎扎实实，每到一个岗位都兢兢业业、一丝不苟，从未改变。

2009年底，原中信地产为了加强财务管理工作、提高会计信息质量和工作效率，决定推动财务信息化建设，实施用友NC总账和报表系统的上线工作。面对新系统的上线，刘修文带领公司财务人员挑灯夜读、深入研究，对不清楚的地方，主动请教课程讲师和外部专家，不放过任何细节，不漏掉一个模糊点。同时，他还针对地产行业特点，结合新会计准则制定了中信地产收入成本结转等一系列会计核算办法，组织公司及下属公司完成NC上线初始化工作，切实提高了财务核算人员的工作效率，有效提升了财务信息的准确性和及时性。

中信城开成立后，刘修文担任财务管理部总经理。公司初创时期，对每一位骨干来说，既是挑战也是机遇。为确保中信中海地产业务重组的顺利完成，中信城开承接了交易剥离的大量低效存量资产，这些资产存续时间长、占用资源多、年均亏损大，处置面临重重困难。作为存量资产处置工作的负责人，刘修文常常一天多地来回奔波开展全链条管理转让谈判、形成交易方案，不辞辛苦多方协调推动并完成交易所公开挂牌……经过他艰苦卓绝的努力，在合法合规的前提下，圆满完成了一批低效资产的处置工作，公司低效资产占比大幅下降，使得公司能够腾挪资源支持新业务发展，大幅提高了公司的资产收益和流动性。由于他常年保持高强度的工作状态，同事们心疼地称他为“累不死的刘修文”。

## “创新”——与时俱进、革故鼎新

“面对变革，财务人要想不被淘汰，必须保持与时俱进、吐故纳新、常学常新。”刘修文常常提醒部门员工要开拓思维视野、转变思想观念、提升认识水平，紧跟越来越快的时代发展步伐。

随着智能时代的到来，财务信息化作为中信城开推动数据创造价值的重要抓手，对管理决策的数据分析和辅助支持意义重大。2017年5月，中信城开启动了全面预算系统建设工作。在时间紧、任务重、要求高的情况下，刘修文以预算数据为切入口，针对公司的投融资情况、财务状况、重点项目运营情况进行深入细致的摸排、分析和汇总，经历半年攻坚，最终成功实现了城开预算系统与集团预算系统、战略系统的顺利对接。在此基础上，他还参与了公司财务信息化建设三年规划的制定工作，并担任工作小组的副组长，负责专项工作的具体落实。在他的带领下，工作团队坚持“数据集中、标准统一、流程规范”的原则，不畏艰难、大胆创新，仅用两年时间就完成了用友 NC 核算、报表、费用、资金和预算、税务、主数据等系统的建设和优化工作，基本完成了覆盖公司前、中、后台的全流程信息化架构体系的搭建工作，不仅夯实了数据基础、强化了系统应用，更提高了财务信息披露的质量和效率。

地产行业“营改增”改革实施后，刘修文敏锐地察觉到新政策将会对公司的税务、财务及经营管理产生重大影响，及时向公司提示政策风险点，积极应对，并提出纳税筹划方案，合法合规降低了公司税务成本。

在时光中前进，在奋斗中图强。过去，刘修文凭借过硬的专业本领，以开拓的精神、严谨的态度、务实的作风、极强的责任心，最大限度地维护着中信的利益；未来，他也将一如既往克难攻坚、默默奉献，续写中信人坚守与付出的动人篇章。

## 于京平

# “京城大厦”的消防卫士

于京平，男，汉族，中共党员，1971 年 8 月出生，中信资产运营京城大厦保卫部副主管。任职期间，面对京城大厦紧急火情，不顾自身安危，挽回重大经济损失，自身呼吸系统被严重灼伤，发展成“不可逆型永久性阻塞呼吸障碍”；勇挑重担、连续奋战，完成大厦重点区域、重要设备的改造，较大提升了楼宇品质和安全保障；克服右脚踝粉碎性骨折伤病，主动承担大厦防火设施检修更换任务，及时排除安全隐患，为公司节约成本；注重加强学习，先后完善和制定大厦一系列消防制度，确保施工管理与消防安全有章可循。

京城大厦有一位执着坚守、精益求精、无私奉献的消防卫士。他二十五年如一日，不忘初心、牢记使命，兢兢业业、任劳任怨，敢把担子扛起，善把责任压实，能把“小事”做好，用实际行动诠释中信人的忠诚和担当。他就是为中信消防安全事业贡献青春和智慧的守护者——于京平。

## 身先士卒冲在前，始终保持“老兵”本色

于京平曾是一名军人，复员后一直在京城大厦从事保卫工作。虽然脱下军装、穿上便服，但他时刻谨记“老兵”身份，坚守部队传统，以实际行动践行已经融入骨血的执着忠诚和责任担当，把在军营中磨炼出的“一不怕苦、二不怕死”的战斗精神和“敢于牺牲、冲锋在前”的奉献意识贯穿工作全过程、各方面，在平凡岗位上做出了不平凡的业绩。

那是2006年的一个夜晚，正值于京平当班，京城大厦中控室突然接到了地下四层传来的火警预报。为了尽快找到事故原因，他没有来得及做好全身防护，便只身一人冲到现场，勘察火情，寻找起火点。当时烟雾很大，现场伴有火光，情况十分危急。通过排查发现，地下建筑中储存硝酸的容器已经破裂，外溢溶液引燃了周边的木箱。在消防部队的多年经验告诉他，这个时候如果用水进行常态灭火，极易引起爆炸，后果将不堪设想。面对火情，他立即召集人员，根据现场实际研究灭火方案，决定从外部和内部多方位进行扑救。

“哪里有危险，哪里就是战场。越是危急时刻，军人就得冲得上去。”于京平牢记曾经的誓言，将同事们安排在火场外围，自己却手持干粉灭火器，多次接近火点进行扑救。在他组织带领下，地下四层的火情最终被成功扑灭，避免了严重火灾事故和重大经济损失。然而，由于他主动将空气呼吸器让给同事，再加上时间紧急、火情复杂，相关保护措施不完善，于京平在扑救过程中吸入了过多有毒气雾，火情消除后便昏迷倒地。同事们立即将他送到医院，经过诊断，他的呼吸系统被严重灼伤，发展成“不可逆型永久性阻塞呼吸障碍”。得知病情后，于京平没有过多的悲伤和焦虑，

反而安慰前来探病的领导和同事，“没啥大事，回头我就能上班了”。在病没有根治的情况下，他就提前出院，一如既往地扑到工作上。如今，只要天气变化，于京平就会发烧、咳嗽，有时肺部还会出现炎症，可他从不向组织提要求，仍然以军人作风忘我工作……

## 爱岗敬业做在前，始终发挥模范作用

京城大厦属超高层建筑，自20世纪90年代投入使用以来，一直没有经过大的改造，设备严重老化，安全隐患突出。中信资产运营公司成立后，在集团支持下，开始逐步对大厦设备进行更新，对消防系统进行改造升级，全力保障楼宇安全。

作为专职安全员，于京平深知任务紧、责任大，勇挑重担、毫无怨言，积极配合协调各业务单元，周密细致地推进相关工作。为保证楼内办公秩序，他将大多数施工安排在夜间和节假日进行，白天黑夜连轴转，亲临施工现场，加强安全检查，紧盯每一个施工环节，时刻叮嘱工作人员按照规范进行操作。每天早上，他都会跑到施工现场，安排当天工作任务，协调部门进行配合。每天晚上，等到施工人员撤离现场后，他都会重新进行巡视，确保毫无安全隐患才离开，经常忙到凌晨一两点钟。正是这种“放心不下、豁得出去”的工作劲头，使得公司在较短时间内，完成了京城大厦重点区域、重要设备的改造升级任务，显著提升了楼宇品质和安全保障水平。

2017年初，有一天公司值班的同事家临时有急事，于京平得知后，主动承担起保卫值班任务。晚间，他和往常一样，对整个大厦进行巡视，不料被逆行的送餐员骑摩托车撞倒，造成右脚踝粉碎性骨折。医生建议他在家休养，但是由于始终惦记工作，不等身体康复，他便架着双拐回到岗位上。领导和同事们劝他休息，他却说自己虽然不能像往常那样走路，但可以做一些案头工作，整理施工档案、审核消防协议、参与安全知识教育和培训等。当时，公司准备对室内墙壁消火栓、水带及接口皮垫密封圈进行更换，他主动请缨，承担起检修任务。每逢周末休息时间，他就带领大厦保安人员，对每个楼层进行检查，登记造册、逐一更换。经过三个多月紧张工作，他带领同事排查更换了消火栓箱、水枪、水带出水口 192 个，密封圈 1196 个，试水、晾晒、清理、归位水带 146 条，最大程度保障了设备有效运行，及时排除了安全隐患。当时他脚踝双侧嵌入 14 根钢钉和 1 块钢板，走路时间稍长就会严重肿痛，鞋都穿不进去，他便左脚穿 40 码、右脚穿 42 码，忍着疼痛坚持工作，直到全部工作顺利完成。正是在他的精神激励下，公司消防人员一直保持着爱岗敬业、主动担当、认真履职的工作作风，用实际行动保障大厦安全。

## 精益求精学在前，始终争取最优结果

作为党员，于京平十分重视理论学习，坚持用党的创新理论武装头脑，把对党的无限忠诚化作敬业奉献的内在动力。

在业余时间，于京平积极学习《消防法》《建筑设计防火规范》和高层建筑防火知识，修订完善京城大厦消防制度，先后制定了《京城大厦施工消防安全管理规定》《施工动火安全管理规定》等文件；建立完善施工档案，拟定消防安全工作标准，对大厦消防工作实施标准化管理，确保施工管理与消防安全工作有章可循、标准规范，有效提升了大厦的安全保障水平；对客户进行消防安全知识宣传、指导大厦义务消防队工作，提出关键时刻“拉得出、打得赢”工作思路，受到了客户的一致好评。

于京平始终将公司利益放在第一位，通过自己努力不断为公司创造价值、追求最优结果。在一次例行检查中，他发现京城大厦28层疏散避难层未设置消防应急物资装备，便主动协调、亲自动手，装配应急物资储物柜、手电筒、矿泉水、毛巾、压力钳、逃生面具等物品，为大厦节约相关费用1万多元。在整个大厦更新改造过程中，凡是涉及消防器械安装更换，他都主动请缨、亲自动手，无论工作环境多么艰苦，始终义无反顾、冲锋在前。通过他的积极努力，公司仅在消防安全施工方面就节约经费10多万元。

于京平长期奋斗在中信消防安全战线上，从事的都是看起来很烦琐的“小事”，但他始终保持饱满的工作热情，身先士卒、爱岗敬业、精益求精，一件事接着一件事去做，一个目标接着一个目标去实现，以实际行动积极践行中信风格和核心价值理念，为中信发展贡献自身力量。

# | 丘佳梅

## 基础设施建设项目的“领头雁”

丘佳梅，男，汉族，中共党员，1976年8月出生，中信正业云南分公司总经理、云南中安国信公司董事长。任职以来，从零起步开拓昆明基础设施建设PPP项目市场，先后获取各级政府10多个优质项目，总额达300多亿元，落地近46亿元政府棚户区改造轻资产项目，创造净利润约1.8亿元；推动公司中标盘龙项目，大胆创新合作模式，化解了项目融资风险和回购风险；成功引入中建七局主投，推动公司中标呈贡区“龙一”地块安置房项目，为公司开拓了市场、创造了效益。

丘佳梅2015年入职中信正业，现任中信正业控股集团有限公司云南分公司总经理、云南中安国信投资发展有限公司董事长。受公司委派，他来到昆明白手起家、拓展市场，推动中信正业与云南各级政府建立良好合作关系，争取棚户区改造轻资产项目总额近46亿元，创造净利润约1.8亿元。个人及带领的团队多次荣获中信正业“总裁特别奖”和“总裁单项奖”，被评为“优秀共产党员”和“优秀团队”。

## 担当作为，勇做市场拓荒者

2015年初，中信正业在成都等地已有项目的基础上，决定在上海、武汉、昆明等方向拓展PPP项目市场，形成全国性战略布局。在公司决定由丘佳梅负责昆明方向后，入职不久的他将爱人和孩子留在北京，只身奔赴昆明。在这里，他单枪匹马、人地两生，可以说一切从零开始，并且很快出现了高原反应。面对这些，他不等不靠，一方面与“高反”做斗争，头疼时硬扛，睡不着就吃安眠药；另一方面抓紧开展工作，半年内上百次登门拜访云南省和昆明、玉溪、曲靖、文山州等地相关领导，了解当地政策环境、发展形势，寻求项目投资机会。在此过程中，他潜心调研，先后收集测算云南省重要城市经济发展数据上千条，形成市场研究分析报告50余万字，扎扎实实掌握了市场的基础资料，做到了肩上有责、心中有数。

丘佳梅常说，“中标是硬道理，不管市场拓展多辛苦，遭受多少白眼和委屈，跟踪洽谈项目有多少，项目不中标一切都是零”。经过丘佳梅不懈努力，终于赢得当地各级政府的信任，先后跟踪洽谈省、市、县（区）等各级政府优质项目10余个，总额超过300亿元。在做实云南市场后，他依托成功项目的口碑和声誉，继续拓展四川、福建、江苏等区域市场，为中信正业储备了一批政府优质项目。

## 敢为人先，争当创新第一人

“项目有了，但具体怎么做”是摆在丘佳梅面前的又一道难题。面对之前重资产投资模式收益较低、风险较大的情况，经过与政府相关部门和平台公司的一轮轮商谈、与正业总部的一次次沟通、与合作方的一遍遍测算，丘佳梅创新轻资产投资模式，将“昆明市盘龙区东白沙河片区城市棚户区改造投融资及施工总承包项目”（简称“盘龙项目”）和“昆明市呈贡区‘龙一地块’安置房项目”（简称“呈贡项目”）作为先期投资项目和优先储备项目。面对全新的投资模式，从立项报告到可研报告再到实施方案，所有项目文件全都是丘佳梅边研究边撰写，经过一遍遍修改完善直至“零错误”后才向外报送。功夫不负有心人，“盘龙项目”和“呈贡项目”相继中标，中标总额 45.9 亿元。

在“盘龙项目”实施过程中，他对合作模式进行继续探索，将原来的投融资及施工总承包模式变更为业主提前回购模式，提前一次性收回中信正业前期投入资金及回报，既为中信正业创造了净利润，又化解了项目的融资和回购风险。在“呈贡项目”中，他再次创新，成功引入中建七局主投，使中信正业只投资项目公司少量注册资本金即可享受固定投资收益。这两个重要项目成功落地，既为公司开拓了市场、创造了效益，又扩大了中信在云南的品牌影响。

## 注重传承，严格标准带团队

丘佳梅深知作为以投资基础设施项目为主业的国企分公司，任何项目都关系到当地经济发展和老百姓生活，关系到中信的形象和声誉，因此他始终把履行企业社会责任、传承中信风格和核心价值理念放在抓团队、带队伍的突出位置。

在选人用人方面，他秉承“信念过硬、政治过硬、能力过硬、作风过硬、履职过硬”的选人用人标准，对于不达标人员，不论谁打招呼都坚决不予录用。为降低人力成本，云南分公司最初只设 4 个部门、各部门人员不超过 2 人，最终筛选出 5 人组建管理团队且近 4 年来从未突破 6 人。

在工作管理方面，他坚持精简高效原则，实行一人多岗、人责捆绑，在岗位职级设置上根据员工能力给予较大弹性空间，真正实现“能者上、平者让、庸者下”；实行个人和部门工作绩效同时考评，严格执行多劳多得、少劳少得，使大家奖得高兴、罚得服气；推行限期落实制度，要求有明确时限的工作必须按时完成，没有明确时限的工作必须在 3 天内完成。

在团队建设方面，因经常出差跑项目，他本着充分信任、培养锻炼的原则对全体员工进行授权，员工在授权范围内按流程处理事务，既保证了公司经营管理正规有序，又有效强化了责任感使命感；他关心员工生活，经常和大家谈心交心，遇有家庭出现困难的都带头给予热情帮助。

在丘佳梅带领下，云南分公司成立以来员工队伍始终高度稳定，团队有激情、有活力、有效率、有业绩，受到当地政府和合作方的高度赞誉。

## 坚定纯洁，一身正气树形象

作为一名党员，丘佳梅始终不忘初心、率先垂范，以实际行动树立党员领导干部的良好形象。

他政治敏锐，在公司因党员人数不足无法成立党支部时，并未让党的工作缺失，提前将党的建设要求写入公司章程，带领党员积极参加中信正业党委组织的各项活动。

他工作敬业，经常是五加二、白加黑，在昆明工作近4年，回家次数少得可怜，有时即便在北京，也因跑项目、时间紧过家门而不入。有时候，晚班飞机刚落地首都机场就接到项目洽谈消息，他会选择在机场过夜，搭乘第二天早班飞机赶过去。2017年爱人生病住院，他到医院“一闪而过”后就赶赴项目现场。因为爱人也是上班族，家里没有老人照看小孩，只能雇用小时工接送孩子上下学。由于无法照顾家庭和孩子，夫妻之间难免产生矛盾，但每次丘佳梅都安慰爱人说，“我也爱家，但只有正业大家的事业兴旺，才有小家的幸福生活”。

他生活勤俭，在昆明工作前期一直借用中信银行昆明武成支行办公室办公，借住中建三局项目部员工宿舍，出差时不论食宿还是乘坐交通工具，都是能省就省。丘佳梅要求公司员工，所有文件打印必须双面打印，一般性内部材料用废纸打印，办公室没人必须熄灯，会议上自己喝不完的矿泉水一定要带走。

他从业廉洁，严格落实中央八项规定精神，带领全体员工始终做到“四不”，即不接受施工单位宴请，不接受施工单位礼品礼金，不向施工单位摊派费用，不向施工单位推介施工队伍和材料供应商；在公务接待中始终严控标准，从不搞超标准接待，不上高档菜肴，不提供香烟和高档酒水，公司没有任何人出现违规违纪问题。

丘佳梅常说："成绩只代表过去，未来依然任重道远。"在前行的道路上，他将不忘初心、继续拼搏，为中信事业多做贡献，再创新业绩。

## 俞亚鹏

# 四十余年痴心一件事的特钢人

俞亚鹏，男，汉族，中共党员，1955 年 5 月出生，中信泰富原副总裁、中信泰富特钢原董事长。任职兴澄特钢总经理期间，持续加强技改投入，加大新品开发，积极开拓市场，推动企业发展成为一流优特钢基地；担任中信泰富特钢董事总裁、董事长以来，开展一系列集团化运作，推动管理效率显著提升，完成对青岛特钢的股权交割和对华菱锡钢的收购，进一步优化企业战略布局，助推泰富特钢成为全球最大特殊钢制造企业和我国特钢行业主导者。2003 年获评中国首届十大科技前沿人物，2004 年获评江苏省劳模，2006 年获评国务院特贴专家，2008 年获评中国创新创优企业家、中国特钢协会会长，2015 年当选中国钢铁工业协会副会长。

从业 47 年来，俞亚鹏一直奋斗在钢铁行业。在他的带领下，中信泰富特钢建立了以人才、全球化和可持续发展为核心的创新企业文化，树立了“像办学校一样办工厂”“质量是企业的生命”等先进理念，成为全球最大特殊钢制造企业和我国特钢行业主导者。2015 年，中信泰富特钢行业净利润排名全国首位。

## 勤奋好学、刻苦钻研，从学徒电工到年轻的总工程师

俞亚鹏 18 岁从江阴南菁高中毕业后进入江阴钢厂当电工，在他当学徒的第一天，他通过细心观察就独自修好了一台烧坏的交流接触电器，通过了师傅的考验。几年后，潜心自学电气、机械知识的他考入了常熟理工学院，攻读机械设计与制造专业。五年电工实践加上三年专业学习，使他拥有了扎实的电气控制和金属材料、机械制造专业知识。

1986 年，花山新厂如火如荼的建设中，俞亚鹏承载着钢厂人的无限信任和希望，成了“三电一机”项目的总指挥。从建设电厂开始，他就整日奔波在花山这片土地上。从安装、调试、验收，一刻不停地围着设备转。花山钢厂从无到有，一步一步攻克难关，俞亚鹏所负责的“三电一机”项目也逐渐开始投产运作，从此江阴钢厂“府里有名”、“省里有号”……

1988 年，俞亚鹏担任江阴钢厂总工程师，在全国冶金行业总工程师的队伍中，他是最年轻的一个，时年 32 周岁。

## 奋发图强、敢于突破，创新改造“四位一体”生产线

为了实施第二个五年战略规划——“优转特”，兴澄特钢从德国引进 100 吨直流电弧炉炼钢、精炼、连铸、连轧“四位一体”短流程特钢生产线。这条开创中国特钢行业历史先河的生产线贯通，标志着中国特钢生产工艺有了历史性突破。投产后，硬件有了，但管理和技术软件仍是“短板”，国内又没有经验可以借鉴，如何“驾驭”这条世界先进水平的生产线，当时公司总经理心里没底，于是向中信泰富请求寻找国际合作伙伴。

经过多方比较，最后拟与美国 Timken 合作，但多轮谈判下来，对方提出的条件非常苛刻，合作进程受阻。

此时，俞亚鹏接任兴澄特钢总经理，考虑再三，力主依靠内部力量解决问题，并向中信泰富董事局提出了一个大胆方案，核心就是调整“普优兼顾”的产线定位，放弃当时效益相当不错的普钢生产，专攻特钢，按照“集约化、专业化”的原则进行技术改造。方案一经推出，立即引来了反对声，改造一条全新并具国际先进水平的生产线，有必要吗？有能力吗？失败了怎么办？面对质疑，俞亚鹏和盘托出方案，耐心解释，说服了公司管理层和中信泰富董事局，一场攻坚战就此在“滨江厂区”打响。

最终，改造给产线带来了脱胎换骨的改变，仅花了原项目投资总额十分之一的费用，使该生产线的产能提高了 50%，生产作业率和劳动生产率大幅提升，生产成本降低了近 30%，产品档次实现了飞跃；更为重要的是促进了发展理念转变，奠定了“优转特”的坚实基础。这一改，公司不仅迎来了超越发展的黄金期，也走出了一条“国外一流技术引进消化吸收”的特色路子，改造项目后来入选了国家首批 27 个“十五”科技攻关项目，也是全国冶金行业第一个被列入的项目，带动了我国自主开发特殊钢关键工艺技术与装备能力的提升，获得了国家科技进步二等奖。

## 创新产品、质量立厂，融入企业持续发展的基因

以耐酸、耐腐蚀、高强度为主要特点的海洋石油钻井平台用系泊链钢，因质量的要求非常严格，国内长期空白。兴澄特钢先后开发出了Ⅲ级半锚链钢和Ⅳ级系泊链钢，并获得国内外认可。2005 年，美国“卡特里娜”飓风袭击墨西哥湾。飓风过后，许多石油钻井平台的系泊链已然断裂，而兴澄牌系泊链却坚牢如故，一根断裂的也没有。强大飓风的考验，证明了兴澄产品高人一筹胜人一筹的质量，也吸引了国内外众多锚链专家的眼球。一时间，国内外锚链厂的订单雪花般纷至沓来。

1999 年 5 月，兴澄出现了与“海尔张瑞敏砸毁不合格冰箱”相同的一幕。兴澄特钢“四位一体”短流程生产线上马后，前期生产还处于不稳定状态，产品质量问题比较多，前期很多产品入不了库，400 多吨不合格轴承钢成堆摆放在露天场地。俞亚鹏发火了，他组织召开了一次“消灭不合格产品誓师大会”，当场将 400 多吨次品全部割掉，重新回炉。从此，“质量是企业的生命”、“今天的质量，明天的市场”意识在员工中牢固树立了，兴澄特钢产品的品质得到了全面提升。

## 以诚待客，用诚信感动“上帝”

1999 年 11 月，我国第一汽车制造厂进行下一年度原材料采购招标。同行为了获得这个大订单，大多把投标价格压到了成本线以下，兴澄因报价比同行均高出近 10%，19 个标，一个也没中。事后，一汽分管副总经理找到俞亚鹏，希望兴澄也按其他中标公司的报价签订部分供货合同，俞亚鹏婉言谢绝。俞亚鹏认为如果是开发新产品，暂时的亏损值得，但批量供货亏损，企业无法承受，也非正常经营之道。仅仅两个月，市场发生了急剧变化，钢企原辅料价格大幅上涨，与一汽签订供货协议的同行企业因严重亏损纷纷要求提价，部分企业还中断了供货。这种变化给一汽生产经营带来了严重影响，为了解决危机，一汽供应部门主要领导带队到兴澄求援，请求在半个月内供应 2000 吨汽车关键零部件用钢，价格由兴澄定。面对焦

急的一汽领导，俞亚鹏果断答应及时供货，执行当初兴澄的投标价，不涨一分钱。时值春节，全厂加班加点生产，一诺千金，如期供货。

一汽被深深感动，对兴澄信赖有加。就在当年，兴澄一跃成为一汽最大汽车特殊用钢供应商，至今仍保持着这种殊誉和良好的合作关系，这个从“零”到“最大供应商”的故事也被传为佳话。市以诚为本，诚以信为基，信以德为源，俞亚鹏从创业开始就恪守这种理念，在成立中信泰富特钢之后，自然把“诚信”之本发扬光大。

历史车轮滚滚向前，时代发展日新月异。在俞亚鹏的带领下，从2004年收购控股了湖北新冶钢有限公司，到2008年收购铜陵亚星焦化有限责任公司在建焦化项目，2017年正式收购青岛特钢并用三个月实现本体扭亏，再到2018年成功收购华菱锡钢，中信泰富特钢集团、兴澄特钢实行着裂变式的发展。

当前，中信泰富特钢开始步入第二个“三个五年”的攻坚期，正在积极响应我国“2025制造强国”战略，积极践行中信集团“金融和实业”双轮驱动的发展战略，着力打造“双千亿”特钢强企，力争到2022年建成全球最具竞争力的特钢企业集团。

“让中国尽快能由钢铁大国变成世界钢铁强国”，中信泰富特钢的带头人俞亚鹏之梦，在这大江之滨必将演绎成明天最壮丽的歌！

## 蒋　乔

# 开拓特钢市场的营销专家

蒋乔，男，汉族，中共党员，1971 年 6 月出生，中信泰富特钢集团大冶特钢常务副总经理。任职大冶特钢以来，带领团队狠抓市场开拓，坚持创新驱动，推动公司生产经营呈现高速度增长向高质量发展的良好态势，2018 年主营收入增长 97%，实现净利润 5.1 亿元；大力推进技术创新、营销创新，提升公司军工品牌形象；持续推进蓝天、宁静、绿水、循环四大工程建设，实现了公司绿色发展；践行供给侧改革要求，实施高端用户、高端品种、高端市场三大结构调整，积极承担国家重点专项产品研发项目，助推公司转型发展。2013 年获湖北省五一劳动奖章。

“把增强‘四个意识’、坚定‘四个自信’、做到‘两个维护’落到实处，具体到我们大冶特钢，就是要在习近平新时代中国特色社会主义思想的指导下，加快实现公司高质量发展，用创新和实干擦亮‘百年特钢’的金字招牌。”这是蒋乔在一次中心组理论学习时的讲话。2016 年以来，蒋乔以爱岗敬业的情怀和实干苦干的作风，带领干部员工开创了大冶特钢发展的新局面。

## 恪守初心，以奋斗谱写百年特钢新篇章

早在 1913 年，大冶钢铁厂（大冶特钢前身）的建立，就是基于“无钢铁不足以兴国”的认识。新中国成立后，大冶特钢树立“特钢强军”之志。公司为国担当的初心也一直激励着蒋乔。他始终认为，今天的大冶特钢，在全球最大特钢企业集团——中信泰富特钢这一平台上，一定能为实现“钢铁大国”向“钢铁强国”的转变做出新的贡献。正是这样的信心和信念，他带领团队恪守“以用户为中心”的理念，狠抓市场开拓，坚持创新驱动，使公司生产经营呈现高速度增长向高质量发展的良好态势。2018 年的数据给予了有力证明：全年钢材产量比 2016 年增长 32 %，主营业收入增长 97%，每股收益率增长 91%，净资产收益率提高了 4 个百分点。

多年来，任凭市场风云变幻，大冶特钢一路逆市前行，业绩处于行业前茅，实现了品种型向品牌型、生产型向智造型、绿化型向绿色型的转型，用智慧和汗水谱写了公司发展的新篇章。2018 年，大冶特钢实现净利润 5.1 亿元，顺利完成利润目标。

## 牢记使命，以创新擦亮百年特钢金招牌

蒋乔始终认为，公司发展必须以国家战略、国家需求为指导，这既是政治责任，也是公司可持续发展的出路。多年来，他带领大冶特钢把公司的发展与国家战略紧密融合，使“百年特钢”的品牌更好地熔铸了为国担当的内涵。

在践行军民融合战略中擦亮军工品牌。2017 年，大冶特钢通过了中央军委发展装备部“两证合一”现场审查，拿到了直接“参军”的“入场券”，为更好打开军工市场创造了前提条件。蒋乔率领研发人员以至诚之心深入军工企业、研究院所拓展市场。汗水换来收获。2018 年 7 月，中国航空发动机集团组团对大冶特钢进行供应资质审核，如此高级别及规模的审核在行业不为多见；一批竞争对手的高端用户开始选择大冶特钢，公司军工用钢的销量大幅增长。2016 年至 2018 年，军工产品销量环比分别增长 25%、44%、52%；先后承担了 863 计划、国家科技攻关计划等国家级项目，以及航天航空、武器装备等领域用钢的攻关任务，被航天科技集团评为“突出贡献供应商”，公司在军工行业的美誉度不断提升。

在推进“三大攻坚战”中擦亮绿色特钢品牌。2018 年 8 月 12 日，央视《焦点访谈》栏目播出《大江奔流》系列报道，总共 15 分钟的节目，长达 7 分钟对大冶特钢污染防治成绩及经验进行了报道。肯定的背后是思想先行和具体践行。蒋乔深刻认识到，“三大攻坚战”之“污染防治”攻坚，作为钢铁行业，必须坚决做到“环保优先，绿色发展”。

“过去，我们是质量第一，生产第二，现在是安全第一、环保优先，我这个搞生产的越来越不被‘重视’了”，一位生产厂的生产厂长调侃地说道。“在环保上，不仅要投入，而且超前投入”，这是蒋乔对“环保优先、绿色发展”的具体践行。一直以来，公司投入巨资持续推进“蓝天工程”“宁静工程”“绿水工程”“循环工程”四大工程建设，今天的大冶特钢，茂盛的香樟林，宜人的林荫道，清脆的鸟鸣声，仿佛让人置身于园林之中。公司相关环保数据显示，各种排放物不仅全面合格排放，而且大部分指标超过国际先进水平。“没有想到一个钢铁企业的环境像是一个研究院所。”一位参加公司卓越绩效评审的专家如是说。

在践行供给侧改革中擦亮高精尖品牌。蒋乔认为，供给侧改革既是机遇也是挑战，对于大冶特钢来说，既肩负重任也大有作为。为践行“客户至上的义利观”，蒋乔高度重视销售工作，长期深入市场一线，实施“高端用户、高端品种、高端市场三大结构调整”战略，创新“以购代供、供购结合”的服务模式，既强化了已有的优势，又为供给侧改革在大冶特钢的落地做出了积极的探索。

营销管理部部长张明介绍道，蒋乔常跟大家讲，国家既要大冶特钢的量，更要大冶特钢的质；我们宁可不要低端合同而损失订量，也要多拿回用户急需、别人不能生产的合同。正是有这样的理念，保证了大冶特钢的品质。据统计，近年大冶特钢承担国家重点专项产品研发项目19项，从“中国天眼”、“港珠澳大桥”到“鲲龙”水陆两栖飞机、“天宫”号空间实验室，都提供了关键用钢，公司承担着我国82个牌号、256项军工钢铁产品的生产任务，其中重点定点产品7项，全国唯一军工定点产品4项。

“贵公司的高端产品处于国际先进水平，高端模铸轴承钢质量与世界著名的TIMKEN、OVAKO相当，贵公司的产品使我们节约了大量成本。”国内一用户对产品给予高度肯定。国外一战略用户更是称赞有加：“我们感受到的是共同打造利益共同体、产业链共同体，在他的身上我们体会到了中信‘共生共享’的价值理念。”

## | 惠　荣

# 特钢产品精品化的创新能手

惠荣，男，汉族，中共党员，1966年6月出生，中信泰富特钢集团青岛特钢党委书记、总经理。任职兴澄特钢期间，带队攻坚克难，为连铸连轧工艺改进、轴承钢和汽车用钢研发做出突出贡献，全面推进新品开发，助推企业利润逆势上扬；任职泰富特钢科技部部长、副总工程师期间，完成多项技术攻关，为推进产品精品化、高端化、规模化发挥关键作用；任职湖北新冶钢副总经理期间，狠抓工艺技术，推动企业发展再上台阶；任职青岛特钢常务副总经理期间，持续开发新品，有力提升产品话语权。2008年获评无锡市突出贡献专家，2011年获评江阴市引进专家，2014年获评江苏省突出贡献专家，2015年获评无锡市优秀科技工作者。

每个时代，都有勇立潮头、中流击水的先锋；每个行业，都有坚守本心、甘于奉献的榜样。他是冶金技术能手，带着对中国特钢事业的一腔热血，20 多年扎根一线，以创新精神突破一次又一次技术瓶颈，以工匠精神炼出一种又一种精品特钢，以客户至上理念将中信泰富特钢产品推向一个又一个新的高度，用奋斗实干点燃了科技兴企、特钢报国的梦想之花。他就是中信泰富特钢科技创新的中流砥柱——惠荣。

## 攻坚克难，助力兴澄特钢实现蝶变

惠荣 1988 年毕业后进入中原特殊钢厂，从事高性能合金钢新产品开发工作。1999 年，他带着精湛的业务知识和丰富的开发经验来到兴澄特钢，开始了汽车用钢、轴承钢的研究开发与新技术应用推广工作，从最普通技术员一步步成长为开发部部长、副总工。

上世纪 90 年代末，兴澄特钢汽车用钢高端产品还处于起步阶段，常常被客户拒之门外。面对客户的不信任，惠荣没有气馁，而是经常和销售人员一起到客户的生产现场，零距离接触市场，有时还利用自己的计算机优势，主动帮助客户优化计算机系统，无偿提供经验，令客户深受感动。为了研究进口材料，他一次次深入仓库爬上爬下，同事们总能看到他匆匆的身影，听到他铿锵的脚步。哪怕是中暑，他也不愿意休息，喝两口水转身又投入到工作中。

正是在惠荣的不懈努力下，他和他的团队成功克服一系列困难，终于开发出了令客户满意的 11 个高端产品、26 个规格，打开了兴澄特钢汽车用钢高端市场的新局面，汽车用钢连续 8 年产销全国第一，兴澄特钢高标准轴承钢也连续 12 年产销全国第一。

## 矢志创新，攀登精品特钢技术高峰

2008 年中信泰富特钢集团成立，惠荣担任技术发展部部长、科技部部长、研究院院长、副总工，成为中信泰富特钢科技创新带头人之一。当时全球金融危机对实体经济产生了巨大冲击，钢铁行业需求、价格、出口大幅下滑，经济形势异常严峻。

“初来乍到”的惠荣，没有在办公室待多少时间。他几乎整天都在现场，而且不开公务车，特意骑自行车。这一习惯引起同事们的关注，有人问及，他便笑呵呵地解释道：“很多角角落落开车去不了啊，骑自行车方便。”一位基层技术人员说：“我经常一天在现场多次看到惠总，他就像我们基层技术员一样。”

功夫不负有心人，一心扑在现场的惠荣收获了一个又一个创新成果。在他的带领下，Φ800mm 高合金连铸圆坯成功投产，填补国内空白，刷新中国纪录，打破世界纪录；Φ1000mm 世界最大规格连铸圆坯成功下线，年产能达 80 万吨。这些都在中信泰富特钢产品精品化、高端化、规模化进程中发挥了关键作用，为企业发展注入了强劲动力。

## 再接再厉，带领特钢龙头持续奔跑

2013 年，惠荣出任兴澄特钢总工程师，从研发转向管理。此时的兴澄特钢已是特钢行业领头羊，高效产品专业化格局已基本形成。但惠荣未曾止步，他主张在强化优势产品的前提下，以市场为导向，全面推进新产品开发。为此，他给自己增加了一项工作，晚上下班后对基层技术人员进行培训，每星期安排两三次，有时三五人，有时上百人。一位参加培训的人说："我们过去很少听领导授课，惠总的培训不仅让我们学到很多专业知识，也清楚地看到工作中存在的问题，更重要的是一种浓厚的学术探讨氛围，我觉得这对搞技术的至关重要。"

持续用力，久久为功。在惠荣及其团队的努力下，兴澄特钢被列为国家火炬计划高新技术企业，成功取得江苏亚星、正茂集团、德国大众、奥迪、戴姆勒、法国标致雪铁龙等国内外知名企业的产品认证，通过了军工科研生产三级保密资格审查认证。2015 年，中国钢铁市场异常惨淡，全行业大幅亏损。兴澄特钢以 13 亿元的净利润逆势上扬、遥遥领先。究其根本，正是过硬的产品质量和高端差异化的品种结构，大大提升了企业抗市场风险能力。

## 转战湖北，为新冶钢插上腾飞翅膀

2015 年，惠荣出任新冶钢副总经理，分管中信泰富特钢研究院新冶钢分院和发展规划部，主抓工艺技术、产品质量和品种研发。面对有着百年历史的新冶钢、中国的"特钢长子"，惠荣深感肩上的重担和责任，他决心不辜负组织的期望，为新冶钢技术进步、科技发展、品牌建设尽一份力。

新冶钢员工印象最深的就是惠荣的公文包，因为它总是沉甸甸的，惠荣提着它，不得不稍微倾斜身体保持平衡。公文包里除了一台笔记本电脑，总是少不了半尺厚的待审标准、待批报告和方案。办公室的工作人员问他："惠总，文件又带回去批啊？"惠荣说道："没办法啊，白天没时间，只有晚上了。这些都耽搁不得，否则就是耽搁用户的时间、咱们的市场。"惠荣每天提着沉甸甸的公文包，成了他兢兢业业、履职担当的鲜明符号。"只有比别人更流汗，才会比别人更成功"，他经常对技术系统的人员这样说。

"半年理顺，一年强基，两年重塑品牌"，这是惠荣初到新冶钢给自己制定的工作目标。在新冶钢两年多的时间，惠荣用辛勤的努力践行了他的目标，用挥洒的汗水擦亮了新冶钢这块“百年”金招牌。在他的带领下，新冶钢取得了包括 3 项国家科技部“十三五”重点研发计划在内的 15 项科技成果，并顺利通过武器装备质量管理体系认证，为军工产品生产奠定了坚实的基础。

## 重整行装，矢志不渝坚守特钢情怀

2017 年，青岛特钢加入中信泰富特钢，惠荣出任青岛特钢党委副书记、常务副总经理兼中信泰富特钢研究院青岛分院院长，主抓产品研发、工艺技术、质量提升、企业管理、信息化等工作。从南到北，从沿江到沿海，惠荣重整行装，再次起航，虽跨越 500 多公里，变了工作地点，但不变的是他科技强企的特钢情怀。

帘线钢是反映钢铁企业线材生产水平的标志性产品，碳偏析稳定控制是帘线钢产品开发的最大技术难题。2019 年初，青岛特钢 3# 连铸机完成大修，重新开车生产帘线钢时却出现了碳偏析质量波动。得知这一消息后，惠荣紧急组织各部门成立攻关小组，针对交货时间紧、生产任务重、质量要求高、攻关难度大等严峻的生产形势，果断提出了“边攻关、边生产、加大检验量”的策略。攻关过程中，他每天深入生产一线，不是在开会讨论，就是在分析数据，有时凌晨两三点钟，还在关切询问最新试验结果和攻关进展情况。在他的精心组织下，历时近半个月的帘线钢碳偏析攻关任务顺利完成，产品一检合格率由 84.5% 提高到了 98.8% 以上。此后，青岛特钢科研团队持续开发了特种焊丝、弹簧扁钢等 50 余个新品种，顺利通过 IATF16949 监督审核，以及兴达、高丽等 12 家客户二方审核，斩获中国钢铁工业产品开发市场开拓奖等多个大奖。

自 1999 年以来，惠荣辗转三地，矢志不渝。从技术一线到管理一线，他凭借钢的意志、铁的臂膀，始终奋战在科技研发的最前线。

| 白　云

## 特钢质量的把关人

白云，男，回族，中共党员，1975 年 5 月出生，中信泰富特钢集团兴澄特钢总经理助理、研究院院长。任职以来，带队持续攻关，推动企业连铸轴承钢的质量达到国际权威标准；推动实验室进入冶金检测行业前列，开发多项新检测技术和装置；主导规范质量管理工作，提升企业质量管理水平，产品获多家国际战略用户认可；带领研究院团队每年坚持淘汰 10% 的产品，打造“轴承钢、汽车用钢、能源用钢”三大拳头产品集群，主持和参与 24 个新产品研发项目，累计创造效益超过 138 亿元。2017 年获中钢协冶金科学技术奖一等奖、江苏省科技进步三等奖，获评“十二五”中国钢铁工业优秀科技工作者；2018 年获中钢协冶金科学技术奖三等奖。

白云1995年进入兴澄特钢工作。25年来，他深耕特钢生产和质量管控一线，积极探索推动实验与研发紧密融合，打造了特钢产品研发新集群，并坚持推行"质量无缺陷"理念，将企业全面质量管理提高到一个新水平。从初出茅庐的炉前工，到研究院院长，他是企业的中青年干部骨干，也是特钢战线上的"老兵"，将坚守和忠诚写在血液中。

## 直面挑战，用质量敲开特钢连铸市场之门

1998年，兴澄特钢一期产线全线投产。这条产线是香港中信泰富集团对照国际一流特钢连铸生产线建设而成的。当时，中国业内各大老牌特钢企业都还在使用模铸工艺生产各类特殊钢产品，兴澄特钢用连铸工艺生产的特殊钢产品受到同行排挤，以及用户和下游行业的质疑。连铸特钢产品的市场打不开，兴澄特钢发展举步维艰。

面对国内钢铁行业"连铸工艺不能生产高品质特钢"的普遍看法，白云没有泄气，他带领实验室团队与产品研发人员一起，从产品特性、国内外产品标准及装备能力着手研究，查资料、跑现场、钻设备，然后反复分析、总结、调整。当时，团队很多人不理解，觉得实验室作为研发支撑，只要提供准确的检测结果即可，没必要操这份心，白云却说，"对于质量人来讲，不搞清楚每一项缺陷的来龙去脉，就是失职"。在他的鼓励下，各项工作很快走上正轨。部门开会，同事们都希望他能参加，因为可以大大节约确认时间，大到设备、工艺参数、产品工艺性能，小到备注解析，他都能娓娓道来，堪称工艺技术的"活字典"。在白云和同事们的持续努力下，连铸生产高品质轴承钢得到了大量的理论支持。

白云还另辟蹊径，带领团队开始与世界顶尖轴承企业瑞典SKF接触，希望用客户的高要求倒逼自己前进。当时按照SKF标准检测，公司轴承钢的合格率不到20%，团队所有人看到这个数据都沉默了，开始出现一些气馁的迹象，甚至抱怨"检测方法有偏差，用户要求高"。面对外方的不认可，白云没有退缩，他一头扎进实验室，反复研究轴承钢检测的标准、取样、制样等流程，发现实验室检测氧含量的制样存在问题，会对结果造成

很大影响。两周时间，十个试验方案，上百次打磨，他终于总结出一套完备的轴承钢气体分析制样方法。当看到他疲惫的神色、粗糙的双手时，团队成员深深体会到作为一个质量人，直面挑战、迎难而上才是应有的态度。

从 1998 年到 2007 年，伴随着公司“普转优”、“优转特”和“特转精”的进程，团队最终用优秀的产品质量和工作质量得到了 SKF 的认可，开始了为 SKF 的批量供货之路。此后，还相继获得了德国 FAG、日本 NSK 等其他国际知名轴承公司的认可。

## 勤学苦干，用努力实现一次检测全球承认

2003 年，白云被任命为质量处副处长。当时公司的试验检测水平与国外还有一定差距，设备、人员、技术和管理都跟不上，兴澄特钢实验室出的检测报告也不被国外企业认可。

ZF 公司是全球最大的汽车齿轮变速器生产厂之一，对供货的产品质量和检测要求都十分苛刻。兴澄特钢经过艰辛的前期工作，终于在 2007 年得到试制订单的机会，且最终生产出自检完全满足 ZF 技术要求的产品。一个月后，送到德国 ZF 总部的试样检测结果出来，虽然检测结果符合标准要求，但由于检测设备等多方面原因造成双方检测数据有差异，产品没有被完全接受。

面对困境，白云没有灰心，他带领团队日夜与研发人员“泡”在一起，对检测细节逐个排查，其间请 ZF 公司总部检测专家来公司指导并对标测试，制定详细的试样加工、热处理及检测规范，理顺 ZF 钢的试样检验程序。实验室每周对数据进行统计比对，每月召开分析会，每季度与上海 ZF 进行技术交流，微调成分优化渗碳淬火工艺，主动与上海 ZF 和德国 ZF 总部进行端淬比对试验。当时，汽车标准的五大应用工具之一“MSA”还没有软件包自动测算，需要多频次、多种类采集数据进行统计分析，不仅工作繁复，计算量大，还要具备一定的专业知识。为了得到检测准确性的有力证据，白云开始了“MSA”学习、设计、计划、实施、数据采集、数据统计、结果分析等一系列工作，最终完成了公司第一份完整的“MSA”，其中光记录纸张就有 500 页。

历时 7 年的努力，在 2014 年底，兴澄特钢终于结束了每炉钢都需要送试样到德国检测合格方可发货的历史，得到了德国 ZF 公司 100% 的认可，ZF 总部正式向兴澄特钢颁发了“自认证检验资格证书”，兴澄特钢也成为亚太地区唯一的 ZF 钢种全球供应商，2018 年兴澄特钢更以 188 分位列 ZF 供方质量等级评价全球第一。如今，白云领导的实验室已成为公司产品生产、研发、创新的“助推器”，出具的检测报告可以实现产品“一次检测、全球承认”。

## 敢为人先，用创新打造特钢产品研发集群

伴随着兴澄特钢质量理念的“成长”，白云也逐渐成长为研究院院长，全面主抓公司产品研发、工艺攻关、质量管理、技术服务等工作。立足于“创新”的发展理念，他带领研究院团队不断优化品种结构，每年坚持淘汰 10% 的产品，通过持续多年的换血，打造了兴澄特钢“轴承钢、汽车用钢、能源用钢”三大拳头产品集群。

作为公司第二大类核心产品，汽车钢对质量要求“零缺陷”。以汽车齿轮钢为例，面对我国高档齿轮钢质量不能满足高档汽车变速器的质量要求，每年仍需从国外进口高档齿轮钢材达 30 多万吨的窘境，白云带领团队着手攻关，无数次往返客户生产现场，在客户车间蹲点，与用户反复交流、沟通、分析钢种特点，最终确定合理的工艺路线，并从原材料进厂、生产过程控制、产品交付及用户工艺跟踪改进等地方入手，持续改进，将“不制造缺陷、不传递缺陷、不接受缺陷”的理念贯穿到工作的每一个环节。他常说，“零缺陷管理的核心是系统预防，第一次就把正确的事情做对”，现在，兴澄特钢汽车用钢产品在国内市场的占有率已超过 65%。

创新之路永无止境，自 2004 年起，白云先后主持或参与了 24 个新产品研发项目，均通过省部级以上鉴定，累计创造经济效益超过 138 亿元。其中，2016 年他作为主要完成人参与国家“十三五”重点研发项目《轴承钢冶金质量控制基础理论与产业化关键共性技术研究》；2017 年他参与的《超纯净高稳定性轴承钢关键技术创新与智能平台建设》项目获得中国钢铁工业协会冶金科学技术奖一等奖。

2010 年以来，白云推行的“质量无缺陷”理念逐渐深入人心，公司质量管理水平一年一个台阶。2014 年兴澄特钢获得全国质量奖、2015 年和 2018 年两次获得中国质量奖提名奖、2016 年获得亚太质量组织“全球卓越绩效最高奖”。这些成绩的背后，离不开白云及其团队的辛苦付出。

25 年来，白云始终怀揣着“做出全球最具竞争力的特钢产品”的梦想，脚踏实地、直面挑战，在奋斗路上矢志不渝、砥砺前行。

## 陈玉辉

# 创新炼钢工艺的模范厂长

陈玉辉，男，汉族，中共党员，1977 年 11 月出生，中信泰富特钢集团兴澄特钢总经理助理、特板事业部副部长、特板炼钢分厂厂长。任职以来，带领团队克服新员工、新技术、新设备的困难，在三期炼钢投产当年创造板材生产线投产连续 5 个月 10 万吨不漏钢的纪录，达到了国内先进水平；带领分厂从投产之初的年产特钢 90 余万吨提升至 290 万吨，为泰富特钢竞争力提升提供重要支撑；主持开发多项新工艺、新技术、新方法，大幅提升生产效率，降低生产成本，提高生产安全性和生产组织的灵活性；坚持党建与生产经营相结合，积极发挥基层党组织战斗堡垒作用。个人获评中信集团优秀共产党员。

加入兴澄特钢23年来，陈玉辉坚守自己的特钢梦想，以钢铁般的毅力和炉火般的热情，勇于担当、善于创新、乐于奉献，逐步从炉前工成长为技术精、管理强的复合型管理干部。特别自2008年主管兴澄特钢三期炼钢项目以来，他带领特板炼钢分厂在事业的淬火中升华，推动了公司在特板炼钢领域从无到有、从有到优、从优到精的快速发展，在行业整体形势严峻的背景下，为兴澄特钢效益逆势上涨提供了有力支撑。

## 勇担当，克难攻坚闯新路

2007年已经担任管理厂长的陈玉辉主动离开了他熟悉的炼钢一分厂，投身到特板炼钢产线的建设任务中。对于他为何要放弃效益好、工作熟、技术精的“舒适区”，去做前途未卜的板材炼钢，当时许多人表示不理解。面对同事和朋友的规劝，陈玉辉说：“特板炼钢对于兴澄特钢多元化转型意义重大。企业培养了我，在需要的时候，不站出来，做不到！”

面对一没经验、二没技术、三没人才的不利局面，陈玉辉带领团队积极实施“走出去”和“引进来”相结合的系列措施。一方面，他带领年轻骨干多方拜师，向先进同行对标对表，学操作、学管理、学技术、学工艺。另一方面，他多方招揽专业人才，并且不放过一丝一毫的学习机会。在设备安装过程中，他不分昼夜、加班加点，全身心扑在现场，通过全面了解并掌握设备精度、安装步骤、参数设置、型号尺寸等关键数据，对产线整体功能和配置做到了心中有数、了然于胸。在此基础上，他注重挖掘职工的聪明才智和主观能动性，以清晰的逻辑标准，从细节入手，客观分析研判，井井有条分配各项工作，不仅确保了项目按时完工，还在投产当年就创造了板材生产连续5个月10万吨不漏钢纪录。

自投产之初，陈玉辉就清醒地认识到质量对于特钢生产的重要意义，始终牢固树立全员精品意识，强调过程质量控制，在边调试边生产的情况下努力提高板坯质量。在他带领下，特板炼钢产线克服了70%新员工、100%新工艺、100%新设备等不稳定因素和实际困难，始终将板坯表面及内部质量控制在较高水平并实现稳步提升。其中，超薄超宽型板坯连铸机纵裂纹率低于1.5%，已达到国内前三水平。

为了适应公司发展需要、充分释放炼钢产能，陈玉辉带领团队众志成城、加班加点，积极实施新建和技改项目，先后实现了6个月新建一台方圆坯连铸机、4个月新建一台精炼炉、45天完成连铸机扩流改造等工作目标，多次创造了同机型建设和改造最短时间纪录，为分厂提产增效打下了坚实基础。目前，特板炼钢分厂已同时兼具了高档圆坯、方坯、板坯的生产能力，产能迅速攀升，年产量达290万吨，较投产之初提升了222.2%。

## 善创新，突破常规研新品

工作中，陈玉辉高度重视创新，将创新思维融入日常工作，反复强调“没有做不到的只有想不到的，现场长期存在的不一定就是合理的”。秉承这种理念，他立足本职、积极探索，在工艺技术创新、设备实施改良、极限规格品种研发等诸多方面发挥了重要作用。

陈玉辉结合特板炼钢分厂工艺、品种、工装设备特点，带领分厂管理和技术团队找准突破口进行技术攻关，先后研发出“宽板连铸机的在线多次调宽研究”“不过LF工艺的开发及应用”等新工艺、新技术、新方法，大幅提升了生产效率，降低了生产成本，提高了生产组织灵活性。在工艺技术方面，“方圆坯连铸机工装快换的工艺革新”通过工艺摸索、参数调整、质量对比，将工装更换时间降低了50%，确保了特板炼钢分厂对中信泰富特钢集团多条产线的坯料供应；在品种研发方面，450mm厚连铸板坯创同类型连铸机最大断面纪录，为提升兴澄特钢板坯品牌影响力提供了有力支撑；在设备设施方面，氩气自动对接装置大幅提高了作业效率，降低了员工作业强度，杜绝了潜在的安全风险。

在陈玉辉倡导和主持下，特板炼钢分厂自投产以来，年均研发新品273个，不仅丰富完善了兴澄特钢的品种结构，还成功开拓了贝尔卡特集团、寰球工程公司、高速传动设备集团等优质客户资源，充分诠释了兴澄特钢“特钢是科技炼成的”理念。

## 乐奉献，拼搏奋斗解难题

加入公司以来，陈玉辉聚焦主业、辛勤耕耘，将自己的青春奉献给兴澄特钢事业发展，以实际行动践行优秀共产党员的责任和使命，解决了一道又一道难题，跨越了一个又一个难关。为了工作，他可以通宵达旦、不舍昼夜；为了工作，他可以忍痛挨饿、坚守一线；为了工作，他可以钻到最脏的设备中去。

在公司提出增产创效的决策时，陈玉辉积极响应，直接瞄准转炉冶炼时间这一瓶颈难题精准发力。为了更好掌握冶炼流程和过程状态，他带领转炉作业区的党员干部扎根火热的转炉前，梳理流程，分析冶炼节奏，反复雕琢每一步操作。长时间在转炉边工作，使得他的脸被烤得褪了皮，洗脸的时候只能用毛巾轻轻蘸拭；为了跟踪操作步骤，转炉前的粉尘使得他整天“脏兮兮”的，有时候领导和同事几乎都认不出。在这种状态下，他带领团队用汗水和智慧凝炼出高效的标准化操作流程，终于将转炉平均冶炼时间提升了 19%，并创造了当时的日最低平均冶炼周期和单炉最低冶炼周期的纪录，打破了大家对特钢冶炼的传统认知。

工作中，陈玉辉不仅严于律己、秉公持正、身体力行，还注重将党建与生产经营充分融合，从干部管理、队伍建设、载体搭建、业绩提升等方面入手，积极发挥基层党组织的战斗堡垒作用，引导党员干部立足本职、拼搏奉献。目前，特板炼钢分厂共有党员 26 人，其中 14 人获得过集团、公司“优秀共产党员”荣誉称号。通过党员干部的拼搏奋斗和无私奉献，特板炼钢分厂连续实现史上最高月产、连续 3 天日产超 1 万吨、最高连浇炉数 21 炉等历史性突破，为兴澄特钢达成“提产降本增效”的工作目标贡献了重要力量。

23 年来，陈玉辉为兴澄特钢提升整体竞争力做出了重要贡献；未来，他将带领特板炼钢分厂砥砺前行、扬帆破浪，在助力兴澄特钢特板产品争创全国第一的进程中再创新辉煌！

## 常利军

# 膜制造业务技术专家

常利军，男，汉族，1970 年 5 月出生，中信环境技术美能膜中心中国区总经理。任职以来，带队改进工艺流程，完成广州美能膜生产线的建设生产，实现美能在新加坡股票交易所的上市；在广东、福建、江浙等地建成膜示范性工程，组建绵阳、南通美能，奠定美能膜在行业内的领军地位；担任北排膜合资公司总经理以来，组织团队完成 20 多个项目建设，其中槐房项目获国际水协全球项目创新奖金奖；潜心钻研膜技术和装置，参与开发了 30 余项专利和专有技术，其中 TIPS 法生产的第三代中空纤维膜丝成为目前世界上综合性能最优异的产品。2014 年获绵阳市“4+3”高端成长型产业领军人才奖。

从2005年的广州车陂路黄洲工业园到2008年的四川绵阳科教创业园区，再到2014年的北京平谷马坊工业园、2018年的江苏南通苏通工业园，这是常利军人生中最重要的几个坐标。伴随着这些坐标，“美能膜”也经历了从无到有、从呱呱坠地到茁壮成长的发展历程。

## 辗转千里，锐意攻坚

2005年，广州美能材料科技有限公司成立。作为国内最早的中空纤维膜制造厂，其主要设备都是非标产品，只能自行研发设计，每一种原材料的性能、每一个部件尺寸的误差甚至每个螺栓的位置都需要反复测试。为了尽快研制出高品质的中空纤维膜，那段时间常利军几乎吃住都在公司，上早班的员工经常能看到他彻夜调试后还在不停忙碌。一次在做纺丝实验时，常利军全神贯注地关注出丝状况，被调试中的喷头喷了一身原料，瞬间白化……这只是他每天工作的一个缩影。在常利军和他的同事们夜以继日的不断调试下，终于在最短时间内实现稳定生产，几条纺丝线齐刷刷地纺出质量稳定、性能优良的中空纤维膜，为美能膜顺利进入国内外市场打赢了技术攻坚第一仗，有力保证了美能在新加坡股票交易所上市。

2008年，美能膜在水处理领域崭露头角，公司决定在四川绵阳等地建立新生产基地。绵阳地处西南腹地，条件艰苦。生产基地一切从零开始，面临很多挑战。时任广州美能制造负责人常利军没有退缩，他主动请缨奔赴绵阳战场。当时周围人都劝他别去，说留在大城市多好，可他考虑到广州生产已走上正轨，绵阳更需要他，便下定决心，义无反顾离开广州，全身心地投入到绵阳生产基地的建设运营中。在常利军的带领下，绵阳公司一年时间就步入正轨，两年时间就成为美能膜最大的生产基地，拥有先进的制造技术和严格的生产管理体系，产品通过多项国际国内认证，市场份额逐年增加。

2014年，公司任命常利军为北排膜合资公司总经理。一切又是从零开始，他毫不犹豫再次背起行囊北上。合作谈判、基地选址、建设开工、生产调试、公司运营……每一个环节他都尽心尽力、力求完美。通过不懈努力，常利军在一张白纸上用心血和汗水给美能膜交出了满意的答卷。北排膜合资公司承接了北京排水集团内外部膜法的水处理供货任务，并实施了20多个重大项目，其中被誉为亚洲最大地下污水处理厂的北京槐房再生水厂获国际水协全球项目创新奖金奖，这也是亚洲地区获得的唯一金奖。

2016年，美能膜已占据水处理领域的半壁江山。公司抢抓市场机遇，紧锣密鼓地成立了南通美能膜材料科技有限公司。常利军再一次领衔担纲，从协调外部关系到寻找合作伙伴，从制定发展规划到进行生产研发，从革新生产工艺到规范制造流程……每一处都有他忙碌的身影。2018年，南通美能已具备1000万平方米的压力式和浸没式中空纤维膜生产能力，为公司发展打开更广阔的前景。

## 不舍昼夜，矢志创新

作为膜制造领域的技术专家，常利军对创新有着执着的追求。在繁杂的管理事务中，他总是能沉下心认真思考、钻研技术，组织开展了大量生产研发和技术改进工作。为了持续放大创新的效能，常利军从 2008 年起就在公司推行合理化建议奖励机制，指导员工累计完成关于生产、技术、成本、质量等方面合理化建议 100 余项，对产品质量和工作效率的提升都起到了积极作用。

2012 年，全球最知名的水处理公司将美能作为代工工厂进行考察，可想而知他们对于产品质量的要求有多严苛，一个肉眼几乎看不到的毛刺都有可能引起他们的关注。特别是对于一些技术难点，他们自身也十分困扰，一直无法解决。针对这一情况，常利军自告奋勇，组织技术团队多次召开专题研讨会议，进行了大大小小 40 余次实验。他没日没夜泡在实验室和测试线上，反复试验原材料、生产工艺、制造申报等几十个技术点，仅用 3 个月就攻克了技术难关。现在，美能已成为这家水处理公司唯一的供货商，美能的产品也销往世界各地。

多年来，常利军先后参与开发了新一代中空纤维膜纺丝技术、环氧树脂封胶配方和工艺、聚氨酯配方及浇铸工艺、新型膜组件、新型膜组器、产品的保湿等 30 余项专利和专有技术，其中他参与研发的热致相法生产的第三代中空纤维膜丝具有更高的水通量、更大的机械强度、更好的耐化学性能、更长的使用寿命，各种产品性能参数提高了几倍到几十倍，属于世界上目前综合性能最为优异的产品。截至 2019 年，美能已获得授权的常利军为主要发明人的专利 26 项，正在申请中的还有 17 项，辛勤的汗水正在不断浇筑出丰收的果实。

## 始终不渝，心怀赤诚

常利军负责膜制造中心中国区各分公司生产制造、工艺革新、技术改造、日常管理以及总公司重大工程项目的组织协调等工作，任务十分繁重，既要组织所属多家分公司完成生产任务，又要对生产过程进行质量、进度、安全等全程管控，压力可想而知。数十年来，他一直严格要求自己，把全部心思和精力都用在推动业务发展上，多年不曾休假，每天总是最早到公司，又最晚离开，各分公司的每一个厂区、每一个车间、每一条生产线上都有他重重叠叠的脚印。由于常年高强度、满负荷的工作，常利军落下了腰疾，每次犯病时都十分疼痛，甚至会影响走路，但他从来没有喊过疼，总是吃点药就又投入到工作中。多年以来，他不曾耽误过一天工作，每个月都是风雨无阻地往返不同城市，去往各个厂区，以至于同事们笑称他是“居无定所的拼命三郎”。

在整个膜制造中心，常利军深受员工爱戴，他管理作风务实认真，对工作要求严格、坚持标准，但对员工并不严苛，总是给予他们悉心指导。员工起草一份合同、编写一个文件，就算标点符号错了，他都会指出要求更正。生产线上，员工主管解决不了的问题去请教他，他都会细心解答，没有丝毫架子。他就像一位高明的医生，把脉便知“患者”病情，同时开出治病良方。

认识常利军的人总会对他留下深刻印象，他俭朴节约，常年吃着最简单的工作餐，穿着磨平了鞋跟的皮鞋，住着最简单的出租房，个人生活能简就简。可员工有难处找他帮忙，他二话没说就拿出自己的工资去救急。他时刻把员工放在心上，想方设法解决他们的问题，对那些生活困难的员工，他更是尽力帮扶，在遇到员工个人重病以及员工家属受伤等情况下，他个人多次慷慨解囊。今年46岁的浇铸车间职工王静谈起自己的经历时，眼中噙着泪水，“12年前，我丈夫因汶川大地震不幸去世，撇下了我、公婆和十来岁的儿子，我又是农村人，家也没有，生活陷入困境。常总面试时得知情况后，立即将我招进公司上班，进行重点培训和培养，现在的我养活了一家人还买了房子”。这些工作中的点点滴滴，虽然朴实无华，但个个掷地有声。

6000多个日日夜夜的奋斗，如今的常利军早已满头华发，但他依然怀着一颗赤诚的心，用满腔热情继续朝着远方笃定前行。

## | 王亚仑

# 电力项目管理的优秀代表

王亚仑，男，汉族，中共党员，1965 年 10 月出生，新力能源开发有限公司总裁助理。利港电厂工作期间，先后从事工程管理、设备点检、计划营销等工作；调任新力能源期间，参与了一大批新项目的开发以及筹建、建设管理，带队完成利港电厂机组环保改造工作；任职山东能源内蒙古盛鲁电力总经理以来，通过加强学习培训，打造一批技术中坚力量，推动项目步入正轨，研究提出新的建设模式和项目管理模式，实现了安全生产零事故，较好完成了工程建设各项目标。2017 年、2018 年多篇论文获山东省煤炭行业企业管理现代化创新成果二等奖、三等奖。

“入了中信门，就是中信人。”这是挂在王亚仑嘴边的“口头禅”。他于1987年进入中信集团旗下的江苏利电集团，主要从事电力项目开发建设工作，现任新力能源开发有限公司总裁助理，兼任新力能源参股的山东能源盛鲁电力有限公司总经理。从初出校门的懵懂到华发丛生的坚守，他用32年对电力项目的执着坚持书写不悔的青春，用32年为企业发展的拼搏奉献诠释忠贞的情怀，他不愧为栉风沐雨见肝胆的模范职工代表。

## 牢记初心，坚定信念迎挑战

“作为中信人就应信念坚定地跟着党组织，倾心尽力地为中信做实事，无论组织安排干什么，都必须竭尽所能地干好它，这就是我的初心。”王亚仑不但嘴上这样说，而且用实际行动来生动诠释。

在江苏利港电厂筹建扩建期间，王亚仑起初负责的是基建管理工作。因国家火电政策调整，他所负责的基建项目不得不暂停搁置，这时组织上安排他到生产一线担任锅炉点检员。从业务相对熟悉、外人看来“含金量”高的基建管理岗位到生产一线的专业技术工人，工作性质、内容和要求都发生了巨大变化，这也意味着他又要像学徒工一样从头干起。面对常人难以接受的工作调整，他表示坚决服从组织安排。进入锅炉点检组后，他认真负责、任劳任怨、谦虚好学，很快就适应了新工作并干出了一番成绩。后来，他又先后被调整到计划、营销、助理、抽水蓄能电站筹建等不同岗位，但无论在哪个岗位上他都踏实肯干、兢兢业业、成绩斐然，深受领导和同事们的好评。调入新力能源之后，他先后负责山东郓城焦化、巨野煤矸石发电等项目的筹建或基建工作，其间还兼任无锡利信能源科技有限公司总经理，带领团队出色完成了利港电厂所有机组的脱硫、脱硝及除尘设施的环保改造工作。

王亚仑的工作岗位、工作性质在不断变化，但他的初心始终不曾有丝毫改变。他用对初心的执着坚守，不断地将工作压力转化为工作动力，始终保持着高昂的工作热情，逐步养成了敢于迎接挑战、不断突破自我的工作作风。

## 勇于担当，攻坚克难站排头

32 年来，每当公司有“急难险重”任务，领导往往第一个就会想到王亚仓，而他也从来都是勇挑重担、冲锋在前、不负重托。

2016 年，新力能源与山东能源集团签订合资建设内蒙古盛鲁电厂的战略协议，决定在人迹罕至的蒙西草原上建设 2×1000MW 超超临界间接空冷火力发电厂。其中，山东能源集团占股 70%，新力能源占股 30%。该项目作为内蒙古自治区、中信集团、山东能源集团的首个百万发电项目，山东能源集团成立以来最大的投资项目，“蒙电入鲁”在建工程规模最大的电厂，在业内被称为“五个第一”项目，承载着多方的殷切期望。其建设的要求之高、压力之大可想而知，很多经验丰富的管理人员都望而却步、不敢接手。当公司领导决定让王亚仓出任盛鲁电厂总经理时，他也因自己缺乏全面管理大型项目的经验产生过犹豫，但强烈的责任心和使命感，最终促使他毅然接过了这份千钧重担。

都说创业难，可在人烟稀少的西北草原建电厂比人们想象的更难。蒙西大草原，春天风沙漫天，夏天高温炙烤，秋天过敏源肆虐，冬天严寒难熬。这里夏天酷暑达到40多摄氏度，冬天严寒在零下27摄氏度，常年干旱少雨，气候干燥难以忍受，大家嘴唇常年干裂起皮，有时会裂开很多小血口。更让人难以承受的是当地人称为“砂蒿”的植物，从七八月份开始到寒冬结束，空气中到处弥漫着这种植物粉末，吸入鼻腔和肺部会产生过敏，往往造成呼吸困难。“我们可吃够砂蒿的苦头了，第一年得鼻炎，来年就复发，第三年更厉害，病情越来越严重，有时候感觉人都快要死掉了。”不少项目组成员谈起砂蒿心有余悸。项目建设攻坚阶段，王亚仑因砂蒿过敏而嗓子、眼睛充血，吐痰时满嘴都是血腥味，整个人浮肿，呼吸十分困难。按照公司规定，在鄂尔多斯工作的外地同志可以按照每年6次、每次10天进行休假，可他为了项目建设，放弃多次假期，长期坚守在工作一线。

盛鲁电厂这样的项目在推进中常会遇到棘手难题，甚至会有看似不可逾越的巨大障碍，其中项目核准之后的开工建设审批难度之大出人意料。2016年国家开始严控煤电建设项目的开工建设，已经核准的盛鲁电厂开工手续办理可谓举步维艰。为了项目在手续完备的情况下开工建设，王亚仑一边给自己的团队鼓劲打气，一边锲而不舍地想方设法攻克难关。他全力组织做好开工建设所需的准备工作，积极协调有关部门争取支持和帮助。30多人的团队在他的带领下，加班加点、全力以赴地做好各项工作。一位同事这样回忆：“那段时间真是太艰难了，‘5+2’‘白加黑’地连轴转，每天工作到脑子几乎转不动为止，很多时候我们都想要放弃了，觉得这事不可能办成。”“为协调开工批复的事情，那段时间也不知跑了多少趟北京，吃了多少闭门羹，但我从来没想过放弃。”王亚仑介绍得似乎很轻松。最终，他们在众多同行认为不可能的时间内拿到了开工建设所需要的50多个批文，2017年5月24日，盛鲁电厂项目正式开工建设，是同时核准项目中第一个拿到开工所需全部批文，并在手续完备的情况下开工建设的项目。而与盛鲁电厂同期核准的另一家国企投资的电厂项目，直到2019年才启动施工。

谈到王亚仑，盛鲁能化公司党委书记、执行董事、盛鲁电力公司董事长邸建友这么评价："亚仑总时时处处敢于担当，虽然代表中信新力 30% 的股份，但却尽了 100% 的责任，体现了 100% 的担当。"

## 以身作则，凝心聚力促发展

盛鲁电厂建设初期，由利港电厂抽调的 9 名技术人员和山东能源派出的 20 名同志共同组建盛鲁项目团队。团队所有人员均无建设百万机组的经验，尤其是来自山东能源的团队成员，有些人压根就没有在电厂工作过。加之两家企业文化存在差异，整个团队在组建之初很难同频共振，专业能力根本无法满足项目推进要求。面对这种不利局面，王亚仑坚持秉持公心、以身作则，平等对待双方工作人员。一方面加强业务培训，提高团队业务能力。他手把手开展"传帮带"，为团队成员讲授知识、传授经验；开设专业知识讲堂，聘请专家讲解授课；组织人员到湄洲湾、万州、鸳鸯湖等大型电厂进行交流学习，项目团队的业务能力在培训中得到逐步提升。另一方面加强团队文化建设，促进团队团结和谐。他率先垂范引导大家顾全大局，用党的创新理论来统一思想、凝集共识、消除分歧，继承和发展两家企业文化之长，逐步形成了兼容并蓄的盛鲁电厂文化。通过他的不懈努力，逐步将一支“杂牌军”打造成为成熟高效的电力专业化管理团队。

王亚仑常说：“项目开发建设是为企业发展注入新鲜血液，只有掌握过硬专业技术，勇于创新，才能为企业健康发展保驾护航。”正是基于这份责任感，他带领团队积极创新项目管理方法，按照“小业主、大监理、总承包”的基建模式，推进业主、监理、总包、施工单位“四方一体”管理体系，通过协调各方力量、明确各方职责，共同推进项目安全、质量、工期、成本控制等方面工作，确保盛鲁电厂实现了安全无事故、质量合格率 100% 的目标。他本人撰写的《EPC 总承包模式下电力建设风险管控与实践》等论文多次荣获山东省企业管理现代化成果奖。

中信集团是承载着梦想和希望的福地，王亚仑将继续砥砺奋进，为中信事业发展再续华章。

## | 刘　和

# 大型综合体项目设计管理人员代表

刘和，女，回族，中共党员，1977 年 2 月出生，中船置业有限公司工程管理中心副总经理。作为 2E2–3 项目办公楼及尚悦街项目建筑设计负责人，带队克服诸多设计难点，保障该项目获 MIPIM 最佳中国项目奖银奖等系列荣誉；作为 2E2– 4 船台项目设计负责人，通过积极协调、组织赛事，推动方案获批，为公司挽回了建筑面积的损失，间接创造价值亿元以上，同时有力配合施工，提高施工效率，助推该项目获 2018 年中国地产设计大奖优秀奖等系列奖项，成为陆家嘴地区一张名片；在父母均患重病的情况下，努力克服自身困难，保障工作顺利推进。

时代召唤巾帼，奋斗成就梦想。放眼新时代，在科技强国的道路上，在大众创业、万众创新的浪潮中，在城市建设的最前沿……各行各业的优秀女性开拓进取、拼搏奉献、建功立业，书写着新时代的巾帼“奋斗志”。从事建筑设计工作16年，曾担任上海世博会中国船舶馆、B3、B4展馆改建主要设计者的刘和就是她们中的优秀代表。

## 迎难而上、积极进取的“铿锵玫瑰”

上海船厂（浦东区域）2E2–3地块项目是刘和从设计单位进入开发企业初期所负责的第一个项目。她接手项目时，正处于公司与外方设计机构的设计合同商务谈判瓶颈期。作为第一次接触商务谈判和合同签署工作的“新兵”，刘和迎来了重大挑战：中英文双语合同及其附件，所有条款近3.5万字；由于项目特殊要求，必须将原来标准三方合同调整为双方合同；刚拿到合同初稿时，争议条款达半数以上，特别是对责任、罚则等条款，双方存在巨大分歧和争议。

面对工作难题，刘和迎难而上，积极学习相关专业知识，主动向同事虚心请教。一方面对合同标准条款逐项进行研究，分析各项条款的主旨和含义；另一方面研究前期项目已经签署的合同，对过往合同执行过程中的争议条款进行梳理，理清合同中风险条款，对风险控制进行分析。以此为基础，她准确找到商务谈判的切入点，平衡双方的矛盾和分歧，在确保公司利益的前提下，争取合作可能。通过她与外方设计机构律师就合同条款进行面对面的逐条沟通，最终达成一致意见，完成了合同签署工作，保障了项目顺利实施。在刘和的努力下，上海船厂（浦东区域）2E2–3 地块项目于 2018 年顺利竣工，并成功获得 Council on Tall Building & Urban Habitat 协会颁发的 2020 年最佳 100 米以下杰出办公建筑奖。

## 敢于担当、踏实肯干的“救火女将”

作为船厂项目公司的设计负责人，刘和始终坚持扎根项目一线，踏实肯干、刻苦钻研，尽心竭力为公司和客户提供问题解决方案，在项目建设中发挥了关键作用。

2013 年船厂设计部正进行陆家嘴滨江金融城的场地设计工作。此项工作技术难度大，需要从定位、策划、规划、建筑、商业动线、景观、艺术品并运营需求等各个方面，整合并重新优化船厂项目 10 个地块已建、在建及在设计中的项目。由于其技术成果将作为已建项目的改造以及未建设项目的施工依据，因此十分重要。虽然此项工作已经开展了半年多时间，但始终达不到公司要求，严重影响了在建项目和未建项目后续相关工作进度。特别是尚悦湾广船项目，土建施工已经紧锣密鼓地推进，但景观设计、室内设计、艺术品规划、商业项目整体交通动线设计等工作均因场地设计滞后的原因无法正常进行，产生了重大隐患。

在此背景下，入职不久的刘和主动承担了场地设计的牵头工作。经过深入调研，她发现设计顾问均为专项顾问，无法涵盖定位、策划、规划、建筑、景观、艺术品并运营需求等各领域工作，再加上场地大、地块多、情况复杂，设计顾问无法全盘了解项目整体情况，因此设计成果始终无法匹配实际情况，相关工作未能取得突破性进展。针对问题和症结，她牵头协调，推动工作模式由单纯依赖一家设计顾问公司转为征询不同领域的设计顾问公司及各部门相关领导的意见。在消化、吸收各方不同意见和技术优势的基础上，她带领设计部同事加班加点，快速熟悉项目资料，深入研究已建项目、在建项目的总体情况，分析规划、设计等方面的优势和不足，结合场地设计提升建议，形成了设计部自身的场地设计成果。最终该成果突破了设计工作瓶颈，不仅保障了后续设计工作有序开展，还显著提升了陆家嘴滨江金融城的整体效果，获得了公司高度认可。

## 精益求精、一丝不苟的“巾帼工匠”

对待设计工作，刘和可谓是“锱铢必较”。凡是对项目有利的，再困难也力图实现；凡是对项目不利的，能够时刻保持清醒头脑，既不盲从知名设计师，也不刚愎自用。正是始终坚守这份建筑师的设计初心，她才能确保每项设计成果呈现出最佳效果。

2014 年，刘和承接了 GALA HALL 的设计负责工作。通过组织国际建筑方案竞赛，世界知名设计事务所 OMA 的方案中标。中标方案为了不影响现有船台的整体历史文脉和空间构成，采用了超常规的悬挑钢结构，最大悬挑距离达到了 43 米。面对这样的特殊结构，OMA 事务所的主设计师希望将所有的主要功能空间用玻璃屋面覆盖。考虑到超常规的钢结构悬挑，必然导致较大的整体结构变形，在后期使用过程中存在严重的漏水隐患，她与 OMA 事务所展开了互不相让的激烈争论。通过对玻璃屋面的漏水隐患及破裂可能性进行全面的计算分析，刘和要求 OMA 事务所对设计方案进行调整，并共同开展了屋顶结构设计的专项研究工作，最终采用薄砼钢板满焊屋面的方法，实现了建成后无渗漏的圆满结果。由于调整后的设计方案对建筑设备的排布合理，项目整体施工大量减少，建筑使用率大幅提升，为公司创造了可观的经济社会效益，并且获得了 2018 年中国地产设计大奖的优秀奖等诸多荣誉。

## 以身作则、家庭事业两不误的“职场之花”

作为一名职场女性，刘和出色地平衡家庭与事业，成为穿梭于职场与家庭间的“女超人”，为泰富中投女性职工树立了榜样。

从 2016 年起，刘和父母均患有重病。作为家中独生女，面对家庭重担，她努力克服自身困难，不计较个人得失，确保了各项分管工作顺利进行。2016 年，为保障尚悦湾广场开业，她牵头总师室进行技术支持，一方面配合审查商户的门头装修图纸，另一方面配合招商布局的修改，提出解决方案保障了招商装修工作在 8 个月内全部完成，实现顺利开业。2017 年，公司的城市设计、科技创新大厦项目较为紧急，她被调至广船支持部。在人手不齐、相关策划顾问尚未到位的情况下，为保证年度进度，她带领团队自行整理研究项目定位，连续加班两个多月没有休息，最终按时保质完成了项目初期的策划定位等工作。同时，她还带领团队继续努力撰写招标任务基础文件，开展整体招标工作，从而使得设计顾问及策划顾问的招标工作顺利完成。2018 年一期住宅抢竣工验收，初次接触验收工作，她带领设计团队，边学习、边研究、边工作，按时完成了领导交予的竣工资料验收等工作……

新时代，新女性！刘和用智慧和汗水为公司创造了令人瞩目的业绩，用实际行动诠释了一名共产党员的使命与职责。她是新时代的追梦者，更是中信的巾帼模范！

## 江孙剑峰

# 优质服务的“最美物业人”

江孙剑峰，男，汉族，中共党员，1977 年 4 月出生，中信泰富（上海）物业管理有限公司总经理助理。任职以来，带队优化浦江双辉大厦物业管理方案，实现智能与人工管理相结合，推动服务品质提升；主动介入开展系统运行调整、设施局部改造，节省能耗费用约 140 万元；主导编辑《安全生产月刊》，将安全生产宣传教育融入一线物业管理；组织人员创新设计消防战斗推车，扩建微型消防站，在消防及反恐防暴防范工作中发挥了积极作用。2017 年获上海市物业管理行业优秀共产党员、优秀项目经理，2018 年获上海市最美物业人十佳标兵、五一劳动奖章、泰富中投优秀个人。

19岁入伍，20岁入党，曾经一身戎装的江孙剑峰，现在是中信泰富（上海）物业有限公司总经理助理、浦江双辉大厦物业管理处驻场经理。脱下戎装换上西装，虽然岗位不同、职责不同，但对事业的忠诚和热忱是一脉相承的。2013年入职中信泰富物业公司以来，他把做好物业服务当作价值追求，在平凡岗位做出不平凡的业绩，先后被评为“上海市五一劳动奖章”“上海市最美物业人标兵”“上海市物业管理行业优秀共产党员”。

## 爱岗敬业，勤政务实

提升金融楼宇的物业管理水平，全面提高物业服务质量，处处体现了“品质源自细节的关怀”。从某种意义来说，物业管理服务永远在路上。为了在不断反思中提升服务质量，江孙剑峰始终把诺基亚CEO奥利拉“我们并没做错什么，但不知道为什么我们输了”作为鞭策自己的工作语录。

浦江双辉大厦为双子楼设计，两家大型国有银行总部分别入驻，每年各类会议四百余次的停车管理，给管理带来较大挑战。虽然大厦拥有近千个车位，仍然难以满足与会外来车辆的停放。如何化解这个普遍性问题，成为管理处亟待解决的当务之急。江孙剑峰带领管理团队人员，现场查看情况，多次与业主沟通协调，制定外来临时车辆管理办法，采取智能管理与人工管理相结合的措施。此举大大地缓解了矛盾的激化，体现了服务的柔性。他还要求当值保安认真记录每天车辆出入和滞留过夜车辆信息，在将客户信息与事实数据充分比对基础上进行驱动管理，及时减少管理缺陷，提高顾客满意度。

对物业管理来说，安全工作从来都是“底线”和“生命线”。江孙剑峰始终把保障大厦设备安全工作放在首位，把业主利益、客户满意至上理念融入企业文化建设中。2016年，上海市遭遇寒潮突袭，大楼部分半室外消防喷淋、消火栓管网、风机盘管等设备因低温导致爆裂漏水事件发生。江孙剑峰带领各部门连续奋战在现场紧急处置，将大楼受寒潮影响降到最低，确保了楼宇的正常运行。

“对物业管理企业来说，永远没有通用的管理服务理念，只有最适合的理念”，这是江孙剑峰秉持的原则。他要求管理团队在日常工作中要把精力用在如何提升服务质量上，把功夫下在攻坚克难上，把力气花在改善服务环境上，对确定的任务和目标定措施、定制度、定责任、定时限、定考核。在他带领团队共同努力下，持续地保持了金融总部楼宇的安全有序运行，无重特大安全事故发生，多次受到市、区级领导以及客户的表彰。

## 开拓创新，攻坚克难

随着金融机构总部人员集中入驻，在做好日常客户服务的同时，还要加快解决原来施工滞留设备的缺陷问题，确保楼宇设施设备的正常运行。大力发展“智慧楼宇”，成为江孙剑峰面临的一个新机遇和新挑战。

从“智能”到“智慧”，虽然一字之差，却是智慧楼宇物业管理面临的最大挑战。如果延续传统思维方式，必将被市场淘汰出局。江孙剑峰带领团队走遍大厦各个角落，开始了智慧楼宇的改造探索。从各个机房地面、排水沟、设备标识标牌统一规范、制度上墙开始，充分发挥智慧楼宇管理核心竞争力，完善对地下室近千个停车库人性化导向标牌调整，积极融入智慧停车管理模式。2014 年，浦江双辉大厦在创建“上海市物业管理优秀示范大厦”后，将突击性整改工作纳入日常管理，按照“创优”标准形成制度化标准化，将阶段性“创优”转换为长效管理机制。为夯实基础管理、健全安全制度，他们还编辑了《安全生产月刊》，全面提高和增强安全防范意识。

对金融楼宇物业管理来讲，安全保障最为重要。根据入驻金融机构业委会要求，在加强金融楼宇安全保障，全面提升安全管理水平，切实做好排除各类安全隐患工作的同时，更要做好防患于未然的工作。江孙剑峰组织人员专题研究落实微型消防站推进实施方案和消防器材的配置，观摩其他楼宇微型消防站的经验，结合浦江双辉大厦楼宇实际情况，通过全面细致的准备，终于完成浦江双辉大厦微型消防站建站工作，组建了符合安全需求和企业实际的消防队，配置了消防战斗推车和消防战斗服，在多次消防及反恐防暴防范工作中发挥了积极作用。

微型消防站首个开放日，就受到来大厦观摩业主的一致好评。“浦江双辉大厦微型消防站”一跃成为周边楼宇参观学习的风景线。但江孙剑峰的探索仍未止步，他积极带领团队研究消防区域联防新课题，力求实现“一点火警、多点出击、邻里互助、协同作战”的精细化消防管理目标。这项举措为超大型城市综合体的防灾减灾救援提供有益借鉴，受到市、区级消防领导大力支持。

## 勇当先锋，甘于奉献

一名党员，就是一面旗帜。除了项目负责人身份，江孙剑峰还担任中信泰富（上海）物业管理有限公司浦东党小组组长。他时刻保持积极进取的心态，带头做对党忠诚、信仰坚定的共产党人，用实际行动将小组党员积极性带动起来，努力推动党小组每个党员和积极分子学起来、做起来。

在做好物业管理工作的同时，江孙剑峰积极推进党建工作在基层一线落实，将党的理念信念和日常管理工作相结合，发挥党员先锋模范作用。他将“党政所想、业主所需、员工所能”作为管理处日常工作的出发点和落脚点，在管理处墙报上开展党员之家专栏，专门设立党建服务窗口，让党员亮出身份，自觉接受群众监督。他还注重关心困难员工，时逢节假日就安排公司人员对困难员工上门慰问，切实把组织温暖和公司关爱送给员工。

江孙剑峰常说，浦江双辉大厦是陆家嘴滨江金融区的地标高度，作为物业管理服务商，要通过发挥党员作用，树立服务业主的精神高度和品牌高度。他带着党员骨干秉持“服务业主、服务党员、服务员工”的宗旨，细致开展楼宇党建联动工作，着力提高物业服务品质，发挥共产党员在物业战线的先锋模范作用。

## 安　力

# 敬业精业的财务人

安力，女，汉族，中共党员，1980 年 1 月出生，中信兴业财务管理部总经理。作为公司第一名外派女员工，克服自身困难，顺利开展工作，有效维护公司股东利益；面对集团上市后严苛的信息披露要求，严把质量关，财务信息报送准确性、及时性受到好评；先后协助公司完成 7 次内部业务整合和 9 项股权退出工作，保障国有资产保值增值；带领团队克服信息化建设任务重、人员少的困难，完成财务合并报表、全面预算管理系统建设，相关工作获集团认可；注重加强团队建设，培养具有扎实作风和过硬本领的财务中坚力量。2015 年获评上海金融系统优秀共产党员。

“时间是伟大的作者，她能写出未来的结局。”自2007年加入中信兴业以来，安力怀着对本职工作的满腔热情，以严谨求实的优良作风和扎实过硬的专业素质，为公司发展默默付出、无私奉献，逐步从一名基层财务人员成长为财务管理部总经理，先后获得“上海金融系统优秀共产党员”等荣誉。“天道酬勤”是对这位巾帼“女汉子”无悔青春的最佳礼赞。

## 不疏小事，在平实处用心用力

“不积跬步无以至千里，不积小流无以成江海。今天迈出的一小步，将成就明天的一大步。”秉承这种理念，安力从基层会计岗位做起，认真对待自己负责的每一项任务，即使是再普通、再简单、再细微的工作，她也一丝不苟、严谨对待。通过持之以恒的踏实、认真和细致，她在较短时间内便掌握了会计、税务、资金管理等方面业务，很快成为业务骨干和团队负责人。

安力经常强调，“财务工作者主要跟数据和信息打交道，务必要做到严谨、认真、负责，务必审慎地对待每一项会计信息披露、每一次财务数据分析。”即使是在年终财务决算最忙碌的时候，她也要反复通过数据逻辑自动校验手段核实每一项数据的准确性，确保会计信息披露工作万无一失、及时有效。集团上市后，面对更加严苛的要求和烦琐的任务，她更是细致工作、认真把关，带领财务团队陆续完成了全面预算管理系统上线、对外信息披露、投资管理系统编报等各项任务，在财务信息准确性、及时性等方面受到集团各方一致好评。

近年来，公司几乎每一个项目背后，都有着安力默默无闻的辛勤付出。无论是对于项目财务模型的可行性研究、审计评估机构的统筹协调，还是对于项目融资的方案保障、投资企业的后续管理，她都倾尽全力、全程跟踪，提供专业高效的财务支持。

在提高自身业务能力同时，安力十分注重团队素质整体提升，总是从细节处、细微处以及容易被忽视的小事入手，积极向同事传授自身工作经验和方法，并定期邀请四大会计事务所、知名税务专家为团队进行专题培训。她经常强调，要把财务工作理解为一项“信息服务”，以精准的财务分析为公司管理层提供决策依据，为相关部门提供数据支持，为合作方提供信心支撑。她将团队建设融入日常工作的点滴小事之中，积极带领团队从传统财务工作向“战略财务、业务财务、共享财务”转型，逐渐养成了严谨踏实的工作作风和团结协作的团队意识，形成了抗压能力强、业务能力精的专业化队伍。每当遇到急难重的工作任务时，总能看到全体成员团结协作、相互搭台补位的场景；每当有人生活中碰到困难，大家总能及时伸出援助之手；每当遇到有人过生日、提职等喜事，团队总是一起洋溢着欢声笑语……2015 年以来，部门团队、个人获得各类荣誉表彰 7 次。

## 不畏难事，在关键时勇挑重担

2009 年至 2011 年，安力被委派赴重庆担任成渝高速公路财务经理。作为公司第一名外派的年轻女员工，她没有跟公司摆困难、讲条件，而是欣然接受、努力克服一切不利因素，以最快时间投入到新的工作之中。在新的岗位上，她积极融入工作环境，与同事们深入沟通交流，迅速找准工作定位，推动与地方股东的合作事宜，在获得合作方认同和信赖的同时，尽心维护了中信的利益。在她任职期间，成渝高速公路财务部获得了重庆高速集团优秀部门嘉奖。

伴随着公司业务发展，公司的财务管理工作内涵不断拓展，工作要求也越来越高。财务管理部作为对接集团职能管控的主要部门，需要有效贯彻集团各项管控目标，不断优化财务工作，提升财务管理能力。为了完成集团下达的经济增加值考核目标，她认真研究 EVA 理论基础和案例实践，在内部培训上做专题分享，协助公司制订各类考核优化方案，并根据相关管理要求，健全完善公司财务制度，新制定或修订相关制度 16 项。

安力常说，“自己弄懂吃透，工作做细做深，就是最有效的沟通利器”。为贯彻落实集团“降杠杆”“去库存”专项工作要求，她勇挑重担，牵头负责公司的重要股权退出项目。通过与合作方积极沟通交流，她认真搜集整理历史资料及相关法律法规，“不厌其烦”到行政审批部门进行咨询，用无懈可击的资料准备、详尽的法规解释，争取到行政部门的理解与支持，顺利解决了股东变更等历史遗留难题。

为贯彻落实集团财务信息化建设发展规划，安力带领团队克服任务重、人员少的困难，鼓励部门员工通过 IT 手段提升工作效率，持续推进公司财务信息化体系建设。2015 年至 2016 年，作为集团第一批试点单位，她带领团队完成财务合并报表、全面预算管理等系统建设任务，合并报表系统使用考评成绩在集团名列前茅，全面预算管理系统作为成功案例被集团推荐分享。2019 年，为尽快实现“全级次、全业务、全流程”的财务信息化工作目标，她带领着仅 6 人的现场团队，在做好集团和公司各项日常财务工作，保障财务工作效率、质量的同时，全力投入 OA 协同办公系统、财务指标系统等 4 个财务信息系统开发建设，利用“碎片化”的时间，见缝插针地完成了系统供应商约谈、案例调研、需求梳理、方案拟订等工作。

面对资本运营型公司融资渠道受限的实际情况，安力不断创新融资方式，加强与集团内金融机构的业务协同，在符合集团杠杆率管控要求前提下，持续研究探索公司债、高速公路资产证券化、永续债、股权基金等融资方案，助力公司财务结构调整，保障公司业务发展资金需求。2019年，她带领团队经过认真研究、多次论证，首次尝试通过境外平台完成近19亿元外债融资，将公司综合融资成本降低1个百分点。

近几年，中信兴业持续推进业务结构调整，安力积极参与设计交易方案、优化财税流程、保障国有资产交易合法合规等重要任务，先后协助公司完成7次内部业务整合，牵头或协助完成股权退出项目9项，在盘活资产的同时有效保障了国有资产收益。

回顾13年的中信生涯，安力说："中信给我提供了广阔的平台，我的成长离不开中信优秀的企业文化、务实的工作作风以及一群怀抱梦想、辛勤付出的同事。"天道酬勤，她用尽心履职让青春在奉献中闪光，也必将用实际行动书写新的奋斗华章！

## 张科胜

# 大榭岛开发项目的优秀代表

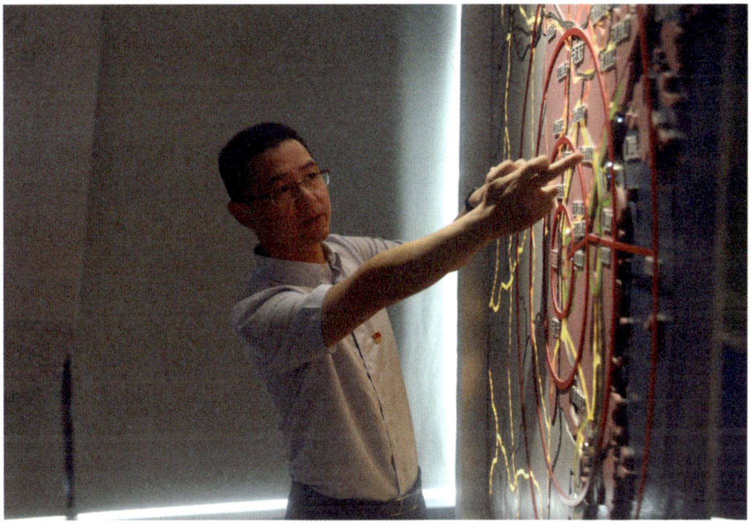

张科胜，男，汉族，中共党员，1972年12月出生，中信（宁波）西店新城开发建设公司总经理。参与宁波大榭岛开发，围绕通用码头建设带队进行商务拓展，提供方案赢得日本大型进口钢圈商认可，为后续建立港口公司打下坚实基础；带队攻克多项技术难题，确保大榭大桥工程顺利建成；负责中油码头有关技术开发，节省投资2000多万元，实现社会和经济效益双丰收；带领团队反复沟通，取得原油仓储项目资质；优化信海油库仓储流程设计和建设，获得石化行业专家高度评价；参与宁波西店新城开发建设，助推西店由“制造大镇”向“创智海湾星城”转型升级。

东海之滨，红旗飘扬。25年耕耘奋斗，25年敢为人先，海岛渔乡华丽转变为改革开放前沿、富有活力的国家级开发区，这背后是一个又一个扎根海岛、开天辟地的共产党员。张科胜就是其中一位。1995年7月，他进入中信工作时，宁波大榭开发区刚刚设立几年。任务艰巨、机遇难得，张科胜以忠诚显担当、创新求突破的工作作风，团结带领团队，在中信兴业投资的多个开发和投资项目中精益求精、勇争一流、书写担当。

## 扎根海岛，走好“长征路”

一代人有一代人的长征路。1995年7月，刚毕业的张科胜被中信与生俱来的开拓创新精神所打动，加入大榭开发的队伍中。弹指一挥间，他已扎根开发区20余年。回望开发初期，海岛渔村往来宁波摆渡过海，没有一条像样的道路，更见不到上规模的工厂，如今这里聚集了一批世界500强和行业龙头企业，成为中国最重要的原油进口基地和七大石化产业基地，连续9年财政收入超百亿元，成了名副其实的“世界一流港口经济贸易区”。

开发建设初期，岛上条件艰苦，专业人才匮乏，但到处洋溢着一股热情。张科胜干一行，爱一行，专一行。测量工程师、市政施工工程师、桥梁工程师、港口工程师，以及港口运营、国际贸易、石化储运、城市开发等等，这些岗位工作在张科胜身上全都融合：“我是时代的幸运儿，中信给了我们事业发展的广阔舞台，吃点苦算什么？”

每一次岗位的成功转型和业绩背后，都是张科胜一次次对中信人忠诚担当品格的践行。如果说不同工程管理是相通的，但从工程建设转到运营管理，对他确实是一大转折和考验。2003年8月，大榭作为全国一类港口正式对外开放，开发建设重要的基础设施通用码头是三个码头之一。当时岛内货源缺乏，张科胜带领部门团队出岛拓展商务，经过不懈努力，日本大型进口钢圈商被团队方案打动，开展合作洽谈，并迅速落实进口物流一系列环节。两年后，码头公司实现盈利。以码头为平台，中信引进了上海港集团，合资设立集信物流公司，大榭港口发展从此迈入了快车道。2007年后，全国开发区事业发展进行深刻调整。中信集团领导审时度势，决定发挥贸易区优势，发展绿色石化产业。中信港口公司当仁不让，投资开发建设69万方油品仓储项目，延伸港口物流产业链。张科胜又一次成功转型，在石化仓储建设运行岗位上再次发出光亮。

## 开拓创新，争创一流业绩

创新是引领发展的第一动力，张科胜始终把创新融入工作中。1996年中信集团决定修建国内首座公铁设计于同一平面上的钢砼T型钢构跨海公铁两用大桥——大榭大桥，从根本上改变大榭落后的交通面貌，并组织大榭大桥公司、中信国华公司、中国国际咨询公司成立中信铁军日夜奋战。张科胜从众多人选中脱颖而出，深感重任在肩。作为业主方工程师代表，他每天带着图纸和笔记本穿梭在工地，检查工程质量，协调解决问题。攀爬在30米高的铁脚手架上，他居然把恐高症忘个精光。四年多的大桥建设期，工地没有休息日，只有“浇筑日”。中信铁军的全力以赴，创造了一个又一个奇迹：“光板岩面”上嵌岩的世界难题解决了；国内最重的悬臂挂篮施工成功了；0误差悬臂合龙了……2001年4月，大桥建成通车，从此天堑变通途。该大桥被评为优质工程，公司也多次受到宁波市重点办的表彰。

张科胜把开拓创新精神贯穿在每一个岗位中。2008 年，张科胜团队开始在大榭中油 30 万吨级油码头工程中应用大直径（Φ1800）大斜度（5∶1）嵌岩桩（最大深度 10.8 米）冲击成孔施工技术，这在当时国内没有先例。30 万吨巨轮在码头靠岸时，会对码头本身产生巨大冲击力，一般设计的靠船墩采用 Φ2500 以上的钢桩，而采用 5∶1 斜桩可以大大节约投资 2000 多万，节省宝贵的深水岸线约 50 米，但施工难度和风险也更大。张科胜带领团队开启了艰辛施工：卡钻、塌孔、埋钻、潜水员清障，不常见的意外情况在恶劣的施工环境下变成常态，每一根桩的成桩都凝聚了团队的智慧和汗水。巨轮船身挤压作用下，硕大的橡胶护舷像气球一般吹胀又恢复。当宁波港历史上第一艘满载 30 万吨原油的巨轮缓缓、稳稳地靠泊上中油码头时，这一刻的幸福喜悦只有参与建设的人才有更深的体会。

喜讯接踵而来，中油码头 9 月投产，当年就实现盈利，3 年收回投资，取得了社会和经济效益双丰收。工程首创采用的 5 ∶ 1 斜桩嵌岩桩冲击成孔施工技术，引起港口工程界广泛关注，为在复杂地质条件下建设大型码头工程探索了经验。

## 精益求精，共创中信事业

一路走来，张科胜始终以精益求精的态度追求更高目标。2011 年，中信集团提出大榭以新加坡裕廊岛为发展标杆，培育新的竞争优势，打造“中国的裕廊岛”。在港口运营、原油进出口、化工仓储等行业合作项目中，张科胜作为派驻的中信方代表，积极践行合作共赢的发展理念，做好每一个细节，赢得合作方的尊重。原油仓储资质一般是三大石油公司才能取得，信海油品 60 万方仓储项目申请原油仓储立项时，在集团支持下，通过资源整合，张科胜带领团队经反复沟通终于取得批复，这也为今后取得原油国营贸易进口资质奠定了基础。在油库仓储流程设计和建设时，团队前瞻性地采用国际贸易标准。中海油和其他来参观考察的石化行业专家对信海油库的设计和施工质量、设备选型等给予了高度评价。信海油库基础上设立的中海油大榭贸易公司，当年就成为宁波市进出口贸易企业前十。如今大榭培育发展以能源化工品为主要货种的现代物流业和商贸服务业，成为推进产业结构战略性调整的突破口，成功实现临港大工业与临港服务业的比翼双飞、协同发展。

为践行长三角和新型城镇化战略，中信集团再次与宁波市深化全面战略合作，共推区城乡融合发展，打造北纬 30° 上的创业、宜居、魅力海湾星城——西店新城。宁海是“两山论”的优秀实践基地，2015 年张科胜带领团队开展整合提升，推进绿色发展，通过打造“三生融合”西店新城，引领西店由“制造大镇”向“创智海湾星城”转型升级。

路漫漫其修远兮，吾将上下而求索。作为一名共产党员，张科胜长期扎根改革开放前沿，在平凡工作岗位上不忘初心、牢记使命，勤勉奋发、开拓进取，努力实践“不求最大，但求最实”中信兴业价值观，展现了中信人在改革开放中排头兵形象。

## 李同庆

# 电解二氧化锰技术的“领军人”

李同庆，男，汉族，中共党员，1938 年 7 月出生，中信大锰矿业有限公司首席研究员。作为电解二氧化锰领军专家，带领团队全程参与公司 3 万吨 / 年电解二氧化锰项目建设，打造了优质工程；指导科研人员开发出适用我国低品位碳酸锰矿生产高性能的电解二氧化锰产品，跻身美国、日本等高端产品国际市场；革新技术工艺，申报 100 多项专利、获 70 多项授权，主持和参与制定几乎所有涉锰产品的国家、行业标准，助推我国电解二氧化锰工业高质量发展，并为中信大锰发展为电解二氧化锰龙头企业做出突出贡献。2008—2010 年间两度获崇左市“金凤凰”奖，2011 年、2014 年获广西科技进步二等奖、三等奖。

中信大锰矿业有限公司（以下简称中信大锰）有一位享受着国务院政府特殊津贴、彰显着工匠精神的“终身员工”，他倾其一生专注于电解二氧化锰研究工作，先后成功研制出高功率氯化锌型电池级电解二氧化锰、无汞碱性锌锰电池级电解二氧化锰等产品，不仅推动了中信大锰产业升级，取得并巩固了行业龙头地位，还打破了发达国家对技术和市场的长期垄断，为我国电解二氧化锰实现国产化、迈向高端化做出了卓越贡献。他就是中信大锰首席研究员李同庆。

## 扎根南疆、步步为营——中信大锰产业升级的推动者

作为我国曾经在国际电池材料协会中唯一的研究员，李同庆从原单位退休后，本可享受轻松自在的晚年生活。但中信大锰管理团队先后三次登门拜访，恳请他重新出山，带队攻克电解二氧化锰国产化的技术难关，这份诚意深深打动了这位花甲老人。2005 年，67 岁的李同庆带领技术团队加盟中信大锰，并且一干就是 15 年。

当年，中信大锰虽然资源优势明显，但在电解二氧化锰生产方面却技术空白、经验匮乏、人才短缺。李同庆加盟后，对技术团队说，“我们耐点烦、绊点蛮，也硬要把矿石特点搞透，搞出适合矿石特点的新工艺，开发高端产品。”针对广西锰矿石含钙、镁杂质高和结构复杂的特性，他带领技术团队稳扎稳打，通过一系列小试和中试，成功攻克了利用广西高含钙镁杂质锰矿生产高质量碱性电解二氧化锰的技术难关，并亲自参与指导建设了 3 万吨 / 年电解二氧化锰项目。在他的努力下，中越边境小镇上原本地形复杂、场地面积狭窄的项目工地完成“华丽变身”，建起了当时国内电解二氧化锰行业最标准的厂房和最先进的生产线。

项目投产后，李同庆又马不停蹄投入到国家 863 计划——“高性能无汞碱锰电池级电解二氧化锰材料开发”产业化项目之中。当时，中信大锰的设备根本无法满足项目要求，李同庆就带领技术人员一起找设备、定型号、做实验。年轻后辈们担心他的身体吃不消，劝他多休息，可他坚持重

要事项亲力亲为，他说："在实验现场感觉心里有底，也不会感觉累，实验有进展比休息更让我觉得轻松。"在他带领下，中信大锰在半年时间内就完成了设备和技术升级。863计划项目投产后，不仅产品性能优良、质量过硬，深受国内外用户的青睐和好评，还被评为电解二氧化锰行业的样板工程。

产业升级后的中信大锰成功填补了广西碱性电解二氧化锰的技术空白，延伸了广西锰产业链，在广西锰业"强龙头、补链条、聚集群"高质量发展进程中发挥了重要作用。

## 矢志不渝、精益求精——锰产品跻身国际高端市场的带头人

早在开发高性能电解二氧化锰时，李同庆就敏锐地意识到国内电解二氧化锰市场必定会打价格战，产品必须走出国门、进入国际高端市场。

当时，以美国金霸王为代表的国际领先电池企业，对电解二氧化锰品质的要求非常高，认为我国使用低品位碳酸锰生产电解二氧化锰根本不可能符合要求。面对偏见，李同庆暗下决心，一定要突破技术难关。他对技术人员和生产人员提出了三点要求：一是技术上坚持精益求精，每个实验都必须认真开展，及时对实验数据和结果进行总结，得出可靠结论，为下一次实验做好准备；二是设备上坚持改革创新，试用多种阳极材料，克服电解过程中遇到的约束和困难；三是质量上加强过程控制，通过引进质量管理体系来管控生产过程。他说："我们就要像愚公移山，搞好每一个实验，打好难关战，没什么困难会难倒我们。"

李同庆的敬业和严谨，后辈们看在眼里、记在心上。技术人员陈南雄回忆道："当年实验室正处在攻克'去除溶液中微量砷'的关键阶段。一天凌晨3点多，终于拿到了实验结果，我本打算第二天再告诉他。没想到他却时刻惦记着实验进展，主动打电话询问实验情况。当得知实验顺利，他才放心去休息。更让我们意外的是，第二天早上7点钟，他还能精神满满地出现在实验室。"

在李同庆的倡导下，中信大锰最终开发出了高性能的碱性电解二氧化锰及锰酸锂级电解二氧化锰，成功打进美国、日本等高端市场。其中，锰

酸锂级电解二氧化锰属国内首创，由于该产品先进可靠，三井金属不顾日本高额的反倾销税壁垒，坚持大规模采购中信大锰产品。初期为了快速获得产品，三井金属支出的空运费价就高达 2 万多元 / 吨，几乎与货值等同。

## 大公无私、倾囊相授——倾心培育国内锰业人才的好园丁

出于对我国锰业的高度热爱，李同庆深知技术传承和人才培养的重要性，因此对于肯钻研技术的年轻人，他都给予倾心指点和热情帮助。即便是下游电池行业客户提出的关于开路电压、存储性能指标等方面的问题，他都一一撰写邮件进行详细答疑和探讨，并把每封邮件转发给技术人员学习。为了让年轻技术人员广泛涉猎相关专业领域，他还精心挑选专业书籍，发给青年技术人员阅读……

由于李同庆对锰业人才的关心关爱和无私教导，凡是与他有过接触的年轻人对他都十分敬重。时任大新锰矿分公司副厂长的罗昌璃回忆起与李同庆初次见面时的场景，依然记忆犹新。“刚一见面，老李就和蔼地笑着说：‘我听说过你，欢迎你到 EMD（电解二氧化锰）厂来，我带了一个优盘的 EMD 工艺技术资料给你，希望能帮助你更好地学习。以后有不清楚的地方，可以随时给我打电话探讨，或者发邮件交流。’真没想到这样一位行业权威专家，居然能够对我这样的年轻后辈如此热心指导。”

多年以来，我国电解二氧化锰产业蓬勃发展，逐步取代美国、日本在国际市场的优势地位。在此过程中，中信大锰也逐步成长为电解二氧化锰的行业龙头。这份优异的成绩，凝聚着李同庆和其技术团队的心血及付出。10 多年来，李同庆和其技术团队共获得专利 70 多项，主持或参与制定了几乎所有涉锰产品的国家、行业标准，培养了多名国务院政府特殊津贴获得者和行业高级工程师。分布在全国各地的电解二氧化锰厂的高级技术人员，基本上都是李同庆的弟子。行业中流传一句话：“没有李同庆，就没有中国的碱性电解二氧化锰。”

目前，82 岁的李同庆虽然已经退休，但他依然保持着与上班同步的作息时间，坚持阅读国内外期刊，远程指导公司技术人员的研发工作以及公司的重要商业谈判。别人劝他好好安度晚年，李同庆却说：“技术创新永无止境，我的梦想就是推动行业进步、造福人民。为了这个梦想，我将奋斗不止……”

## 农承开

# 金属锰生产一线的优秀管理者

农承开，男，壮族，中共党员，1979 年 9 月出生，中信大锰矿业天等锰矿分公司副总经理。践行工匠精神，通过开展工艺优化、技术改造工作，显著降低金属锰产品电耗和成本，产生直接经济效益 3450 万元；担任分公司金属锰厂厂长期间，创新基层管理模式，通过推行准军事化管理，打造一支技术过硬、令行禁止的队伍，推动金属锰厂年年获得公司级“先进集体”；开办劳模创新工作室，有效提高员工思想意识和操作水平，带动一批年轻人投身创新技改行列中，为分公司生产经营持续提供动力。2012 年获崇左市五一劳动奖章，2015 年获广西壮族自治区劳动模范称号。

农承开自大学毕业以来，一直扎根矿山、坚守一线。他善于钻研工艺，并把创新成果应用于生产实践，取得了良好经济效益。他注重创新基层管理模式，在平凡岗位上创造了非凡业绩，成为生产一线干部职工的榜样。

## 立足本职守初心：一面勇于担当的旗帜

农承开 2012 年至 2017 年担任天等锰矿分公司电解金属锰厂厂长，目前担任分公司副总经理，负责产品深加工、环保工作，分管电解金属锰厂、生产安全环保部。他长期以来一直坚守初心，靠前指挥，身先士卒，时刻牢记党旗下的铮铮誓言，勇于挑最重的担子、啃最硬的骨头。

2015 年，受低温天气影响，电解金属锰生产的新液大量析出结晶，导致新液管道基本被结晶堵死，电解生产用液告急！农承开接到紧急报告后，第一时间组织管理人员及全厂党员奔赴现场，对被堵的管道进行清理。从早上 6 点到晚上 8 点，农承开始终坚守岗位，与员工们一起抡大锤、拧螺杆，哪怕是雨冻衣湿也没有半点退缩。在他强有力的带动下，大家深受鼓舞，15 小时连轴转，最终把从化合车间至高位池的所有新液管全部清理干净，避免了电解车间因断液而导致停产事故的发生。“厂长是我们的主心骨，也是我们一面鲜红的旗帜，只要有他在，我们工作起来就感觉有用不完的力气！”维修车间主任回忆时，心中满是钦佩之情。

## 创新思路求突破：一位善谋实干的先锋

农承开坚信一个企业的生存与发展离不开创新，创新是企业的希望所在。他敬业、专注、严谨、注重细节，通过不断改善生产工艺，为公司的节能降耗做出了贡献。

2016 年，由于操作工素质参差不齐，时有发生指令操作执行不到位的情况，导致生产液耗相对偏高，由此触发了农承开的思考，是否能通过设备来控制出液量以减少人为因素对用液的影响？有了想法就开始行动，在将近 10 天“白加黑”的调研期间，生产一线的电解车间槽面上，始终能见到他忘我工作的身影。形成技术革新的初步设想后，他带领车间管理人员和技术骨干展开技术攻关论证、试验，经过一周的探索，形成了新液缓冲平衡系统实施方案。在该系统运行初期，农承开每天必临现场、身先士卒，不断收集数据，最终将系统几个重要的数据调整至合适范围内。该系统的应用，使得电解车间的指标调整至标准范围内并实现稳定生产。“开总做事情有始有终，特别严谨，我们敬畏他更敬重他，他是我们学习的榜样！”电解车间一位党员说出了肺腑之言。

通过开展工艺优化和技术改造，农承开为公司创造了可喜的经济效益。电解金属锰产品成本每吨降低 1602 元、电耗每吨降低 202 度，产生直接经济效益 3400 多万元，切实实现了降本增效。

## 注重管理铸强队：一只令行禁止的军哨

“严，是我对你们负责任的态度；松，是害了你们。”“抓管理，必须先做人。”农承开通过深入实践，摸索出了一套准军事化管理模式，取得良好成效。

对于农承开而言，严于律己、以身作则是他一贯的作风。八年前，从建厂初期到产品稳定生产，都是在他的主持下完成的。投产前期，按照农承开的规划，首先对所有员工进行军事化训练，培养他们的良好习惯。生产中，为提高中层管理人员的管理和技术水平，他利用每周例会对管理人员进行指导、培训，建立良好的沟通渠道和平台。工作中，他经常深入现场，加强与基层管理人员、技术人员的交流沟通，同时对管理人员的工作进行指导、跟踪及检查，发现问题及时指正。

农承开在任厂长期间，曾有三位管理人员由于工作缺乏积极性，思想跟不上趟，经多次谈话教育后仍然我行我素。农承开硬起心肠，严格按照“能上能下”的用人原则，劝他们离开了管理队伍。“我和他们是一路走过来的，他们的离队其实是我心头永远的痛，但是没办法，我们的管理团队必须是有战斗力的，有凝聚力的，实事求是的！”农承开的话虽有无奈，但非常坚定。

在农承开管理下的电解金属锰厂，连年获得公司级的“先进集体”，他的管理模式得到了公司领导及全体员工的认可和赞许，上级部门和兄弟单位多次前来考察学习。

## 倾心育人谋长远：一把助力登高的梯子

“打造一支学习型、知识型、技能型、创新型职工队伍”是农承开多年来持续追求的目标。作为分公司劳模创新工作室的负责人，他多措并举，积极发挥劳模引领作用，为员工成长搭建平台，并充分利用自身优势，助推员工在改革发展中争当排头兵。

对于各岗位操作工，指出生产操作过程中存在的问题是提升职工技能的重要方式。农承开根据现场情况及时指正错误，组织本岗位人员举一反三开会培训，不厌其烦地进行讲解、示范，直到员工们完全领悟并熟练掌握。结合操作工的技能水平和适应能力，对症下药式地微调和优化各岗位技能人才结构，以达到用其所长、用其所能的目的。

对劳模创新工作室的技术骨干，农承开注重科学引路，充分调动他们的积极性。他立足分公司现有设备条件和工艺水平，围绕设备运行维护工作中的难点热点问题，组织实施技术创新。注重技术团队的学习与个人发展有机结合，在科研实践中细心指导，多年来培养了一批肯学习、肯钻研的年轻人投入到创新技改行列中，每年均有十几项的小技改、小发明、小创造获得公司奖励，并运用到生产中，取得较好效果。

在农承开的带领下，通过工作室例会、技术攻关、师带徒等多种形式对员工进行安全、环保、质量、操作技能等项目的培训，员工的操作水平及思想意识得到了提高。仅电解金属锰厂，每年的培训量近万次。在他的指导下，分公司涌现出一批技能拔尖人物，在自治区和崇左市技能大赛中斩获佳绩。“多亏开总的严格训练和悉心指导，不仅为我们搭建了锻炼平台，也激发了我们无限的想象力与创新力。开总就是我们的引路人，跟着他学习，认真干，准没错！”一位劳模工作室成员由衷地感叹。

面对成绩和荣誉，农承开淡然处之，始终以坚如磐石的信念，担当开路先锋；以积极进取的精神，紧跟时代步伐；以公正严明的管理，发挥团队合力。敢担当、善作为、创佳绩，农承开用实际行动，影响带动了广大一线员工在企业改革发展中屡立新功。

## 张炜

# 甘于奉献党务条线的“老黄牛”

张炜，男，汉族，中共党员，1968 年 1 月出生，中信工程设计纪委委员、机关党支部书记、党务工作部主任。党的十八大以来，在系列重大教育中担纲领衔、精细谋划，推动教育活动取得实效；组织推动中信工程党建入章、“三重一大”决策程序完善等工作，为规范党委决策、优化企业治理做出贡献；对重组后的中信工程企业文化实施价值再造，系统构建企业文化体系，推行的“臻文化修炼”等多个企业文化工作方法和经验，多次得到集团推介；面对双亲病重、瘫痪、去世等困难，顶住压力，圆满完成组织安排的各项任务。2007 年获评武汉市优秀思想政治工作者，2017 年获评全国金融系统思想政治工作先进工作者。

自 2002 年入职中信以来，张炜已为中信事业默默奉献近 20 载。作为一名“老中信”和“老党务”，他立足岗位、忠诚履职，为中信工程高质量发展做出积极贡献，先后获评“全国金融系统思想政治工作先进工作者”“武汉市优秀思想政治工作者”。

## 特别讲政治，以政治首位意识彰显中信人的政治本色

张炜在中信工程有三重身份：公司纪委委员、机关党支部书记、党委行政日常办事部门负责人，每重身份都与党务工作有关。“作为一名党务工作者，首先要讲政治。”这是张炜经常挂在嘴边的话，也是他履职尽责的座右铭。

讲政治，从个人看就要严格自律。张炜经常跟身边同事讲，“办公室作为公司窗口部门，一定要坚持原则、公私分明，决不能利用工作便利去占公司半点便宜，损害公司半分形象。”他一直带头这样做，日常一言一行都十分注意，在每处细节上都严以律己。“张主任以自己的做人原则和行事风格为我们树立了榜样。”办公室的同事们都这样评价他，也由衷敬佩他。

讲政治，从大局看就要做到看齐。“作为一名国有企业党务工作者，怎么才算讲政治？重要的一点就是向党中央决策部署看齐，为公司践行国家战略尽一份力。”中信工程近年来先后投资建设了国家网络安全人才与创新基地 PPP 项目、“清水入江”PPP 项目、森林大道项目等多个重大工程，与国家网络安全战略、长江大保护战略和生态文明建设密切相关。张炜要求所在部门全力以赴做好基层服务工作，对他们特别是项目公司提出的诉求、反馈的问题不能推诿，要靠前服务、主动协调、积极解决。同时，他还经常鼓励和指导项目公司结合工程项目特点，积极创新党建工作载体方法，推动基层党组织战斗力不断提高，为项目顺利实施提供了保证。“这不仅是具体的工作要求，更是政治站位的体现。”张炜的话坚定有力、掷地有声。

## 特别有担当，以忠诚履职尽责体现中信人的责任担当

党的十八大以来，全面从严治党提到前所未有高度，党务部门职责更加重要。对党务工作者而言，各方面要求也越来越高，任务越来越重，工作越来越忙。特别是在历次党内重大教育中，党务部门作为具体组织者和推动者，往往是所有部门中最忙的一个，而党务部门负责人更是其中最歇不下来的一个。回想起当时“战斗”的场景，张炜仍历历在目、感慨良多，从精细谋划，到精心组织，再到精准落实，每一个细节都要考虑周全，每一个环节都要全力以赴，不容有半点疏忽和差错。

尤其开展“不忘初心、牢记使命”主题教育，对党务部门执行力战斗力是一场重大考验。张炜在公司党委领导下，抓实学习教育、调查研究、检视问题、整改落实等重点措施，承担了大量的文字起草和组织协调工作。“加班加点研究谋划工作，通宵达旦起草修改材料，不遗余力部署推进落实，成为主题教育期间的常态。回想那 6 个月，虽然辛苦，但看到教育取得实效，我感到一切付出都值得了。”张炜感慨道。正如他所言，中信工程主题教育获得上级党组织和广大干部职工认可，子公司中信建筑院专题民主生活会还得到了中央巡回督导组的高度肯定。

作为一名经验丰富的党务工作者，张炜在完成好“规定动作”同时，还积极谋求党建工作创新发展。在机关党支部，他策划组织了“坚守初心当先锋，践行使命作贡献”主题实践活动，通过开展为党员过政治生日、党员承诺践诺等举措，增强了党支部的凝聚力战斗力。同时，他还创新性地将机关党支部划分为文化践行、管理提升、改革创新三个党小组，推动他们结合工作实际开展学习、研讨、实践，取得显著成效。针对基层党建薄弱环节，张炜在公司党委领导下，注重创新方式方法，落实好“支委轮值制度”“示范党小组建设”等举措，聚焦公司转型升级重难点问题，推进基层党建工作与业务工作在目标任务、工作过程、考核评价上的深度融合，有力发挥了基层党支部战斗堡垒作用。

## 特别讲凝聚，以建设凝聚文化践行中信人的价值理念

中信工程是由新中国成立之初诞生、具有深厚文化积淀的两家设计院战略重组而成。如何统一思想、凝聚人心，发挥“1+1>2”的效果，企业文化建设至关重要。

在谋划和推动企业文化建设过程中，张炜积极践行中信企业文化理念，在公司党委领导下，对重组后的中信工程企业文化实施价值再造，系统构建企业文化体系，积极倡导建设凝聚文化的鲜明文化导向，并全力推动企业文化宣贯和落地。

在具体实施过程中，张炜坚持以党建工作引领企业文化建设方向，紧跟集团发展战略和公司工作部署，提出“党建＋企业文化”工作模式，以企业文化实践成果保障党建工作落地有声，以弘扬企业文化精神凝聚公司发展合力。针对信息技术迅猛发展趋势，张炜坚持以“互联网＋党建”推动凝聚文化阵地建设，认真落实集团“互联网＋党建”工作部署，策划并推动中信工程“E 路向党”智慧党建云平台建设，加强线上与线下相互融合，促进凝聚文化发展传播。在企业文化载体方面，张炜创建并推出系列

《企业文化故事》和《标杆》栏目，积极宣传凝聚文化案例和各类先进典型，营造团结奋进氛围。凭借卓有成效的企业文化工作，中信工程文化软实力持续转化为公司核心竞争力，在融合队伍、稳心留人、激发活力、提升形象方面发挥了重要作用，公司也荣获“全国金融系统文化建设先进单位”称号。

## 特别能奉献，以敬业奉献精神映照中信人的职业品格

一直以来，面对纷繁复杂的工作局面和千头万绪的工作任务，身兼数职的张炜始终全神贯注、紧扣细节、精益求精。他经常说：“工作无小事，大而化之是做不好的。”每一个出手的文件，他都会和部门同事一道仔细揣摩，每一项重大活动前，他都会反复斟酌，真正做到细微之处见精神、细节之间显水平。

“张主任作为部门负责人，总是最先到、最后走，我们也都习惯了他在晚上和周末指导工作。部门领导都这么拼，我们哪有理由不努力。”办公室的同事们说。

特别是新冠肺炎疫情暴发以来，张炜放弃春节假期，坚守武汉，始终奋战在防疫工作一线。远在家乡的母亲因病去世，他都没来得及见上最后一面。一边是来势汹涌的疫情，一边是至亲之人的离去，心力交瘁的他抹掉泪水后，化悲痛为力量，又转身投入到工作中。面对疫情防控和生产经营中纷繁复杂的应急管理和沟通协调等重大任务，他全程在线、勇挑重担，向组织交上了一份满意答卷。

张炜这种不为名利的品质、严谨细致的工作作风、持之以恒的奉献精神、投身工作的满腔热情，深受党员职工好评。在大家心目中，他是一个大忙人、工作狂，一个始终奋斗的“老黄牛”。

## 李国洪

# 敢挑重担的给排水专家

李国洪，男，汉族，中共党员，1964 年 4 月出生，中国市政工程中南设计研究总院副总经理、总工程师。任职中南市政总院副总工程师、第四设计院副院长期间，带队克服恶劣地质和气候影响，主持完成徐州市骆马湖水源地及第二地面水厂工程可研及勘察设计工作，创造国内一次性下沉长度最大沉管的纪录，该项目获 2018 年湖北省优秀勘察设计一等奖；作为昆明北岸水环境综合治理工程污水处理系统设计负责人，克服高强度加班引起的身体不适，助推该项目获评湖北省优秀工程咨询一等奖；发扬工匠精神，主持和参与的工程先后荣获省部级以上奖励 18 项，专利 1 项，主编国家标准 1 项。2008 年获评湖北省厅直机关优秀共产党员。

中国市政工程中南设计研究总院（以下简称中南市政总院）有这样一位扎根市政行业 35 年的专家型领导。他在工作中精益求精、克难攻坚，从基层工程设计人员做起，在全国各地设计完成了数十项重大基础设施工程、攻克了多项给排水技术难题，逐步成长为技术专家和行业领军人物，先后荣获省部级以上奖励 18 项。他就是中南市政总院副总经理、总工程师李国洪。

## 勇于担当，身先士卒做表率

在 30 多年的设计生涯中，李国洪负责或主持了近百项大型市政给排水工程规划、咨询及设计工作，只要遇到投资大、技术难的复杂项目，他都勇挑重担、担纲领衔、当仁不让。

2015 年，骆马湖水源地及第二地面水厂工程竣工通水，百万徐州人民终于告别了长期饮用地下水的历史，喝上了骆马湖的放心水、优质水，过上了有保障的幸福生活。工程竣工通水的背后，李国洪带领设计团队付出了艰苦卓绝的努力，亲身经历了这个徐州市历史上规模最大的市政项目由规划图纸变成工程实体，见证了徐州市饮用水由地下水为主向地表水全覆盖的历史性转换。对于这个给水量高达 140 万立方米 / 天的超大规模项目，取水口的选择是重中之重，既要保证水质安全，又要控制工程成本，决定着整个工程成败，同时也考验着设计者的技术水平。为了寻找最佳取水口，李国洪带领设计团队长期驻扎工程一线，冒着冬季凛冽的寒风，在可选湖面区域进行严密论证和反复比选，终于在骆马湖中央找到了最佳取水点。与此同时，他审慎研究，决定在取水头部投加氧化剂，抑制原水管微生物生长，从源头保证了用水安全。

从取水口到净水厂的输水管线长达 80 公里，由于骆马湖曾遭到非法采沙，采沙器械断入湖底的土沙层，再加上采沙塌陷的空洞区，因此地质情况十分复杂，给工程设计带来了极大困难。面对这种情况，李国洪不顾危险，亲自徒步完成全线的现场勘察任务，并结合勘察情况，深入研究、反复推演，克服多方面困难，创新地运用“顶管+沉管”技术解决了工程难点。采取这种方法，在整个工程的“咽喉”部位铺设2.1公里的引水管道，其中约1.4公里采取顶管施工，管道从岸边土层20米深处穿过水下，与湖中沉入水下的700米沉管连接，最终成功将湖中心的优质原水引入管道。此项设计创造了国内一次性下沉长度最大沉管的纪录，最终被评为“2018年湖北省优秀勘察设计一等奖”，不仅夯实了中信集团和中南市政总院的品牌地位，还为进一步开拓江苏市场奠定了坚实基础。

## 爱岗敬业，严于律己做示范

工作中，李国洪爱岗敬业、勤勤恳恳，不论面对什么工作，都全力以赴、力争做到最好。他常对设计院的职工们说：“无论在哪个岗位上，我们的工作不仅代表自己，更代表中南市政总院和中信集团，必须对得起组织的信任，做出百分百的努力。”

昆明滇池北岸水环境综合治理工程，是全国重点治理的“三河三湖”项目之一，可研投标阶段竞争非常激烈。为拿下这个项目，李国洪连续加班导致突发胸痛，连夜被同事送往昆明市人民医院急诊，通宵输液治疗仍然没有痊愈。由于惦记投标工作，他第二天仍然坚持到项目现场进行踏勘，为的只是能够获取第一手资料。由于工作强度过大，李国洪的腰椎间盘突出症复发，为了不耽误工作，他就捆着护腰带、后背垫着靠垫在项目现场开展设计工作。在他努力下，该项目的可研报告一次性通过了国内评审专家和日方评估团的正式评估，被国务院列入滇池流域水污染防治重点工程，并最终获评“湖北省优秀工程咨询一等奖”。事后，同事们回想起这些事，对他的身体情况表示有些后怕，可李国洪却说：“如果不那样做，我过不了自己这道关。”

“凡事都要脚踏实地去作，不驰于空想，不骛于虚声，而惟以求真的态度作踏实的工夫。以此态度求学，则真理可明，以此态度作事，则功业可就。”这是李大钊的名言，也是李国洪的座右铭。秉承这种理念，他在每个工程项目中都坚持以严谨、细致、敬业的工作作风，为业主提供最优质的服务，受到业主们的高度信任和业界的一致认可。由于深知李国洪严于律己、作风正派，一切从工作需要出发，从不接受任何商家的推销，每逢设备、材料供应商前来“做工作”“走后门”时，业主都会笑着告诉供应商：“有事就去找李总吧！”

## 矢志创新，争做头雁做引领

在接受“2018 年武汉科技创新企业领跑者”活动专访时，谈到对创新的认识，李国洪说：“历史车轮滚滚向前，唯有创新者才能持续领跑。”不论是之前从事专业设计工作，还是后来作为管理者，他都坚持将创新作为推动企业发展的第一动力并且从未动摇。

在行业革新的浪潮中，BIM（建筑信息模型）技术正逐渐占据主导地位。面对行业新趋势，李国洪审时度势，积极与新技术接轨，率先组建了全院第一支 BIM 设计队伍，并首次将 BIM 技术应用于市政工程的勘察设计之中，实现了完整水厂、污水厂工程的 BIM 建模，为 BIM 技术在全院的推广应用做出了有益的探索与实践。现如今这支 BIM 团队设计作品的精细程度已经达到行业领先水平，在全国级和省级 BIM 应用大赛中捧回多项大奖。

在新的市场竞争环境下，从勘察设计到工程总承包转型成为国内绝大多数勘察设计类企业发展的必由之路。在兼任第四设计院院长期间，李国洪结合公司发展实际，全面分析、谋定后动，积极带领第四设计院向工程总承包业务拓展、延伸产业链条。在他推动下，2015 年至 2017 年间，第四设计院的勘察设计及 EPC 总承包营业收入连续 3 年全院第一，并且在全地埋式城市污水处理厂等项目中，为全院的业务模式转型发展蹚出了新路、创造出多个“第一”。即使后来分管全院质量管理工作，他依旧重视推进管理创新，把总院的质量管理水平推向了新高度。2017 年，中南市政总院作为全国唯一的市政设计企业，获颁了 AAA 级工程勘察设计行业质量管理体系升级版认证证书。

30 多年来，李国洪以工作实绩展现了中信人开拓进取、奋发有为的时代风采；面向未来，他将继续克难攻坚、勇挑重担、精益求精，以实际行动回应“勇于创新、多作贡献”的殷切期盼。

## 刘文路

# 匠心筑梦的巾帼建筑师

刘文路，女，汉族，中共党员，1970 年 5 月出生，中信建筑设计研究总院有限公司副总经理。作为数十项大型复杂工程的技术负责人，参与的一批项目先后获全国工程勘察设计行业优秀设计一、二、三等奖；担任中信建筑院第五设计院院长期间，推动产值规模从 3500 万元增长到 1 亿元，人均产值达行业平均水平的 2.5 倍；带队积极开拓外地市场，省外项目占团队完成产值的 60% 以上，并承担大量有影响的地标项目；担任建筑院副总经理以来，为企业实现 BIM 正向设计取得行业领先做出突出贡献。2010 年获评武汉五一劳动奖章、三八红旗手标兵，2016 年获评集团优秀党员、湖北五一劳动奖章。

刘文路2001年进入中信集团以来，坚持将专业技术作为立身之本，将为客户持续创造价值作为服务之本，将“设计广厦千万间，人民安居尽欢颜”作为改革创新之本，与中信建筑院其他班子成员一道，在激烈的市场竞争中锻造企业核心竞争力，为推动企业转型、提升发展质量做出了杰出贡献，先后获得湖北五一劳动奖章、中信集团优秀共产党员等荣誉。

## 坚持技术引领，培育企业竞争优势

作为全国第一批通过考试获准登记的一级注册结构工程师，刘文路先后担任数十个项目的主要设计者。面对时间紧、任务重、难度大、要求高的大型复杂工程，她顶住压力、攻坚克难，不断磨炼自身技术水平，逐步成长为公司的技术负责人。她负责的武汉光谷国际网球中心、万科四季花城等项目先后获得全国工程勘察设计行业优秀设计一、二、三等奖。

2007年担任中信建筑院第五设计院院长后，刘文路将专业技术能力和人才队伍建设作为头等大事。在她的努力下，经过10余年发展，第五设计院职工总数从47人增长到98人，高级和一级注册工程师以上专业人员占比超过70%；承接项目涉及机场、医院、学校、酒店、住宅等诸多类型，获得部级（行业）优秀设计奖20项、省级优秀设计奖29项、武汉市优秀设计奖43项；产值规模从3500万元增长到1亿元，人均产值达全院平均水平的1.6倍、行业平均水平的2.5倍。

目前，第五设计院在体育场馆、办公建筑、城市综合体等细分领域拥有全国范围的竞争优势和品牌溢价能力，形成了以技术优势和议价能力反哺研发投入的良好机制。2018年刘文路带领团队在各级期刊发表研究性学术论文29篇，其中1项研究成果获得湖北省科技进步一等奖。

## 服务以诚动人，为客户持续创造价值

因为历史原因，建筑设计市场存在一定行业壁垒和地方保护现象。从2003年起，刘文路带领设计团队走出湖北，积极开拓外地市场，以真诚服务和专业能力得到客户广泛认可。目前，湖北省外项目占第五设计院产值的比重已经超过 60%。

新疆是中信建筑院最大的外地市场，在这里他们承担了西部地区最大交通枢纽——“乌鲁木齐新客站”最大民生工程——“益民大厦”等大量地标性建筑的设计任务。被问到为什么能够打入新疆市场，并且项目越做越多、越做越大时，刘文路回答道：“主要有两个原因，一方面得益于国家区域发展战略，我们在与国内其他优秀单位‘攻擂’‘守擂’中，技术能力不断提升；另一方面，我们坚持真心实意为客户考虑、持续为客户创造价值、与客户共同成长的服务理念。”刘文路作为新疆市场的驻厂代表时，交通还较为不便。她从武汉出发到北京，转飞机到乌鲁木齐，再坐一个通宵的铁皮火车到库尔勒，到现场后一次驻场就得接近一个月。有时候，现场工作任务不是很重，甲方体谅女同志，让她在没有工作时住在酒店，但她主动要求常驻基建办公室，并将行李存放于此，以便有任务时能够随时出发。即便完成了自己本职工作，她也积极帮助甲方协调解决困难和问题，为甲方持续创造价值。

刘文路常说，“服务客户，我们没有别的窍门，就是两个字‘勤奋’”。刘文路和团队的很多大项目都是在春节期间中标的。为了让客户满意，他们秉承“比别人勤奋一点”的原则，经常在春节假期加班工作，按照客户需求不断修改完善设计方案，客户不满意决不收工。有时候，为了客户突如其来的一点小想法，他们连续几天不眠不休。正是依靠这种真心实意为客户考虑、兢兢业业的服务态度，他们赢得了客户高度信任。据统计，近年来第五设计院的老顾客回头率为 100%，新客户中有 80% 由老客户所介绍。

在服务客户方面，刘文路和她的团队最重视服务理念创新。她一直提倡全员营销、技术营销的思路，在服务理念上与国际接轨，为客户提供全方位的一揽子解决方案，充分发挥团队的技术优势和服务优势。为进一步做好客户服务，刘文路主持将技术团队分为前后台。前台直接对接客户，把任务领回来，对内组织协调，注重响应速度；后台由经验丰富技术骨干组成，主要进行技术支持。同时，还根据新的业务形态，以责任、结果、贡献为导向，以业主满意度为标准，调整和完善考核分配制度，用正确的价值分配机制调动团队工作积极性。

在刘文路带领下，第五设计院以为客户持续创造价值的服务理念为引领，逐步形成了以真诚服务获取项目、以优质项目锻炼团队、以团队技术升级促进客户满意度提升的良性循环。

## 坚持创新驱动，提升价值创造效率

刘文路在2017年6月担任中信建筑设计研究总院党委委员、副总经理。新的岗位上，她坚持创新引领、追求卓越，带领团队积极开拓新的业务领域和业务模式，提出用信息化技术提高设计效率、协同效率，减少重复的低价值劳动在工作中的比例，把设计原创能力、信息资源整合以及新技术工具迭代应用作为重点突破领域，有效提升了企业的价值创造效率。

依托母公司中信工程的工程金融优势，刘文路积极参与创建“互联网+BIM（建筑信息模型）+EPC（工程总承包）”中信智能建造平台，整合

BIM 和云计算、大数据、物联网、移动互联网、人工智能等新兴技术，实现对人员、流程、数据、技术和业务系统的有效集成，打通了 BIM 技术在“设计—采购—施工—运维全生命周期”中的应用链，提升了建筑业的数字化、网络化、智能化水平，为营造开放、合作、共建、共享的建筑业生态圈做出了积极贡献。

同时，她还牵头成立武汉勘察设计协会 BIM 专业委员会，开展数字化设计研发及课题研究工作；结合中信智能建造平台开展 BIM 线上协同设计，使中信设计 BIM 正向设计技术处于行业领先地位；牵头组织铁路总公司高铁站房 BIM 设计课题研究，将 BIM 设计标准与国家相关标准进行关联；启动二维协同平台的研发，在塔里木中石油平台等项目进行试点并取得良好效果，为下一步提升全员生产效率打下了坚实基础。

在刘文路积极推动下，一大批先进技术在项目中得到应用。例如，在高烈度区的乌鲁木齐奥林匹克体育中心采用消能减震设计，在国家网络安全与人才创新基地展示中心采用新型自由曲面网格结构和建筑一体化设计，在琴台美术馆采用清水混凝土双曲面复杂结构设计等。得益于新技术应用，公司设计团队先后获得中国工程勘察设计行业一等奖五项，技术能力跻身国内一流水平。

精者，专也。诚者，真也。27 年职业生涯中，刘文路始终坚持以创为始、以新为力，为公司发展贡献巾帼芳华。未来工作中，她将一如既往，迎接每一次挑战，向着更高、更远的目标迈进。

# 万　斌

## 敢打硬仗的大型项目负责人

万斌，男，汉族，中共党员，1968 年 8 月出生，中信清水入江公司总经理。任职期间，带队逐个攻克清水入江项目推进中管线迁改等难题，确保如期打赢了 2018 年两个“6 · 30”攻坚战，得到地方政府高度肯定；利用先进技术手段提高管理效率，在确保质量安全的前提下，将污水处理厂 2 年的建设期压缩至 1 年，打造生态示范污水处理厂；面对项目现场出现的渍水情况，积极组织抢排，保护了周边居民的利益。2011 年获评第六届中国十名优秀国际项目经理。

作为一名工作 20 余年的老中信，万斌常年在项目一线摸爬滚打。他扎根一线、无怨无悔，带领中信清水入江公司干部职工一道，披荆斩棘、勇往直前，在践行长江大保护战略、推动生态文明建设、打好碧水保卫战、协同推动区域社会经济发展方面做出了突出贡献，展现了中信铁军的风采。

## 攻坚克难，保障清水入江

清水入江公司是以践行国家战略为使命，立足武汉市，依托清水入江 PPP 项目而生，负责项目的投资、建设和运营。该项目总投资约 51.1 亿元，包含污水收集转输和处理工程、雨水防洪排涝工程、湖泊水环境提升工程等众多子项，已入选国家第三批 PPP 示范项目、湖北省第一批 PPP 示范项目，对于保护全区域内水质和全流域生态环境具有重要意义，在业内具有标杆导向作用。作为第一个“吃螃蟹”的人，万斌和他的同事们没有经验可以参考。他暗下决心，“摸着石头过河，在干中学，在学中干，一定要把项目做成标杆项目”。

清水入江的子工程中有的是中央环保督查项目，有的是事关群众利益的民生项目，备受各方面关注。清水入江项目一期和二期共计 11 个子项工程陆续启动投资建设，多个项目属于政府应急工程，时间紧、任务重、社会关注度高、项目群管理难度大。万斌的压力可想而知，但他表示："越是这种纷繁复杂的局面，越能激发我的斗志。"很长一段时间，他吃住在项目上，全身心扑在一线。他充分调动项目各参建单位的积极性，组织他们有条不紊地"战斗"，通过组织资源、统筹协调，带领团队逐个攻克了管线迁改、占道交通疏导、临时占地等难题，为项目的顺利推进打开了局面。

持续奋斗的背后是一串串亮眼的成绩：在 2017 年武汉市"四水共治"攻坚战中按期完成了政府要求的目标，确保了平安度汛，赢得了武汉市"中信是一支能够打胜仗的队伍"的美誉；在 2018 年两个"6 · 30"攻坚战中按期完成了 6 月 30 日前江夏污水处理厂达标排放、防洪排涝项目投入使用的目标，让武汉市江夏城区"出门行舟、推窗看海"的汛期洪涝问题成为往事。

## 勇于创新，助力项目建设

随着角色由勘察、监理转到甲方投资、建设、运营管理和企业经营管理工作，万斌及时解放思想、更新观念，不断深化对政策及业务知识的学习，强化对先进管理理念的运用。

在项目管理上，万斌善于利用先进技术手段提高管理效率。特别是在江夏污水处理厂建设过程中，他利用BIM、智能建造平台试点、视频监控等措施，加强对项目质量、安全的管控，在确保质量安全的前提下，实现了将正常2年的建设期压缩至1年时间内、完成一座15万吨/天规模的污水处理厂的“中信速度”！

万斌还创新理念，在江夏污水处理厂安装太阳能发电装置；利用处理后的尾水安装污水源热泵系统用于办公楼空调系统；在园区内种植果木，利用空闲土地给各部门分配“自留地”用于种植蔬菜，将江夏污水处理厂打造为花园式的生态示范厂区。

## 披星戴月，奋战施工一线

武汉市在2016年汛期遭遇严重的城市内涝后，2017年汛期的“四水共治”攻坚战备受关注，而清水入江是其中的重点项目之一。随着汛期临近，万斌再次进入紧张状态，把精力全部倾注到防洪排涝工程上。一群年轻同事每次看到他高负荷的工作状态，都会感慨，“万总时常关心我们年轻人的身体，要我们劳逸结合，可他自己在工作上竟然这么拼”。万斌多次在办公室安排调度到深夜，经常晚上在施工现场督战，这个时候，女儿常打电话过来，问道：“爸爸，你什么时候才能回家呀？”他总说快了、快了。

2017年6月初，武汉市江夏区下了一场不大的雨，部分路段又出现不同程度的渍水。眼看马上就要到6月底区政府要求的通水目标节点了，这次渍水对所有清水入江防洪排涝建设者们都是一个巨大考验：能不能兑现给江夏百姓的承诺？能不能赶紧建好防洪排涝项目，不让群众再受内涝困扰？这最后冲刺的一个月，又正值雨季和酷暑变化不定的天气，完成目标更是难上加难！如果打开渍水路段的排水口，让渍水先流进还没建好的二通道箱涵里，虽然能够暂时缓解沿线内涝问题，可工期又耽误了。是保工期目标，还是打开排水口，两难的选择摆在大家面前。万斌通盘考虑后，决定打通排水口，优先考虑群众利益。渍水情况得以有效缓解，但箱涵里积了大量的水，正在施工的钢筋、模板、支架、设备等都泡在了水里，工程面临巨大挑战。这个晚上，万斌没有回家，而是留在工地，在现场指挥抽排水。经过连续几个昼夜的奋战，积水情况有所好转，更加紧张的抢工热潮又掀起了。

万斌常说自己和万千市政工程工作者一样平凡，“做市政工程的人没有辛苦一说，我们都是为了把工程做好、做精”。他的身影穿梭在各个灯火通明加班的施工现场，在这里他从来不会有领导的架子，而总是走到最危险、最重要的地方，仔细检查施工情况，与参建单位共同探讨如何高效地加强工程管理，加快工程建设进度，为的就是让他熟悉的这片土地和人民早日摆脱洪涝之苦。

## 团结同志，关心爱护员工

工作中，万斌不仅积极协调项目各参建方，充分调动他们的工作积极性，共同为项目建设努力拼搏，还做好政府职能部门的工作，在方案编制、项目实施、决策等环节为政府方排忧解难。

万斌非常关心青年员工的成长成才，这种关心体现在每一个细节上。有一次万斌发现一名员工在私家车里午休，事后万斌关切地提醒她这样不安全，会有一氧化碳中毒的安全隐患。他还鼓励生产部门定期举办技术管理论坛，为青年员工提供交流学习的平台。同时，通过积极组织茶话会、球类比赛、文艺活动等，不断丰富青年员工的生活，及时掌握和解决他们的实际困难。

万斌深刻认识到企业文化建设的重要性，着力打造团结、友善、拼搏、进取的企业文化。2018 年 9 月，清水入江公司从民营企业新招了一批污水处理厂运维工作人员，万斌为了让他们尽快熟悉中信企业文化，尽早融入集体，鼓励他们积极参加中信工程举办的各类活动。同时，他还组织创办了《清水入江》双月刊，积极宣传企业文化，展现青年员工风采。

一匠功成，万昼已逝。身为中信人，万斌始终坚守在项目一线。他狠抓实干的工作作风、甘于奉献的工作精神、认真负责的工作态度，成就了他的工程情怀、匠人情怀。这正是万斌所追求并坚守的“扎根项目一线的工匠精神”。

## | 姬建钢

# 矿山装备自主创新专家

姬建钢，男，汉族，中共党员，1963 年 5 月出生，中信重工副总工程师、技术中心副主任、重型装备设计院院长。作为国内矿山机械领域专家，先后主持完成数十项重大科研项目，获政府及行业大奖 10 余项，发表论文 20 余篇，取得授权专利 20 余项，主持和参与制修订 7 项行业或企业标准，有力推动企业自主创新；作为中信重工首席技术专家，在矿山装备领域深耕数 10 年，为推动磨矿装备产业化做出突出贡献；高度重视人才培养，先后培养出大型矿用磨机开发团队、大型装备智能化攻关团队等多支队伍。2014 年获河南省科学技术进步奖一等奖，2019 年获评国务院政府津贴专家。

2009 年 7 月 1 日，中信重工研制的世界最大、最先进的澳大利亚 SINO 铁矿项目 Φ7.9 米 ×13.6 米溢流型球磨机一次试车成功并工厂交付。

“这是中信重工全体员工辛勤努力的结果，也是中国民族工业成长的结果，标志着中国企业完全有能力设计、研发、制造大型矿山的核心装备”，澳大利亚 SINO 铁矿项目总监 Northy 说。

人民网、新华网、中央电视台等媒体在第一时间发布的消息称，该项目磨机试车成功并工厂交付，标志着我国大型磨机技术在短短几年内跨越全球矿业百年发展史，并全面打破国外公司的技术和市场垄断，使我国真正掌握了世界矿业高端技术，进入世界矿业高端市场。

许多人在听到这一消息时，感到了作为中国人的自豪。作为该项目磨机总设计师的姬建钢，回想起其中的不易与艰难，心情既喜悦又复杂。

## 交　锋

自 20 世纪初，中国的铁矿石进口量多年位居全球第一。但由于全球铁矿石资源主要集中在世界三大矿业巨头手中，中国在铁矿石价格谈判上没有话语权。尽管短期内无法改变现实，但获得新开发矿山的控制权，是打破格局的方法之一。而要控制矿山，必须先掌握高端开矿装备资源。一百多年来，能够生产大型高端矿用磨机的只有欧美少数几家企业，中国在直径6米以上大型矿用磨机领域一直处于空白状态。

大型矿用磨机的国产化是几代中国人的夙愿，时任中信重工矿研院副院长的姬建钢也不例外。

2006年中信泰富联合多家国内企业在澳大利亚建设SINO铁矿工程，这不仅是世界上单矿产量和规模最大的项目，也是中国资本完全按照国际标准在海外投资的最大规模铁矿项目。2007年3月，中信重工与多家国际著名矿业公司，一起参与了该项目设备投标。

国际项目，举世瞩目；国际竞争，空前激烈。由于该项目的战略意义和重大影响力，竞争某种程度上已演化为中国民族工业和世界老牌跨国公司的角力。

最后拍板时刻，面对业主对中信重工是否愿意承担50%项目风险的疑问，中信重工做出了承诺：你们是业主，是客户，怎么能够让你们承担风险？中信重工以百倍的信心和实力确保项目零风险！

独当一面、敢于担当的气魄让充满了各种约束条件的外方合同黯然失色。

2007年8月5日，当业主宣布中信重工中标时，同为竞争对手的国外公司负责人连说了七个“NO”。其中，包含了不相信、不可思议、不看好、不服气的味道。

姬建钢想，这也难怪，该项目磨机是当时国际上规格最大、配置最高、控制性能最完善的矿用装备，完成后将使中信重工一下站在世界磨机技术发展巅峰。

## 起　跳

2007年7月，无论北京还是洛阳都异常闷热。为了掌握SINO铁矿磨机项目80多页的技术参数，姬建钢整整两天两夜没合眼。

从北京投标回到洛阳，下飞机直接进入会议室后，姬建钢就被任命为SINO铁矿项目磨机总设计师。

这个项目，被中信重工命名为“零号”项目，不仅意味着参战者们一切工作要从“零”开始，同时也时刻警示他们这是一个天大的项目。

“从今往后，不用你来向我请示，我直接过来找你，你专心把这个项目拿下来”，公司总经理的特别交代，让姬建钢感动之余也感到沉甸甸的责任和压力。

作为中信重工有史以来承担的最大的定时、定向、定客户开发工程，“零号”项目涉及五国一地区的业主方、总包方、监理方、配套方等，需要协同全球的力量和资源来共同完成。总设计师的责任和工作，就是要像针一样严丝合缝地将各方面信息和工作整合在一起，形成一整套科学、有效的方案。

孩子马上就要考大学，为了专注于项目，姬建钢在离单位最近的街坊租了一间不足10平方米的小房子。这样，从办公室到他的“窝”，也就三五分钟的路程。

最初的20天，姬建钢和他的团队成员内心充满了焦灼甚至迷茫。相当于六层楼高的项目磨机，回转总重超过3700吨，其运转能量大得甚至可以引发轻度地震，整个设计计算早已超出了传统范围，而其所需的大功率减速器、齿轮传动、电气、液压控制等，都是人类首次尝试。此外，在标准和控制方面，中信重工不仅存在一个和国际水平接轨的问题，还要充分考虑澳大利亚地理、气候、人文习惯等特殊条件和要求。要短时间内在一张白纸上构建起连欧美设计人员都没有十足把握的世界之最，谈何容易！

那些日子，姬建钢至今想来仍感慨万千。晚上十一二点回来躺下，凌晨两三点又出现在办公室，连说梦话都是一串串数字。

在没有任何概念的滑履轴承设计上，仅油腔的形状就从矩形改为圆形，最终优化为菱形，设计了四五次，又推翻了四五次，最终在深入澳大利亚现场调研后，才按照当地情况定型。

凭借中信重工在工程、产品、工艺上的研发优势以及长期以来在矿用磨机研发领域深厚的技术积淀，加上对国际先进技术的不断引进、消化、吸收、集成和再创新，"零号"项目磨机一系列技术和工艺攻关工作迅速推进。

在姬建钢和他的团队的殚精竭虑、呕心沥血中，Φ7.9 米 ×13.6 米溢流型球磨机这个巨无霸的设计脉络日渐清晰，各种零部件的结构一天天定型和优化。到 2007 年 10 月 1 日，"零号"项目磨机关键的筒体、端盖、齿轮、中空轴等毛坯图便已完成。当年 12 月，项目全部设计工作宣告完成。

这时，姬建钢并没有感到丝毫轻松。他把自己关起来，一个人从头到尾，再思考、回顾一遍磨机的整个设计工作，又修改又优化。

Φ7.9 米 ×13.6 米溢流型球磨机主任设计师张晓说，在姬建钢总设计师身上，我们学会了如何创新，如何化无为有，更感到了一种干事创业的力量。

在姬建钢的带动下，项目设计团队所有成员，在近两年的时间里主动放弃节假日。在最后冲刺阶段，大家集中连续加班、苦战鏖战达六个多月之久。

2009 年 7 月 1 日，该项目磨机挺着小山式的脊梁，以铿锵有力的精密旋转，吸引了中国和世界的目光。这一天，被包括姬建钢在内的所有中信重工人铭记。

# 影　响

SINO 铁矿项目所展现的中信重工实力，随即在国内外市场上引发连锁反应。

世界三大矿业巨头、中国十大有色集团相继与中信重工结为战略合作伙伴。巴西淡水河谷公司一次性和中信重工签订 30 台磨机制造合同，中国黄金集团又将乌山二期项目、西藏甲玛项目交给中信重工。

凭借先进技术、高性价比、低故障率，中信重工获得了全球高端矿业公司的青睐。目前，公司累计生产交付矿用磨机超过 1500 台套，国内市场占有率达到 80%，迫使国外设备在国内售价降低 40%。2016 年，中信重工凭借“矿物磨机”上榜国家首批制造业单项冠军示范企业。

目前，姬建钢已先后主持和参与 10 余项政府及企业重大科研项目，撰写高水平学术论文 20 余篇，取得授权专利 20 余项，主持和参与制修订 7 项行业 / 企业标准。

以“科学技术进步永无止境”自勉，姬建钢当前仍积极致力于绿色智能矿山、大型磨矿装备选型、碎磨领域数据库建设等基础研究，为做强做优做大我国装备制造业持续奋战。

## 杨金安

# 技能型企业职工的优秀代表

杨金安，男，汉族，中共党员，1967 年 3 月出生，中信重工重型铸锻公司冶炼车间 50T 电炉班班长。作为一名产业工人，潜心学习、努力工作，被公司评为金牌首席员工、大工匠；加强班组管理，提高生产效率，所在班组多次被评为全国机械冶金建材系统李斌式班组；以杨金安大工匠工作室为平台，积极开展技术攻关和成果转化，完成重大课题 24 项，部分课题入围国家科学技术进步奖提名；累计培训 3000 余人次，带动大批青年提高冶炼专业技能。2014 年获评全国机械冶金建材系统“李斌式模范金牌工人”，2017 年获全国五一劳动奖章，2018 年获中国机械工业百名工匠、中国重机行业大工匠。

36 年来，杨金安扎根重型装备一线，从普通炼钢工人干起，逐步成长为一名“大工匠”。他先后荣获“河南省五一劳动奖章”、河南省首届“中原十大工匠”、“全国机械冶金建材系统李斌式十大金牌工人”、“中国重型机械行业大工匠”、“全国五一劳动奖章”等荣誉，以他名字命名的杨金安大工匠工作室先后荣获“洛阳市示范性劳模创新工作室”“河南省劳模（技能人才）创新工作室”“全国示范性劳模和工匠人才创新工作室”等称号。如今的他，还在追逐制造强国梦想的路上日夜奋斗、不断前行。

## 青春与烈火

1983 年，杨金安进入中信重工的前身洛阳矿山机器厂工作。洛阳矿山机器厂是共和国的长子企业，更是焦裕禄同志工作过九年的地方。作为一名“工二代”，杨金安深受焦裕禄精神的熏陶，他的理想就是用心学好炼钢技术，炼出世界上最好的钢！

炼钢工岗位的特点是“热、脏、累”，特别是夏天，炉台上温度高达五六十度，待一会儿就让人大汗淋漓、难以忍受。“革命者就是在困难面前逞英雄”，焦裕禄的话激励和鼓舞着杨金安在炼钢这个岗位坚守了下来。日日夜夜，不弃不离，他把工作当事业，立志用青春和汗水铸就梦想。

为学好技术，杨金安虚心向老师傅请教；为积累经验，他每天揣着一个小笔记本，把炼钢流程、工艺要点、注意事项等关键操作内容记录下来，36 年从未间断。炼哪一种钢用哪一种操作方法最快、最节能、最能保证产品质量，杨金安都认真比对分析，潜心总结规律，操作记录和心得体会记满了 60 多个笔记本。

有志者，事竟成。36 年的执着，杨金安练就了一双“火眼金睛”，只用“望、闻、问、切”便可清楚炉中钢水情况。自 2009 年起，杨金安连续五年被评为公司“首席员工”，从而晋升为公司“金牌首席员工”，在公司“金蓝领”工程中被评聘为“大工匠”，成为学习型、创新型员工的优秀代表。经他亲手冶炼的就涵盖了航天钢、核电钢、航母钢、加氢钢、超临界转子钢、超低碳不锈钢等上百个钢种，许多重要钢种质量已达到国际先进水平。其中，世界最大的铸钢件——18500 吨油压机 520 吨重的上横梁，正是杨金安带领团队成员以十炉冶炼、六包合浇的方法浇铸出来的。321 吨特大型海工装备替打环锻件、120 吨特大型海工装备锤头锻件、神舟系列飞船逃逸舱及逃逸火箭发动机壳体锻件、“天下第一门”大藤峡水利枢纽船闸门轴底枢“蘑菇头”锻件等一批国家重点项目，也都凝聚着杨金安的心血与汗水。

## 创新与突破

杨金安常说：“我切身感受到了我们产业工人只要有了知识、有了技能，就一定能焕发出更加磅礴的创新力量。”在完成公司生产任务的同时，他经常和同事们一起探讨生产过程中的难题，对新产品进行开发和实践。

石化加氢用钢技术指标要求高，国内只有少数企业能够生产。为了啃下这块硬骨头，杨金安天天泡在厂里，连续蹲守现场 3 个月，跟踪炼钢数十炉，冶炼钢水 3000 多吨，收集了大量第一手资料和数据，最终形成了一套石化加氢钢冶炼的典型工艺。该工艺效率高、质量稳定，曾成功锻造出国内最大规格 Φ6.7 米 ×3.95 米加氢筒体锻件、国内最大 Φ8 米整锻加氢管板锻件，达到了世界一流水平，先后实现销售收入 6.28 亿元。

2019 年新开发的某特种不锈钢产品，对夹杂物等级要求苛刻。该产品长期依赖进口，且国外均采用电渣工艺的钢锭冶炼模式，生产周期长、价格昂贵。为了攻克这一难题，杨金安认真查找文献、收集资料，把渣系研究、操作方法创新作为突破口，制定出采用双真空炼钢工艺的试验方案和研究计划，并跟踪生产过程，日夜奋战在生产一线，花费近 130 天时间先后制取近 600 余个炉渣取样进行分析，不断优化渣系，最终研究出一套切实可行的操作方法，解决了夹杂物控制苛刻的难题。这一重大创新，实现了对国外进口的替代，在大大降低制造成本的同时还解决了生产周期长的问题。而这些，只是杨金安带领团队开展创新的一个小小缩影。

在生产实践中，杨金安还十分注重积累工作经验、总结工艺参数、创新操作方法，实现对先进技术的成果固化。他整理的《石化加氢用钢冶炼先进操作法》《提高电炉炉体寿命生产实践》等一批先进操作法被汇编成册，至今依然有着重要价值。同时，他还有多篇论文在国家级核心期刊发表，并取得一项实用新型专利和一项发明专利。这一个个成就背后，是杨金安多年潜心实践和探索创新的结果。

## 新生与希望

杨金安常说："炼钢如打仗，单枪匹马敌不过千军万马。"作为班组负责人，他很早就开始重视团队建设。以安全生产为例，炉前冶炼一直堪称一线工人的安全重灾区，杨金安秉持"质量第一、安全第一"的方针，把安全生产融入班组管理的日常工作中，时刻注重保障员工人身及设备安全。在他的带领下，团队在不断创造新的成绩的同时，实现了"零违章""零安全事故"。

青年是企业的未来。杨金安大工匠工作室成立后，他更加注重在培育青年英才中积蓄企业发展后劲，工作中总是有问必答、倾囊相授。工作室采取"大工匠＋工段长＋青工＋技术人员"的组合方式，并主动吸收包括冶炼上下道工序在内的各班组长，共同参加例会讨论，共同攻关生产难题。这样不但衔接了各生产环节之间的关系，而且协同了平台成员的关系。同时，杨金安利用大工匠工作室平台，以“名师带高徒”活动为抓手，组织员工参加技能培训200多批次，培训人数达3000多人次，将自己多年积累的生产经验及课题成果毫不保留地传授给青工。

杨金安大工匠工作室，彻底打破了以往一个师傅带一个徒弟的师带徒、师传徒的局限，避免了“师傅咋说徒弟咋学”的不合理现象，造就了一支特别能吃苦、特别能战斗、特别能创新的青年职工队伍。近年来，杨金安带领大工匠工作室先后完成创效课题24项，推广了一批先进操作法，提出创新合理化建议20余项，创新创效价值达9200余万元。在此过程中，一批优秀的青年骨干也逐渐脱颖而出，为公司发展注入新的活力。

36年炉花飞溅、钢花四射，足以映红一代人的脸庞。杨金安犹如一粒金砂，经过大浪冲刷、铁水烫印而百炼成钢，这是对于事业的坚守和对于信仰的承诺。2015年9月23日，李克强总理在调研全国“双创”工作时，特意考察了中信重工，现场肯定“你们以开展创客群活动推动大众创业、万众创新，促进了企业转型升级。你们的实践证明，双创不仅是小企业或者小微企业的生存发展之路，也是大企业的繁荣兴盛之道”。总理给了这么高的赞誉，这也是杨金安引以为豪的荣誉。作为现场亲历者、见证人，每每忆起当时的情景，杨金安总是心潮澎湃、备受鼓舞。作为一名新时代产业工人，杨金安还将在逐梦路上继续拼搏、不断攀登！

| 谭志强

## 职工双创的带头人

谭志强，男，汉族，中共党员，1968 年 11 月出生，中信重工矿山机器厂重型数控车间铣工。作为公司首批聘任的五个“大工匠”之一，带领创客团队开展攻关，完成创新项目 28 个，创造经济效益 1400 余万元，节约资金 350 余万元；发挥大工匠工作室作用，开展工匠大讲堂近 130 次，各类活动 150 次，培训职工 3500 余人次，带动一批青年成长成才；工作室先后获河南省创新工作室、全国工人先锋号等荣誉。2009—2012 年获评全国装备制造业调整和振兴规划立功竞赛先进个人，2014 年获评河南省十大能工巧匠、五一劳动奖章，2015 年获评全国五一劳动奖章，2016 年获评全国技术能手，2019 年获评中国重型机械行业大工匠。

“不太高的个子，走路生风，脸上永远挂笑，见到人喜欢来一个不太标准的军礼。”

“他常常要在三层楼高的机床上，精雕细琢出二分之一根甚至四分之一根头发丝的精度。”

“他是仅有高中学历的高级技师，还是全国五一劳动奖章获得者、全国技术能手。”

“三年来，完成创新项目 28 项，主动承担重大技术攻关项目，为公司创造价值 1400 多万元。”

“2015 年，李克强总理来公司视察双创工作时，我师父作为公司大工匠的代表，也在其中……”

这位在同事眼里能引发很多话题的主人公，就是中信重工关键设备、国内最先进的 9 米 ×30 米数控龙门镗铣床的机长、党员、班长，也是首批大工匠之一的谭志强。

## 大块头上秀细活

一米六出头的个子，一张圆圆的娃娃脸，无论是行走在中信重工重型机加工部内，还是站在足有3层楼高、亚洲跨度最大的9米 ×30米数控龙门镗铣床前，谭志强都显得很不起眼。然而，正是这个看似“不起眼”的谭师傅，一旦站在工作台上，开动机床，就会瞬间迸发出“小块头大智慧”的夺人光芒。

2016年4月22日，带领团队完成西门子日照钢铁精品基地（ESP）项目5号轧机生产线最后一件产品——轧机驱动侧机架的加工，待客户监理和公司质检部门联合检验合格后，谭志强长长地松了一口气。

近两年时间里，谭志强和精度要求极高的西门子轧机项目之间不断“打磨”，就像费尽心思养大了一个孩子。

西门子轧机机架，动辄上百吨。然而，在这个大物件上，一个孔的精度却要控制在0.02毫米内，也就相当于少半根头发丝的粗细。“大块头”上“秀细活”，让很多人望而却步，谭志强却一口应承了下来。

每件项目机架上都分布着几十个螺纹孔，为了保证加工精度，要求用铣刀一点一点地铣孔、扩孔，每个孔需要半个小时才能加工完毕。而且由于孔径大、铣刀小，极易造成震刀、磨损刀具，还会对机床精度造成影响。

“这么宝贝的机床，这样干活……”谭志强看在眼里，疼在心上。再加上加工效率低下、工期无法保证，谭志强有点坐不住了，他提出可以直接用丝锥攻丝，一次成型。然而，工艺却迟迟不敢拍板。因为用丝锥攻丝，0.02毫米的精度极难保证。

“艺高人胆大”、敢想敢干的谭志强却认准了这个思路，较起了劲。他带着团队采用进口肯纳丝锥，在边角料上不断尝试、不断改进，一次不行就两次，两次不行就三次、五次、十次……经过不懈努力，他们采用丝锥攻丝，最终一次成型，仅用10分钟就能完成一个螺纹孔的加工，效率提高了两倍以上。

## 大工匠的大担当

从6.5米小立铣的“摇摇把”机床，到2.5米小型数控机床，再到国内最先进的9米 ×30米大型数控龙门镗铣床，进厂30年，谭志强见证着中信重工这个老国企的发展与变迁，他的人生轨迹也生动展现出了一名国企蓝领工人的成长。

2011 年，中信重工承担某重大项目生产，长 8 米、重 200 多吨的机架加工及深达 600 毫米的矩形件四角倒圆弧，成了整个加工的难点。

当工友都因震刀严重而束手无策时，谭志强经过苦思冥想，决定探索采用“迂回法”，先用小刀盘切开小口，再将大刀盘伸进斜槽半精加工，最后再用小刀盘，终于完美解决难题。采用这一方法，这个庞大的矩形件很好地达到了要求：光洁度 3.2，加工公差度在 0.2 毫米以内。谭志强“一战成名”。

2013 年，中信重工实施“金蓝领”工程，谭志强成为公司评聘的首批五个大工匠之一。

大工匠，大担当。谭志强说：“被评为大工匠，是公司对我们一线员工的高度肯定和认可，我只有不断学习、不断提升，才能做好创新带动，不辱使命！”

某国家重点科技项目，是中信重工首次承接加工生产的高精度大型构装件，面临多项技术攻关难题。该活件刚性不足，加工时震刀严重，平面度不易保证，且放松后变形较大，难以达到工艺技术要求。而且按照原工艺方法，加工一件最少需要 21 天才能完成，影响到项目进度。

谭志强带着团队妙思巧干、另辟蹊径，多点支撑、压紧，减少震动；内腔支撑垫木，增加系统刚性……通过一项项技术难点的攻关，他们仅用 7 天时间就高效完成了加工任务。此后 9 件的加工周期与第 1 件相比，提前了 108 天完成，直接经济效益达 230 余万元。

2017 年 10 月 26 日，由中信重工参与制造的超大直径 Φ15.03 米泥水平衡盾构机成功下线，将应用于建设我国第一条地处 8 度抗震设防烈度区、目前国内综合难度最大的大直径盾构法汕头海湾隧道项目。

得知自己参建的重大设备即将投用的消息，谭志强再一次感受到作为中信重工人的骄傲与自豪，感慨道：“过程是艰辛的，但看到这一幕，我觉得一切的努力都是值得的。”

近 3 年来，谭志强带领创客团队先后破解完成了《大型牌坊压下孔加工难题》《多瓣端盖锥面厚度加工难题》《大型高压辊磨挤压辊柱钉孔加工质量》等科研攻关项目，完成创新项目 28 项，创造经济效益 1440 余万元，靠技术创新降本增效节约资金 350 余万元。

## 老师傅的大情怀

“当一个工人，要的是自己能干。当一个大工匠，要的是人人都能干。”自从当上大工匠和创立“谭志强大工匠创新工作室”后，谭志强就不断给自己加压，主动担当起了一线青年员工传、帮、带的重任。

2010 年，谭志强一个人带 24 个徒弟，其中会数控机床操作的只有 6 个人。而现在，谭志强大工匠工作室共有成员 14 人，其中“80 后”就有 9 人，他们个个能独立进行数控机床操作，有的还成了佼佼者。

“师傅的电话，就是我们的热线电话，有问题一打电话准能解决。”谭志强的徒弟高昆说。

汇聚了镗床、铣床、钻床、卧车等各工种精英的“谭志强大工匠创新工作室”，每周定点、定时召开工作室例会和学习交流会，每次都会“人满为患”，成为青工争抢的“香饽饽”。

由于“谭志强大工匠创新工作室”在技术引领、创新创效、克难攻关、培训员工等方面成绩特别突出，2014年被中华全国总工会授予“工人先锋号”，2015年获评“河南省创新工作室”，2016年被洛阳团市委挂牌成立“青年创客空间”。

2017年，谭志强获评“最美洛阳人”。组委会的颁奖词是：“知难而上创品牌，坚忍不拔出精品。中部崛起依靠创新发展，中国创造需要精益求精，民族振兴着眼于一次又一次的科技进步。谭志强们的工匠精神，是炽热的火，淬炼出敢为天下先、能人所不能的职业品格。”

# 刘新安

## 新时代产业工人的优秀代表

刘新安，男，汉族，中共党员，1970 年 2 月出生，中信重工重型装备厂镗铣床大班长。作为产业工人的杰出代表，扎根生产一线，秉持工匠精神，锐意创新创效，先后完成世界最大磨机、世界最大 18500 吨油压机以及军工核电等重大装备的制造，参与了国产航母、C919 大飞机等一系列国家级重大项目的加工生产；带队开展攻关活动上百次，取得创新成果 22 项，累计创造经济效益 2000 多万元；探索总结出“刘新安操作法”“刘新安工作法”，累计培训人数 1800 余人次，带动一大批青年创新创效。2006 年获全国五一劳动奖章，2015 年获评全国劳动模范，2017 年当选党的十九大代表，2018 年获评全国技术能手。

中信重工重型装备厂有这样一位全国劳动模范、党的十九大代表，他始终践行工匠精神，立足本职、精益求精，立身为梯、躬身为桥，开拓进取、矢志创新，在平凡基层一线岗位上创造了非凡业绩，为推动企业转型升级、打造我国制造业金字招牌做出了重要贡献。以他命名的“全国劳模工作室”先后获得全国工人先锋号、国家级技能大师工作室等殊荣。他就是中信重工重型装备厂全国劳模工作室和党代表工作室负责人、数控一车间镗铣床大班长兼车间党支部书记——刘新安。

## 对党忠诚、建功中信，积极发挥党员的先锋模范作用

刘新安常说：“作为产业工人，我们一定要牢记我们的初心，耐得住寂寞、守得住理想，要志存高远，更要脚踏实地，立志做大工匠、大国工匠，勇做这个新时代的弄潮儿。”作为党的十九大代表，他始终坚持以习近平新时代中国特色社会主义思想为引领，做政治坚定、忠诚可靠的“举旗人”。一方面，他积极参加河南省委和洛阳市总工会组织的党的十九大精神宣讲团，结合自身成长经历宣讲党的十九大参会感悟，先后在河南省各地市、公司兄弟单位开展宣讲60余场。另一方面，他多年来坚持为公司入党积极分子培训班上党课，宣讲党的路线方针政策，以中信重工传承的焦裕禄精神引导入党积极分子树立正确价值观，为中信重工实现“三大转型”、推动我国制造业做优做强贡献力量。

参加工作以来，不论身在任何岗位，刘新安都注重发挥党员的先锋模范作用，精心打造精致、精湛的产品。2006年，公司引进了世界最先进、加工范围最大、精度最高的数控镗铣床。在前期机床作用发挥不理想的情况下，刘新安临危受命担任该机床机长。当时只有高中文化程度的他，既看不懂外文说明书，也没有数控编程基础。为了尽快驾驭这台机床、为公司创造更大效益，他主动报考数控技术成人大专班，每天对着说明书研究到半夜，瞌睡了就用冷水激醒继续看，看不懂的专业词汇就向年轻徒弟请教。刚刚能熟练操作设备，他就被公司指定领衔攻关小组，承担起重要出口产品——半成品辊轴的加工任务。由于此次产品前期加工过程曾出现偏

差，因此刘新安负责的精加工环节不能再出现任何闪失，否则每根辊轴的经济损失将接近百万元。面对十几根辊轴上的几百个圆孔，他顶住压力，每天从早上 7 点工作到次日凌晨 2 点，连续钻研半个多月，不断优化加工方法，最终成功规避了加工风险，将加工精确度控制在了 2 根头发丝粗的公差之内，圆满完成了公司的紧急任务。

工作 34 年来，刘新安勤奋刻苦、拼搏奉献，在加工世界最大自磨和半自磨机、世界最大 18500 吨油压机部件等重点任务中做出了突出贡献，先后获得中信集团优秀共产党员、河南省技术能手、全国重型机械行业高技能优秀人才、全国五一劳动奖章等殊荣。

## 勇于开拓、矢志创新，充分彰显劳模的示范引领作用

作为全国劳动模范，以刘新安命名的劳模工作室于 2015 年 6 月正式挂牌成立。作为工作室负责人，刘新安深知，唯有不断改善工艺、解决生产难题、培养创新人才、固化创新成果，才能不辜负各界对工作室寄予的厚望。

为探寻更高效的加工方法，刘新安注重把学习成果转化为开展持续创新、打造一流业绩的强劲动力，带领团队成员围绕生产实际，深入交流、分析研讨工作中遇到的各类问题，对生产难题进行现场攻关。在他的推动下，工作室先后开展技术攻关活动上百次，编写先进操作法5项，取得创新成果22项。其中，“大型磨机关键件筒体、端盖、大齿圈的操作法”累计为公司节约成本937万元，创造经济效益超过2000万元；他亲自编写的“典型零件加工方法研究及操作法”获中国机械工业科学技术奖三等奖……

在提升自身素质能力的同时，刘新安高度重视培育年轻英才，为企业积蓄发展后劲。一方面，他注重提高青年职工知识技能，采取技术策划、成员讨论、现场攻关等方法，通过工匠大讲堂、工作室例会、现场攻关以及为技能等级培训班授课等形式，面向青年职工开展操作技能、安全、质量等方面培训，帮助青年职工在解决生产难题、推动成果转化等实践过程中历练才干、增长本领。另一方面，他注重以文化人、以文育人，用中信重工优秀企业文化、传承的焦裕禄精神引导青年职工树立正确的价值观和工作理念，为企业转型发展、提升行业整体竞争力多做贡献。多年来，工作室累计培训职工1800余人次，源源不断为公司发展注入生机和活力。在他影响和带动下，工作室多名成员获得全国金融青年岗位能手、洛阳市五一劳动奖章和技术创新能手等荣誉。

## 勇挑重担、精益求精，带头践行追求卓越的工匠精神

在党的十九大代表进基层活动中，刘新安说：“工匠精神适用于各行各业。我的感受就是任何工作都要专心致志、精益求精。干一行、爱一行、专一行，做到最好、做到极致，就是工匠精神。”秉承这种理念，刘新安始终坚持精益求精，着力解决生产过程中的瓶颈问题，持续推动中信重工技术升级。

在加工系列轧机产品关键件机架过程中，由于零件外形轮廓尺寸过大、尺寸及形位公差要求严格，导致加工过程中会产生极大应力，给相关工作带来了极大困难。为了减少乃至消除应力对工件精度的影响，刘新安带领

团队反复研究工件特点，策划加工方案，优化工艺流程，改良加工及找正方法，终于找到用千斤顶下放滚子的方法，解决了工件找正变形的难题，不仅降低了劳动强度和工作难度，还显著提高了工作效率。经测算，24 件机架平均缩短加工时间约 5 天，节约成本约 230 万元。

多年来，刘新安不仅自身工时、产量连续多年高居公司第一，所带领团队的工时、产量也大幅超越生产指标，最高达考核工时的四倍以上。即使在“低于一道”（误差小于 0.01 毫米）的加工精度下，他所在的团队至今也没有发生过一起质量事故。在他带动下，大家在保证质量的前提下，想尽一切办法提高工作效率，多次用最短时间完成重点产品的加工任务。公司的重要客户说，“过去，大型磨机生产由国外少数企业垄断，一般 30 个月才交货，而现在中信重工仅用 10 个月就能生产出来，至少让我们提前创造产值 10 亿元！”

“我是一名普通的工人，干的都是平凡的事情，把自己的本职工作做好，就是我最大的快乐。”在 34 年职业生涯中，刘新安以产品质量为产业工人赢得了各界充分肯定；未来，他也必将在我国由制造大国迈向制造强国的进程中作出自己的新的、更大的贡献。

## 张树生

# 特种机器人研发的带头人

张树生，男，汉族，中共党员，1973 年 12 月出生，中信重工开诚智能装备有限公司总经理助理。作为机器人研发领军人才，先后主持完成多项国家级和省级科技项目，获国家发明专利 14 项，发表论文 12 篇，参加起草制定国家标准 2 项；带领团队开展了近百项研发项目，为公司转型升级、经济效益提升做出重大贡献，并培养造就了一支具有责任感和创新意识的队伍；克服家庭困难，全身心投入新产品研发，取得了良好业绩。2016 年获唐山市专利奖一等奖、河北省优秀企业技术中心突出贡献奖、河北省专利奖三等奖，2018 年获河北省“三三三人才工程”第三层次人选、河北省科学技术奖二等奖。

2016 年 8 月 23 日，第二届全国危化品救援技术竞赛在大庆油田举行。这是国内第一次无人化灭火演练，也是中信重工开诚智能特种消防机器人首次亮相、参加现场救援演练。随着一声震天响，两万立方米原油储罐发生泄漏、着火爆炸。由中信重工开诚智能研制的 6 台消防机器人组成特别编队，代替消防员深入火海，近距离协同作战，短短 10 余分钟就将大火扑灭。此时此刻，演练现场的观众纷纷为消防机器人欢呼点赞；而远在千里之外的唐山，作为开诚智能特种机器人研发带头人的张树生，更是激动不已……

## 潜心研发，十年磨一剑

2006 年，一次发生在身边的惨烈瓦斯爆炸事故，让煤矿工人出身、见够了煤矿事故的开诚智能董事长许开成痛心疾首，并下定决心自己组建团队研发矿用抢险探测机器人，用于煤矿灾难救援。就在此时，长期从事自动化产品研发工作、和许开成有着一样初衷情怀的张树生，作为第一批被抽调的技术人员参与到特种机器人研发之中。

十年前，特种机器人在国内还是无人问津的领域，没有任何可供参考的经验，投资大，风险高，回报周期长。开展特种机器人研发工作，不仅同行质疑，公司内部反对声音也一直存在。但张树生却执拗地坚持了下来，他说：“我跟煤矿和工人打了十多年交道，我就不信开发不出来适用于煤矿救援的机器人产品。”然而，矿用抢险探测机器人项目真正启动后，张树生才明白机器人技术的综合性和复杂性。仅仅这一个产品，就耗费了他和团队整整三年时间……

矿用抢险探测机器人历经三年打磨，张树生对机器人比对自己孩子还要关注。即使已经过去了十年，说起这款机器人的性能和技术情况，张树生仍能脱口而出：“这款矿用抢险探测机器人具备自定位、采集识别及传输各种数据的功能，在矿井发生事故时，哪怕是在矿山瓦斯爆炸后造成的高温、烟雾、有害气体和缺氧，以及存在可能发生二次灾害的环境下，也能够爬坡、越障、涉水，进入事故现场去采集影像，传输数据信息，为抢险救援提供重要依据。”

苦心人，天不负。对于这项技术，工信部委托有关机构评审验收后给出了“填补国内空白，国际领先”的结论，中国由此成为继美国之后第二个掌握该技术的国家。矿用抢险机器人研制成功和应用，受到了国家领导人的关心和原国家安监总局、中央媒体的瞩目，被誉为“生命工程”。

初次成功，使张树生和研发团队备受鼓舞，他们接连克服技术难题，相继研发出水下机器人、钻孔探测机器人等 10 余款产品，获得发明专利 3 项，多项核心技术填补国内空白。应用领域也从煤矿救援拓展到矿山、水利、市政建设等领域。

2015 年 8 月，天津滨海新区危险品仓库发生严重火灾爆炸事故，看着令人悲痛的伤亡数字，张树生萌生了研制特种消防机器人的念头。“如果我们能有一台防爆消防机器人代替消防员近距离灭火，就不会有这么多伤亡了。”于是，在许开成的支持下，特种消防机器人项目迅速立项启动。不同于在矿用方面的技术经验，防爆消防机器人对张树生带领的机器人研发部来说，是完全陌生的领域。没有经验可以借鉴，没有行业标准和国家标准可以参考，一切从零开始。但张树生没有气馁，带领团队不眠不休，夜以继日地探讨、研究，不断论证、推翻、再论证，不断否定、创新、再否定、再创新……2016 年初，张树生团队成功研制出中国第一台防爆消防灭火侦察机器人，并获得防爆、消防双项认证。特种消防机器人一经推出，就被消防官兵视为“得力助手”，多次参加重大火灾事故现场救援，为全国各地灭火救援工作保驾护航。

## 执着坚守，创新不止步

提起张树生的执着，开诚智能机器人研发部的工作人员有深刻体会，被他的执着所“折磨”，同时又被深深折服。

为适应高温、高湿、高腐蚀的复杂工况条件，张树生为机器人设计了履带式行走技术。仅为解决履带强度难题，提高材料阻燃、抗拉、耐磨、防静电等性能，张树生就带领设计人员进行了上百次选型对比试验，做到了不达到最好效果决不罢休……

“客户就是上帝，客户的问题必须马上解决！”这是张树生为自己和团队定下的规矩。有一次，客户反映多台机器人共同工作时，回传图像和数据存在干扰现象，会造成图像模糊、数据传输不及时的问题。为了解决电磁干扰问题，张树生带着团队立刻着手进行研究。然而，一台机器人的零部件细算下来足有3000多个，每一个都会产生电磁波，干扰源的查找如同大海捞针。整整一个夏天，他们都在烈日下一遍遍进行实验，看图像、查数据，一项一项做实验、一个一个零件排除，最终找出问题根源，解决了问题。回忆起这段经历，机器人研发部的吴子星至今仍心有余悸，“黑皮肤就是那个时候晒出来的，还好没得皮肤病。”

为了迅速研发出具有竞争力的产品并占领市场，张树生承载了巨大的压力，也付出了艰辛的努力。无论是节假日，还是寂寂无人的深夜，同事经常会看到他忙碌工作的身影。每次带着团队深夜加班，第二天早上他都会贴心地安排加班人员去休息，而自己却继续工作，同事们背后都戏称他是“铁人”。

自打钻进特种机器人这项事业里，张树生和一帮年轻人就像着了魔，话少了、笑没了，时不时就会发“呆”构思研发路径，心事懵懂的孩子常常被父亲的样子吓到，很长一段时间，连爸爸都不敢叫。家里孩子、老人生病了，也全都交给爱人去照顾；长期“5+2”“白加黑”的工作状态，对家人孩子更是缺少陪伴……由于机器人产品涉及多学科技术，研发难度远高于其他产品，长期巨大的工作压力使得张树生苍老许多，他的头发越来越白、越来越少，同事们疼惜地调侃道“老张的头发又白了、又少了”，可他总是笑着说：“少了就少了，就当献给机器人了。”

天道酬勤，凭借顽强毅力和执着坚守，张树生带领团队开展了近百项研发项目，先后解决了履带式机器人平台可靠性、水下机器人平台驱动系统散热、自动巡航模式下定向及定深精度控制、防爆云台抗震等多项行业技术难题。在张树生及团队的努力下，特种机器人通过不断创新完善，逐步从初涉世事的“小牛犊”成长为成熟稳重的“行业之虎”，形成了多元化产品体系，具备了规模优势，为公司转型升级、经济效益提升做出了巨大贡献。其中，消防灭火机器人明星“小黄人”，凭借优秀性能和靓丽外表，大幅提升了公司的知名度和影响力；新生代电动大功率防爆消防灭火侦察机器人、排烟机器人也不甘示弱，成为公司业务新亮点、效益增长点……

如今，开诚智能特种机器人事业的重要性已经上升到集团战略高度，张树生和他的机器人团队也将在这个更加广阔的发展平台上，沿着机器人研发道路继续开拓创新、大踏步前进……

# 杨奎烈

## 新时期焦裕禄式的好干部

杨奎烈，男，汉族，中共党员，1954 年 10 月出生，2012 年 3 月逝世，中信重工能源供应公司原党委书记、经理。传承弘扬焦裕禄精神，艰苦奋斗，开拓创新，锐意进取，以坚韧毅力带领员工为“新重机”工程早日建成忘我拼搏，三次病倒在工作岗位上；被诊断为肝癌晚期后，仍奋战在生产经营的第一线，把全部心血和汗水都倾注到了中信重工能源保障上，为中信重工事业鞠躬尽瘁，直到生命的最后一刻，用自己的一生践行了焦裕禄精神，成为献身中信事业的优秀共产党员、新时期焦裕禄式的好干部。曾获科学技术进步三等奖，2012 年被追授全国五一劳动奖章，2013 年被授予河南省敬业奉献道德模范。

杨奎烈 1978 年从部队退伍分配到洛阳矿山机器厂工作，2012 年 3 月 9 日逝世，曾任中信重工能源供应公司党委书记、经理。他终生践行焦裕禄精神，为中信重工事业鞠躬尽瘁。尤其在中信重工能源供应公司任职期间，他以超凡毅力带领职工为“新重机”工程忘我拼搏，先后三次病倒在工作岗位上。即便被诊断为肝癌晚期后，他仍坚持奋战在生产经营一线，将全部心血和汗水都倾注到公司能源保障业务上，直到生命最后一刻。

## 滂沱大雨中：他是站在翻滚着漩涡的雨水井旁的“人体坐标”

能源供应公司承担着为公司生产“输血”的重任，其动能供应业务涉及水、电、风、气，仅输送的气体就有十几种，大小管线纵横交错，一旦出现问题，公司生产就会陷入瘫痪。杨奎烈常说：“为了企业安全，心中要有能源管网的活地图。”他只要一闭眼，公司各种动能管线的位置和路径就会立刻在大脑中清晰浮现出来。每逢夜里刮风下雨，他就心神不宁、不敢睡觉，生怕大雨冲毁管网、倒灌厂房给公司生产经营造成影响。

2004年7月1日凌晨，天降暴雨，全厂一片汪洋。正在公司值班的杨奎烈迅速带领防汛队员赶往厂内积水地点，检查防汛设施排水情况。由于雨势太大，道路两侧的雨水箅子已被顶开，存在很大的安全隐患。面对危急情况，他站在齐腰深的水中，拿着电筒和木棍逐个进行排查和记录，一边指挥防汛队员抢险，一边提醒路过职工小心危险。滂沱大雨中，他带领防汛队员依次站在厂区焦裕禄大道上翻滚着漩涡的雨水井旁，如同一个个“人体坐标”，指引车辆和职工安全通过……

## 新春佳节时：他是发着高烧在矿务局顶风冒雪的中信干部

1997年大年初二，人们都在家里享受着亲友团聚的喜悦。而发着高烧的杨奎烈和生产科科长赵宏伟，却正在赶往陕西铜川矿务局的列车上。由于矿务局发生事故，燃煤无法正常供应，中信重工煤气生产即将停滞。他们此行目的，就是争取计划外燃煤。

下了火车，两人顶着鹅毛大雪赶到铜川矿务局，却发现矿务局正在进行停产检修，大年初十才上班。面对这一情况，杨奎烈说：“我们不能空着手回去呀，没有了燃煤，煤气厂就得停产，将给公司带来很大损失。不解决燃煤问题，这个年咱就在铜川过了。”说罢，杨奎烈吃了点退烧药和止疼片，就开始四处找人，有时碰到人就赶紧问问，有时顶风冒雪在矿务局门口苦等。出于好心，矿务局值班的门卫将运销经营公司领导的电话和住址告诉了他们。好不容易找到了运销经营公司的张经理，可人家并不买账，没有一点可以商量的意思。由于发烧严重，杨奎烈此时满嘴起疱，说起话来都很困难。杨奎烈和赵宏伟只好一直跟着张经理不停地解释。经过连续几天交涉，张经理被他们的精神感动，说道：“你们中信干部真敬业啊，我算是服了，破例给你们一个专列吧。”看着满载燃煤的列车缓缓向公司方向驶出，杨奎烈和赵宏伟这才赶回洛阳。来铜川的时候，公司燃煤只能维持一周，此时已经是他们来到铜川的第六天了！

## 严寒酷暑中：他是为公司发展不知疲倦工作的“机器人”

世纪之交，公司因体制、机制等原因，陷入了发展“寒冬”。他曾有多次机会到国外定居，但却从来不为所动，始终坚守着对企业的赤子之心。进入新世纪，公司开始“二次创业”，大量技改项目同时启动，杨奎烈恨不得一天当作两天用。他常说：“赶上了公司发展的好时候，我浑身是劲！”那段日子他几乎天天泡在工地，像个不知疲倦的“机器人”。

在“新重机”工程实施过程中，敷设比胳膊还粗的电缆，需要 20 多人步调一致地在地沟中作业。每次，杨奎烈都走在队伍最前面，电缆一次次硌破了肩膀，可一旦发现电缆方向稍微走偏，他立刻要求重来。他对大伙儿说：“我比你们还急，但埋在地下的电缆不能有丝毫马虎……

在攻坚位于宜阳县的重铸铁业工部供电项目期间，正值寒冬腊月，为了少占耕地、节约资金，每条线路正式敷设前，杨奎烈都会现场步测线路方案，每次都要从现场和电厂来回走上三四趟。送电前夕，他经常挂在嘴边的话就是“今天不走了，和弟兄们凑合一宿”。这个时候，项目所在的河滩地没有民房，他就和几个员工住高压间；没有床，就在地上铺张硬纸板挨到天明……

顶着严寒、冒着酷暑，杨奎烈和工人们硬是为企业敷设出一条14公里长的“电力动脉”。伴随“新重机”工程竣工投用，他们创造了中信重工电气安装史上的奇迹：敷设高压电缆13900余米，总重近8万公斤；安装设备119台（套），总重17万余公斤；建成省内容量最大的110KV等级“中信变电站”，企业供电能力提高2.3倍……

## 职工患病期间：他是跑前跑后、关心关爱职工的好领导

在杨奎烈的心中，装着太多企业效益和职工情谊。每年职工体检，杨奎烈都十分惦记大家的体检结果，尤其是对查出疾患的职工，他都会非常认真地询问病情、催促医治，并交代部门领导在安排工作时予以适当照顾。

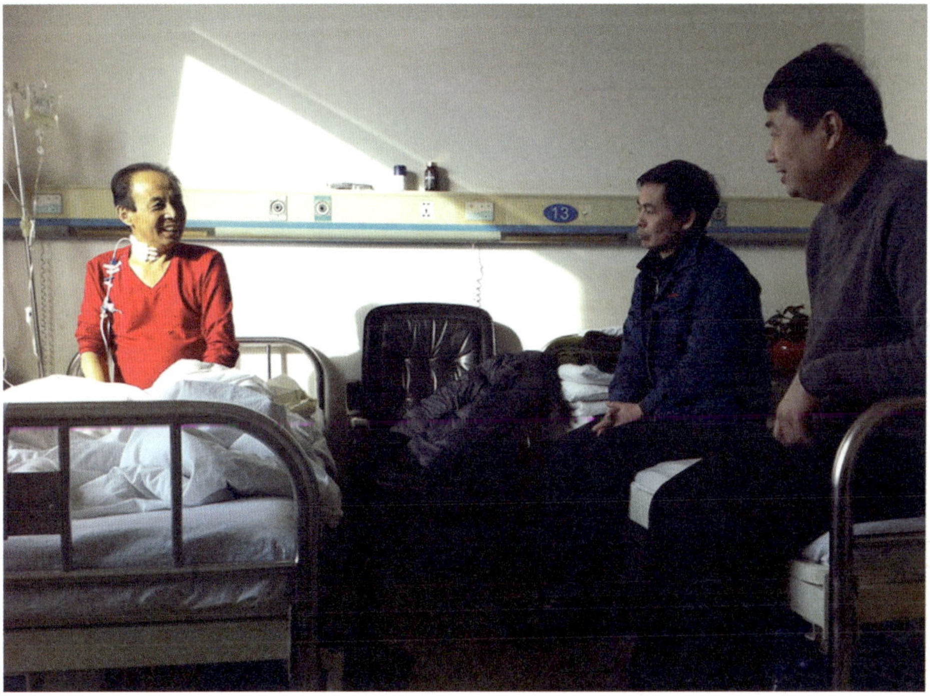

2007年6月，职工李生武身患重病，杨奎烈得知后焦急万分，跑前跑后为其安排医院。手术当天，他带着几个同事在手术室外一守就是几个小时，直到看到李生武平安从手术室出来后才匆匆赶回厂里。术后第二天，李生武醒来睁眼看到的第一个人就是杨奎烈，当时他如同见到亲人般泪水止不住往下流。留院观察的那几天，杨奎烈每天再忙都要到李生武床前看看。李生武说："有这样的好领导，我没理由不干好工作。"

## 肝癌晚期时：他是"全副武装"执意回工厂的"倔强"职工

2011年5月杨奎烈因肝癌晚期住进了医院。"奎烈，我对不起你！"闻讯赶来的公司领导内疚地流下了眼泪。杨奎烈说："你别难受，人活着就几十年，就得干点事。我的病我知道，让我在病床上等死，比死还难受。咱不这么干，公司也发展不到今天啊。"

6月2日，"新重机"工程核心装备，世界最大、最先进的18500吨油压机和750吨·米锻造操作机即将正式投产，他关心的是油压机的电力供应和能源管道有没有问题。一上午他打了近 20 个电话要求回公司，公司不同意。医生也劝他说，你现在打个大喷嚏都可能发生腰椎骨折，更别提坐车颠簸了。但最后还是扛不住他的倔劲儿，无奈的医生给他搞了个支架，从腰到颈椎都护上。就这样，“全副武装”的杨奎烈又回到了“久违”的生产现场。

2012 年春节期间，也就是杨奎烈去世前 10 天，正赶上能源公司制氧机安装，杨奎烈背着家人和医生，先后 6 次偷偷来到能源公司制氧机安装现场。事后，面对医生和家人埋怨，他说：“人活着不工作，还有啥意义？”

杨奎烈同志用生命履行了共产党人的崇高誓言，他的精神激励着中信重工广大职工为打造世界一流的先进装备制造企业不懈奋斗。

## 蔡伟锋

# 军工装备技术创新的行家里手

蔡伟锋，男，汉族，中共党员，1978 年 12 月出生，中信机电科研设计院副院长。先后参与和组织完成多项大型军品科研项目，在某项目中创新性采用总体优化、部件集成、轻量化技术，填补了国内变型车行业空白；在陆军 2018 年陆上无人系统挑战赛中担任某项目总设计师，带队探索新的技术机理，夺得比赛冠军；带领团队在严寒、酷暑、潮湿、高原等极限环境下试验装备，保证了装备按时按质交付部队。2017 年获评山西省国防科技工业劳动模范，2018 年获山西省国防科技工业五一劳动奖章，2019 年获评山西省特级劳动模范。

新时代是奋斗者的时代，更是追梦人的舞台。无数奋斗者用实际行动证明，有梦想、有机会、有奋斗，一切美好的东西都能够创造出来。在充满魅力和奥秘的军工科研山峰上，中信机电制造公司科研设计院副院长蔡伟锋就是这样一位怀揣梦想、勇攀高峰的奋斗者。

## 初心筑梦　军工报国践使命

蔡伟锋自幼对军事装备充满了热爱与向往。当第一次在电视里看到铁甲战车整齐列阵、威风凛凛通过检阅的时候，他就下定决心，要让自己设计的装备列装部队、驰骋沙场。秉承这份报国初心，他在高考时不顾家人反对，毅然选择了太原理工大学机械设计专业，为科研制造梦想而努力学习。

2001 年毕业后，满怀报国热情的蔡伟锋就来到中信机电科研设计院工作，至今已近二十个春秋。在此过程中，他从初出校门的毛头小伙儿、普通助工，逐步成长为一位理论扎实、工程经验丰富的产品负责人、技术专家，自身职务也从室主任、部主任逐步成为所长、副院长。时至今日，他仍然记得来到中信机电时的场景，“一踏进大门，就看到‘精心设计、军工报国’的横幅，荣誉感、责任感、使命感油然而生，这种感觉一直持续到今天”。正是这份沉甸甸的“感觉”，让他用坚守与行动践行着报国初心和强军使命，在科研道路上努力着、前进着、奋斗着……

在研制某“十二五”重点型号项目时，面对国内无人涉及的新技术领域，蔡伟锋迎难而上，组织团队开展科研攻关，创新采用总体优化、部件集成、轻量化、智能化等技术，取得重大技术突破，填补了国内变型车行业空白，荣获了军队科技进步二等奖。其中，一体化发射装置，结构紧凑、控制便捷、动作可靠，为国内首创；超宽作业装置设计大胆采用柔性连接的左、右对称式结构，实现了作业装置可分体独立升降；创新推架结构设计，采用独特调整方式，解决了特殊作业环境下三种机械作业模式快速转换的关键技术，极大地增强了装备作业功能和环境适应性。

2018 年，蔡伟锋担任某无人平台研发项目的总设计师。该项目是探索无人化、智能化技术的前沿项目，自动化程度高，技术难度大。面对领域空白和时间紧、任务重、技术难度高、可借鉴技术资料不完备等一系列困难，蔡伟锋和他的团队自力更生，边调研、边设计、边试制、边试验、边改进，压缩研制周期，仅用短短 120 天时间，就将样机试制成功。由于样机打破常规，创新采用现代液压传动技术、高分子材料和超视距遥控技术，实现了对无人平台启停、加速、减速、转向、制动和作业机构的远程无线遥控功能，运转稳定、操作方便，成功在某比赛中夺得第一名，为后续项目研制工作奠定了坚实基础。

## 砥砺奋进　攻坚克难做表率

蔡伟锋常说：“我会一直把守护国家和人民的安全作为自己的神圣职责，以为人民军队提供能打仗、打胜仗的装备为自己的职责使命。过去如此，今后亦如此。”

在竞标某项目期间，按照军方要求，项目组要在一个半月时间内完成方案设计、投标资料编制等工作。鉴于科研院发展史上从未在如此短的时间内完成过竞标工作，再加上竞争对手实力强大，有的成员产生了畏难情绪，认为“参与了也只能是陪榜而已”。面对困难和挑战，蔡伟锋却说：“只要有百分之一的希望，就要百分之百地努力！”经过蔡伟锋极力争取，在不影响其他工作正常进行的前提下，科研院成立了专项组负责竞标工作。

在搜集资料期间，蔡伟锋精心策划，对项目技术进行充分调研，快速拿到了第一手资料，为总体方案设计奠定了基础；多途径咨询配件价格，经过反复协商，确定了具有较强竞争力的价格估算；积极与有关方面联系沟通，以真诚态度和锲而不舍精神得到客户认可，为竞标成功创造了有利条件。在标书制作期间，蔡伟锋带领项目组成员奋力拼搏，加班加点、日夜兼程，努力与时间赛跑。为了做出高质量标书，他们不喊苦，不叫累，不厌其烦地计算、设计、验证，达不到要求就从头再来，意见不统一就深化研讨，经常通宵达旦工作，在短短 30 多天时间内，就以第一名好成绩成功赢得了竞标。

蔡伟锋说："我天生不怕难事，越难的事情，就做得越有兴趣，压力越大，动力越足，攻克难关后还觉得特别过瘾。"正是这股勇者无畏的干劲儿让蔡伟锋先后获得山西省特级劳动模范、国防科技工业五一劳动奖章，他参与设计、试制和试验的大型军品科研项目多次荣获国家和军队科技进步奖。

## 执着坚守　献身国防铸忠诚

某项目是中信机电第一次作为总体单位承担大型复杂项目研发工作。该项目研发时间短、工作要求高，不仅要在短时间内完成样车研制和项目定型工作，还要在低温、高温、高原等极端环境下进行性能测试和超过1万公里的可靠性试验。

带领项目组加班加点完成样机试制工作后，蔡伟锋就马不停蹄地投入到令人倍感压力的定型试验之中。谈到定型试验，项目组成员心有余悸，纷纷表示："那个时候过的简直就是'反候鸟'式生活。最冷的季节到最冷的地方，在零下四十多度的严寒中，无论采取怎样的保暖措施，都会被刺骨寒风吹'通透'；最热的季节到最热的地方，装备车内温度有六十多度，严重脱水、呼吸困难、血压升高、全身痉挛等症状层出不穷；最潮湿的季节到最潮湿的地方，衣服、被褥能拧出水来，皮肤病、关节炎成了'常客'；不冷不热的季节则要到海拔4500米以上的高原，每天因为缺氧头痛难耐、呕吐不止，有时候甚至有付出生命的危险。"就是在这样的恶劣条件下，蔡伟锋带领团队坚持对车辆进行充分的试验。因为他们深知，如果试验不充分，在战场上将直接影响战士的生命安全。每次试验，他们都会对车辆进行细致检查、保养，认真记录试验数据，确保试验数据真实可信；遇见车辆故障，他们就不分白天和黑夜，深入分析原因，及时进行处理，确保所有故障"双归零"，为试验争取宝贵时间……

蔡伟锋倾心工作，每天陪伴着项目，因此缺少了对家人的照顾。2014年，他母亲从梯子上摔下来，腰椎骨折。当时正值某项目处于试制重要阶段，他只能将手中的事情安排妥当，挤出时间向家里亲戚朋友打电话求助，将其母亲送往医院。由于没能及时进行救治，母亲留下了后遗症，多站一会儿腰椎就疼痛难忍。每当提及此事，蔡伟锋就悔恨交加、心如刀绞，可母亲的教导却让他继续奋战在科研一线。“家里事小，国家事大，好好干项目，就是对家人最好的报答……”

这就是蔡伟锋，一名倾心国防事业的军工科研人。在新时代，他将初心不改、勇担使命，只争朝夕、不负韶华，为实现强军梦而不懈奋斗。

## 裴长江

# 特种车辆智能化操控技术专家

裴长江，男，汉族，中共党员，1977 年 10 月出生，中信机电科研设计院副院长。先后参与完成多个国家重点科研项目，在某项目中首次运用数学建模及仿形算法，解决了系统测试性和数字化水平低的问题，填补了行业空白，为企业增加产值做出重要贡献；带领团队进行无人驾驶技术攻关，担任两型装备研发的副总设计师，仅用 4 个月即完成样车，获得一致认可；重视人才队伍建设，通过优化人才梯队、开展师带徒等活动，帮助青年快速成长，获得山西省国防科技工业五一劳动奖章等荣誉。

“苟日新，日日新，又日新。”在国际军事竞争日益激烈的形势下，唯创新者胜。谁牵住了科技创新这个牛鼻子，谁走好了科技创新这步先手棋，谁就能占领先机、赢得优势。现任中信机电制造公司科研设计院副院长的裴长江，凭借对创新“十年磨一剑”的执着和“虽九死其犹未悔”的定力，成功带领团队参与完成多个国家重点科研项目，为中信机电提升科研水平、提高创新能力积累了宝贵经验。

## 脚踏实地的科研道路探索者

“科研是我最热爱的工作，希望自己能在这条路上越走越远，不断探索新事物。”裴长江总说，做科研不仅能给自己带来无穷乐趣，而且对社会发展有意义，没什么比这更让他开心。

日常生活中，他着装休闲、说话朴实、极具亲和力，笑起来甚至还有几分孩子气。但在工作中，裴长江却带着一股“狠”劲，压不垮，打不烂，眼神中永远透露着坚毅和自信。凭借这股劲头，他在特种车辆自动控制专业设计工作中，取得了一个又一个优异的成绩……

在研制某系列项目时，裴长江担任电气控制系统和红外模型控制系统的主任设计师。在他大力推动下，创新地将51单片机控制、模糊控制、数模转换等先进技术应用到项目研发中，大幅提高了产品的技术含量、模块化程度。由他设计研发的红外热模型控制系统含迭代模型模糊算法，能全时段、全天候、全地域仿真实物红外特性及波段，填补了国内空白。同时，在他的努力下，第二、三代微处理器控制系统，可编程逻辑控制系统，总线通信技术，人工交互界面，也逐步运用到各型装备中。

在某项目中，裴长江首次把LCD液晶显示、RS232通信、断短路保护、故障定位及报警电路应用到系统中，用程序软件、LCD液晶显示模块、检测反馈电路相结合，实现了某装置的一键式自动架设、自动撤收，减少了操作人员操作强度，降低了对操作人员的专业技能要求；实现了作业向导提示功能，提高了产品的可操作性；实现了系统在线自诊断，故障定位及报警功能，对故障点精确定位，提高了电控系统排障效率。后来，该装备一次性通过定型考核试验，实现了装备批量生产，为公司增加产值约2亿元。

## 与时俱进的装备领域开拓者

“做电气控制的十几年里，总是会不断遇到新的技术难题，但是在解决难题的过程中让我掌握了许多行业知识，也让我深深感到自己还有更多的知识领域等待拓展。”秉承这种理念，他坚持跳出“舒适区”，决不“啃老本”，在学中干、干中学，不怕苦，不怕累，不断做好技术储备、练就过硬本领。

在研制某项目时，裴长江担任了控制系统的总设计师，负责SL自控仿形控深系统设计、工艺、试制和调试等工作。在项目设计过程中，他首次运用数字化控制技术、数学建模及仿形算法，解决了系统测试性和数字化水平低的问题，实现了SL犁地面仿形随动作业控制，填补了行业空白。为了确保项目取得预期成效，他冒着严寒酷暑、顶着风吹日晒，和项目组同志并肩战斗，对地面仿形随动作业控制进行摸底试验，对仿形效果、SL成功率反复进行比对。白天，他在现场分析并调整控制系统中的比例、微分、积分参数；晚上，他就总结经验、查找问题，提出修改意见。经过裴长江与团队成员精诚合作、日夜奋战，经过数次软件参数匹配后终于成功解决所有技术难题，实现了装备在中信机电的批量生产。

2018年，裴长江带领团队进军新领域，针对无人驾驶进行技术攻关。为了如期参加某比赛，他和团队进行了一系列大胆尝试：在无线遥控及行车控制系统中创新运用数据和图像无线传输技术，通过系统结构优化、链路优化和电磁屏蔽优化，将通信链路传输延迟时间由300ms降低到180ms，

实现了对车辆超视距实时遥控；运用BD差分、路径离线规划和电子围栏技术，将车辆定位精度由10cm提高到2cm，实现了车辆的自主程控驾驶；通过发动机电控化改造和变速箱自动换挡技术，实现了车辆远程控制的一键启停、加速、减速和转向，以独特的制动策略，保证了车辆安全驾驶。经过短短4个月的连续奋战，这台满载着科研人希望的特型无人智能车在比赛中技压群雄，勇摘桂冠。

## 克难攻坚的技术领域追梦人

出于对技术创新的热爱和执着，裴长江对工作从不说“不”，搞项目从不怕苦，经常一个人对着一台电脑钻研项目，一坐就是一整天……

在某项目中，裴长江担任项目副总设计师，负责电气、电控系统部分方案标书的编制。在竞争对手已经提前一年着手研制项目、具有先发优势的情况下，裴长江和项目组成员“白手起家”，加班加点、通宵奋战，在项目方案的创新点和亮点上下功夫，精细计算、反复修改，在短短一个月的时间内完成标书编制工作，最终竞标成功。后来，他又带领团队一起攻克了多种作业装置控制组件集成、高精度比例控制、作业功能安全转换等关键技术，并按照软件工程化管理要求规范企业软件开发、配置项及文档管理工作，制定了企业软件工程化管理规范，为企业的科学发展奠定了基础。

成绩的背后，有着不为人知的忍耐与坚守。在某系列项目试制现场红外模型控制系统调试过程中，裴长江为了能够顺利完成调试，决定用手背去感知发热盘的温度，谁知发热盘突然短路出现故障，表面温度瞬间急剧升高，直接将他的手背灼伤。而他顾不上疼痛，立刻寻找问题，迅速排除故障，全身心投入到调试工作中。每当谈起这件事，他总是认真地说：“能发现问题就是最大收获，面对项目、任务和工作时，个人的伤痛根本没时间去感觉。”

除了注重提升自身技术水平，裴长江还高度重视技术传承，将立德树人、培育年轻技术骨干作为自己的必尽之责。他常说：“我的运气比较好，担当了承上启下的角色。经验丰富的老一辈专家手把手带着我参加了多个项目的研制，后面来的这一批年轻人敢想敢干，我要带着他们一起奋斗，把老一辈的优良传统和宝贵经验传给年轻人。”每当有年轻人加入团队，他总会要求他们扎根一线、严于律已、务实工作，在项目中不断总结经验、磨炼技术。同时，他也会有针对性地通过学习培训、工作例会、现场攻关等形式，将工作多年来积累的经验耐心分享给年轻人，帮助他们解决难题，提升本领，争取早日成长为骨干力量。由于裴长江的投入、忘我和专注，团队中的年轻人谈“江”色变，说他是最严厉的“教头”，同时也对他充满钦佩和感激……

长期以来，裴长江用坚持不懈、勇于创新、不断探索的精神，攻克了一个个技术难关，为中信机电发展做出了积极贡献；面向未来，他将不忘科研初心，牢记创新使命，只争朝夕、不负韶华，在提升特种车辆智能化操控水平的道路上继续砥砺前行。

## 李慧娟

# 铸件定型工作的巾帼先锋

李慧娟，女，汉族，中共党员，1983 年 6 月出生，中信机电华晋铸造厂 109 车间修型合箱班班长。面对作业环境差、生产条件艰苦、劳动强度大的现状，身先士卒、任劳任怨，带领 109 车间成为工厂首个年产铸件突破万吨、产值突破亿元的车间；将“创华晋名牌，铸华晋精品”理念融入生产每一环节，2018 年车间生产合格铸件 14450 吨，质量合格率达 99.5% 以上，超额完成任务指标；注重加强安全生产，班组未发生一起安全生产事故。2016 年获评运城市爱岗敬业劳动模范、山西省国防科技工业巾帼标兵，2018 年获评山西省国防科技工业五一劳动奖章。

“我虽然是女同志，但男同志能干的活我也能干！”正是凭着这股不服输、不怕苦的劲头，她带领班组成员超额完成各项任务，为109车间铸件年产量首次上万吨、产值过亿元立下了汗马功劳，被分厂员工们亲切地称为“女汉子”。她就是中信机电制造公司华晋铸造厂109车间修型合箱班班长、造型技师李慧娟。

## 勇挑重担　巾帼不让须眉

这个被大家称作“女汉子”的李慧娟，身高只有1.5米，体重仅50公斤，可干起来活来敢与男同志比高低。修型合箱是铸造生产中的一道重要工序，做起来既枯燥乏味，又极耗体力，即便男同志一天干下来都有些吃不消，更何况身材弱小的女同志。李慧娟自2007年年底调入华晋铸造厂109车间从事造型工作以来，从未因自己是女性而服输，脏活累活总是抢着干。每天早上6点半，她就到车间上班，中午不回家吃饭，直到晚上才离开，一年四季也很少休息。每天早晨，她和组员们一起把砂箱转运到指定位置上，然后用砂纸一点点打磨砂型。遇到新进厂的组员，她就更加上心，在现场手把手地教，反复强调操作要领。打磨完成后，就要开始烘烤砂型。烘烤机很重，工作一会儿胳膊便开始酸累，她带头克服困难、冲锋在前，带领班组人员把工作干好。

在生产现场，经常能看到李慧娟抱着与自身体重相当的芯子下到造好的砂型里，如此重的芯子每天至少要抱28片，可她从来不抱怨、不喊累。砂箱重达几吨，但她抢着干，额头上常常冒出细细的汗珠。看到李慧娟这样拼命，班组其他成员也密切配合，瞄好砂型位置，每次都能准确合箱。修型合箱每天须上百次弯腰，长期工作让她患上了腰肌劳损，每天下班回到家累得动不了，家里许多事情都无暇顾及，可她坚持不离开生产一线，把全部精力都放在了工作上，而对家人却一直心怀愧疚。在李慧娟的带动和影响下，修型合箱班的女同志干起活来个个都像“女汉子”，充分诠释了特别能吃苦、特别能战斗、特别能奉献的精神，为车间产品质量稳步提升、产品产量创新高做出了突出贡献。

## 精益求精　干出最好产品

华晋铸造厂 80% 以上的产品出口欧美等国家，质量要求高，复杂系数大，使用的型芯又多又大。李慧娟深知产品质量的好坏直接影响到企业信誉，工作中始终贯彻“创华晋名牌，铸华晋精品”的工作理念，坚持质量第一，以匠心铸造精品。

合箱工作看似简单，却要经过打磨清理、烘烤、吹干净砂型以及刷涂料等多道工序，每道工序都有严格要求。李慧娟认真对待，一丝不苟地按程序操作，不省略任何一个步骤，始终把每道工序做到位。砂型型腔内作业空间狭小，操作人员根本无法转身，她经常在腔内一蹲就是几十分钟，将砂型凸起的部分、批缝打磨平整，将内浇口边缘打磨成圆角，使之光滑，并将铸管内的砂子吹干净。使用水玻璃砂造型工艺，砂型起模时容易被模具带坏边角，对损坏的部位，她都会不厌其烦地用压勺一一修整好。她对班组成员强调最多的便是熟记规程，规范操作，要求刷涂料之前，必须测量好波美度，而且涂刷遍数不能少，每遍涂刷还要保持均匀，每个工序都不能马虎。曾经也有个别组员不以为然，认为差不多就行了，李慧娟发现后坚决制止，给组员耐心地讲解产品质量的重要性，帮助组员提高质量意识。

修型合箱中浇注工序至关重要。每次在浇注前，不仅要合好箱，把砂箱卡打好，链条锁好，李慧娟还要检查班组其他成员的每项操作是否规范，细节有没有处理好，芯子有没有到位，出气眼是否正常等。合箱后砂箱约3米高，对于身材娇小的李慧娟来说，检查砂箱特别费劲，但她每次都拿着手电，爬上爬下，一个一个检查砂箱的箱缝及浇注系统是否畅通，生怕放过任何一个不合格的地方，从而避免了合箱出现质量问题，影响正常出钢。作为班长，她比别人更辛苦，干得更多，但她毫无怨言，反而比其他人更加积极，保证件件砂型都是精品。2018年，109车间共生产铸件14450吨，产品合格率达99.5%以上。

## 精打细算 节约一点一滴

多年来，李慧娟一直保持着勤俭节约的好习惯，从修型避免砂型报废，到后期合箱修理损坏的砂型都十分认真，从每一件产品中能看到她精简节约的意识。以前砂型损坏，都用新砂修补，用不完的砂子因硬化不能再作为面砂使用，只有倒掉做备砂。怎么才能减少用砂量？李慧娟在工作实践中反复思考，即便中午吃饭时间也不放过。在食堂，她一边吃一边和组员们聊她的想法，仔细听取大家的意见建议，不断修改完善她的革新方案，最终发现刚起模的砂型中有许多地方的面砂取出一小块后，并不影响砂型和浇注的质量。于是，遇到有砂型需修补时，李慧娟便从这些地方挖上一两压勺。虽然这几两砂子看似不起眼，但积少成多，节省了用砂量。高锰钢所用的镁橄榄石砂一吨需要4000多元，一年就为车间节约不少资金。

在她的带动和影响下，班组成员的节约意识明显提升。以前捂冒口砂箱时，砂箱里全是砂子，砂箱四个角多余的砂子给车间造成了很大的浪费。她发动班组全体成员动脑筋想办法，集思广益解难题，最后把捂冒口的砂箱改造成随型节省砂子。每箱节省的砂子虽然微不足道，但日积月累材料降耗明显。

多年来，李慧娟以踏实苦干、敬业奉献的作风和突出的业绩赢得了公司干部员工的认可，先后荣获山西省国防科技工业五一劳动奖章、山西国防科技工业巾帼标兵、运城市爱岗敬业劳动模范，还是中信机电多年的优秀共产党员、劳动模范、巾帼标兵。在她的带领下，修型合箱班获评“山西省十大杰出女子班组”、山西省“工人先锋号”，以及工厂连续多年的“三八红旗集体”，生动展示了新时代一线女工的亮丽风采。

## 胡　波

# 投身通航事业的优秀飞行员

胡波，男，汉族，中共党员，1979 年 11 月出生，中信海直运行指挥中心主任。任职期间，短时间内完成多款直升机机型改装；主动请缨、甘于奉献，圆满完成海上石油平台、抢险救灾、重大应急演习等飞行保障任务，直升机累计安全飞行 8000 余小时；带领团队顺应国家通用航空战略，开创国内通航业内多个第一；响应“双创”号召，发掘海上石油平台延伸业务，创造利润 400 余万元。2016 年被深圳海事局授予海上抢险救灾先进个人，2017 年被深圳市工委授予“榜样的力量”，2018 年获评深圳市优秀共产党员，2019 年获深圳市五一劳动奖章。

他是一名飞行员，但不同于普通的飞行员。他技术精湛，直升机累计安全飞行 8000 余小时，在通航领域同龄飞行员中遥遥领先；他勇挑重担，多次圆满完成要客、应急救援、紧急救护等重大飞行任务；他勇于创新，带领团队开创了国内通航领域管理模式上的“三个第一”；他业绩出色，先后获得深圳市“五一劳动奖章”“优秀共产党员”“海上抢险救灾先进个人”等殊荣。他就是中信海洋直升机股份有限公司运行指挥中心常务副主任胡波。

## 苦练内功、技术精湛的优秀机长

1999 年，20 岁的胡波通过层层遴选，成为万里挑一的海军航空兵航校学员，开启了飞行生涯。

原以为进入航校就能圆了飞行梦，没想到全程淘汰才刚开始。军体素质不达标的“出列”，文化成绩不合格的“稍息”。从入学到成为合格飞行员，要完成近百门课程，跳伞救生、野外生存、心战对抗、初教机高教机训练，哪一个都不能马虎，如果不勤奋努力，随时都有可能被停飞。为了翱翔蓝天，胡波付出了艰苦努力，每次技能训练，他都争做标杆，每次体能训练，他都跑在最前面……飞初教机时，正值东北的寒冬，零下 20 多摄氏度的低温，厚厚的飞行服要不了一会儿就冻透了。在这样恶劣的气候条件下，他常常一练就是一整天。正是经过一轮轮淘汰、一次次优中选优，胡波逐步脱颖而出，成为教员眼中作风过硬、品学兼优、组织能力出色的优秀学员。

2003 年 7 月，胡波经征召加入中信海直，成为一名直升机飞行员，开启砥砺前行的新征程。面对公司的新机型、新业务，他丝毫没有懈怠，顶着南方夏季几十度的高温，“地面苦练、空中精飞”，经常在座舱里一坐就是几个小时……凭借着扎实功底和顽强作风，他在规定的最短时间内完成了法国空客 H155、超美洲豹和 H135 等多种机型的改装，并正式担任海上平台的商业飞行员。转眼飞行十六载，他用精湛的飞行技术，过硬的心理和身体素质，经受了极端天气、恶劣海况、险峻地形的严峻考验，圆满完成了每一次海上平台作业、应急抢险救灾、紧急医疗救护、国家电网巡线、航空护林防火等直升机飞行保障任务，累计安全飞行 8000 余小时，成为公司飞行队伍中优秀的年轻机长。

在执行冰灾期间南方电网巡线任务时，因当时条件所限，巡视高压线路必须空中打开舱门，在零下十几度的深山，顶着机舱中的刺骨寒风，胡波所在机组以顽强的毅力圆满完成了此次任务……类似事例不胜枚举，回顾多年执飞经历，他感慨良多："快乐和艰辛都加在一起，也抵不过一个爱字。啥都可以不干，唯独飞行，真是放不下啊。"

## 率团队勇攀通航高峰的杰出领导者

2011 年 10 月，随着公司客户逐渐增多，直升机机队不断发展壮大，机组情况、航班频次、航线调配密度等信息呈现井喷式增长，公司亟须研发建立一套搭载互联网信息化技术的运行管理系统，胡波被委任为公司运行系统项目经理。

履职伊始，胡波发现开发运行系统远比想象中复杂：国内没有现成的管理系统可供参考借鉴，各大飞机制造商不提供飞机性能、重心配载等各项数据参数，新的运行管理方式遭到很多业务部门质疑……那段时间，胡波一边飞行，一边带领团队进行数学建模、推导公式、反复验证，但因系统涉及的信息量太大，项目组始终无法找到突破点，研发进度举步维艰，部分团队成员甚至产生了畏难情绪。面对困难局面，为尽可能节省时间和研发成本，他经常独自一人加班加点，多方请教专业人士，终于找到了利用数学分组，把非线性及几何图形分解化的计算机语言提取关节点。顺着这个思路，他带领团队经过三个月的不懈努力，终于完成公司四种机型必需的性能图表推导与计算工作，总数据量接近400万条。面对成果，团队成员无不感慨地说："在你身上，我们看到了共产党员的执着和坚持。"

就是凭着这种干劲，胡波带领团队终于开发出了国内通航企业的首个管控平台——中信海直运营管理系统。该系统包涵了600个功能点，既可以对飞行员、管制员、签派员、气象预报员、气象观测员等人员的资质、复训预警、出差、休假、健康档案、训练计划等内容进行动态管控，又能对飞行航班实时动态进行监控，与机务维修系统数据进行高度共享，自动提取飞机适航、维修、试飞等数据。通过这套系统，辅以MCC（机务维修控制席位）人工把控，最终实现了对飞机管控的目标，保证了飞行安全及生产效益最大化，同时也为公司保持行业领先水平、提高市场竞争力、开拓海外业务提供了技术支持。

系统虽然开发成功了，但是面对国内作业点分散、"点多线广"的问题，如何发挥飞行运营系统作用又成了摆在胡波面前的难题。为了使系统效能最大化，胡波带领团队再接再厉，成功编写了国内通航企业第一部运行管控手册。该手册涵盖了AOC各岗位细则及工作标准，明确了各项航班突发事件应急处置流程，并首次将客户投诉应急处置体系列入其中。得益于运行管控体系及配套手册，公司运行指挥系统逐步形成了决策科学、管理高效、执行有力、运转协调的工作秩序，不仅为公司创造了良好的经济社会效益，也为我国通航运行管控的标准化和程序化建设做出了重要贡献。

## 合作共赢新发展的大力推动者

当下“互联网 +”、工业 4.0 变革风起云涌，在国内通航无人机快速发展、智能化和精准化水平不断提升之际，胡波敏锐地意识到这个领域大有可为。他积极响应中信集团“双创”号召，引进无人机试飞项目并取得军方授权，使深圳直升机场成为国内为数不多的无人机飞行合法、试飞合规的通航机场。

2014 年，受全球大宗商品价格持续低迷影响，海油勘探开发市场逐渐萎缩，公司主营业务受到巨大冲击。胡波团队主动走访客户，共同发掘海上石油平台延伸服务业务，寻求企业共赢的新的利润增长点。他成功争取了大鹏水务局航空护林项目落户，主导了海上石油平台信息“户籍化”管控系统开发、测试、上线等工作，完成了 29 个海上石油平台审核工作以及直升机加油设施、油罐检测、海上平台人员培训等方面的可行性分析。这些“双创”项目发挥了盘活资本、降本增效、人才培养的多重作用，为公司可持续发展增添了新的增长点，仅 2018 年就为公司创收 400 余万元。

伴随着粤港澳大湾区战略落地实施，适时开展珠三角主要城市与香港、澳门之间的直升机城市摆渡服务具有重要的政治意义和市场前景。在公司大力支持下，胡波率领团队多方沟通，细致筹备近一年的时间，终于成功获得香港民航空管部门的航线执行许可，并亲自担任机长、圆满完成了试飞任务，打通了“深圳—香港”的第一条商用直升机航线，为后期直升机商业运营及大湾区通航摆渡飞行服务奠定了坚实的基础。

胡波说：“飞天梦是事业，但飞行的路永远需要学习，永远需要安全落地；海洋是公司赖以生存的基础，但创新的路不仅需要走向蓝色，更要走向深蓝。”他将以敢于担当、锐意进取的精神，继续为通航事业发奋努力。

## 雷正春

# 保障直升机飞行安全的优秀工程师

雷正春，男，汉族，中共党员，1982 年 1 月出生，中信海直航科深圳基地生产经理。任职期间，刻苦钻研技术，获得 4 个机型维护证书、无损探伤资格证书、维修管理人员证书等专业资格；作为技术攻关小组成员，争分夺秒、连续奋战，解决 EC225、S92 机型诸多技术难题，成为国内首屈一指的 EC225、S92 机型维护专家；及时发现缅甸基地一架直升机燃油箱中的沉淀物，并进行对比试验，遏止了直升机事故的发生；勇挑重担，成功解决湛江基地 S92 直升机机械振动大等技术难题，得到客户方认可。

在中信海直航空科技有限公司，有一位为海上油气开发服务、民航机务工作奉献青春和热血的工程师。他十几年如一日，苦心钻研技术，爱岗敬业、勇于担当，从拧紧每一颗螺丝、查好每一条线路、消除每一个故障做起，逐步从一名普通机械员成长为多种机型维修工作的领军人，多次获得“最佳服务意识奖”“优秀员工”等荣誉。他就是中信海直机务工作者的代表、中信海直航科深圳基地生产经理雷正春。

## 爱岗敬业、开拓进取的维护专家

2005 年毕业于飞行器动力工程专业、怀揣着民航梦想的雷正春，在混合着机油味和轰鸣声的青春里开启了机务职业生涯。

从事机务工作越久越感到责任重大，雷正春深知机务维修是需要不断提高个人业务水平和积累维修经验的工作，个人能力将直接决定所执管直升机的适航性和使用率，进而影响公司的经济收益。所以他时刻提醒自己要保持学习习惯，努力成为最好的机务人员。为此他虚心求教，认真学习研究，先后在国内外学习取得了 4 个机型（AS332、EC225、S92、EC155）的维护、无损探伤、维修管理等专业资格证书。随着中信海直公司引进美国西科斯基 S92 机型，他作为技术攻关小组成员，在不断解决重大技术难题的过程中，成长为国内首屈一指的 S92 机型维护专家。

直升机机械振动始终是影响飞行安全和直升机使用效率的重要因素。在 2018 年最忙碌的生产季节，湛江作业基地一架 S92 直升机因为机械振动问题导致运行情况告急，厂家技术代表始终无法找到问题产生的原因，即使公司投入大量人力物力开展集中技术攻关，也没有彻底解决相关问题，致使直升机时常需要停场维护。与此同时，作为客户的中海油公司对直升机服务的需求十分迫切，难以接受直升机使用率急剧下降的情况。在这种情况下，中海油和湛江作业基地陷入了焦灼状态。关键时刻，雷正春临危受命，针对直升机机械振动影响因素复杂、相关因素关联度高的技术特点，反复琢磨振动发生的基本原理，通过耐心钻研、细致排查，终于发现是直升机主伺服下安装点轴承磨损的问题导致机械振动反复跳变，一举解决了长时间困扰基地的技术难题，获得了客户的高度认可。

凭借着不断钻研业务知识的劲头，雷正春不断超越自我，在平凡的岗位上做出了不平凡的业绩。

## 困难面前勇于担当的生产经理

自雷正春接手机务维修管理工作以来，中信海直航班量急剧增加，但人员却始终短缺。如何利用现有人员将对时间要求苛刻的维护工作圆满完成，成为他需要面对的巨大挑战。面对维修计划时常变更、直升机故障不断增加的情况，雷正春带领团队争分夺秒、通宵鏖战，在烈日下、风雨中、汗水油渍里挥手送别一架架“海直雄鹰”，用坚定的手势向客户传递“安全飞行”的承诺……

每年从六月初到九月底，是一年中最炎热的时节，也是南海台风天气频繁生成的阶段。海上石油平台对台风期间人员穿梭服务有着更严格的要求，台风前后需要将平台上的工作人员全部撤离，日均运载人员近千人。在深圳基地最为忙碌的时期，为了保证直升机的适航和飞行安全，作为生产经理的雷正春带领团队心往一处想、劲往一处使，想方设法排除困难，全力以赴打好旺季安全生产攻坚战。对他来说，这个时候没有休息日已经成为常态，不仅需要24小时在单位值班，还得时常协调直升机维修的各方面工作，甚至直接到机库排障。用他的话说，“这个时候，睁眼就是电话，睡前还是工作，让我睡个踏实觉，比任何事情都要开心”。

在2018年台风季的一天，直升机健康监控系统显示风扇组件振动数据趋势异常，作为给主减速器滑油散热的部件，风扇组件如若发生问题，很可能造成紧急迫降等严重后果。当时带班的雷正春果断处置，决定立即物理拆卸检查风扇组件，更换备用航材。旧件拆卸、备件检查、附属部件串换、新件重新安装、同心度检验、振动检查、各类文件更新签署……转眼间就从早上7点半忙碌到第二天凌晨4点半，连续作业使得相关人员几乎到达生理极限。可雷正春依然在工作结束后，继续坚守在工作岗位上……每当问及是什么力量支撑他如此工作时，他总是答道：“不论是出于党员的责任感，还是职业的使命感，我都要为公司的安全运营、海洋油气开发贡献力量。”

## 坚持标准、尽职尽责的机务人员

机务人的本职工作是对飞机进行修理、检查和维护，保障飞机安全起飞和降落。作为专业的机务人，雷正春对任何工作、任何故障、任何细节，都认真检查、一丝不苟。

缅甸皎漂港飞行服务项目是中信海直践行“一带一路”倡议、打向国际市场的第一站，皎漂港安达曼海上空的海天雄鹰能否安全飞行，直接关系到中信的商业品牌价值。在缅甸作业期间，中信海直的一架直升机燃油箱里出现白色沉淀物。由于缅甸处于热带环境，温度湿度较高，维护团队判断是油内微生物滋生所致。但面对陌生的技术问题，雷正春不敢马虎大意，尽管维护团队已经给出意见，他还是认真查询各种技术资料，仔细研究沉淀物的具体构成。通过进行对比实验，他发现沉淀物是微生物抑制剂与水反应形成的化合物，并非单纯微生物，于是紧急叫停了往燃油内添加微生物抑制剂的工作，如若不然，将使得微生物抑制剂和水反应的产物在燃油箱里越积越多，最后堵塞发动机供油管路，引起空中停车的情况。这些都是直升机维护过程中的“常态”，但对于雷正春来说却是无可比拟的“大事”，再怎么认真也不为过。

除了对待业务工作坚持标准，雷正春在团队建设上也一丝不苟，时刻将“创建优秀团队”作为自己的奋斗目标。为营造积极向上的团队氛围，他根据实际工作特点，从安全绩效、人员成长、作风养成等方面入手，将维修工作、个人表现、学习培训、安全隐患等12个关键维度作为团队成员的绩效考核评分，并铁面无私、严格考评，以评分等级决定绩效奖金。为保证队伍稳定，他坚持每月至少同每位职工谈心一次。通过谈心谈话，使他对职工情况了若指掌。不论是职工出现情绪问题还是家庭碰到困难，他总能及时伸出援助之手，确保团队职工能够专心工作，有效提升了团队凝聚力。在他努力下，深圳基地团队工作认真、成绩斐然，受到公司通报表彰。

“干机务，不仅仅是一份工作，它更是一份责任！”带着这份责任感，雷正春将以严谨、严肃、严格为座右铭，以身作则、无私奉献，继续为航空安全保驾护航。

## 冯 亮

# 机械工作优秀车间主任

冯亮，男，汉族，中共党员，1987年5月出生，中信戴卡铝车轮一号线副经理。任职期间，主导完成自动平衡机等多项设备改造，在移印技术、套色技术、描边注射涂装等方面做出突出贡献；制定安全操作类规程8项、工艺卡片及指导书216项、设备起停及维护规范12项、成本类规范42项，取得专利5项，在历年考核中多次获得优秀评级；组织团队开展产品攻关和工艺研发，创造良好经济效益。多次获评中信戴卡先进个人、劳动模范、文化之星、凝聚之星，2016年、2017年获评中国机械工业企业管理协会“机械工作优秀车间主任”，2017年获评河北省优秀科技质量成果奖，2018年获河北省一等科技质量成果。

冯亮，2007 年 7 月参加工作，现任中信戴卡股份有限公司铝车轮一号线副经理。工作 12 年来，他兢兢业业、潜心钻研，逐步由一名车间普通的喷涂操作手成长为获得 5 项专利的综合型技术骨干，用自己的质朴刻苦生动诠释了“干一行、爱一行、专一行”的当代工匠精神，被中国机械工业企业管理协会评为“机械工作优秀车间主任”。

## 担当作为，彰显党员本色

作为中信戴卡优秀党务工作者，冯亮时刻以党员标准严格要求自己，不论是在操作手、技术员等基础岗位上，还是在工程师、技术组长等要害位置上，不论是面对制造经理、副经理等本职工作，还是面对建设和运营的支援任务，他都能出色完成各项工作，以自身实际行动为身边职工树起标杆、做好示范。

2014 年 6 月，冯亮从二号线调到一号线，主要负责涂装及制造部生产工作。在新的工作岗位上，他深知公司在人事安排上的慎重考虑，主要是希望自己能够发挥党员的先锋模范作用，带领整条生产线提升工作效率。面对承担的重要责任，他一边加班加点完成公司交付的生产任务，一边对生产线的组织构架、岗位职责和作业内容进行系统梳理和分析。全面掌握生产线情况后，他没有安于现状、裹足不前，而是勇于打破常规、大胆创新，对生产线的冗员岗位进行整合，研究制定并严格执行新的生产责任制。在此过程中，他梳理岗位职责 35 份，做到了定岗定责定区域；新修订及制定车间制度 28 项，健全完善了生产线管理制度体系，不仅明确每位职工的本职工作，还对管理者进行分级分类审核，确保了新制度的可操作性和执行力度。

面对新责任新制度新任务，有的老职工不适应、不理解，时常消极抱怨。冯亮一方面从自身做起，带头严格执行新的规章制度，另一方面抽空与老职工谈心谈话，摆事实、讲道理，消除误会和影响。在他的努力下，一号线不仅生产效率显著提升，职工队伍的凝聚力也得到有效加强，形成了相互搭台补台、通力合作的良好工作局面。

## 勇于创新，发挥劳模作用

作为中信戴卡的劳动模范，冯亮时刻不忘发挥劳模的示范引领作用，在重点项目、困难工作面前勇担重担。

2010 年，面对涂装新产品的工艺研发重大任务，他不断摸索基础工艺并外延至其他领域，带头完成抛光套色、移印、高亮漆 HyperBlack、描边注射涂装等特殊工艺的研发并推动实现量产。特别是在“福特抛光 + 套色”项目上，他带头成立技术攻关小组，主动进行胶带防护、风向标随型辅助防护、单体硬质防护、硅胶喷涂遮蔽防护、软质防护等多次试验，最终确定硬质随型一体式防护工艺，相较传统工艺每产品可节省工时约 45 分钟，不仅为公司带来了巨大经济效益，也为后续工艺研发积累了宝贵经验。

在公司进行克莱斯勒 Logo 项目期间，由于所采用的移印工艺对中信戴卡属于全新领域，再加上作业方式突破常规，因此量产期间频繁出现问题。面对重大技术难题，相关团队束手无策。在这样的背景下，冯亮不畏艰难、敢于担当，带队进行生产线的调整和技术改进工作，在原有基础上创造了新工艺，完美解决了 Logo“双眼皮”缺陷和半成品状态 Logo 附着力不良问题。目前，新工艺已经可以满足不同颜色 Logo 的量产需求，并大范围应用于生产领域。

## 兢兢业业，践行工匠精神

作为践行新时代工匠精神的模范代表，冯亮不仅专注于磨炼提升自身技能，还致力应用先进技术改进生产。

2013 年 8 月，冯亮由工程技术研究院调至铝车轮二号线负责涂装技术组工作。在此期间，他带领涂装技术团队梳理涂装工序，整理现有的设备、工艺、操作、标准化作业等方面指导书 283 份，整合、简化、规范至 115 份；推动安全、工艺、设备、成本标准化，制定安全操作类规程 8 项、工艺卡片及指导手册 216 项、设备起停及维护规范 12 项、成本类规范 42 项，通过规范工艺流程、明确技能要求、严格操作标准，有效指导了现场生产工作，提升了管理水平，降低了沟通成本，促进了整体生产效率升级。在工艺技术方面，他带领技术团队对喷涂颜色和状态进行参数优化，每月可节约粉末油漆费用 20 万元左右；通过对旋转站转速等方面进行交叉试验，使漆膜厚度偏差由原来的 30% 降低至 10%，显著提升了漆膜质量。在安全管理方面，他推行标准化预警管理和安全标准化培训，确保两年内无一起重大安全事故发生。在设备管理方面，他研究制定新的保养、检修标准化工作流程，并对设备进行技术改造，使设备可动率由 91.5% 提高到 98.7%，设备综合效率由 60.4% 提高到 70.9%。在成本控制方面，他推行生产线物料消耗班报制度，节约物料成本超过 9%。

2014 年公司实施精益化生产和美国工厂战略，冯亮在提高本土生产计划联动性、降低涂装库存 28.6% 的基础上，多次带队赴美支援。在此期间，他带领涂装团队编纂培训教材 24 份，为美国工厂培训技术人员 12 人，并在美国工厂生产运营波动期间，不分昼夜进行技术攻关，为稳定生产、实现月产出新的目标做出了巨大贡献。

## 注重传承，培养青年人才

“独行快，众行远”，冯亮不仅努力提升自身综合素质，还高度重视企业后备人才培养，将其作为车间重点任务，建立逐级培训制度，利用员工闲余时间进行作业要点辅导，培养了大良的优秀技术员和管理者；以轮岗、技术培养为主要方式，为刚就业的大学生提供实操演练；分批次派技术人员到其他公司参观，学习吸收先进经验。目前，在他培养下，已有 10 余名新员工成为企业骨干力量。

同时，冯亮还高度重视改善生产现场，鼓励员工多提意见，累计征集合理化建议 201 条，落实率超过 80%，成功获得 5 项专利，实现了制造与技术、技术与工艺、平行业务与交叉业务之间的相互补充、相互配合，为企业可持续发展积蓄了动能。

身为生产线上的管理者和技术员，冯亮始终坚持在一线岗位上无私奉献、默默耕耘、忘我工作，在平凡的工作岗位上创造了不平凡的业绩，生动诠释了中信戴卡“敢为人先、开拓创新，精益求精、追求卓越”的企业精神。

## 李世德

# 敢于突破难关的技术骨干

李世德，男，汉族，中共党员，1982 年 5 月出生，中信戴卡智能化项目部负责人。任职期间，带领团队研制出我国首台径向冲击试验机，打破欧洲技术垄断，迅速在国内市场应用推广；带队完成汽车车轮道路模拟试验装备研发，获得奔驰、宝马、奥迪等厂商技术认可，使戴卡成为世界上首家掌握该技术的车轮制造商，拉动公司营销新增近 10 亿元；取得国内外发明专利 10 余项，起草多项相关国家和行业标准，有效提高企业品牌效应。2013—2018 年多次获秦皇岛市科技进步一等奖、二等奖以及河北省职工科技创新成果一等奖、科技进步三等奖、科学技术成果。

“强起来要靠创新，创新要靠人才。”习近平总书记的重要讲话指明了事业成功的关键所在。回望中信戴卡成立的30余年，历经艰难困苦的漫漫长路、你追我赶的行业竞争，一步一步发展为如今全球汽车零部件行业的领军品牌。在此过程中，一批有着全球影响力的“戴卡工匠”成长起来，成为中信戴卡不断前行的有力后盾。试验中心的李世德就是其中一员，他的成长经历与厚积薄发的中信戴卡一样耐人品味。

## 潜心钻研，默默坚守，平凡之中见非凡

初入职场的李世德从基层可靠性试验员做起，在完成好试验任务的同时，他把业余时间都用在汲取专业知识上，日复一日忘我地沉浸其中。当时的试验室条件很简陋，试验器材不完善，操作规范不够细致，经常出现不明原因数据波动，影响结果判断。“质量是戴卡公司的生命”，为了严把质量关，确保试验的准确性，李世德严谨地完成每一项试验任务，详细记

录试验过程，认真分析影响因素。很快，他就发现了症结所在，并产生了规范细化操作过程、制定统一工装辅具的想法。说干就干，到 2008 年 10 月，他在两年多时间里写满了多本试验笔记，编制完成了 3 份试验操作指导规范，并设计制作了一批工装夹具，试验准确性和试验总量都有了显著提升。

走进李世德的办公室，最显眼的就是办公桌上一大摞略显陈旧的本子。“你可以随便问，自我参加工作以来，任何一天的工作内容都能在本子上查得到。”这是他引以为豪的事情，也是他多年积累的见证。为了更好钻研业务，李世德还曾借助中信戴卡的全球业务平台，利用整整三年 1000 多个日日夜夜，把奔驰、宝马等数十个国外知名汽车厂，以及一汽、上汽等十几个国内主要汽车厂的技术标准全部烂熟于心，将 700 多款车轮产品的性能指标和试验数据刻入脑海，因而也被实验室同事称为车轮试验“百科全书”。试验中每每出现异常数据或模棱两可的试验结果，同事们往往找到他进行最终的“审判”。

努力不会白费，2009 年底，为将中信戴卡打造成全球高端车轮品牌，公司提出“三流企业做产品、一流企业做标准”的发展战略，并将制定世界领先车轮企业标准的任务交给了李世德。他拿出写得满满的 20 多本试验笔记，又做了半年的工艺调研，通过苦心钻研，很快就圆满完成了中信戴卡首个产品综合性能企业标准发布任务，给公司所有产品做了一次特殊的“技术宣传”。

在外人眼中，李世德从事的工作枯燥且乏味，但他自己却甘之如饴，一干就是 13 年。正是这种异于常人的默默坚守和积累，让李世德从一名基层员工，一步步成长为名副其实的国际车轮试验技术专家。

## 匠心筑梦，勇于担当，创新之路无止境

匠心，就是在长久岁月里，对得起每一寸光阴。李世德在工作中一直要求自己保持一颗匠心、树立精品意识。虽然已经脱离基础试验岗位，但他每天都坚持去现场记录试验数据、防患于未然，多次为公司挽回成本、

品牌价值的损失。“努力把品质从 99% 提高到 99.99%”，是李世德对试验中心的同事们常说的一句话。如今，戴卡的铝车轮已经做到了世界第一，但李世德丝毫不敢有任何懈怠，他心目中的对手从来都不是别人，而是自己。

对于李世德而言，创新更是融入血液中的。十几年来，他专注车轮试验领域，接连完成多个省市级重大技术攻关项目，获得国内外技术发明专利 10 余项，为中信戴卡打造核心技术竞争力提供了可靠的技术保障。

2010 年，为支持公司获得德国宝马的订单，试验中心必须具备径向冲击技术能力。当时有两种方案：一是直接从国外引进设备，价格昂贵且不会转移技术资料；二是自己研发，但这项技术在国内完全空白。为了避免被贸易保护主义卡脖子，公司领导从长远考虑最终选择了第二套方案，这项重任自然落到了李世德等人的头上。“当时真的一穷二白，我们是拿出了搞原子弹的决心进行径向冲击装备研发的。”回忆起那时的处境，李世德依然十分感慨。历时 8 个月，投资 35 万元，方案 5 次优化，李世德硬是凭着一股韧劲，带领团队研制出我国首台径向冲击试验机并掌握关键技术，为公司赢得了宝马的订单，最终带动公司销售额增长近 10 亿元。此举还打破欧洲技术垄断，迫使进口装备在中国市场售价大幅降低。此后三年，李世德带领团队再接再厉，经过艰辛的技术攻关，又拿下了汽车车轮道路模拟试验装备研发，达到国际领先水平，使中信戴卡成为世界上首家掌握该技术、拥有该试验装备的车轮制造商，在车轮行业引起轰动，合作厂商纷纷而至。

创新是李世德不懈的追求，2016 年，他主动提出汽车底盘模拟实况冲击试验设想，试图把在汽车试车场都难以完成的试验项目轻松再现出来，实现世界上“零”的突破。没有辅助人员，那就自己干。李世德在公司支持下，独自推动完成了技术方案制定、项目选址、组织施工、安装设备、管理体系建设等一系列工作。他说，“哪怕到了最焦头烂额的时候也未曾想过放弃”。果然，成功的大门不会拒绝像李世德这样执着的人。汽车底盘系统模拟实况冲击试验于 2018 年建成投入使用后，大幅提升了中信戴卡产品研发技术能力，成为世界首创。李世德满怀信心地说：“2020 年，我们要冲刺中国汽车行业科技进步奖！”

## 初心依旧，敢攀高峰，逐梦之旅不停步

江河万里总有源，树高千尺也有根。虽然顶着众多光环，李世德始终没有忘记自己加入戴卡时的初衷，就是要把“戴卡制造”做成中国符号，让戴卡的产品和技术家喻户晓。

做全球权威试验室，一直都是李世德最大的目标。他希望戴卡试验中心能够被行业内 ITS、IAMT、TUV 等顶级试验室认可，不仅自己做试验，还能作为试验咨询机构解决客户各种工程问题。为了早日达成目标，他把工作之余的全部时间都用在了技术标准学习和试验方法创新开发上，仅主持建立的冲击试验场一项，就申请获得了 8 项专利。

一张张图纸的修改，一场场试验的记录，印证着李世德每一次的全速前进。2014 年，李世德担任全国汽车标准化技术委员会车轮专家委员会秘书，参与国家标准制定工作。2018 年 4 月，李世德在美国底特律 SAE Wheel Standards Committee（美国汽车工程师学会车轮标准委员会）年会上，被评选成为中国唯一具有投票权的正式成员。2019 年 5 月，ISO 正式邀请李世德成为 ISO TC22/SC33 WG05 注册技术专家，代表中国车轮行业行使

国际标准审查及投票权。这也标志着中信戴卡逐渐掌握国际顶级车轮技术标准的话语权，中信戴卡技术水平已达到被国际顶级研究机构和试验室认可的程度。

一次次攻克技术难关，一次次勇攀高峰，“创新，创新，再创新”是李世德始终坚守的信条。他就是那个在人生道路上认准目标就奔跑下去、永不停歇的人，就是让中信制造“走出去”、中国符号站在国际舞台的追梦人。

| 杨立远

## 致力质量提升的戴卡人

杨立远，男，汉族，中共党员，1981年8月出生，中信戴卡产能规划部副经理。机加车间工作期间，建立设备维修备件保障机制及库存管控制度，有效降低存货成本；承担投资企业的客户质量体系审核任务，完善企业质量管控体系；带队成功搭建7000万件铝车轮产能平台，极大满足企业发展战略需求；创立投资企业考评管理模式，促进各生产基地产能量与质的提升；带队克服诸多难点，创新KSM铝铸件计划运营模式，保证了产品交付；兼职工会分会主席，热心服务，无私奉献，增强了员工的凝聚力和归属感。

工作15年来，杨立远伴随着中信戴卡的发展与壮大，实现了自己的成长与收获。一路走来，他经历了生产一线的摔打，承受住了质量工作的考验，如今正在为中信戴卡的产能规划探索领域和生产计划业务创新发光献热。

## 忠诚于党，无愧于心，任务面前冲锋在先

杨立远在学生时代就加入了中国共产党，作为一名老党员同时也是一名基层党务工作者，他始终严格要求自己。“我们作为党员要做到最基本的忠诚，一是忠诚于党，我们现在的美好生活是党带领人民创造的；二是忠诚于心、无愧于心，自己做的事自己心里要能踏实。”杨立远曾在一次支部会议上这样说道，他一直以来也是这么做的。

杨立远在机加车间从事设备维修工作期间，正值10多年老设备的故障高发期。为了抢修设备，这个刚毕业的大学生常常一路跑着往返于备件库、工具间与设备旁，师傅们看到这个从不会偷懒的小伙总是频频点头称赞。有一次，在连续加班十多天后，当听到有紧急抢修任务时，杨立远二话不说直奔现场，一直忙碌到凌晨3点多。当看到他累到最后席地而坐时，老师傅不免摇头心疼。但在杨立远看来，设备能早一分钟修复，生产就少一分损失，这是大事。

走上管理岗位后，杨立远依然保持这种“习惯”。在中信戴卡与马来西亚OMI合作项目签约考察关键期，他全身心投入到评估工作的每一个细节中，每天只休息3个小时，而这仅仅是平时工作状态的一个缩影，工作对于他而言始终是排在首位的。然而，作为丈夫和父亲，他却是家庭的“稀客”，由于工作中经常出差，奔波于各生产基地，加上经常加班，他陪伴家人的时间在不经意间少之又少。2017年12月15日夜间，杨立远的女儿出生，他都没有时间多照顾刚刚生产的妻子，不能多看看刚刚出生的孩子几眼，却又紧张地为马上就要召开的经营会议做各方面的准备，分析数据熬夜到凌晨2点多。在老家的母亲患有心脏病，杨立远却抽不出时间陪她去医院做一次全面检查。少了的，是对家人的关爱；不变的，是家人的支持和胸

中的热情，正是家人的理解与肩头的责任让他仿佛永远闲不住、忙不完。

## 敢于担当，勇于挑战，困难面前绝不退缩

中信戴卡探索联营合作发展模式之初，一边是激烈市场竞争下挑剔的客户审核要求，一边是投资企业薄弱的质量保障体系和匮乏的管理经验。作为质量体系的门外汉，杨立远由一个设备维修钳工毅然承担起投资企业客户质量体系审核任务。为了学习质量体系知识，他从基础理论学起，抠概念、理脉络。为了学以致用，他深入现场全面学习工艺流程，抠细节、攒经验。开始的一年中，杨立远不分昼夜、节假，频繁往返于广州工厂和天津工厂之间。第一次面对客户审核时，他为准备资料一直忙碌到凌晨2点，凌晨5点他又到生产现场确认细节准备情况。5年间，投资企业的质量管控体系全面建立，面对宝马、大众等客户日益繁杂苛刻的审核，杨立远曾经的茫然与焦虑已变成如今的坦荡与自信。

2010年底，伴随着中国汽车市场大幅增长，中信戴卡面临前所未有的产能压力。杨立远再次迎难而上，调入生产计划部，承担起产能规划工作。没有现成的参照模式，他就带领团队从分析产能与订单的数据做起，一步步通过反复对比分析、细化市场区域、细分工艺结构，摸索并优化产能规划模式方法，为公司长远规划提供科学的决策依据。经过几年的产能开拓建设和设备资源准备，中信戴卡成功搭建起7000万件铝车轮产能平台，满足了市场的普通产品发展需求和客户的特殊差异化结构要求。

2014年以来，随着中信戴卡由单一的铝车轮平台向KSM铝铸件和铝型材等多元化业务板块拓展，各种交付问题接踵而至。杨立远带领新成立的KSM计划运营科，再一次勇挑重担，一次次深入现场了解情况、协调资源、沟通客户，保质保量地完成了交付任务。还记得2018年国庆假期刚结束，因高速大堵车，货物不能准时到达，客户整车装配线面临停线风险，杨立远迅速组织团队采取人携带货物空运到库房的特殊方式，不仅避免了高额的停线违约罚款，还及时规避了公司信誉的损失。

## 追求卓越，精益求精，工作面前不断创新

工作以来，杨立远的岗位似乎总在变。作为新业务的拓荒者，他始终

在探索新思路、新方法。这一过程中，唯一不变的就是他对工作高标准、高质量的追求。

在下属眼中，杨立远是一个“严苛”的人，事无巨细，精益求精，总认为应该还有更好的方法、更好的结果。他对每个产品的布局都要经过谨慎推敲、统筹考虑：这个客户的标准哪个生产基地的质量保证能力能够满足？发到这个库房哪个生产基地物流成本更经济？这个工艺哪条生产线最适合发挥效率？大到成套设备调配，小到采购库存、物流发货等各个环节，他都认真思考、谋求改善。

在细致中，杨立远更是敢于突破、勇于创新。在优化产品布局上，他打破原有思维模式，在满足产品质量要求的前提下，大胆采取就近布局，规避远距离运输交叉发货的问题，大大降低了整体运营成本。针对各个生产基地建设有先有后、能力参差不齐的状况，他开拓思路，探索了全新的业绩评价、考核评级管理模式，促进了各生产基地产能质与量的整体提升。面对中美贸易摩擦，如何利用好中信戴卡的全球化平台，需要在产能规划和产品布局方面拓宽视野。作为产能规划的带头人，杨立远给出了他精心思考的方案：一是充分利用现有工厂产能，综合考虑内外因素，积极探索合理避税布局方案，寻求公司利益的最大化；二是在海外产能的开拓上，积极探索轻资产联营模式，降低运营风险，提高资产质量。这一方案很快得到公司支持。在与马来西亚 OMI 工厂合作的过程中，杨立远先后组织了 18 人次的现场技术管理支持，并分批次对来自 OMI 的管理人员进行培训，使 OMI 的综合成品率由 69% 提升到 87.6%，管理能力也大幅提升，展现了中信戴卡的领先优势和合作诚意。同时，他在与当地工厂的交流过程中，还对马来西亚的投资政策、法律法规、宗教习俗等经营环境进行了深入了解，为中信戴卡全球化战略和海外布局寻求更多可能。

自强不息，奋斗不止。在追求卓越的道路上，包括杨立远在内的全体中信戴卡人还在坚定行走、从未止步。

## 杨　潇

# 开拓海外销售市场的排头兵

杨潇，女，汉族，中共党员，1983 年 1 月出生，中信戴卡 KSM 销售管理中心副经理。长期从事海外销售，经过 10 余年不断努力，负责的福特、通用铝轮毂销售覆盖巴西、阿根廷、澳大利亚等多个市场，供货份额均在 50% 以上；带领团队积极创新、不断开拓，2016 年帮助公司获得全球现代供应商代码，使公司获得正式参与现代铝轮毂报价竞标项目的资格；克服诸多困难，获得首款海外现代（北美）项目，累计销售轮毂 485 万件，覆盖北美、南美、欧洲、韩国、俄罗斯等市场，为公司成功开拓海外现代起亚铝轮毂市场做出重要贡献；带领团队成功开通海外现代起亚铝铸件市场，产品寿命供货量 960 万件。

“谁说女子不如男？”这句话是对杨潇最生动的诠释。作为中信戴卡 15 年快速发展的亲历者，她不仅持续刷新戴卡营销系统绩效、成为营销系统的学习楷模和公认的最佳客户经理，还成功推动中信戴卡在韩系市场取得“零”的突破，带领营销系统不断开拓全球市场。

## 刚柔并济的团队最佳伙伴

2005 年，初到戴卡的杨潇在所有人眼中是一个懵懵懂懂的小姑娘、坚持不了三天的入门新手。但很快，她就用自己出众的业绩和坚毅乐观的性格，改变了大家的看法。“11 点了，还不下班吗？每天都这样工作，小姑娘你以后可吃不消哦！”这是杨潇刚入职场听到最多的一句话。她的身上没有年轻人普遍存在的心浮气躁，总是时时刻刻处于最佳待命状态。仅用三天时间，她就将所有的产品信息牢记于心，掌握了海外福特和海外通用公司的所有客户需要……这种最佳状态，她坚持 15 年不间断，被同事们笑称营销系统的“女汉子”。

“所有人都认为营销系统是男人的天下，而我就要做那个与众不同的女将，他们付出 100% 的努力，我就要付出 200% 的努力！”带着这样的信念，杨潇很快就用突出的业务能力、出色的工作表现成为团队负责人。在团队中，她总是当仁不让地担当起领头羊的角色，遇到问题总是第一个出来负责，遇到困难总是第一个出来想办法解决，时时刻刻发挥着主心骨的作用。在她带领下，营销团队克服了一个又一个的销售难题，为公司的销售额增长做出了巨大贡献。即便是在美国发起贸易战严重冲击中信戴卡北美市场开拓计划的情况下，她也没有被团队中紧张、焦灼、高压的情绪影响，而是坚定地告诉所有人：“我们不会退缩，不能退缩，更不能认输！不畏不惧就是我们的座右铭！”在她的带领下，营销团队积极开展头脑风暴，苦思破局之策，有条不紊地开拓美国市场，出色完成了任务目标。

“她是我的偶像，也是团队的最佳伙伴！”提起杨潇，新入职的同事纷纷这样评价。之所以如此，是因为她在团队内部总能注意到每个人闪光点

和不足，根据不同问题提出切实可行的建议，帮助销售人员从岗位职能、工作态度、工作效率出发，全面提高工作能力。在工作中，她鼓励销售人员在安排行程之前做好必要准备，从而节省查找资料和工具的时间；传授经验给新入职员工，教他们做事主次分明、学会抓重点；总结提出有效的销售技巧和培训方法，强调销售技巧不在口头上而在行动上；建议团队每一个人都要合理安排休息时间，从而拥有健康的身体和充沛的精力……

## 创造历史的营销市场开拓者

刚到戴卡，杨潇主要负责海外福特和海外通用的铝轮毂销售工作。10 年来，她日复一日、年复一年，坚持不懈、开拓进取，不断地巩固和拓展中信戴卡的海外市场，将负责的业务范围扩大到巴西、阿根廷、澳大利亚、泰国、印度、越南等市场，保持各市场供货份额高占比。

2015 年，杨潇被公司委以重任，接手全球现代起亚汽车新市场的开拓任务。当时，韩系市场对戴卡来说是一片空白，杨潇要与同事们在白纸上一起描绘公司新的营销版图。“那段时间真的很苦、很累，加班就好像每天吃饭一样固定。”回忆起开拓韩系市场的经历，团队成员纷纷表示苦不堪言。可杨潇却说："那段日子很幸福，因为每天都在朝着目标奋力前行。"坚持才会看到希望，看见成功。在杨潇和团队的不懈努力下，中信戴卡在2016年1月取得现代公司全球供应商代码，获得了报价竞标的资格；同年6月，凭借周密的营销策略和完善的客户管理系统，中信戴卡在众多竞标团队中脱颖而出，成果获得首款海外现代（北美）项目，为公司彻底打开了全球现代起亚铝轮毂的市场大门。

经过杨潇及团队多年持续开拓，中信戴卡共获得海外现代起亚铝轮毂订单485万件并仍在不断增长，销售范围覆盖北美、南美、欧洲、韩国、俄罗斯等市场，预计将在2021年达到供货量峰值，中信戴卡将成为现代起亚全球市场铝轮毂产品的主要供应商。

## 将心比心的客户知心朋友

熟悉杨潇的人都知道，在她的桌子上放着两本厚厚的相册，里边都是有些泛黄的纸质名片。对于这些名片，杨潇深情地说："我15年的工作痕迹都在这里了，一共 1536 张名片，它是我们营销人视为生命的客户资源。”对于她来说，这不仅仅是一张张卡片，更是她每一位获得过认可的知心朋友。

由于时刻坚持工作第一、为客户考虑，杨潇对家庭难免有所忽视。“妈妈，我为什么总也见不到你？”每次被 8 岁的儿子这么问，她总是心怀愧疚。每次领导和她谈心的时候，杨潇总会说：“我对孩子是有愧疚，但我更要努力活成孩子的榜样，用行动告诉他，而不是简单地告诉他，你应该怎样……”

作为营销人员，杨潇并不拘于销售领域，总会充分考虑客户需求，注重自己的工作效率、工作状态，并立足于整个市场，精确收集市场信息，不断提升公司销售管理流程的合理化和高效化水平，以防止市场状态的下行波动对公司销售工作造成影响。正是这种时刻关注客户需求的习惯，使得她经常获得意料之外的“收获”。例如，在开拓现代起亚铝轮毂项目过程中，她就争取到现代起亚公司欧洲市场的转向节项目，产品寿命周期供货量达 960 万件，为中信戴卡进一步开拓了铝铸件市场。

这就是杨潇，勇于创新、敢于担当，将推动公司做强做优做大的决心和信心铭刻在自己心中的中信“花木兰”。未来，她将认准这个目标永不停歇地奔跑下去……

## 韩国旭

# 潜心创新的“能工巧匠”

韩国旭，男，汉族，中共党员，1980年7月出生，中信渤海铝车轮八号线机加科科长。设备厂工作期间，努力钻研，研究出用直角刀盘走螺旋线粗加工内孔的方法，将加工效率提高5倍，制造成本下降35%；推动车间工人改进刀具使用方法，有效降低成本；参与公司一条年产120万件轮毂线的筹建等工作，完成车间工艺改进改善20多项；改进毛刷安装方式，大大提高工作效率；充分发扬团队精神，培养大量技术人才。2004年获评公司优秀团员，2007年获评公司青年岗位能手，2008年获评集团优秀团员，2018年获评秦皇岛市“能工巧匠”。

在中信渤海铝业控股有限公司，有一位工作作风扎实、工作业绩突出的青年岗位能手。他长期扎根生产一线，奔走于车间每个单元，大胆创新技术工艺，被同事们誉为卧镗加工线上攻坚破难的“金钥匙”，先后获得秦皇岛市“能工巧匠”等荣誉称号。他就是中信渤铝车轮八号线机加车间负责人、助理工程师、车工技师韩国旭。

## 踏实肯干，发挥模范作用

参加工作以来，韩国旭兢兢业业、以厂为家，长期扎根生产第一线，不论身在何种岗位，都注重发挥先锋模范作用，以自身实际行动感召身边同事，为公司发展、车间生产贡献力量。

在中信渤铝设备厂工作期间，韩国旭通过努力学习，积累了丰富的镗削加工经验，逐步成长为独当一面的业务能手。无论是图纸研究、卡具设计等“技术活”，还是设备操作、刀具磨削等“精细活”，都是他的业务强项。每次提到韩国旭，设备厂的领导都会夸赞道：“韩国旭工作踏实、业务精湛，这种‘干一行、爱一行、钻一行’的精神值得大家学习。”

每当面对急难重的加工任务，韩国旭总是冲在最前面、迎接最大的挑战。2012 年初，设备厂承接了天重公司出口印尼的机架加工任务。由于机架单件重量高达 46 吨，是以往工件重量的三到四倍，再加上精度设计要求较高，加工难度极大。车间接到任务后，韩国旭放弃休息时间、始终坚守一线，带领工友们认真研究工件图纸，克服技术瓶颈，先后在工件定位夹紧、刀具刃磨、刀具设计等方面多次进行创新性改进，以满足现场加工需要。

由于机架过重，造成吊装十分困难，即便是采用几倍粗的钢丝绳，每次吊装都需要五六个工人齐心协力才能完成，不仅效率不高而且存在安全风险。面对这种情况，韩国旭看在眼里、急在心里，通过昼夜加班、反复验证，终于找到了高效且操作性强的解决办法。在机架吊装时，他首先找出机架平衡点做上标记，方便下次吊装、提高工作效率；然后巧妙利用护板将绳子和支架进行隔离，防止机架棱角切断钢丝绳；最后采用分段加工的方法，量好每个工件尺寸，优化每个加工步骤，利用工序步骤的调整，将无法规避的加工应力转移到非关键加工面上，从而有效消除对加工面积最大、精度最细、难度最高的滑板面造成影响，满足机架滑板面微米以内的加工精度要求。

每天超过 10 个小时的连续加班和超负荷工作量，使工友们体力严重透支，身体极端疲惫，很多人产生畏难情绪。但作为机架段段长的韩国旭，每次都能在关键时刻鼓励大家："咬紧牙关，再坚持一下，决不能放弃！"由于采用韩国旭改良的加工方法，加工效率显著提高，大幅缩短了加工周期，使得工作任务提前完成，受到了客户高度评价，为公司争得了荣誉和订单。

## 刻苦学习，弘扬劳模精神

韩国旭坚信"只有付出才会有回报"，因此在工作中他抓紧一切时间进行学习和钻研，总是能很快提升技术能力。

2017年4月，公司筹建新的轮毂线，作为业务骨干的韩国旭全程参与了筹建、设备安装调试以及产品试制等工作。在筹备初期，他带领二十几名工友们来到中信戴卡产业园研发车间，学习先进工作理念和生产、设备调试等技术。由于机会难得，他每天坚持早出晚归，奔走于车间的各个单元，学习轮型更换方法和加工程序编辑流程。白天在车间，他认真学习，将相关知识和学习心得一一做好记录；晚上回到家，就在电脑上一遍又一遍地进行实践操作，困了就用冷水洗把脸，提起精神继续练习，每天都要练习到后半夜……

学成回到公司后，韩国旭不仅将新技术应用到生产过程中，还及时将知识无私地传授给每位操作手，并对每个环节严格把关，使操作手们能够独立操作设备。由于生产线刚刚建成，夹具、检具和机床备件准备不足，无法满足现场生产需求。为了不耽误生产，他就主动请缨，利用自己所学专业技能，现场加工制作芯轴、中心孔通止规、冒口通止规、机床刀座等工件，为生产提供支持。

韩国旭不仅努力提升自身技术水平，更注重团队整体的成长进步。工作中，他“传绝技，带高徒”，总是毫无保留将自身业务知识和经验技巧传授给徒弟，直到能独立操作、技术熟练、确保不出差错为止。十多年来，他所带的徒弟遍布车间各个岗位，其中有2人成为技术骨干、4人晋升为高级工，为企业技术人才培养树立了典范。

## 刻苦钻研，践行工匠精神

韩国旭高度重视技术创新，只要是可以通过创新改进提高生产效率或安全系数的环节，他都不会放过，总是反复琢磨试验，使技术精益求精，为提升车间生产效率贡献自身力量。

在加工公司型材厂挤压筒过程中，韩国旭努力钻研、大胆创新，多次对图纸进行修改，研究出用直角刀盘走螺旋线粗加工内孔的方法，不仅将内孔的粗加工效率提高了5倍，而且使制造成本节约35%。在日常工作中，他还号召车间工友们把使用过的立铣刀经过反复磨削后再次使用，不仅使刀具得到最大限度利用，还有效减少了资源浪费。

在负责毛刷机、平衡机和跳动仪的校准、编程、维护保养工作期间，韩国旭积极响应公司关于改进改善技术的号召，完成技术改进 20 多项，为公司节约成本几十万元。其中，毛刷机的技术改进项目获得公司改善创新二等奖，获得行业一致好评。由于刷毛机的毛刷长时间和轮子挤压摩擦，会把空隙完全封死，因此在毛刷更换过程中需要借助角磨机进行切割才能完成。但是毛刷机会积存大量铝粉尘，使用角磨机极易产生火花，引起铝粉尘爆燃，不仅费时费力而且存在较大安全隐患。面对这一情况，韩国旭利用休息时间反复研究设备图纸，了解机器内部构造，经过多次试验，最后确定改造方案，把毛刷机固定盘上的四定位销改成了两个通孔，在对角两个定位孔加装两个 M16 的螺栓，使螺栓从通孔里穿出，用螺母从固定盘的上方进行固定，在不影响定位效果、确保安全的前提下，将毛刷安装拆卸时间由原来的 90 分钟缩短到 10 分钟。

在平凡岗位上，韩国旭矢志不渝、敬业奉献，出色完成了大量高难度加工任务；未来，他将一如既往奋斗在生产一线上，不断拼搏、勇攀高峰。

## 杨全营

# 资金集中管理改革的优秀代表

杨全营，男，汉族，中共党员，1978 年 5 月出生，中信财务公司副总经理。在集团财务部工作期间，出色完成合并报表、税务管理、流动性管理、资金交易等各项工作。作为主要成员全程参与财务公司批筹及筹建工作，负责重点成员单位维护与投资管理工作，公司整体业务规模逐步扩大，品种不断丰富。积极应对公司经营受到的巨大冲击，实现公司客户结构和业务结构的重大转型。带领团队与库务部探索建立符合集团整体利益的制度体系和考核机制，使中信股份杠杆率由 6.9 倍降至 4.9 倍。荣获 2014 年度全国金融青年岗位能手。

"中信不仅仅是一份基于雇佣关系的职业，更是一所有意义的大学。"这是杨全营由衷的感叹。在中信这所大学，杨全营秉承中信核心价值理念、践行中信风格，逐步从一名初出茅庐的职场素人，成长为一名出色的党员领导干部，并在中信财务公司筹建、集团资金集中管理改革等重要工作中发挥了关键作用，做出了突出贡献，曾获得"全国金融青年岗位能手"等荣誉称号。

## 临危受命、勇挑重担——中信财务公司筹建发展的推动者

2011 年，对杨全营来说，是一个既充满挑战又倍感兴奋的新起点。他告别原来熟悉的工作环境，作为 4 名主要"创业者"之一，参与到中信财务公司筹建工作全过程。面对近乎苛刻的条件，他毫无怨言、积极工作，仅用一年多时间，就圆满完成了可行性研究、行业调研、申报材料准备、软硬件落实、出资验资等繁重的筹备任务，推动中信财务公司于 2012 年 11 月 29 日正式营业。

作为集团改制后成立的第一家一级子公司和最晚成立的金融类子公司，中信财务公司承担着调配集团内部资金、降低集团整体杠杆率、防范流动性风险的重要职能。在此背景下，杨全营临危受命，承担起财务公司核心主业——资金集中管理工作。面对这份千钧重担，他内心难免忐忑：一方面，相关工作人员缺少必要的从业经验，在与成员单位取得有效沟通，推动资金集中管理工作平稳落地等方面面临着极大的不确定性；另一方面，资金集中管理涉及集团管控模式的变革和现有利益格局的调整，对于中信集团这样一家高度市场化的大型国有企业，推动资金集中管理更是难上加难。

在这种情况下，杨全营积极争取集团和子公司支持，随公司班子成员马不停蹄地开展密集调研，即使拜访京外单位，也尽量当天往返以节省时间，有时候甚至没来得及到对方单位办公室，就在机场附近酒店找会议室进行面谈。在充分了解所有非金融子公司详细资金情况后，他积极配合集

团财务部制定并适时调整工作方案，带领团队与相关单位逐一进行沟通、宣讲资金集中管理政策，督促相关单位提供开户、账户授权材料。经过杨全营及其团队的艰苦努力，中信财务公司圆满完成了资金集中的初步目标，不仅有力推动了成立初期的业务开展，也为后续深化资金集中管理改革奠定了坚实基础。

中信财务有限公司开业庆典纪念
2012年11月29日

## 迎难而上、担当作为——集团资金集中管理改革的急先锋

初期的资金集中工作更多以市场化方式开展，彼此协商价格达成一致即可，集团对各子公司并没有强制要求。配套政策的缺位，导致中信财务公司的作用没有得到充分发挥，存贷款规模均处于较低水平，行业地位也与中信品牌相去甚远。

2017年，集团将中信财务公司确定为集团资金集中管理和降杠杆的重要平台，并明确以集团库务部和中信财务公司作为“双主体”“双平台”共同推进库务体系建设。面对难得的发展契机，杨全营铆足了劲，带领团队扎实开展基础调研和分析工作，结合多年资金集中管理经验，与库务部一起探索建立了符合集团整体利益的制度体系和考核机制。当时，关于资金集中的比例出现过不同意见。杨全营坚定地认为："过高的资金集中度要求与中信集团的现状不符，若想制度有效执行，必须充分考虑成员单位诉求，制定切实可行的执行标准。"在他的坚持下，资金集中比例被确定为50%，这成为深化资金集中管理改革能够有效落地并超越预期的重要因素。

2018年，集团出台进一步深化资金集中管理改革的各项政策。在推动政策落地过程中，杨全营创新性地提出了区分股东和非股东成员单位的存款定价机制，在满足监管规定的前提下，通过提高非股东成员单位的存款利率、给予股东成员单位年末分红的方式，实现了最大程度让利于成员单位。杨全营说："做好资金集中管理工作，最精妙也最有深意的，应该是基于换位思考的均衡乃至妥协。财务公司绝不能片面追求自身利益，而是要真正以集团利益最大化为目标，有利可图但不能唯利是图。财务公司要为集团留住那部分可能'外溢'的价值，并与成员单位分享这部分增值。"

随着集团资金集中管理水平不断提高，财务公司业务飞速发展，增加贷款投放力度，置换成员单位外部借款，助力集团实现"降杠杆"。截至2019年末，中信财务公司存贷款规模大幅提升，年度日均存款达355亿元，较2016年增长129%，贷款投放余额339亿元，较2016年末增长377%；集团由此减少对外有息负债332亿元，中信股份杠杆率也由2017年末的6.9倍降至4.9倍，呈现出近年来最好水平。

## 聚焦需求、解决难题——财务公司业务创新的先行者

多年以来，杨全营高度重视业务创新，致力于通过创新增强客户黏性、提高公司盈利能力。他常说："财务公司的创新，是在监管规定的框架内创造性地解决问题。"在他大力推动下，中信财务利用自身系统为原中信地产搭建资金池，实现对其所有下属项目公司的资金管控；积极开拓委托投资业务，已累计为成员单位管理资金近300亿元；试水保险代理业务，探索"信贷+保险"组合模式，切实降低了成员单位保险费支出、加强了贷后保障；创造性地建立利润分配机制，解决了困扰公司的存款定价问题；抓住

电子票据发展的契机，通过票据承兑、贴现、质押式回购和转贴现等多种交易手段创新票据业务模式，降低了操作风险，提高了票据业务整体收益率，在不到三年的时间里，财务公司电子票据业务累计发生额已超过500亿元。

随着集团资金集中管理改革不断深化，中信财务公司业务系统的升级和优化已经难以满足需求，核心业务系统的升级换代已经刻不容缓，此项重任又落到了杨全营的肩上。

长久以来，财务公司行业的核心业务系统市场被两家企业所占据，但在拓展性、灵活性和稳定性上却有无法弥补的天然短板。经过多次调研走访，杨全营力主选择银行系统供应商“小核心、大外围”的建设模式，成为财务公司行业“第一个吃螃蟹的人”。财务公司系统升级工作项目庞大、周期短，供应商项目管理能力不足，公司缺乏相应管理经验，工作难度远超预期。为改变这一局面，他每天召开项目组例会，讨论项目推进过程中的痛点、难点，做到每个阶段提前组织、充分预估风险和困难；组织业务部门和系统开发商开会研讨，确保各方及时发现问题、总结调整，在各种细节上达成一致意见。从此他常常驻扎办公室伏案加班至深夜，即便周末也不例外……目前新系统已经如期上线，显著提高了工作效率、服务能力，降低了人力成本，为中信财务公司后续发展注入了新的动力。

在中信 16 年的工作经历，是杨全营最值得回味和珍惜的人生之旅。特别是在中信财务这段“做梦都在想工作”的日子里，他参与并见证了公司从无到有、由弱到强，同公司一起由稚嫩走向成熟。未来，他将带着这份自豪和骄傲，带领团队继续为中信做出新的贡献。

## 党宏伟

# 中信大厦的“红算盘”

党宏伟，男，汉族，中共党员，1980年11月出生，中信和业财务副总监、计划财务部总经理。带领团队全面梳理中信和业原财务制度，对原《财务管理制度》等进行全方位修订，健全了财务制度体系。积极协调中信银行总行及阿里巴巴（中国）有限公司，确保资金按协议约定及时到位。强化工程款“穿透式”管理，对总承包人、机电总承包人及各专业分包人支出款项严格审核，防止资金挪用和资金滞留。牵头实行全面预算管理，在中信和业内部形成有约束力的预算文化。加强与税务部门沟通，争取税收优惠政策。通过多措并举、积极创新，在确保工程进度的基础上，为中信大厦建设降低利息支出超过2亿元。

“绝不能只提问题甚至简单说‘NO’，而是要给出方案、解决问题。”秉承这种工作理念，党宏伟在 17 年财务职业生涯中，踏踏实实工作、兢兢业业履职，逐步从集团财务部的“新兵”成长为中信和业的“大掌柜”。特别是在中信和业任职期间，他多措并举、积极创新，在确保工程进度的基础上，为中信大厦建设降低利息支出超过 2 亿元，为降低公司财务风险、确保中信利益最大化做出了积极贡献。

## 当好“大掌柜”，做好资金管理

中信大厦是集团投资数百亿的重点项目，资金安全不容有失。2014 年到中信和业任职后，党宏伟敏锐地发现了公司在财务管理方面的隐患，立即带领财务预算部全面梳理各项制度，对与内部控制基本规范、集团财务管理制度相冲突的条款进行修订，并按照财务管理精细化原则和公司管理实际情况对公司财务制度进行持续跟进、完善，有效健全了财务制度体系，规范了管理流程，使公司财务管理工作有据可依、有章可循。

为确保项目建设平稳推进，党宏伟采取一系列措施强化资金收支管理。在中信和业与中信银行、阿里巴巴公司签订《CBD–Z15 项目购买意向协议》后，他积极协调两家公司按照协议约定拨付资金，截至 2019 年底累计收到进度款 137 亿元。资金到位后，他立即制订资金使用方案，及时推动偿还中信有限往来款及委托贷款本息合计 75.62 亿元，将其余资金用于中信大厦项目建设并确保闲置资金利息收入最大化，尽可能提高资金收益水平。

在 2017 年北京市政府对中信大厦项目提出最严格的安保要求，暂停中信大厦观光和多功能中心后，党宏伟立即组织开展运营压力测试，经过反复测算，得出结论将严重影响公司的盈利和偿债能力。面对不利局面，为减轻偿债压力、降低运营期财务成本，他立即着手调整公司资产负债结构，对中信有限发放的委托贷款进行重组，并申请不超过 38.9 亿元的资金额度，根据项目建设进度提款，将后续贷款利率调减至基准利率。据统计，此次重组可在中信大厦建设期降低利息支出 2.1 亿元，进入运营期后每年可节约利息支出约4500万，既可有效减轻公司偿债压力，还可以避免中信有限“虚增”利息收入、额外增加税负。

## 做好“红算盘”，守好国有资产

为了全面履行职责、防止国有资产流失，党宏伟认真学习国内外超高层建筑的成本控制经验，带领财务预算部工作人员落实分阶段成本控制模式，积极参与总承包人和专业分包人的招标文件和招标控制价制定过程、提出合理优化建议，全程参与施工图预算复核、重大设计变更及工程洽商涉及的费用审核、地下结构工程结算等工作，并组织跨部门工作小组完成消防设计竞赛评审情况独立复核报告、参与重要材料设备选型，切实发挥了内部控制对成本管理的制约作用。

为避免中信大厦参建单位挪用资金，党宏伟秉承资金“穿透式”管理的理念，采取“直插到底”的方式强化工程款管控力度。在他协调推动下，总承包人以及主要专业分包人在中信银行开设工程款专用收付账户，公司与总承包人和主要专业分包人、总承包人与各专业分包人层层签订《Z15

项目工程款专款专用管理协议》，责成总承包人按照中信和业的资金管理模式对专业分包人的资金支付进行监管，中信和业随时监督检查，确保工程款专款专用、不丢不落。协议签订后，党宏伟带领财务预算部严格履行监督职责，对总承包人、专业分包人支出款项进行仔细审核并对其外部付款情况进行分析。“穿透式”资金管理模式的实施，使得中信和业能够做到对资金流动环节出现问题“抓早抓小”，对资金流动去向“心中有数、了如指掌”，确保了工程款专款专用，有效防止了资金挪用和资金滞留。同时，通过引入中信银行参与资金监管，也为中信银行创造了新的业务和利润空间，推动了业务协同，确保了中信利益最大化。

## 扮好“参谋长”，做好统筹谋划

为了提升公司决策信息质量，党宏伟在中信和业推行全面预算管理，牵头制定预算管理制度，将其作为预算编制、预算执行、预算考核的重要依据。同时，他还严格按照《中信大厦施工总进度计划》《施工组织计划》编制年度预算，使全面预算与中信大厦施工进度紧密结合，更加真实准确地反映中信大厦的实际进展情况。

在预算执行过程中，党宏伟注重预算的刚性约束，将全面预算作为项目建设资源配置和公司开展经营活动的基本依据；对全面预算管理体系进行持续优化，将原来的按季编制预算执行情况报告改为按月编制，提高精细化程度和信息及时性，为公司管理层提供高质量的决策信息；明确要求所有预算外事项，都必须按制度经过董事会或按授权制度经董事长审批后方可执行，在中信和业内部形成了具备约束力的预算文化。

作为资深“财务人”，党宏伟深知要想降低经营成本，不仅要通过预算制度进行“节流”，还需要大力争取税收优惠政策推动“开源”。为了获得税务部门支持，他带领团队充分利用内外部资源，协调税务部门及相关中介机构，向其反复解释说明中信大厦建设项目的特殊性，多次邀请税务部门领导来公司调研，并向税务主管部门报送情况汇报和请示，为中信银行前期支付的进度款争取到税收优惠政策。面对“营改增”政策的全面实施，他提前带领团队评估“营改增”政策对中信大厦建设的影响，结合实际情况，提出策略，制定了《增值税专用发票管理办法》《增值税手册》，并就相关税收法规文件中较为模糊的地方与税务主管部门进行持续沟通，争取理解和支持。经过党宏伟对中信大厦建设期整体税负情况进行测算，得出中信大厦销售环节整体税负为 21.25 亿元至 26.59 亿元，以此为基础，他就后续税务管理事宜向公司提出了相关建议并得到采纳实施，降低了公司整体财务成本。

回首职业生涯，党宏伟以专业态度和敬业精神，高质量完成了财务管理、成本控制等各项工作，维护了中信整体利益；面向未来，他将不忘财务初心，继续为中信事业当好“红算盘”，为降低公司财务风险、提高资金使用效率“精打细算”。

## 邓　然

# 中信数字化转型的“急先锋”

邓然，男，汉族，1984 年 1 月出生，2013 年进入中信集团。完成双创线上平台搭建，组织召开中信集团首届创新创业大会，牵头制定《中信集团人才八项激励政策》，引入一批创业导师、投资机构和孵化培训课程，开展首期创客沙龙，为打造“中信双创”品牌做出突出贡献。对接中信体系内外部资源，组织开展锡狄克系列创新服务活动，共有 1000 余名创新员工参与，收集到 500 多个创新点子，形成 300 多个创新方案。截至 2019 年 12 月，“中信双创”共孵化了 25 个早期项目，已有三个项目获得新一轮融资，估值较投入时增加 2.2 亿元人民币。2018 年获“全国金融青年服务明星”荣誉称号。

第一次见到邓然的人都会说："你可真不像传统印象中的国企工作人员。"英国留学六年，进入知名外企历练，随后毅然投身创业大潮，建立了中英文双语独立原创科技媒体……现年36岁的邓然，更像是标准的互联网行业精英。面对调侃，邓然笑着说："我一直关注新科技和产业创新领域，一直希望为创新的人和创新的企业服务，不管他们在系统内还是系统外，我都希望为他们做些有意义、有价值的事，是中信给了我这样的机会。"

## 以"妥协"的智慧，健全创新体系和服务机制

2016年，在中信集团启动"互联网+转型"战略的重要时刻，邓然从中信投资控股有限公司调任中信集团战略发展部，具体负责双创平台的规划、建设和运营等工作。

从双创平台的上线到首届创新创业大会的召开，从《中信集团人才八项激励政策》的发布到创孵出资流程的打通，邓然以踏实敢干、步步为营的精神，带领团队打响了数字时代中信创新转型的"第一枪"，不仅成功推出了"中信双创"品牌，也开启了国企改革和"双创"相结合的实践之路。

在大型国企开展双创工作，没有成熟的经验可循，不仅要遵循市场规律，适应早期创新项目不确定性强的特点，建立快速反应、持续迭代的孵化运营机制，还要严格执行现行国资管理制度，在国资监管环境下，审慎探索、稳步实施，摸索出一条市场化孵化模式，确保国有资产保值增值。

这个过程是艰难的，也是最有价值的。其中最难克服的问题就是"如何在现行的国企体制内，建立快速的市场化反应机制"。那么这种逻辑能不能在国企体制内行得通？邓然回忆说："当时，总体上质疑的声音大于肯定的声音。但无论是质疑还是肯定，只要目标是为了中信的发展，我都全盘接受。只有充分理解和吸收各方意见，双创孵化方案才不是一纸空文，才有可能落地。这个过程需要既谨慎又激进，依靠'妥协的智慧'突破'硬机制'的约束。"

正是依靠"妥协的智慧"，邓然带领团队成功争取集团各部门的大力支持，逐步建立起可执行、可操作的创新孵化服务体系和健全完善的运营模